普通高等教育“十二五”规划教材

财 务 管 理

李艳萍　丁　华　主　编

中 国 林 业 出 版 社

图书在版编目（CIP）数据

财务管理/李艳萍，丁华主编. —北京：中国林业出版社，2015.2（2017.12重印）
普通高等教育"十二五"规划教材
ISBN 978-7-5038-7845-9

Ⅰ.①财… Ⅱ.①李… ②丁… Ⅲ.①财务管理-高等学校-教材 Ⅳ.①F275

中国版本图书馆CIP数据核字（2015）第021081号

国家林业局生态文明教材及林业高校教材建设项目

中国林业出版社·教育出版分社

责任编辑：许 玮 李 冉

电　　话：（010）83143559　　**传　　真**：（010）83143516

出版发行　中国林业出版社（100009 北京市西城区德内大街刘海胡同7号）
E-mail：jiaocaipublic@163.com　电话：（010）83143500
http：//lycb.forestry.gov.cn

经　　销　新华书店
印　　刷　固安县京平诚乾印刷有限公司
版　　次　2015年2月第1版
印　　次　2017年12月第2次印刷
开　　本　850mm×1168mm　1/16
印　　张　24
字　　数　566千字
定　　价　42.00元

《财务管理》
编写人员

主　　编　李艳萍　丁　华

副 主 编　吕荣华

编写人员（按姓氏拼音排序）

丁　华　李　茜　李艳萍

吕荣华　吕孝侠　于江龙

前言

全球经济一体化的浪潮给企业发展带来了前所未有的机遇和挑战，一方面我国企业走向国际市场的步伐逐渐加快，参与国际竞争的能力也逐渐增强；另一方面，企业面临的市场环境更加复杂，市场竞争也更加激烈。为了生存和发展，企业必须不断加强以财务管理为中心的企业管理，并以此提升企业的核心竞争力。所有这些都需要财务管理的理论和实践不断的突破和创新，更好地满足企业经营管理活动的需要。基于此，我们编写了此书。

本书以科学发展观为指导，以公司为理财主体，系统介绍财务管理的基本理论和方法。在内容和体系上，以财务管理基本内容和环节为主线，重点对筹资管理、投资管理、营运资金管理、分配管理、财务预算、财务控制、财务分析等主要内容的原理和方法进行介绍。本书的主要特色有：一是视角新颖，以最新实施的《公司法》、《经济法》和《企业会计准则》为背景；二是突出实用性，充分实现学习任务与企业实际工作任务的有机融合；三是强调易读性，每章开始前都有引导案例，每章结束后都有小结、习题，使学生能够通过案例分析和习题演练来全面领会所学内容，以问题为导向来提高学生发现问题、分析问题和解决问题的能力。

本书可作为普通高等院校会计学、工商管理、市场营销、企业管理、金融学等经济管理专业的本科教材，也可作为在职会计人员培训教材及财务与会计实务工作者的自学用书。

本书由天津农学院李艳萍和东北林业大学丁华担任主编，山西农业大学李茜、天津科技大学吕荣华、天津农学院于江龙和天津城建大学吕孝侠参加编写。具体分工为：李艳萍和丁华共同拟定编写大纲，李艳萍编写第1章、第2章；丁华编写第3、4、6、10章；李茜编写第9章；吕荣华编写第5章、第11章；于江龙编写第7章、第8章；吕孝侠编写第12章；于江龙编写各章引导案例。全书由李艳萍总纂、修改和定稿。本书在编写过程中参考了国内外财务管理方面的有关书籍，在此对原作者表示感谢。

由于编者水平有限，书中难免有疏漏之处，敬请读者批评指正。

编　者

2014年9月

目录

第1章　总　论

学习目标

通过本章学习，掌握财务管理的概念、环节；掌握财务管理的不同目标及优、缺点，不同财务管理目标的协调；了解财务管理环境。对财务管理有一个清晰的认识，为学习后面各章节打下扎实的理论基础。

（一）黄瑞龙：财务不仅仅是算笔账！

2012年度管理会计年度颁奖盛典上，卡夫食品（中国）有限公司［以下简称卡夫食品（中国）］共获得3项殊荣，分别是最佳中国合作雇主企业、管理会计实践优秀奖，卡夫食品（中国）首席财务官黄瑞龙获得财界领袖奖。

卡夫食品（中国）首席财务官黄瑞龙表示："卡夫食品（中国）能够获得3项殊荣，是对公司各部门贯彻执行财务管理与公司治理的肯定。稳健的财务一直是每家公司的成功关键，我们将一如既往保持对财务绩效及人才培养的专注与努力，为公司在中国市场的发展奠下基石。"

作为卡夫食品大中华区的首席财务官（CFO），黄瑞龙每天思考最多的不是各种财务报表和数字，而是如何更好地跟人打交道。在他看来，一位优秀的CFO就应该像CEO（首席执行官）那样思考。对于一家跨国大公司的财务部门来说，最大的挑战来自公司发生并购业务的时候。但身为CFO，黄瑞龙最关心的不是账目，而是人。因为之前在吉列公司（以下简称吉列）工作的时候，黄瑞龙以被收购方的身份，经历了吉列被宝洁公司（以下简称宝洁）收购的全过程，这加深了他对公司重组并购的过程中人怎样跟流程更好地融合这个问题的重视程度。一旦处理不好，在并购过程中造成大量的人才流失，就会直接让公司蒙受财务上的损失，对此黄瑞龙深有体会。

宝洁收购吉列后宣布裁员6 000人，但因为事先没有公布清晰的裁员方案，导致吉列原本运营良好的管理层产生了不小的变动，黄瑞龙也在这次波变动中选择了离开吉列。在他看来，因为出现了员工流失的状况，所以宝洁需要花费大量的精力去重建团队和文化，影响到了经营层面，导致吉列在被收购后的表现和宝洁之前的预期出现了距离偏差。

因此，在帮助卡夫食品（中国）收购吉百利这个品牌的时候，黄瑞龙花费时间最多的就是在两家公司财务部门员工的重新组建上。

（中国管理会计网：摘自卡夫食品（中国）CFO黄瑞龙专访）

（二）

李剑是刚刚毕业的大学生，他没有像其他同学一样找一家公司上班，而是选择了自主创业。他根据在大学中所学到的知识，以及利用假期参与各类实习所积累的一些工作经验，在反复进行可行性论证后，他拟在高教园区开设一家书友俱乐部，主营业务为图书销售，兼营咖啡店。李剑设想先搞单体式俱乐部，在未来5～8年实现连锁式俱乐部。万事开头难。李剑面对的问题千头万绪，如俱乐部选址和场地租借、场地设计与装修、工商税务登记与银行开户、员工招聘与培训等。如果你是李剑的财务顾问，你该如何替他规划、管理与财务相关的问题？

从财务管理角度出发，李剑梳理出他认为最需要解决的管理事项：

①俱乐部开业时需花多少钱？

②开办俱乐部必须得有本金投入，这部分钱从何而来？对本金不足以满足全部投资所需的缺口，该如何筹措？

③俱乐部该如何经营？李剑曾考察过几家书友俱乐部，并对其经营有一定了解，他需要制订周全的商业计划书，以对经营策略、收入来源及其方式、成本控制等进行全面经营规划。

④俱乐部未来发展规划与预期收益分配该如何协调？他需要考虑未来收益该如何合理规划及分配。

1.1 财务管理的基本概念

财务管理主要讨论一个组织的资金筹集和资金使用。任何组织都需要财务管理，但营利性组织与非营利性组织的财务管理有较大区别。本教材讨论的是营利性组织的财务管理即企业财务管理。企业是进行社会再生产经营活动的组织，企业的基本活动就是从资本市场上筹集资金，投资于经营性资产，并运用这些资产进行生产经营活动，创造更多的财富，增加企业价值。

1.1.1 企业资金与资金运动

企业要进行生产经营活动，必须拥有一定数量的财产物资，市场经济条件下，一切财产物资都具有一定的价值。财产物资价值的货币表现称为资金，即资金是指社会再生产过程中，财产物资价值的货币表现。企业拥有的各种财产物资在生产经营过程中，不断处于耗费—回收—耗费的运动中，即企业在生产经营过程中，物资不断地运动，同时物资的价值形态也不断地发生变化，由一种形态转化为另一种形态，周而复始，不断循环，即货币—储备—生产—成品资金—货币，这便形成了资金的运动。所以说，企业的生产经营过程，一方面表现为物资运动过程即物资的不断购进和售出(从实物形态来看)；另一方面表现为资金运动过程即资金的支出和收回(从价值形态来看)。在企业再生产过程中，客观地存在着一种资金运动，这同商品经济的存在和发展是分不开的。

企业再生产过程中，资金从货币形态开始，依次通过供、产、销三个阶段，分别表现为货币资金、生产储备资金、在产品资金、成品资金等各种不同形态，然后又回到货币资金形态的运动过程，称为资金的循环。资金周而复始不断重复的循环，叫作资金的周转。

企业资金运动既表现为资金的循环与周转，又包含特定的经济内容。资金运动的经济内容从生产企业来看包括资金的筹集、投放、耗费、收入和分配。

企业资金运动过程，如图 1-1 所示。

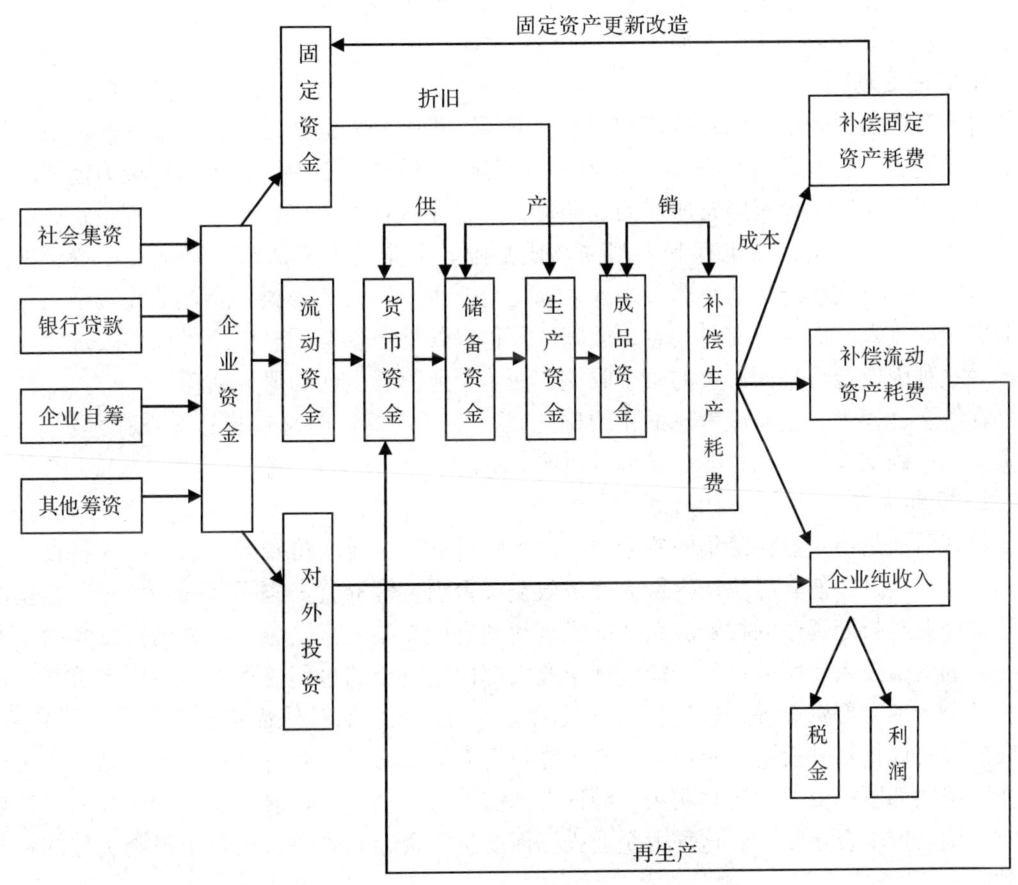

图 1-1　企业资金运动过程

资金运动是企业再生产过程的价值方面，它以价值形式综合地反映企业的再生产过程，构成了企业经济活动的一个独立方面，具有自己的运动规律。此外，企业资金运动，表面上看是钱和物的增减变动，但钱和物的增减变动离不开人与人的经济利益关系，也就是说资金运动是在商品经济条件下人与人之间的相互联结中存在的，即资金运动过程中也体现着一种人与人之间的经济利益关系。

我们把企业生产经营过程中客观存在的资金运动及其所体现的经济利益关系，称为财务(finance)。资金运动过程概括为以现金收支为主的企业资金收支活动，称为财务活动。在资金运动过程中所形成的各种经济关系，称为财务关系。也就是说财务是财务活动与财务关系的统一。认识企业财务活动和财务关系是准确界定财务管理的前提和基础。

1.1.2 企业财务活动

企业财务活动(financial activity)是指企业资金收支活动的总称。资金运动过程的各阶段总是与一定的财务活动相对应的，或者说，资金运动形式是通过一定的财务活动内容来实现的。资金运动的经济内容从生产企业来看包括资金的筹集、投放、耗费、收入和分配。因此，财务活动也指企业资金的筹集、投放、使用、收回及其分配等一系列行为。企业财务活动可分为以下 4 个方面。

1. 筹资活动

筹资活动是指企业为满足投资和用资的需要，集中所需资金的过程。筹资是为投资服务的，投资是筹资的目的和归宿。企业组织商品生产活动，必须以一定的资金为前提。这里主要是指企业筹集投资经营所需的长期资金。企业从各种渠道以各种方式筹集资金，是资金运动的起点，是企业生存和发展的物质基础。企业的筹资活动，就是要在特定的时间，以合理的方式和结构组织资金来源，满足企业生产经营的需要。企业筹集资金表现为企业资金的流入，而企业支付利息、股利以及付出各种筹资费用、偿还借款等表现为资金流出。这种因资金筹集而产生的资金收支，便是企业筹资引起的财务活动。

在筹资过程中，企业应考虑的主要问题是：①确定筹资的总规模；②选择筹资渠道、筹资方式，确定筹资结构；③控制筹资风险。

2. 投资活动

投资活动是指企业将筹集的资金投入使用的过程。企业取得资金以后，必须将资金投放到预定的项目，使其尽快产生最大经济效益，否则，筹资就失去了目的和效用。这里主要是指企业对长期资产的投资。企业的投资活动有广义和狭义之分。广义的投资是指企业将筹集的资金投入使用的过程，既包括企业内部使用资金的过程，例如购建固定资产、购置流动资产和无形资产等，也包括对外投放资金的过程，如对外证券投资和直接投资等。狭义的投资仅指对外投资。企业应认真选择投资方向、方式，确定合理的投资结构。无论企业购买内部所需资产，还是购买各种证券都需支付资金，当企业变卖资产或收回对外投资时，则会产生资金收入。这种因企业投资而产生的资金的收付，便是由投资引起的财务活动。

在投资活动过程中，企业应考虑的主要问题是：①现金流量规模(期望回收多少现金)；②时间(什么时候回收现金)；③风险(回收现金的可能性如何)。

3. 营运活动

营运活动是指企业在日常生产经营过程中，发生的一系列资金的收付。企业在供应、生产、销售阶段所引起的资金运动都是营运活动。企业采购材料或商品，同时支付工资和其他营业费用，从事生产和销售活动，发生资金支出；企业把产品或商品售出后，便可获得收入，发生资金收入。这种满足企业正常营业活动的需要而产生的资金收付，便是由企业经营而引起的财务活动。

财务管理人员不直接从事营业活动，他们的职责是管理营业运转所需要的资金。企业的营运资金主要是为满足企业日常营业活动的需要而垫支的资金，营运资金的周转与生产经营周期具有一致性。在一定时期内，资金周转越快，资金的利用效率就越高，就可以生产出更多的产品，取得更多的收入，获得更多的报酬。因此，在营运活动过程中，企业应考虑的主要问题是：①确定满足企业正常营业活动的需要而垫支的资金即营运资金投资(决定分配多少资金用于应收账款、存货等)，并对这些资金进行日常管理；②选择最合理的短期资金来源方式即营运资金筹资(决定向谁借入短期资金、借入多少短期资金、是否需要赊购融资等)，最大限度地降低流动资金的资本成本；③加速流动资金周转，以尽可能少的流动资金支持同样的营业收入并保持公司支付债务的能力。

4. 分配活动

分配活动是指企业对筹资、投资、营运活动的结果进行分配。投资经营成果表现为取得的各种收入，并在扣除成本后获得利润。广义地分配是指对投资收入和利润进行分割和分派的过程。狭义地分配是指对利润的分派，尤其是净利润的分派。收入首先补偿生产耗费，缴纳流转税，其余部分成为企业的营业利润。营业利润、营业外收支净额等构成企业的利润总额。利润总额先要缴纳所得税，净利润提取公积金、公益金扩大积累。利润分配决策同时也是内部筹资决策。分配过程的进行，使资金或者退出，或者留存企业，必然产生资金收支影响资金运动，这便是分配活动引起的财务活动。

如何依据一定的法律原则，合理确定分配规模和分配方式，确保企业取得最大的长期利益，也是财务活动的主要内容之一。因此，在分配活动过程中，企业应考虑的主要问题是：①合理确定分配规模、比例；②分配方式；③确保企业取得最大的长期利益。

上述由企业筹资、投资、营运及分配所引起的财务活动，在企业资金运行中，是相互联系、相互依存而又有一定区别的四个方面，这四个方面构成一个完整的企业财务活动，也规定了企业财务管理的基本内容。

1.1.3　企业财务关系

企业财务关系(financial relationship)是指企业在资金运动过程中与各有关方面发生的经济利益关系，或者说企业在组织财务活动中与有关各方面所发生的经济利益关系。企业财务关系可概括为以下几个方面。

1. 企业与其投资者之间的财务关系

企业同其投资者之间的财务关系主要是指企业的投资者向企业投入资金，企业向其投资者支付投资报酬所形成的经济利益关系。企业的投资者要按照投资合同、协议、章程的约定履行出资义务以便及时形成企业的资本。企业利用资本进行生产经营活动，实现利润后，按照出资比例或合同、章程的规定，向其投资者支付投资报酬。企业与其投资者的关系，是投资同分享投资收益的关系，性质上属于所有权关系，也叫产权关系。

2. 企业与债权人之间的财务关系

企业与债权人之间的财务关系主要是指企业以债务人的身份向债权人借入资金，并按借款合同的规定按时支付利息和归还本金所形成的经济利益关系。债权人与股东地位不同，他们是固定投资收益的接受者，他们对企业进行债权投资，其收益较低，风险较小，不享有直接或间接的企业经营控制权，也不参与剩余收益的再分配，在企业破产清算时拥有与其地位相对应的优先求偿权。企业作为债务人，以债务资金的形式获得债权人让渡的资金使用权，目的是为了获得财务杠杆收益，但同时要承担到期还本付息的义务。企业要理顺与债权人之间的财务关系，一方面负债要适度，并保持合理的债务结构；另一方面要保持适度的资产流动性，适时与债权人沟通，向债权人提供企业的相关信息，满足债权人对自身利益的合理关切。企业同其债权人的财务关系，性质上属于债务与债权关系。

3. 企业与债务人之间的财务关系

企业与债务人之间的财务关系主要是指企业将资金以购买债券、提供借款或商业信用等形式出借给其他企业或单位所形成的经济利益关系。企业暂时让渡资金使用权，有权要求债务人按约定的条件支付利息和归还本金。企业作为债权人，对外债权投资和结算资产，是其总资产的重要组成部分，也是其进行资源配置的重要形式。企业要在风险与收益对称原则的指导下，合理选择债权投资和结算资产的规模，在充分地掌握债务企业的资信状况的基础上，及时调整企业的财务政策，维护自身的合法权益。企业同其债务人的关系体现的是债权与债务关系。

4. 企业与被投资单位之间的财务关系

企业与被投资单位之间的财务关系主要是企业以购买股票或直接投资的形式向其他企业投资所形成的经济利益关系。随着市场经济的不断深入发展，企业经营规模和经营范围的不断扩大，这种关系将会越来越广泛。企业向其他单位投资，应按约定履行出资义务，并依据其出资份额参与受资者的经济管理和利润分配。企业与受资者的财务关系是体现所有权性质的投资与受资的关系。

5. 企业与其职工之间的财务关系

企业与其职工之间的财务关系主要体现了职工和企业在劳动成果上的分配关系。这主要是指企业向职工支付劳动报酬过程中所形成的经济关系。职工是企业的劳动者，他们以自身提供的劳动作为参加企业分配的依据。企业根据劳动者的劳动情况，用其收入向职工支付工资、津贴和奖金，并按规定提取公益金等，体现着职工个人和集体在劳动成果上分配的关系。

6. 企业内部各单位之间的财务关系

企业内部各单位之间的财务关系主要体现了企业内部各单位之间的利益关系，形成资金结算关系。这主要是指企业内部各单位之间在生产经营各环节中相互提供产品或劳务所形成的经济关系。企业在实行厂内经济核算制和企业内部经营责任制的条件下，企业供、产、销各部门以及各个生产单位之间，相互提供的劳务和产品也要计价结算。这种在企业内部形成的资金结算关系，体现了企业内部各单位之间的利益关系。

7. 企业与政府之间的财务关系

中央和地方政府是作为社会管理者与企业之间产生经济利益关系的，这种关系体现一种强制和无偿的分配关系，反映的是依法纳税和依法征税的权利义务关系。企业应按照国家税法的规定缴纳各种税款，包括所得税、流转税和计入成本的税金。国家以社会管理者的身份向一切企业征收有关税金，这些税金是国家财政收入的主要来源。企业及时足额地纳税，是生产经营者对国家应尽的义务，必须认真履行此项义务。

1.1.4 企业财务管理

从前述可知，商品经济条件下，企业生产经营过程中的资金运动及其所体现的经济利益关系是客观存在的，也就是说财务是一种客观存在的社会经济现象，即企业财务普遍存在于每个企业的再生产过程中。

随着经济不断发展完善，企业同各方面的联系日益广泛，企业的财务活动和财务关系越来越复杂，如何组织财务活动、处理好财务关系，成为企业生存和发展的关键问题。由此，按照资金运动的客观要求去管理资金，充分发挥资金的使用效益；同时按照一定社会制度的要求去处理企业在生产过程中同社会各方面的经济关系，这样，一系列管理工作就产生了。

财务管理(financial management)是基于企业再生产过程中客观存在的财务活动和财务关系而产生的，组织财务活动、处理财务关系的一项经济管理工作，是企业管理的重要组成部分。财务管理基本内容包括：筹资管理、投资管理、营运资金管理、收益及收益分配管理。投资管理主要涉及资产负债表的左方下半部分的项目；筹资管理主要涉及资产负债表的右方下半部分的项目；营运资金管理主要涉及资产负债表的上半部分的项目；收益及收益分配管理主要涉及损益表的项目。这些内容相互联系、相互制约。投资、筹资、营运和分配管理的最终目的，都是为了增加企业价值。

财务管理与其他管理的主要区别是，财务管理是一种价值管理，是对企业再生产过程中的价值运动所进行的管理。其特点表现在以下几个方面。

1. 综合性强

财务管理主要是利用价值形式对企业经营活动实施管理。通过价值形式，把企业的一切物质条件、经营过程和经营结果都合理地加以规划和控制，达到企业效益不断提高、股东财富不断增加的目的。以价值形式表现出来的财务状况和经营成果具有很强的综合性。企业各方面生产经营活动的质量和效果，大都可从资金活动中综合反映出来。财务管理能综合反映企业生产经营各方面的工作质量。通过财务信息把企业生产经营的各种因素及其相互影响综合全面地反映出来，并有效地反作用于企业各方面的活动，是财务管理的一个突出特点。因此，财务管理既是企业管理的一个独立方面，又是一项综合性的管理工作。

2. 涉及面广

企业中，一切涉及资金的收支活动，都与财务管理有关。财务管理自始至终渗透到企业经济活动的各个方面，企业购、产、销、运、技术、设备、人事、行政等各部门业务活动的进行，无不伴随着企业资金的收支，财务管理的触角，必然要伸向企业生产经营的各个角落。每个部门都会通过资金的收支，与财务管理部门发生联系。因此，财务管理与企业各方面具有广泛联系。

3. 灵敏度高

财务管理能迅速反映企业生产经营状况。财务管理能迅速提供反映生产经营状况的财务信息。企业的财务状况是经常变动着的，具有很强的敏感性。各种经济业务的发生，特别是经营决策的得失，经营行为的成败，会及时在财务状况中表现出来。例如，如果企业生产的产品适销对路、质量优良可靠，则可带动生产的发展，实现产销两旺，资金周转加快，盈利能力增强，这一切都可以通过多种财务指标迅速地反映出来。这些说明，财务管理工作既有其独立性，又受整个企业管理工作的制约。财务部门应通过自己的工作，向企业管理当局及时通报有关财务指标的变化情况，以便把各部门的工作都纳入到提高经济效益的轨道上，努力实现财务管理的目标。

1.2 财务管理目标

目标是系统所希望实现的结果，根据不同的系统所要完成功能的不同，可以确定相应的目标。根据系统论，正确的目标是系统实现良性循环的前提条件，企业财务管理目标对企业财务管理系统的运行具有同样意义。

1.2.1 财务管理目标的概念与特点

财务管理目标(objective of financial management)又称理财目标，是指企业在特定的理财环境中，通过组织财务活动，处理财务关系所要达到的目的，是评价企业财务管理活动是否合理的标准，它决定着企业财务管理的基本方向。财务管理目标既是企业一切理财活动的出发点和归宿，又是财务管理系统良性循环的前提条件。财务管理目标一般具有以下特点。

1. 稳定性

财务管理目标的稳定性是指企业财务管理目标在一定时期具有相对稳定性。任何一种财务管理目标，都是在一定政治、经济环境下制定的，随着环境因素的变化，财务管理目标也会随之发生变化。我国的企业财务管理目标过去虽未明确提出过，但在不同体制背景下，考核评价企业效益的指标是不同的。在单纯计划经济体制下，可以概括为“产值最大化”；改革开放以后，可以概括为“利润最大化”；在中国加入WTO(世界贸易组织)，有中国特色市场经济体制不断完善，中国经济对国际市场的依存度不断提高的情况下，“财富最大化”目标得到越来越多的认同。总之，人们对财务管理目标的认知是不断深化的，但在一定时期或特定条件下，财务管理的目标是保持相对稳定的。

2. 多元性

财务管理目标的多元性是指财务管理目标不是单一的，而是适应多因素变化的综合目标群。企业的出资者是企业的投资人，是企业的终极所有者，出资者的资本保值增值目标是维系企业存在和发展的最根本动因，在多元化目标中处于支配地位，起着主导作用，称之为主导目标。企业的债权人为企业提供的债务资源往往是企业存在和发展不可或缺的，满足债权人的债务安全要求，及时清偿到期债务，这对企业财务行为的约束是刚性的。如果企业不能清偿到期债务，债权人有权向法院提请对债务人实施强制破产。企业从外部输入各种资源，同时输出各种商品或劳务，企业是社会环境的受益者，所以必须承担相应的社会责任，包括守法、诚信、纳税和环保等。企业的债务安全目标和社会责任目标对企业主导目标的实现有配合作用，可以称为辅助目标。企业只有兼顾多元化的财务目标，其存在和发展才是合理的。企业偏离主导目标或辅助目标，都有可能丧失其存在的理由。

3. 层次性

财务管理目标的层次性是指财务管理目标按一定的标准可以划分成若干个层次。财务管理目标是一个由整体目标、分部目标和具体目标三个层次构成的完整的目标体系。整体目标是指整个企业财务管理所要达到的目标，一般是关系企业全局和长远的财务目标，它应由股东大会提出并由经营者贯彻实施。分部目标是指在整体目标制约之下，进行某一部分理财活动应达到的目标，一般包括筹资管理目标、投资管理目标、资金营运管理目标、利润分配管理目标等几个方面。具体目标是指在整体目标和分部目标的制约之下，从事某一具体财务活动所要达到的目标，是对分部目标的细分和具体化，比如筹资目标又可划分为筹资数量目标、筹资方式目标、筹资结构目标等。分部目标和具体目标由总经理授权财务经理组织落实。

4. 阶段性

企业无论是处于哪一阶段，都面临着外部市场风险的压力和内部管理能力的挑战，企业只有适应市场变化，掌握各阶段的市场特征和企业状况，提出具体化的财务目标和运作规划，才能使企业立于不败之地。当企业处于初创阶段时，所面临的最大风险来自外部市场，包括商品市场、金融市场、人力资源市场和技术市场等，其中最为关键的是商品市场。企业只有生产出市场需要的产品，不断扩大市场占有率，才能获得新的生存空间。当企业步入发展阶段时，市场份额不断上升，财务管理的重点要转移到加强成本管理、资产管理和质量管理上来，创造和维护企业的成本优势和质量优势。当企业所生产的商品的市场已经饱和，企业的市场份额趋于稳定时，财务管理面临的最大问题是如何处置自由现金流量和加强资金周转。当产品进入衰退期，新的替代品出现时，企业要寻找一种新的经济增长点，如新市场的开发、资产结构的调整等，此时，财务管理部门肩负着非常重要的使命。因此，根据实际情况和未来变动趋势确定合理的财务管理目标，对于企业理财具有极其重要的意义，是财务管理主体必须首先解决的一个理论和实践问题。

1.2.2 企业财务管理目标的几种主流观点

研究财务管理目标最重要的是明确财务管理所要达到的总体目标。根据现代企业财务管理理论和实践，最具有代表性的财务管理目标主要有以下几种观点。

1. 利润最大化

利润是企业在一定时期内全部收入抵减全部费用后的差额。以利润最大化作为财务管理目标的观点认为，利润代表了企业新创造的财富，利润越多则说明企业的财富增加得越多，越接近企业的目标。因此，企业经营者应竭尽所能，使企业的利润达到最大。其主要原因是：①人类从事生产经营活动的目的是为了创造更多的剩余产品，在商品经济条件下，剩余产品价值的多少可以用利润这个指标来衡量，即利润能够反映剩余产品价值的多少，利润越多，则企业的财富增加就越多。②自由竞争的资本市场中，资本的使用权最终属于获利最多的企业，获利能力是资本市场评价企业的重要依据。③只有每个企业都最大限度地获得利润，整个社会的财富才能实现最大化，从而带来社会的进步和发展。

这种观点的优点是：利润不仅可以直接反映企业创造剩余产品的多少，而且也从一定程度上反映出企业经济效益的高低和对社会贡献的大小。追求利润最大化，就必须讲求经济核算，加强管理，改进技术，提高劳动生产率，降低产品成本。这些措施都有利于资源的合理配置，有利于提高经济效益。

这种观点的缺陷是：①没有考虑资金的时间价值。这里的利润是指企业一定时期实现的利润总额，它的确认与计量以权责发生制为基础，将不同时点的价值量等量齐观，没有考虑利润取得的具体时间，即没有考虑资金的时间价值。例如，第一年获得的100万元利润与第二年获得的100万元利润，如果考虑资金的时间价值，两者其实是不相等的。②没有考虑所获利润与所担风险的关系。这可能会导致企业不顾风险的大小去追求最多的利润，高额利润往往要承担过大的风险，一旦不利的因素出现，企业将陷入困境，甚至可能破产。例如，两个资本规模相同的企业本年的账面利润都为200万元，一个企业的利润已全部转化为现金(销售货款全部收回)，而另一个企业的利润则全部表现为应收账款，显然后者有发生坏账损失的可能性。哪一个更符合企业的目标？若不考虑风险大小，就难以做出正确判断。③没有考虑所获利润与投入资本额之间的关系。利润是一个绝对数指标，这将不利于不同资本规模的企业或同一企业在不同期间的利润总额之间的比较。例如，某企业去年实现利润200万元，去年的投入资本额为1 000万元。今年投入资本增加到2 500万元，实现利润250万元。哪一年更符合企业的目标？显然我们不会认为今年的经营业绩比去年理想。④利润最大化往往会使企业财务决策带有短期行为的趋向。片面地追求利润最大化，可能导致企业只顾实现目前的最大利润，而不顾企业的长远发展，如忽视产品开发、人才培养、生产安全、技术装备水平、生活福利设施和履行社会责任，等等。

2. 每股收益最大化(或权益资本净利率最大化)

财务管理行为以每股收益最大化(或权益资本净利率最大化)作为目标。每股收益是指股份制企业一定时期的净利润与普通股股数的比值，权益资本净利率是指非股份制企业一定时期的净利润与权益资本额的比值。每股收益最大化或权益资本净利率最大化的观点认为，应当把企业的利润与股东投入的资本联系起来，以提高企业每股收益或资本利润率作为企业财务管理的目标。其原因是：所有者作为企业投资者，其投资目标是取得资本收益，该指标体现了净利润与出资额或股份数(普通股)的对比关系，能够说明企业的盈利水平，揭示其盈利水平的差异。

这种观点的优点是：克服了利润最大化目标没有考虑投入与产出比例关系的不足，考虑了所获利润与投入资本额或股本数之间的关系，使不同资本规模的企业或同一企业不同期间的利润具有可比性。

这种观点的缺陷是：①仍没有考虑风险因素。对企业而言，要提高资本利润率或每股收益，最简单的方法之一，是利用负债经营减少资本或股本数额，而这样做的结果是财务风险或者说偿债风险加大。②仍没有考虑资金的时间价值，也就是没有考虑投入资本所获利润的时间性和持续性，也不能避免企业的短期行为。

3. 企业价值最大化

财务管理行为将朝着使企业价值最大化的方向发展。企业价值通俗地说是指企业本身值多少钱。投资者在评价企业价值时，是以投资者预期时间为起点，并将未来收入按预期投资时间的同一口径进行折现，未来收入的多少按可能实现的概率进行计算。通常企业价值可用下式计算：

$$V = \sum_{t=1}^{n} \mathrm{NCF}_t \frac{1}{(1+i)^t}$$

式中 V——企业价值；

t——取得报酬的具体时间；

NCF_t——第 t 年的企业净现金流量；

i——与企业风险相适应的贴现率；

n——取得报酬的持续时间，在持续经营假设的条件下，n 为无穷大。

如果各年的现金流量相等，则上式可化简为：

$$V \approx \frac{NCF}{i}$$

可以看出，企业价值不是总资产的账面价值，也不是指各单项资产的市场价值之和，而是指企业在未来持续经营期间所实现的现金净流量的贴现值之和，它反映了企业潜在或预期获利能力。企业所得的净收益越多，实际收益的时间越近，应得的报酬越是确定，则企业的价值越大。

股东建立企业的首要目的，在于创造和积累尽可能多的财富，他们是企业的所有者，企业价值最大化就是股东财富最大化。

以企业价值最大化作为财务管理目标，其主要原因是：在反映出资人财富增长信息的各种价值指标中，企业价值可以克服以利润为基础的各类指标的局限性，它是企业全部财产的市场价值，包括了丰富的内涵。

这种观点的优点是：①这一目标考虑了资金的时间价值和投资的风险价值，有利于统筹安排长短期规划、合理选择投资方案、有效筹措资金和合理制定股利政策等。②这一目标反映了对企业保值或增值的要求，从某种意义上说，股东财富越多，企业市场价值就越大，追求股东财富最大化的结果可促使企业资产保值或增值。③有利于克服企业管理上的短期行为。④这一目标有利于社会资源合理配置，社会资金通常流向企业价值最大化的企业或行业，有利于实现社会效益最大化。

这种观点的缺陷是：①对于股票上市企业，虽可通过股票价格的变动揭示企业价值，但是股价是受多种因素影响的结果，特别是当期市场上的股价不一定能够直接揭示企业的获利能力，只有长期趋势才能够做到这一点。②为了控股或稳定购销关系，现代企业不少采用环形持股的方式，互相持股。法人股东对股价最大化目标没有足够兴趣。③对于非股票上市企业，只有对企业进行专门的评估才能真正确定其价值。而在评估企业的资产时，受评估标准和评估方式的影响，这种估价不易做到客观和准确。导致企业价值难以计量。④以企业未来预期现金流量作为企业价值计算基础时，虽然现金流量信息与企业价值具有高度相关性，但现金流量的估计受各种因素的影响，不能完全克服主观意志的干扰。

虽然存在着上述的问题，但由于企业价值最大化的观点体现了经济效益的深层次认识，有利于体现企业管理的目标，而且也考虑了资金的时间价值和风险价值，因此，它是现代企业财务管理的最优目标。

1.2.3 财务管理目标的协调

根据企业财务管理目标是企业价值最大化这一目标，所有者、经营者和债权人之间构成了企业最重要的财务关系，他们各自的利益目标并不完全一致，可能存在深刻的矛盾和冲突，企业必须协调这些方面的冲突，才能实现企业价值最大化的目标。

1. 所有者(股东)与经营者的冲突与协调

企业所有者委托经营者管理企业，但是经营者与所有者的利益目标并非完全一致。在现代企业制度下，企业价值最大化直接反映的是企业所有者的利益。如何把这一目标转化为对经营者具有约束刚性的责任体系，是现代企业制度治理结构的根本任务。企业经营者往往喜好追求以下方面的利益：①增加报酬，包括物质和非物质的报酬，如工资、奖金，提高荣誉和社会地位等。②增加闲暇时间。③避免风险，企业经营者如果冒风险获得成功可能会为企业所有者带来巨大效益，但失败却可能会给自己带来无妄之灾，经营者为了避免这种风险，宁愿保守工作，明哲保身，缺乏进取精神。④物质和环境享受，如豪华办公室、高档小汽车，出差入住豪华宾馆等。所有者则希望经营者以较小的享受成本为企业创造最大的价值。如果企业经营者过分追求自身的利益目标，就会与所有者发生矛盾与冲突。为了纠正经营者偏离所有者目标的行为，所有者往往会使用以下几种措施使经营者更好地为所有者利益服务。

(1)激励

采用激励报酬计划，使经营者分享企业增加的财富，鼓励他们采取符合企业最大利益的行动。激励有两种基本方法：

①"股票选择权"方式　即允许经营者在某个时期以约定的固定价格购买一定数量的企业股票，当股票的价格提高后，经营者可以出售其股票而获利。经营者为了获得最大的股票涨价收益，就必然主动采取能够提高股价的行动。

②"绩效奖"方式　它是企业运用净利润、每股利润、资产报酬率等一系列财务和非财务指标来衡量经营者的业绩，视其业绩的大小给予经营者一定数量的奖励，包括现金、实物或企业股票等作为报酬。如果经营者没有完成既定目标业绩，就会失去应得的各种奖励。

(2)监督

对经营者进行必要的监督，如要求经营者定期公布财务报表，聘请注册会计师审计财务报表等。监督可以减少经营者违背股东意愿的行为，但也不能解决全部问题。

(3)解聘

如果经营者未能达到所有者规定的业绩目标，或出现重大背离所有者目标的行为，所有者就会采取解聘的方式处罚经营者。经营者害怕被解聘，被迫为实现财务管理目标而努力。一般来说，即使解聘了经营者，所有者并不一定能挽回全部的经济损失。

2. 所有者(股东)与债权人的冲突与协调

债权人把资金的使用权让渡给企业，为企业提供生产经营所需资金，但是，债权人的利益目标并非与企业所有者的利益目标完全一致。企业所有者可能存在一些侵犯债权人利益的行为。如所有者可能未经债权人同意，将所借资金投资于比预计风险更高的项目，以获取更高的收益。对于债权人来说，如果高风险的项目成功，超额的利润会被所有者独享，而如果高风险项目失败，企业无力偿债，债权人与所有者将共同承担由此造成的损失，债权人承担的风险与收益是不对称的。再如，所有者有可能未征得现有债权人同意，发行新债券或新增企业借款，致使企业的偿债能力降低，现有债权人的风险增加。为了保护自身利益，债权人除了寻求立法保护，如破产时优先接管，优先于股东分配剩余财产等手段外，通常通过以下方式协调与所有者的利益冲突。

(1)发放限制性借款

在借款合同中加入限制性条款，如规定资金的用途，规定不得发行新债或限制发行新债的数额等。

(2)收回借款或不再借款

发现企业有侵蚀其债权价值的意图时，可以提前收回借款，并拒绝进一步合作，不提供新的借款。

3. 企业目标与社会责任的协调

企业目标和社会目标在许多方面是一致的。企业在追求自身目标时，自然会使社会受益。例如，企业为了生存，要生产出符合顾客需要的产品，满足了社会需求；企业为了发展，要扩大生产规模，会增加职工人数，自然会解决社会就业问题；企业为了获利，必须提高劳动生产率，改进产品质量和服务，从而提高了社会生产效率和公众的生活质量。但是，企业在社会中生存，其目标有时也会与社会的目标发生冲突。例如，企业为了获利，生产伪劣产品、损害工人的健康、污染环境或损害其他企业的利益等。对此，国家可以通过制定相关法律和法规来强制企业承担社会责任。如《中华人民共和国公司法》《中华人民共和国反不正当竞争法》《中华人民共和国环境保护法》《中华人民共和国消费者权益保护法》等，通过这些法律调节股东和社会公众的利益。但是，法律不可能解决所有问题，况且目前我国的法制尚不够健全，企业有可能在合法的情况下从事不利于社会的事情。因此，企业还要受到商业道德的约束，要接受政府有关部门的行政监督，以及社会公众的舆论监督，协调企业目标与社会责任的矛盾。

1.3 财务管理工作

根据财务管理工作的基本内容与过程，财务管理可划分若干相互作用又相互联系的环节，这些环节既反映了管理的一般职能，又体现财务管理作为企业管理子系统的特殊性。

1.3.1 财务管理环节

财务管理的环节是指财务管理的工作步骤与一般程序。一般来说，企业财务管理包括以下环节。

1. 财务预测

财务预测(financial forecasting)是根据财务历史资料，考虑现实的要求和条件，对企业未来的财务活动和财务成果做出尽可能科学的预计和测算。财务预测是财务决策的依据，是编制财务预算的前提。财务预测环节主要包括以下几个步骤：明确预测对象和目的；收集和整理相关资料；确定预测方法，建立预测模型，实施财务预测；确定预测结果，提出备选方案。

2. 财务决策

财务决策(financial decision)是指财务人员按照财务目标的总体要求，利用专门的方法对各种备选方案进行比较分析，并从中选出最佳方案的过程。财务决策是有关资金筹集和使用的决策，包括筹资决策、投资决策、资金营运决策和收益分配决策等。在市场经济条件下，财务决策是财务管理的核心，财务预测是为财务决策服务的，财务预算或计划是财务决策的具体化。财务决策环节主要包括以下步骤：确定决策目标；分析论证各种备选方案的可行性；选定最优方案。

3. 财务预算

财务预算(financial budget)是指运用科学的技术手段和数量方法，对未来财务活动的内容及指标所进行的具体规划。财务预算是以财务决策确定的方案和财务预测提供信息为基础编制的。财务预算是财务预测和财务决策的具体化，同时又是财务控制和财务分析的依据。财务预算的编制一般包括以下几个步骤：分析财务环境，确定预算指标，建立预算指标体系；协调财务能力，即合理安排人力、物力、财力，组织财务收支综合平衡；选择预算方法，编制总体财务预算；分解下达预算，建立预算责任体系。

4. 财务控制

财务控制(financial control)是在财务管理的过程中，利用有关信息和特定的手段，对企业财务活动所施加的影响或进行的调节，以纠正偏差和修正错误，从而确保预期目标的实现。实行财务控制是落实预算任务，保证预算实现的有效措施。财务控制一般要经过以下的步骤：制定控制标准，分解落实责任；实施跟踪控制，及时校正偏差；分析执行情况，搞好考核奖惩。

5. 财务分析

财务分析(financial analysis)是根据核算资料，运用专门方法对企业财务活动过程及其结果进行分析和评价的一项工作。通过财务分析，可以掌握各项财务预算的完成情况，评价财务状况，研究和掌握企业财务活动的规律性，改善财务预测、决策、预算和控制，改善企业管理水平，提高企业经济效益。财务分析一般包括的步骤如下：全面占有资料，掌握充分信息；分析对比指标，揭露矛盾和问题；分析主客观原因，明确功过是非；提出合理化建议，进一步改进工作。

财务预测、财务决策、财务预算、财务控制、财务分析5个财务管理环节中：①核心是财务决策；②财务预测是为财务决策服务的，是决策和计划的前提；③财务预算是财务决策的具体化，是以决策确立的方案和财务预测提供的信息为基础编制的，同时它又是控制财务活动的依据；④财务控制是落实计划任务，保证财务计划实现的有效措施；⑤财务分析可以掌握计划完成情况、评价财务状况，以改善财务预测、决策、计划和控制工作。分析既是对前期工作的总结和评价，又是下期工作的指导，在财务管理工作中起着承上启下的作用。进行财务预测，制订财务预算，组织财务控制，开展财务分析，这些管理环节，互相配合，紧密联系，形成周而复始的企业财务管理循环。

1.3.2　财务管理岗位职责

健全的企业财务管理机构，明确的财务管理人员工作职责，是合理有效地组织财务管理工作，顺利实现财务管理目标的有力保证。

企业财务管理机构因企业规模大小而不同。在小型企业中，一般不设单独的财务管理组织，财务管理工作只作为会计工作的一部分来完成，其工作重点是利用商业信用筹资和收回企业的应收账款，很少关心筹资和投资问题。在大中型企业中，一般都设有单独的财务管理组织，理财活动通常与企业高层领导人有关，如财务总监、财务经理及其他经理。图1-2是一张典型的突出了财务活动的公司制企业内部组织结构简图。

在图 1-2 中，总裁是企业的首席执行官，直接负责管理企业的生产经营。总裁下设各部门副总裁(总监)，负责不同部门的经营与管理。负责向财务总监报告的是财务经理和会计经理。财务管理岗位职责可概括为：投资管理、筹集资金、营运资金管理、分配管理、财务预算、财务控制与分析，并且通过这些工作为公司创造价值。具体可由财务总监、财务经理、财务预算员、投资分析员等人员完成。

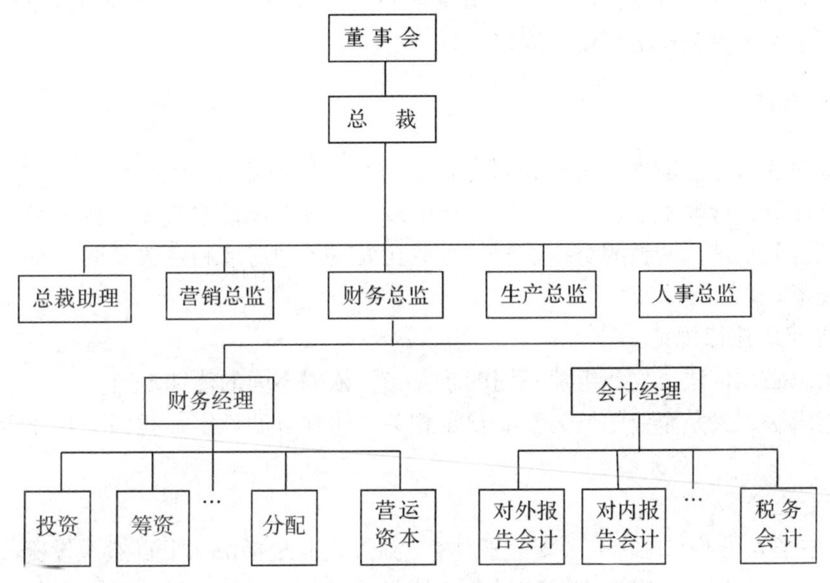

图 1-2 企业内部组织结构简图

集团公司财务总监的工作职责：

①领导全公司财务管理工作，持续优化完善公司财务管控体系，使财务管理成果切实体现公司经营管理状况；

②组织公司年度经营计划的制订，负责全面预算管理，控制管理费用支出及项目预算的执行；

③负责公司税务筹划工作，实现合理避税；负责公司融资工作，拓宽融资渠道，降低融资成本，保证公司现金流的充裕和质量；负责全公司资金管理工作，确保资金安全使用效率。

④建立和维护良好的税企、银企关系，保持与相关机构的良好沟通，展示公司良好企业形象；

⑤负责财务系统队伍建设，持续建立高素质、高胜任力的财务队伍。

1.4 财务管理环境

财务管理环境(financial environment)又称理财环境，是指对企业财务管理活动产生影响作用的各种企业内部条件和外部条件的统称。了解企业的财务管理环境，可以提高企业财务行为对环境的适应能力、应变能力及利用能力，有助于企业顺利实现财务管理目标。

财务管理环境按其与企业的关系可分为企业财务管理内部环境与企业财务管理外部环境两大部分。企业财务管理内部环境是指企业内部影响财务管理的各种因素，如企业的生产技术情况、经营规模、资产结构、生产周期等。企业财务管理外部环境是指企业外部影响财务管理的各种因素，如国家政治形势、经济形势、法律制度、企业面临的市场状况等。相对而言，内部环境比较简单，企业容易把握，而外部环境则难以控制和改变，更多的是适应它们的要求和变化，因此，本节主要介绍影响企业财务管理最主要的外部环境：法律环境、金融环境和经济环境等因素。

1.4.1 法律环境

财务管理的法律环境是指企业在财务活动过程中所应遵守的各种法律、法规和规章。市场经济条件下，行政手段逐步减少，经济手段、法律手段日益增多，特别是法律手段成为国家对经济关系进行调整的重要手段，企业在处理各种经济利益关系时，有义务遵守有关的法律规范。

1. 企业组织法律规范

企业组织必须依法成立。组建不同的企业，要依据不同的法律规范。这些法律规范既是企业的组织法，又是企业的行为法。根据相关法律规范的规定，我国的企业组织形式主要有：

(1)独资企业

根据《中华人民共和国个人独资企业法》，独资企业是指由一个自然人投资，财产为投资人个人所有，投资人以其个人财产对企业债务承担无限责任的经济实体。独资企业具有结构简单、容易开办、利润独享、限制较少的优点。但也存在无法克服的缺点：一是出资者负有无限偿债责任；二是筹资困难。由于个人财力有限，借款时往往因信用不足而遭到拒绝。

(2)合伙企业

根据《中华人民共和国合伙企业法》，合伙企业是指由各合伙人订立合伙协议，共同出资、合伙经营、共享收益、共担风险，并对本企业债务承担无限连带责任的营利性组织。合伙企业具有开办容易、信用较佳的优点，但也存在以下缺点：①出资者负有无限偿债责任。②权利不集中，有时决策过程过于冗长。③产权转让和外部筹资相对于公司制企业困难。

独资企业和合伙企业都对企业债务负有无限责任，都不具备法人资格，不缴纳企业所得税而是交纳个人所得税。

(3)公司

根据《中华人民共和国公司法》(以下简称《公司法》)，公司制企业是由若干人共同出资，依照公司法登记成立，具有法人资格，以盈利为目的的经济实体。公司享有股东投资形成的全部法人财产权，依法享有民事权利，承担民事责任。公司股东作为出资者按投入公司的资本额享有资产受益、重大决策和选择管理者等权利，并以其出资额或所持股份为限对公司承担有限责任。《公司法》对公司企业的设立条件、设立程序、组织机构、组织变更和终止的条件和程序等都做了规定，包括股东的人数、法定资本的最低限额、资本的筹集方式等。只有按其规定的条件和程序建立的企业，才能称为“公司”。《公司法》还对公司生产经营的主要方面做出了规定，包括股票的发行和转让、利润的分配等。公司一旦成立，其主要的活动，包括财务管理活动，都要按照《公司法》的规定进行。因此，《公司法》是公司企业财务管理最重要的强制性规范，公司的理财活动不能违反该法律，公司的自主权不能超出该法律的限制。我国《公司法》所称公司指有限责任公司和股份有限公司。公司制企业的最大优点是企业的所有者即股东只承担有限责任，股东对企业债务的责任以其投资额为限。另一个优点是比较容易筹集资金，通过发行股票、债券等可以迅速筹集到大量资金，这使公司制企业比独资企业和合伙企业有更大的发展可能性。

2. 税务法律规范

国家是整个社会行政事务的管理者，每个企业都是受益人，因此，任何企业都有法定的纳税义务。国家财政收入的主要来源是企业所缴纳的税金，而国家的财政状况和财政政策，对于企业资产来源和税收负担有着重要的影响；此外，国家各种税种的设置、税率的调整，还具有调节生产经营、引导资源配置的作用。企业的财务决策应当适应税收政策的导向，合理安排资金投放。

税务是企业的一种费用，会增加企业的现金流出，对企业的理财有着重要的影响。企业只能靠精心安排和策划筹资、投资和利润分配等财务决策来减轻税务，而不能在应税行为已经发生后去偷税漏税。因此，财务人员应当熟悉国家税收法律的规定，不仅要了解各项税种的计征范围、计征依据和税率，而且要了解差别税率的制定精神，减税、免税的原则规定，自觉按税收政策导向组织经营活动和财务活动，正确处理企业财务关系。有关税收的立法分为 3 类：所得税的法规，包括企业所得税、个人所得税、外商投资企业和外国企业所得税；流转税的法规，包括增值税、消费税、营业税、城市维护建设税；其他地方税的法规，包括资源税、财产税及行为税。

3. 财务法律规范

财务法律规范是规范企业财务管理行为的法令文件。我国目前企业财务管理法规制度主要有《企业财务通则》《行业财务制度》和企业内部财务制度等三个层次。《企业财务通则》是各类企业进行财务活动、实施财务管理的基本规范，在企业财务法规中起着统帅作用。经国务院批准由财政部发布的《企业财务通则》，1994 年 7 月 1 日起施行。它对建立资本金制度、固定资产的折旧、成本的开支范围、利润的分配等做出了规定。

除上述法律规范外，与企业财务管理有关的其他经济法律规范还有许多，包括各种证券法律规范、结算法律规范、合同法律规范等。财务人员要熟悉这些法律规范，在守法的前提下完成财务管理的职能，实现企业财务管理的目标。

1.4.2 金融环境

企业财务活动很多方面是在有关金融环境下进行的，例如，企业需要资金从事投资和经营活动，而资金的取得，除自由资金外，主要从金融环境中获取。金融环境为企业筹资和投资提供了场所，是企业财务管理的直接环境，也是最为重要的环境因素。

1. 金融市场及其构成要素

金融环境即金融市场环境，金融市场是实现货币借贷和资金融通，办理各种票据和有价证券交易活动的场所。广义的金融市场，是指一切资本流动的场所，包括实物资本和货币资本的流动。广义金融市场的交易对象包括货币借贷、票据承兑和贴现、有价证券的买卖、黄金和外汇买卖、办理国内外保险、生产资料的产权交换等。狭义的金融市场一般是指有价证券市场，即股票和债券的发行和买卖市场。

金融市场主要由金融市场主体、金融工具和交易场所三要素构成。金融市场主体是指参与金融交易活动的各经济单位。它包括政府、金融机构、企事业单位、个人等按照其进入市场的身份，就某一时点静态考察，可以分为资金供应者、资金需求者、中介人和管理者4个部分。但从参与者本身来考察，既是资金供应者，又是资金需求者，政府除了在不同时期是资金供应者或需求者外，还发挥着资金供求平衡的调节作用。金融工具又称信用工具，是指筹资者发行和流通借以证明资金供应者权利和资金需求者义务的凭证。它包括各种股票、债券、票据、可转让存款单、借款合同、抵押契约等。交易场所主要有交易所交易和柜台交易两种。

金融市场的功能体现在金融市场对经济发展所起的作用上，主要包括融资选择、融资转换、合理引导、风险分散、信息反映和宏观调控等功能。政府对金融市场的管理方式主要包括管理机构的日常管理、中央银行的间接管理和政府的法律管理等。

2. 金融性资产及其特点

金融性资产是指现金或有价证券等进入金融市场交易的资产。它们与实物资产相比，具有以下主要特点：

(1)较强的流动性

金融资产一般可以在短期内转换为资金，因而具有较高的流动性。流动性高的金融资产的特点就是容易兑现，短期内价格波动较小。

(2)收益的波动性

在现代市场经济条件下，金融资产投资是企业进行资源配置，实现资本增值的重要途径。获得预期收益是投资者进行金融资产投资的根本动机，但金融资产的收益波动性较大，尤其是股票类证券的未来收益有很大的不确定性。

(3)较高的风险性

金融资产的风险性，指某种金融性资产不能恢复其原投资价格的可能性。金融性资产的风险主要有违约风险和市场风险。违约风险是指由于证券发行人破产而导致债券永远不能被偿还的风险；市场风险是指由于投资的金融性资产的市场价格波动而产生的风险。

金融市场的上述三个特点是相辅相成、相互联系的。一般地说，金融资产的流动性与其收益性成反比，收益性和风险性成正比。现金的流动性最高，但持有现金不能获得投资收益；股票的收益性好，但风险大；政府债券的收益性不如股票，但其风险小。企业在进行金融资产投资时，需要在流动性、收益性和风险性之间进行权衡，寻找最佳的投资结合方式。

3. 金融市场上利率的决定因素

利息率简称为利率，是利息占本金的百分比指标。在金融市场上，利率是资金使用权的价格。资金作为一种特殊商品，以利率为价格标准进行融通，实质是资源通过利率实行的再分配。因此，利率在资金分配及企业财务决策中起着重要作用。

(1)利率的类型

①按利率之间的变动关系，分为基准利率和套算利率　基准利率是指在多种利率并存条件下起决定作用的利率，在西方国家通常是中央银行的再贴现率，在我国是中国人民银行对商业银行贷款的利率。套算利率是指在基准利率的基础上，由各商业银行根据借贷款项的特点而换算出的利率。例如，某金融机构依据贷款企业的资信等级规定，贷款给 AAA 级、AA 级和 A 级企业的利率，分别是在基准利率的基础上加 0.25%、0.50%和 0.75%，如此计算所得的利率便是套算利率。

②按利率与市场资金供求情况的关系，分为固定利率和浮动利率　固定利率是指在整个贷款期限内固定不变的利率，浮动利率是指在贷款期限内随市场借贷资金供求关系而在一定范围内调整的利率。

③按利率形成的机制不同，分为法定利率和市场利率　法定利率是政府通过中央银行确定公布，并且各银行都必须执行的利率，主要包括中央银行基准利率、金融机构对客户的存、贷款利率等。市场利率是金融市场上资金供求双方竞争形成的利率，随资金供求状况而变化，主要包括同业拆借利率、国债二级市场利率等。

(2)金融市场上利率的决定

正如任何商品的价格均由供应和需求两个方面来决定一样，资金这种特殊商品的价格——利率，也主要是由其供需状况来决定的。此外，经济周期、通货膨胀、国家货币政策和财政政策、国际政治经济关系、国家利率管理制度等，对利率的变动趋势均有不同程度的影响。金融市场上资金的购买价格即利率，可用下式表示：

$$\text{利率}=\text{纯粹利率}+\text{通货膨胀附加率}+\text{风险附加率}$$

①纯粹利率　纯粹利率是指无通货膨胀、无风险情况下的平均利率。例如，在没有通货膨胀时，国库券的利率可以视为纯粹利率。纯粹利率的高低，受平均利润率、资金供求关系和国家宏观调控政策的影响。

②通货膨胀附加率　通货膨胀使货币贬值，投资者的真实报酬下降。因此投资者在把资金交给借款人时，会在纯粹利率的水平上再加上通货膨胀附加率，以弥补通货膨胀造成的购买力损失。

③风险附加率　投资者除了关心通货膨胀以外，还关心资金使用者能否保证他们收回本金并取得一定的收益。这种风险越大，投资人要求的收益率就越高，风险和收益之间存在着对应关系。风险附加率是投资者要求的除纯粹利率和通货膨胀附加率之外的风险补偿。通常包括三项：一是违约风险附加率。违约风险是指借款人可能不能按时支付利息或不能如期偿还贷款本金。违约风险附加率是指为了弥补因债务人无法按时还本付息而带来的风险，由债权人(投资人)要求提高的利率。信用等级越低，违约风险越大，债权人(投资人)要求的利率越高。二是流动性风险附加率。又称变现力风险附加率，是指为了弥补因债务人资产变现力不好而带来的风险，由债权人(投资人)要求提高的利率。各种有价证券的变现力是不同的。政府债券和大公司的股票容易被人接受，债权人和投资人随时可以出售以收回投资，变现力很强。与此相反，一些小公司的债券鲜为人知，不易变现，债权人(投资人)要求提高利率作为补偿。三是到期风险附加率。是指为了弥补因偿债期长而带来的风险，由债权人(投资人)要求提高的利率。例如，五年期国库券利率比三年期国库券

高，两者的变现力和违约风险相同，差别在于到期时间不同。由于市场利率可能变动，到期时间越长，债权人(投资人)可能遭受损失的风险越大。到期风险附加率，是对债权人(投资者)承担利率变动风险的一种补偿。

利率＝纯粹利率＋通货膨胀附加率＋违约风险附加率＋流动性风险附加率＋到期风险附加率

纯粹利率和通货膨胀附加率两项构成基础利率，违约风险附加率、流动性风险附加率和到期风险附加率三项构成风险附加率。利率的计算公式也可表示如下：

利率＝基础利率＋风险附加率

4. 金融市场与企业理财

(1)金融市场提供企业投资和筹资的场所

金融市场有许多种筹集资金的方式，而且比较灵活。企业需要资金时，可以到金融市场选择适当的方式筹资，企业有了剩余的资金，也可以以灵活的投资方式，为其资金寻找出路。

(2)企业通过金融市场可以使长、短期资金相互转化

企业持有的股票和债券如果是长期投资，在金融市场上随时可以转手变现，成为短期资金；远期票据通过贴现，可变为现金；大额可转让定期存单，可以在金融市场上卖出，成为短期资金。同时，短期资金也可以在金融市场上转变为股票、债券等长期资产。

(3)金融市场为企业财务管理提供有价值的信息

金融市场的利率变动，反映资金的供求状况；有价证券市场的行市反映投资人对企业的经营状况和盈利水平的评价。这些信息是企业进行财务预测和决策的重要依据。

1.4.3 经济环境

经济环境是指国家在一定时期的各种经济政策以及经济发展水平。它具体包括经济周期和经济发展水平、市场环境、经济政策等。

1. 经济周期

在市场经济条件下，经济发展总是表现为“波浪式前进，螺旋式上升”的态势，大体上经历复苏、繁荣、衰退和萧条几个阶段的循环，这种循环称为经济周期(economic cycle)。经济周期性波动对企业理财有重要影响。一般而言，在萧条阶段，由于整个宏观经济的不景气，企业处于紧缩状态之中，产销量下降，投资锐减，有时资金供应紧张，有时出现资金闲置。在繁荣阶段，市场需求旺盛，企业销量大幅上升，为了扩大生产，企业就要扩大投资，雇佣更多的劳动力，这就要求财务人员及时地筹集所需资金，为企业的生存与发展提供有力的财务保证。

2. 经济发展水平

财务管理的发展水平是和经济发展水平密切相关的，经济发展水平越高，财务管理水平也越好；经济发展水平越低，财务管理水平也低。改革开放以来，我国的国民生产总值以很高的速度增长，各项建设方兴未艾，这给企业扩大规模、调整方向、打开市场、拓宽财务活动的领域带来了机遇和挑战。企业财务管理人员应积极探索与经济发展水平相适应的财务管理模式。

3. 市场环境

在市场经济条件下，每个企业都面临着不同的市场环境，这都会影响和制约企业的理财行为。企业所处的市场环境，通常有下列4种：①完全垄断市场，处于这种环境下的企业，销售一般都不成问题，价格波动也不会很大，企业的利润稳中有升，不会产生太大的波动，因而风险较小，可利用较多的债务来筹集资金。②完全竞争市场，处于这种环境下的企业，销售价格完全由市场来决定，价格容易出现上下波动，企业利润也会出现上下波动，因而不宜过多地采用负债方式筹集资金。③不完全竞争市场。④寡头垄断市场。处于不完全竞争市场和寡头垄断市场的企业，为了在竞争中取胜，关键是要使自己的产品超越其他企业的产品，具有独特性和创新性。这就需要在研究与开发上投入大量资金，研制出新的优质产品，并做好广告，搞好售后服务，给予优惠的信用条件等。为此，财务管理人员要筹集足够的资金，用于研究与开发和产品推销。

4. 经济政策

政府具有对宏观经济发展进行调控的职能。其制订的国民经济发展规划、国家产业政策、经济体制改革措施等，对企业的财务管理都有较大影响。例如，在一定时期，国家对某个地区、某些行业、某些经济行为实行优惠鼓励政策，而对某些地区、行业和经济行为实行限制等。因此，企业在进行财务决策时，要认真研究政府政策，按照政策导向行事，才能趋利除弊。

除此之外，经济因素还有经济体制、经济结构、通货膨胀、价格动向、税率变动、外汇管制状况、出口导向，等等。

小结

1. 企业财务是企业再生产过程中客观存在的资金运动及其体现的财务关系。

2. 企业财务活动室指企业资金收支活动的总称，包括筹资活动、投资活动、资金营运活动、收益分配活动等一些列行为，它是财务管理的基本内容。

3. 企业财务关系是指企业在资金运动过程中与各有关方面发生的经济利益关系。其包括：①企业与其投资者之间的财务关系；②企业与其债权人之间的财务关系；③企业与被投资者之间的财务关系；④企业与债务人之间的财务关系；⑤企业与其职工之间的财务关系；⑥企业内部各单位之间的财务关系；⑦企业与政府之间的财务关系。

4. 企业财务管理是指企业组织财务活动，处理财务关系的一项经济管理工作，它是企业管理的重要组成部分。

5. 企业财务管理目标是指企业财务管理活动所要达到的根本目的。目前，财务管理目标主要有3种观点：利润最大化、权益资本净利率最大化（或每股利润最大化）和企业价值最大化（或股东财富最大化）。企业价值最大化（或股东财富最大化）是财务管理的最优目标。

6. 财务管理环境是指对企业财务活动、财务关系产生影响作用的一切因素的总和，包括内部财务管理环境和外部财务管理环境。影响企业外部财务管理环境的因素主要包括：法律环境、经济环境和金融环境等。金融环境是最重要的外部环境因素。

复习思考题

1. 什么是企业财务？什么是企业财务管理？

2. 什么是财务活动？企业有哪些财务活动？
3. 什么是财务关系？企业主要有哪些财务关系？
4. 财务管理的基本环节是什么？
5. “利润最大化”作为公司理财的目标有何优缺点？
6. 现在大公司普遍利用哪些措施激励管理者实现公司市场价值最大化？
7. 如何协调所有者与经营者的目标？
8. 如何协调所有者与债权人的目标？
9. 影响公司目标实现的财务管理环境是什么？

练习题

一、单项选择题

1. 由企业资金运动所体现的企业同各有关方面的经济关系称为(　　)。
   A. 财务管理　　B. 财务活动　　C. 财务关系　　D. 财务监督
2. 企业财务管理的对象是(　　)。
   A. 资金运动及其体现的财务关系　　B. 资金的数量增减变动
   C. 资金的循环与周转　　D. 资金投入、退出和周转
3. 财务管理最为主要的环境因素是(　　)。
   A. 经济环境　　B. 法律环境　　C. 体制环境　　D. 金融环境
4. 企业与债权人的财务关系在性质上是一种(　　)。
   A. 经营权与所有权关系　　B. 投资与被投资关系
   C. 委托代理关系　　D. 债权债务关系
5. (　　)是财务预测和财务决策的具体化，是财务控制和财务分析的依据。
   A. 财务管理　　B. 财务预算　　C. 财务关系　　D. 财务活动
6. 现代财务管理的最优目标是(　　)。
   A. 总产值最大化　　B. 利润最大化
   C. 每股收益最大化　　D. 企业价值最大化
7. 财务管理的目标可用股东财富最大化来表示，能表明股东财富的指标是(　　)。
   A. 利润总额　　B. 每股收益　　C. 资本利润率　　D. 每股股价
8. 以企业价值最大化作为财务管理目标存在的问题有(　　)。
   A. 没有考虑资金的时间价值　　B. 没有考虑资金的风险价值
   C. 企业的价值难以评定　　D. 容易引起企业的短期行为
9. 没有风险和通货膨胀情况下的利率是指(　　)。
   A. 浮动利率　　B. 市场利率　　C. 纯粹利率　　D. 法定利率
10. 公司与政府之间的财务关系体现为(　　)。
   A. 债权债务关系　　B. 资金和无偿分配的关系
   C. 风险收益对等关系　　D. 资金结算关系

二、多项选择题

1. 利润最大化目标的主要缺点是(　　)。
   A. 没有考虑资金的时间价值
   B. 没有考虑资金的风险价值

C. 是一个绝对值指标，未能考虑投入和产出之间的关系

D. 容易引起企业的短期行为

2. 债权人为了防止自身利益被损害，通常采取(　　)等措施。

A. 参与董事会监督所有者　　B. 限制性借款

C. 收回借款不再借款　　D. 优先于股东分配剩余财产

3. 以每股收益最大化作为企业财务管理的目标，它所存在的问题有(　　)。

A. 没有把企业的利润与投资者投入的资本联系起来

B. 没有把企业获取的利润与所承担的风险联系起来

C. 没有考虑资金时间价值因素

D. 不利于企业之间收益水平的比较

E. 容易诱发企业经营中的短期行为发

4. 金融市场利率由(　　)构成。

A. 基础利率　　B. 风险附加率　　C. 通货膨胀附加率　　D. 资本利润率

5. 对企业财务管理而言，下列因素中的(　　)只能加以适应和利用，但不能改变它。

A. 国家的经济政　　B. 金融市场环境　　C. 企业经营规模　　D. 国家的财务法规

6. 公司必须协调的，构成了企业最重要的财务关系的几个方面是(　　)。

A. 股东　　B. 经营者　　C. 债权人　　D. 政府

三、判断题

1. 企业财务是一种客观存在的自然现象，它必然存在于企业生产经营的过程中。(　　)
2. 只要商品经济存在，财务活动就必然在企业的生产经营过程中存在。(　　)
3. 企业财务活动的内容，也是企业财务管理的基本内容。(　　)
4. 有始有终的一次性资金运动称为资金周转，多次重复的运动称为资金循环。(　　)
5. 企业与税务机关之间的财务关系体现为投资与受资的关系。(　　)
6. 股东财富最大化目标考虑了众多相关利益主体的不同利益。(　　)
7. 企业所有者、经营者在财务管理工作中的目标是完全一致的，所以他们之间没有任何利益冲突。(　　)
8. 解聘是一种通过市场约束经营者的办法。(　　)
9. 金融市场的基础利率没有考虑风险和通货膨胀因素。(　　)
10. 金融性资产的流动性和收益性成反比；收益性和风险性成正比。(　　)

推荐阅读书目

1. 财务管理. 李艳萍主编. 经济科学出版社、中国铁道出版社，2006.
2. 企业财务管理. 彭亚黎主编. 武汉大学出版社，2012.
3. 财务成本管理. 中国注册会计师协会编. 中国财政经济出版社，2014.

第 2 章　财务管理基础观念

通过本章学习，了解资金时间价值与风险价值的概念；掌握复利终值、复利现值、年金终值、年金现值的计算，并能结合有关问题熟练地运用；了解风险的分类；掌握风险的衡量；掌握风险与报酬的关系；理解时间价值和风险的原理，为学习后面各章打下良好的基础。

钱塘公司在中国建设银行杭州分行西湖支行设立了一个临时账户，2012 年 6 月 1 日存入 20 万元，银行存款年利率为 3.5%。因资金比较宽松，该笔存款一直未予动用。2014 年 6 月 1 日，钱塘公司拟撤销该临时账户，与银行办理销户时，银行共付给钱塘公司 21.4 万元。

阅读上述资料，分析讨论以下问题：

(1)写出 21.4 万元的计算过程。

(2)如果钱塘公司将 20 万元放在单位保险柜里，存放至 2014 年 6 月 1 日，会取出多少钱？分析资金产生时间价值的根本原因。

2.1　资金时间价值

资金的时间价值是现代财务管理的基础观念之一，因其非常重要并且涉及所有理财活动，被称为理财的“第一原则”。

2.1.1　资金时间价值的概念

众所周知，在市场经济条件下，即使不存在通货膨胀，等量资金在不同时间点上的价值量也不相等，今天的一元钱和将来的一元钱不等值，前者要比后者的价值大。比如，若银行存款年利率为 10%，将今天的 1 元钱存入银行，一年以后就会是 1.10 元。可见，经过一年时间，这 1 元钱发生了 0.10 元的增值，今天的 1 元钱和一年以后的 1.10 元等值。人们将资金在使用过程中随时间的推移而发生增值的现象，称为资金具有时间价值的属性。资金时间价值(time value of money)是指一定量资金在不同时间点上价值量的差额。

由于时间价值的计算方法同有关利息的计算方法相同，因而时间价值与利率容易被混为一谈。实际上，财务管理活动总是或多或少地存在风险，而通货膨胀也是市场经济中客观存在的经济现象。因此，利率不仅包含时间价值，而且也包含风险价值和通货膨胀的因素。在正常情况下购买国库券等政府债券时几乎没有风险，因此如果通货膨胀很低的话，可以用政府债券利率来表示资金时间价值。

对资金时间价值这一概念的理解，应掌握 3 个要点：①资金时间价值是资金增值部分，一般情况下可理解为利息；②资金的增值是在资金被当作投资资本的运用过程中实现的，不作为资本利用的资金不可能自行增值；③资金时间价值的多少与时间成正比。把资金时间价值引入财务管理，在资金筹集、运用和分配等各方面考虑这一因素，是提高财务管理水平，搞好筹资、投资、分配决策的有效保证。

2.1.2　资金时间价值的计算

由于资金时间价值的存在，不同时间点上的资金不宜直接进行比较大小，所以，需要把它们换算到相同的时间基础上，然后才能进行大小的比较。这就涉及不同时点上资金之间的换算即资金时间价值的计算。

资金时间价值的计算涉及两个重要的概念，就是终值和现值。终值又称将来值，是现在一定量现金在未来某一时点上的价值，俗称本利和，通常记作 F。现值又称本金，是指未来某一时点上的一定量现金折合为现在的价值，通常记作 P。

资金时间价值的计算基础涉及利息计算方式的选择。目前利息的计算方式有两种：①单利：只对本金计提利息，计息基础就是本金。单利每期利息相同。②复利：不仅要对本金计息，而且要对前期的利息计提利息，计息基础是前期的本利和。复利计息方式下，每期利息不相等。在不特别说明的情况下，时间价值计算是以复利方式计息。然而，由于特殊条件，我国整个银行计息基础是以单利为基础的，所以财务管理的某些内容中，比如在投资报酬计算时也考虑到单利问题，但绝大部分时间价值的计算都是以复利为基础的，所以必须掌握复利计息。

1. 一次性收付款项终值与现值的计算

在某一特定时点上一次性支付(或收取)，经过一段时间后再相应地一次性收取(或支付)的款项，即为一次性收付款项。

为计算方便，先设定如下符号标识：I 为利息；P 为现值；F 为终值；i 为每一利息期的利息率(折现率)；n 为计算利息的期数。

(1)单利终值与现值

①单利终值的计算　单利终值是指单利计息情况下，现在一定量资金在未来某一时点上的价值，俗称本利和。其计算公式为：

$$F = P + I = P + P \times i \times n = P \times (1 + i \times n)$$

【例 2-1】某人存入银行 15 万元，若银行存款年利率为 5%，采用单利计算，5 年后的本利和是多少?

解：如图 2-1 所示：

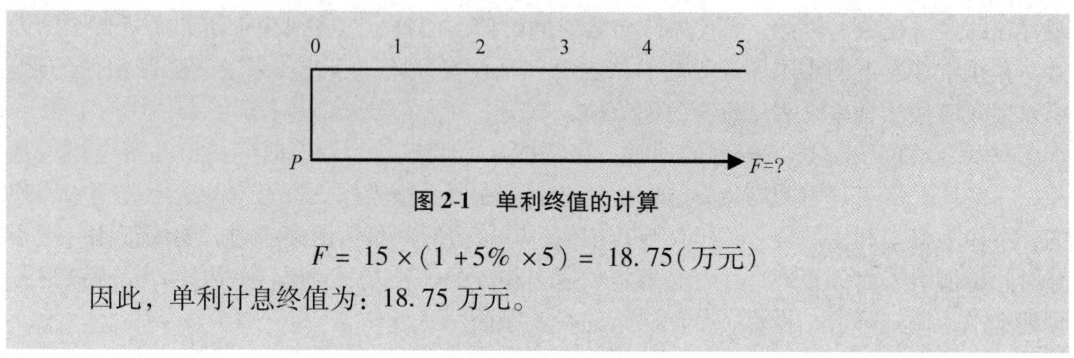

图 2-1　单利终值的计算

$$F = 15 \times (1 + 5\% \times 5) = 18.75(\text{万元})$$

因此，单利计息终值为：18.75 万元。

②单利现值的计算　单利现值与单利终值互为逆运算，由终值计算现值的过程称为贴现。其公式为：

$$\text{单利现值} = \text{终值} / (1 + i \times n)$$

$$P = F/(1 + i \times n)$$

【例 2-2】某人拟存入一笔钱，希望 5 年后得到 20 万元，若银行存款年利率为 5%，单利计算条件下，问此人现在应存入多少钱？

解：如图 2-2 所示：

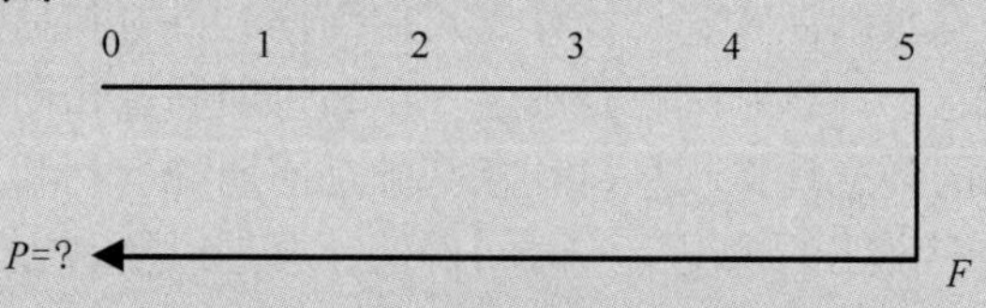

图 2-2　单利现值的计算

$$P = \frac{20}{1 + 5 \times 5\%} = 16\ (\text{万元})$$

因此，单利计息现值为：16 万元。

(2) 复利终值与现值

①复利终值的计算　复利终值是指一定量的本金按复利计算若干期后的本利和。

复利终值的计算，实际上是在其他条件一定的情况下，已知现值 P，求终值 F 的计算过程。由复利的定义知：

第一年的本利和　　$F_1 = P + P \times i = P(1 + i)$

第二年的本利和　　$F_2 = F_1 + F_1 \times i = F_1(1 + i) = P(1 + i)^2$

第三年的本利和　　$F_3 = F_2 + F_2 \times i = F_2(1 + i) = P(1 + i)^3$

⋮　　　　⋮

第 n 年的本利和　　$F_n = P(1 + i)^n$

为了书写方便，一般将上述公式中 F_n 的下标省去，简单表示为：

$$F = P(1 + i)^n$$

上式为复利终值的一般公式，式中的 $(1 + i)^n$ 称为复利终值系数，用符号 $(F/P, i, n)$

表示，其含义为当利率为 i 时，经过 n 期后，1 元本金的最终价值。例如（F/P，10%，5）表示当利率为 10%，经过 5 期后，1 元本金的终值。式中的计息期 n 可以以年计算，也可以以季或月等计算，只要式中的 i 是同期的利率即可。在实际应用中，可直接查阅事先编制好的复利终值系数表（参阅本书附表 1）。

【例 2-3】某人将 10 000 元钱存入银行，银行按复利率 $i=10\%$ 计算利息，那么 5 年后的本利和为多少？

解：
$$
\begin{aligned}
F &= 10\,000 \times (1+10\%)^5 \\
&= 10\,000 \times (F/P,\ 10\%,\ 5) \\
&= 10\,000 \times 1.611 = 16\,110(\text{元})
\end{aligned}
$$

②复利现值计算　复利现值相当于原始本金，它是指今后某一特定时间收到或付出的一笔款项，按折现率（i）所计算的现在时点价值。可见，复利现值计算实际上是复利终值计算的逆运算，所以：

$$P = \frac{F}{(1+i)^n} = F \times (1+i)^{-n}$$

上式中的 $(1+i)^{-n}$ 是复利终值系数的倒数，称为复利现值系数，用符号（P/F，i，n）表示，其含义为当利率为 i 时，为取得 n 期后的 1 元，现在需要多少本金。例如（P/F，10%，5）表示当利率为 10% 时，为取得 5 期后的 1 元，现在需要本金多少元。为便于计算，同样也可直接查阅事先编制好的复利现值系数表（参阅本书附表 2）。

【例 2-4】某企业 3 年后进行投资建设需要 20 000 元，在利率为 10%，银行按复利计算的情况下，该企业现在应存入银行多少钱？

解：
$$
\begin{aligned}
P &= 20\,000 \times (1+10\%)^{-3} \\
&= 20\,000 \times (P/F,\ 10\%,\ 3) \\
&= 20\,000 \times 0.751 = 15\,020(\text{元})
\end{aligned}
$$

2. 普通年金终值与现值的计算

上面介绍了一次性收付款项，除此之外，在现实经济生活中，还存在一定时期内多次收付的款项，即系列收付款项。如果每次收付的金额相等，则这样的系列收付款项便称为年金。简言之，年金（annuity）是指在一定时期内每次等额收付的系列款项，通常用 A 表示。年金有 3 个要点：等额性、定期性、系列性。根据年金收支的时间不同，年金可以分为普通年金、预付年金、递延年金和永续年金。

普通年金（ordinary annuity）指从第一期起，在一定时期内每期期末等额发生的系列收付款项，又叫后付年金，如图 2-3 所示。

（1）普通年金终值的计算

普通年金终值是指每期期末等额收付款项的终值的总和。例如年金相当于零存整取储蓄存款的零存数，那么年金终值就是零存整取的整取数。

其计算公式如下：

$$F_A = A + A(1+i) + A(1+i)^2 + A(1+i)^3 + \cdots + A(1+i)^{n-1} \qquad (1)$$

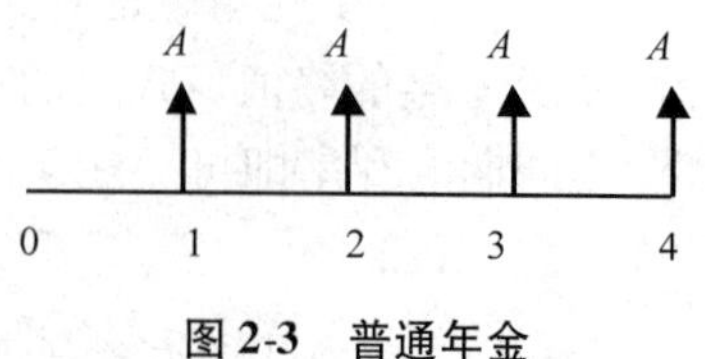

图 2-3　普通年金

上述等式两边同时乘以(1+i)，便得到：

$$(1+i)\times F_A=A(1+i)+A(1+i)^2+A(1+i)^3+\cdots+A(1+i)^n \quad (2)$$

将(2)-(1)得：

$$i\times F_A=A\times(1+i)^n-A$$

$$F_A=A\times\frac{(1+i)^n-1}{i}=A\times(F/A,\ i,\ n)$$

上式便是计算普通年金终值的一般公式，式中的$\frac{(1+i)^n-1}{i}$称为普通年金终值系数，用符号(F/A，i，n)表示，其含义为每期末支付的普通年金1元，当利率为i，经过n期后的最终价值。例如(F/A，10%，5)表示普通年金1元，当利率为10%，经过5期后的最终价值。为便于计算，同样也可直接查阅事先编制好的普通年金终值系数表(参阅本书附表3)。利用该表，便可在已知利率i、复利期n和年金A的情况下，计算年金的终值。

【例2-5】某人每年末支付购房款10万元，连续支付5年，假定复利年利率为10%，第五年末一共支付了多少钱？

解：$F_A=10\times\frac{(1+10\%)^5-1}{10\%}=10\times(F/A,\ 10\%,\ 5)$

$=10\times6.1051=61.051$(万元)

这意味着在利率为10%的条件下，连续5年末支付10万元与第五年末的61.051万元在经济上是等值的。

也可以在已知利息率(或折现率)i，期数为n及终值F时，计算年金A，此时A称为年偿债基金，它是年金终值的逆运算。即：

$$年偿债基金=\frac{年金终值}{年金终值系数}$$

【例2-6】某企业准备3年后进行一项投资，投资额150万元。该企业打算今后3年每年年末等额存入银行一笔资金，恰好第三年年末一次取出本利和150万元。银行存款利息率4%，每年计一次复利。要求：计算今后3年每年年末应等额存入银行的资金。

解：此例是已知年金终值求年金，也就是求年偿债基金。

$$A=\frac{150}{(F/A,\ 4\%,\ 3)}=\frac{150}{3.12160}=48.05(万元)$$

(2)普通年金现值计算

普通年金的现值是指为在将来若干期内的每期支取相同的金额，按复利计算，现在所需要的本金数。例如把年金看成每期期末等额的取款额，年金现值就相当于现在需要存入的本金。

其计算公式为：

$$P_A = A(1+i)^{-1} + A(1+i)^{-2} + A(1+i)^{-3} + \cdots + A(1+i)^{-n} \quad (3)$$

上述等式两边同时乘以$(1+i)$，便得到：

$$(1+i) \times P_A = A + A(1+i)^{-1} + A(1+i)^{-2} + \cdots + A(1+i)^{1-n} \quad (4)$$

将(4)-(3)得：

$$P_A = A \times \frac{1-(1+i)^{-n}}{i} = A \times (P/A,\ i,\ n)$$

上式便是计算普通年金终值的一般公式，式中的$\frac{1-(1+i)^{-n}}{i}$称为普通年金现值系数，用$(P/A,\ i,\ n)$表示，为便于计算，同样也可直接查阅事先编制好的普通年金现值系数表(参阅本书附表4)。

【例2-7】某人现要出国，出国期限为10年。在出国期间，其每年年末需支付1万元的房屋物业管理等费用(如图2-4所示)，已知银行利率为2%，求现在需要向银行存入多少钱?

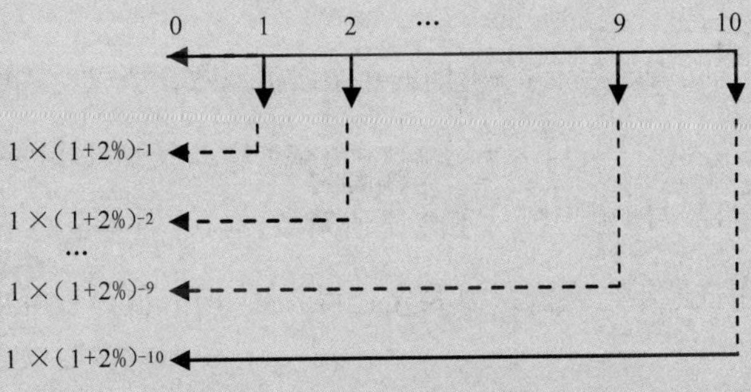

图2-4 普通年金现值计算

解：$P = A(P/A,\ i,\ n) = 1 \times (P/A,\ 2\%,\ 10) = 8.982\ 6$(万元)

我们也可以在已知利息率(或折现率)i，期数为n及现值为P_A时，计算年金A，此时A称为年投资回收额(即年金现值的逆运算)，属于已知整存求零取的问题，即：

$$A = \frac{P_A}{(P/A,\ i,\ n)}$$

【例2-8】已知：某企业拟投资100万元建设一个预计寿命期10年的更新改造项目。若企业期望的资金报酬率为10%。要求：计算该企业每年年末至少要从这个项目获得多少报酬才是合算的?

解：依题意，这是个已知年金现值 P_A，求年投资回收额 A 的问题。

$$A=\frac{100}{(P/A,\ 10\%,\ 10)}=\frac{100}{6.14457}\approx 16.275(\text{万元})$$

3. 预付年金终值与现值的计算

预付年金(annuity in possession)是指从第一期起，在一定时期内每期起初等额收付的系列款项，又称先付年金。它与普通年金的区别在于其支付期较普通年金提前了一期，如图 2-5 所示：

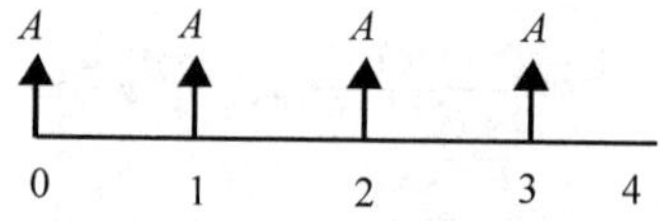

图 2-5　预付年金示意图

(1)预付年金终值的计算

根据定义，n 期预付年金的年金终值计算公式为：

$$\begin{aligned}F&=A(1+i)+A(1+i)^2+A(1+i)^3+\cdots+A(1+i)^{n-1}+A(1+i)^n\\&=[A+A(1+i)+A(1+i)^2+A(1+i)^3+\cdots+A(1+i)^{n-1}+A(1+i)^n]-A\\&=A\times\frac{(1+i)^{n+1}-1}{i}-A=A\times[\frac{(1+i)^{n+1}-1}{i}-1]\end{aligned}$$

其中$\frac{(1+i)^{n+1}-1}{i}$是普通年金 $n+1$ 期的年金终值系数，所以上式可简化为：

$$F=A\times(F/A,\ i,\ n+1)-A=A\times[(F/A,\ i,\ n+1)-1]$$

式中$[\frac{(1+i)^{n+1}-1}{i}-1]$称为预付年金终值系数，与普通年金终值系数相比，期数加 1，系数值减 1，利用普通年金终值系数表先查得 $n+1$ 期的值，然后再减 1，就可得到预付年金的终值系数。

另外一种公式推导方法为：

$$\begin{aligned}F&=A(1+i)+A(1+i)^2+A(1+i)^3+\cdots+A(1+i)^{n-1}+A(1+i)^n\\&=(1+i)\times[A+A(1+i)+A(1+i)^2+A(1+i)^3+\cdots+A(1+i)^{n-1}]\\&=(1+i)\times(F/A,\ i,\ n)\\&=A\times(F/A,\ i,\ n)\times(1+i)\end{aligned}$$

即 n 期预付年金终值相当于 n 期普通年金终值乘上$(1+i)$。

【例 2-9】某公司决定连续 5 年于每年年初存入 1 000 万元作为住房基金，银行存款利率为 10%，则该公司在第五年年末能一次取出的本利和为多少？

解：
$$\begin{aligned}F&=A\times[(F/A,\ i,\ n+1)-1]\\&=1\,000\times[(F/A,\ 10\%,\ 6)-1]\\&=1\,000\times(7.7156-1)=6\,715.60(\text{万元})\end{aligned}$$

或$F = A\times(F/A, i, n)\times(1+i)$

$= 1\,000\times(F/A, 10\%, 5)\times(1+10\%)$

$= 1\,000\times 6.1051\times 1.1 = 6\,715.60$(万元)

(2)预付年金现值的计算

根据定义，n 期预付年金的年金现值计算公式为：

$$\begin{aligned} P &= A + A(1+i)^{-1} + A(1+i)^{-2} + A(1+i)^{-3} + \cdots + A(1+i)^{-(n-1)} \\ &= [A(1+i)^{-1} + A(1+i)^{-2} + A(1+i)^{-3} + \cdots + A(1+i)^{-(n-1)}] + A \\ &= A\times\frac{1-(1+i)^{-(n-1)}}{i} + A = A\times[\frac{1-(1+i)^{-(n-1)}}{i} + 1] \end{aligned}$$

其中$\frac{1-(1+i)^{-(n-1)}}{i}$是普通年金 $n-1$ 期的年金现值，所以上式可简化为：

$$P = A\times(P/A, i, n-1) + A = A\times[(P/A, i, n-1)+1]$$

式中$[\frac{1-(1+i)^{-(n-1)}}{i}+1]$称为预付年金现值系数，与普通年金现值系数相比，期数减 1，系数加 1，利用普通年金现值系数表先查得 $n-1$ 期的值，然后再加 1，就可得到预付年金的现值系数。

另外一种公式推导方法为：

$$\begin{aligned} P &= A + A(1+i)^{-1} + A(1+i)^{-2} + A(1+i)^{-3} + \cdots + A(1+i)^{-(n-1)} \\ &= (1+i)\times[A(1+i)^{-1} + A(1+i)^{-2} + A(1+i)^{-3} + \cdots + A(1+i)^{-n}] \\ &= (1+i)\times A\times(P/A, i, n) \\ &= A\times(P/A, i, n)\times(1+i) \end{aligned}$$

即普通年金现值乘上$(1+i)$，便可得到预付年金现值。

【例 2-10】某企业租赁一座办公楼，租期 5 年，从现在起每年年初支付 1 年的租金 20 000 元，年利率为 6%，问 5 年租金的现值一共是多少?

解：$P = A\times[(P/A, i, n-1)+1]$

$= 20\,000\times[(P/A, 6\%, 4)+1]$

$= 20\,000\times(3.4651+1) = 89\,302$(元)

或$P = A\times(P/A, i, n)\times(1+i)$

$= 20\,000\times(P/A, 6\%, 5)\times(1+6\%)$

$= 20\,000\times 4.2124\times 1.06 = 89\,302$(元)

4. 递延年金和永续年金现值的计算

(1)递延年金

递延年金(deferred annuity)是第一次收款发生时间与第一期无关，而是若干期(假设为 m 期，$m\geqslant 1$)后才开始发生系列等额收付款项。它是普通年金的特殊形式，凡不是从第一期开始的年金都是递延年金，如图 2-6 所示：

由于终值的计算与前期是否有没有发生支付无关，因此，递延年金终值的计算与普通

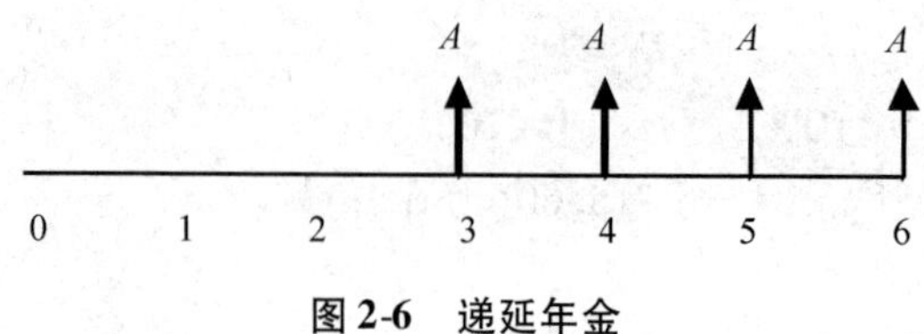

图 2-6　递延年金

年金终值的计算方法相同，只要按其实际支付期计算即可，即：

$$F = A \times (F/A,\ i,\ n)$$

递延年金的现值与普通年金现值相比，主要差别是递延年金前 m 期没有年金的支付，因此，递延年金的现值公式可表示为：

$$P = A \times [(P/A,\ i,\ m+n) - (P/A,\ i,\ m)]$$

或者先按普通年金的计算方法计算出第 m 期末的年金现值，再将其折算成第一期期初的现值，即：

$$P = A \times (P/A,\ i,\ n) \times (P/F,\ i,\ m)$$

【例 2-11】某人在年初存入一笔资金，存满 5 年后每年末取出 1 000 元，至第 10 年末取完，银行存款利率为 10%。则此人在年初一次存入银行的资金为：

解：$P = A[(P/A, 10\%, 10) - (P/A, 10\%, 5)]$

$= 1\ 000 \times (6.1446 - 3.7908)$

$= 2\ 354$(元)

或 $P = A(P/A, 10\%, 5)(P/F, 10\%, 5)$

$= 1\ 000 \times 3.7908 \times 0.6209$

$= 2\ 354$(元)

(2) 永续年金

永续年金(perpetual annuity)是指无限期等额收付的特种年金，可视为普通年金的特殊形式，即期限趋于无穷的普通年金，如图 2-7 所示：

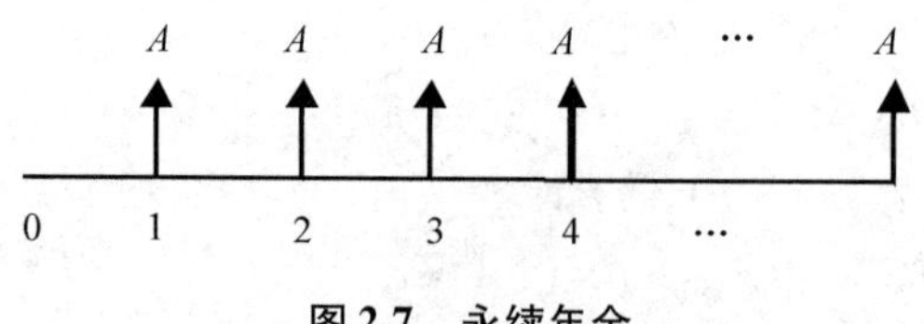

图 2-7　永续年金

由于永续年金没有终止支付的时间，因此也就没有终值。永续年金的现值可通过普通年金现值的计算公式求导来计算：

$$P = A \times \frac{1 - (1+i)^{-n}}{i}$$

当 $n \to \infty$ 时，$(1+i)^{-n} \to 0$，因此：$P = \frac{A}{i}$

【例2-12】某项永久性奖学金，计划每年颁发50 000元奖金。若年复利率为8%，该奖学金的本金应为多少元?

解：计算出这些奖金的现值之和即为该奖学金的本金。

$$P=\frac{A}{i}=\frac{50\ 000}{8\%}=625\ 000(\text{元})$$

利用前面所描述的各种计算资金时间价值的方法，就可以将不同时间的资金统一在同一个时点上进行比较，排除了由于时间的不同而导致的不可比因素。这些方法在投资决策中都有着广泛的应用。

2.1.3 资金时间价值计算的灵活运用

1. 不等额系列收付款项现值的计算

各年收付不相等的款项现值的计算，首先计算各收付款项的复利现值，然后求和即可。

2. 混合现金流现值的计算

【例2-13】(如图2-8所示)：某人准备第一年年末存入1万元，第二年年末存入3万元，第三年至第五年每年年末存入4万元，若存款年利率为10%，问5年存款的现值合计为多少?

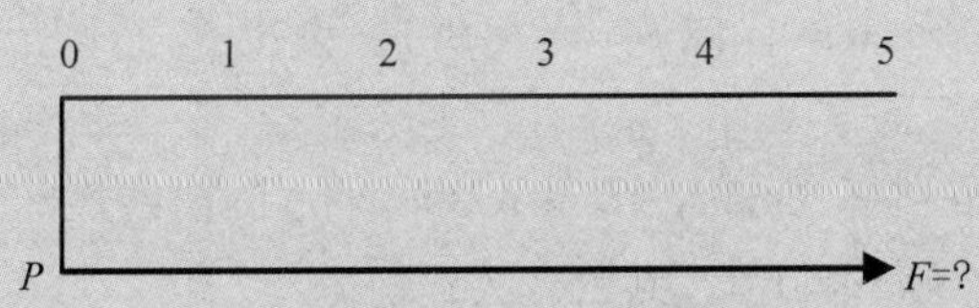

图2-8 混合现金流

解：
$$\begin{aligned}P&=1\times(P/F,\ 10\%,\ 1)+3\times(P/F,\ 10\%,\ 2)+4\times[(P/A,\ 10\%,\ 5)-(P/A,\ 10\%,\ 2)]\\&=1\times0.909+3\times0.826+4\times(3.791-1.736)\\&=0.909+2.478+8.22\\&=11.607(\text{万元})\end{aligned}$$

2.1.4 贴现率(利率)和期间的推算

1. 贴现率(discount rate)的推算

对于一次性收付款项，根据其复利终值(或现值)的计算公式可得贴现率的计算公式为：

$$i=\left(\frac{F}{P}\right)^{\frac{1}{n}}-1$$

因此，若已知F、P、n，不用查表便可直接计算出一次性收付款项的贴现率(利率)i。

永续年金贴现率(利率)i 的计算也很方便。若 P、A 已知，则根据公式 $P=A/i$，即得 i 的计算公式为：

$$i=A/P$$

普通年金贴现率(利息率)的推算比较复杂，无法直接套用公式，而必须利用有关的系数表，有时还会牵涉内插法的运用。下面着重对此加以介绍。

根据普通年金终值 F、年金现值 P 的计算公式可推算出年金终值系数$(F/A, i, n)$和年金现值系数$(P/A, i, n)$的算式：

$$(F/A, i, n) = F/A$$

$$(P/A, i, n) = P/A$$

根据已知的 F，A 和 n，可求出 F/A 的值。通过查年金终值系数表，有可能在表中找到等于 F/A 的系数值，只要读出该系数所在列的 i 值，即为所求的 i。

同理，根据已知的 P、A 和 n，可求出 P/A 的值。通过查年金现值系数表，可求出 i 值。必要时可采用内插法求得。

下面详细介绍利用年金现值系数表计算 i 的步骤：

①计算出 P/A 的值，设其为 $P/A=\alpha$。

②查普通年金现值系数表。沿着已知 n 所在的行横向查找，若恰好能找到某一系数值等于 α，则该系数值所在的行相对应的利率便为所求的 i 值。

③若无法找到恰好等于 α 的系数值，就应在表中 n 行中找与 α 最接近的两个左右临界系数值，设为 β_1、β_2($\beta_1>\alpha>\beta_2$，或 $\beta_1<\alpha<\beta_2$)。读出 β_1、β_2 所对应的临界利率 i_1、i_2，然后进一步运用内插法。

④在内插法下，假定利率 i 同相关的系数在较小范围内线性相关，因而可根据临界系数 β_1、β_2 和临界利率 i_1、i_2 计算出 i，其公式为：

$$\begin{matrix} i_1 & \beta_1 \\ i & \alpha \\ i_2 & \beta_2 \end{matrix}$$

$$\frac{i_1-i}{i_1-i_2}=\frac{\beta_1-\alpha}{\beta_1-\beta_2}$$

$$i=i_1+\frac{\beta_1-\alpha}{\beta_1-\beta_2}(i_2-i_1)$$

【例 2-14】某公司于第一年年初借款 20 000 元，每年年末还本付利息额均为 4 000 元，连续 9 年还清。问借款利率为多少？

解：根据题意，已知 $P=20\,000$，$A=4\,000$，$n=9$，则：

$$(P/A, i, 9)=P/A=20\,000/4\,000=5$$

查 $n=9$ 的普通年金现值系数表。在 $n=9$ 行中无法找到恰好为 $\alpha(\alpha=5)$ 的系数值，于是在该行中找大于和小于的临界系数值，分别为：$\beta_1=5.3282>5$，$\beta_2=4.9164<5$。同时读出临界利率为 $i_1=12\%$，$i_2=14\%$。则：

12%　　　5.3282

i　　　5

14%　　　4.9164

$$\frac{12\% - i}{12\% - 14\%} = \frac{5.3282 - 5}{5.3282 - 4.9164}$$

解方程得：

$$i = 12\% + \frac{5.3282 - 5}{5.3282 - 4.9164} \times (14\% - 12\%) \approx 13.59\%$$

对于一次性收付款项，若应用查表法求 i，可先计算出 (F/P) 的值，设其为 α，然后查复利终值系数表；或先计算出 P/F 的值，设其为 α，然后查复利现值系数表。

对于预付年金利率 i 的推算，同样可遵照上述方法。

2. 期间(number of period)的推算

期间 n 的推算，其原理和步骤同贴现率(利率) i 的推算相类似。

现以普通年金为例，说明在 P、A 和 i 已知情况下，推算期间 n 的基本步骤：

①计算出 P/A 的值，设其为 α。

②查普通年金现值系数表。沿着已知 i 所在的列纵向查找，若能找到恰好等于 α 的系数值，则该系数所在行的 n 值即为所求的期间值。

③若找不到恰好为 α 的系数值，则在该列查找最为接近 α 值的上、下临界系数 β_1、β_2 以及对应的临界期间 n_1、n_2，然后应用内插法求 n，公式为：

$$n = n_1 + \frac{\beta_1 - \alpha}{\beta_1 - \beta_2}(n_2 - n_1)$$

【例 2-15】有甲、乙两台设备可供选用，甲设备的年使用费比乙设备低 500 元，但价格高于乙设备 2 000 元。若利率为 10%，甲设备的使用期应长于多少年，选用甲设备才是有利的？

解：依题意，$2\,000 = 500 \times (P/A, 10\%, n)$

$(P/A, 10\%, n) = 4$

查普通年金现值系数表(如表 2-1 所示)。在 $i = 10\%$ 的列上纵向查找，无法找到恰好为 $\alpha(\alpha = 4)$ 的系数值，于是查找大于和小于 4 的临界系数值：$\beta_1 = 4.3553 > 4$，$\beta_2 = 3.7908 < 4$，对应的临界期间为 $n_1 = 6$，$n_2 = 5$。

表 2-1 年金现值系数

期数	年金现值系数
5	3.7908
n	4
6	4.3553

则：

$$(n-5)/(6-5)=(4-3.7908)/(4.3553-3.7908)$$

或：

$$n=n_1+\frac{\beta_1-\alpha}{\beta_1-\beta_2}(n_2-n_1)$$

$$=6+\frac{4.3553-4}{4.3553-3.7908}\times(5-6)\approx5.4(\text{年})$$

上述也可以用图来表示，如图 2-9 所示：

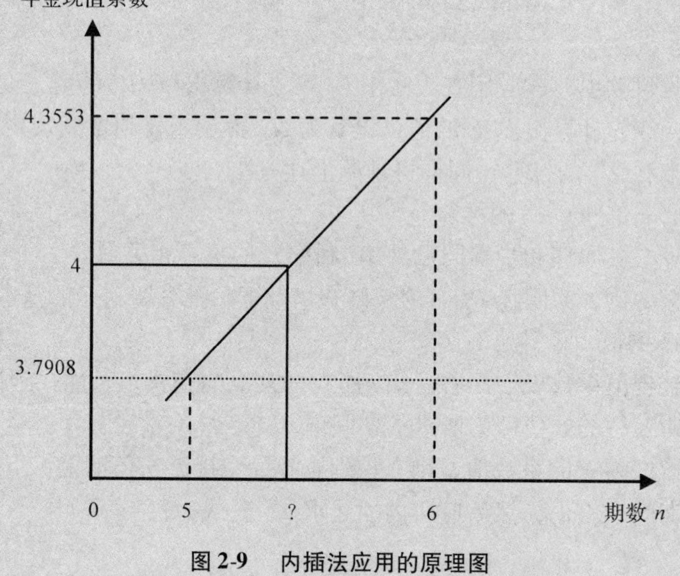

图 2-9　内插法应用的原理图

3. 名义利率与实际利率的换算

上面讨论的有关计算均假定利率为年利率，每年复利一次。但实际上，复利的计息期间不一定是一年，有可能是季度、月或日。比如某些债券半年计息一次；有的抵押贷款每月计息一次；银行之间拆借资金均为每天计息一次。当每年复利次数超过一次时，这样的年利率叫作名义利率，而每年只复利一次的利率才是实际利率。

对于一年内多次复利的情况，可采取两种方法计算时间价值。

第一种方法是按如下公式将名义利率调整为实际利率，然后按实际利率计算时间价值。

$$i=(1+r/m)^m-1$$

式中　i——实际利率；

r——名义利率；

m——每年复利次数。

【例2-16】某企业于年初存入10万元，在年利率为10%，半年复利一次的情况下，到第10年年末，该企业能得到多少本利和?

解：依题意，$P=10$，$r=10\%$，$m=2$，$n=10$

$$i=(1+r/m)^m-1=(1+10\%/2)^2-1=10.25\%$$

$$F=P(1+i)^{10}=10\times(1+10.25\%)^{10}=26.53(\text{万元})$$

因此，企业于第10年年末可得本利和26.53万元。

这种方法的缺点是调整后的实际利率往往带有小数点，不利于查表。

第二种方法是不计算实际利率，而是相应调整有关指标，即利率变为r/m，期数相应变为$m\times n$。

利用例2-16中有关数据，用第二种方法计算本利和。

解：$F=10\times(1+\frac{10\%}{2})^{2\times10}=10\times(F/P,\ 5\%,\ 20)=26.53(\text{万元})$

2.2　风险与报酬

财务活动经常是在有风险的情况下进行的。承担风险，就要求得到相应的额外收益。投资者由于承担风险进行投资而要求的超过资金时间价值的额外收益，就成为投资的风险价值，也称为风险收益或风险报酬。企业理财时，必须研究风险，计量风险并设法控制风险，以求最大限度的扩大企业财富。

2.2.1　风险的概念

风险(risk)是指某一行动的结果具有多样性。在风险存在的情况下，人们只能事先估计到采取某种行动可能导致的结果，以及每种结果出现的可能性，而行动的真正结果究竟会怎样，不能事先确定。例如，我们在预计一个投资项目的报酬时，不可能十分精确，也没有百分之百的把握，而可能发生人们预想不到并且无法控制的变化，这就是风险。风险是现代企业财务管理环境的一个重要特征。

与风险相联系的另一个概念是不确定性。不确定性是指人们事先只知道采取某种行动可能形成的各种结果，但不知道它们出现的概率，或者两者都不知道，而只能做些粗略的估计。例如，企业试制一种新产品，事先只能肯定该种产品试制成功或失败两种可能，但不会知道这两种后果出现可能性的大小。又如购买股票，投资者事实上不可能事先确定可能达到的报酬率及其出现的概率大小。经营决策一般都是在不确定的情况下做出的。在实务中，当说到风险时，可能指的是确切意义上的风险，但更可能指的是不确定性，对两者不作区分。

从财务管理的角度看，风险就是企业在各项财务活动过程中，由于各种难以预料或无法控制的因素作用，使企业的实际收益与预计收益发生背离的可能性。由于人们普遍具有风险反感心理，因而一提到风险，多数都将其错误地理解为与损失是同一概念。事实上，风险不仅能带来超出预期的损失，呈现其不利的一面，而且还可能带来超出预期的收益，呈现其有利的一面。

2.2.2　风险的类别

风险可按不同的分类标志进行分类。

1. 按照风险损害的对象分为人身风险、财产风险、责任风险和信用风险

人生风险是指员工生、老、病、死、伤残等原因而导致经济损失的风险；财产风险是导致财产发生的损毁、灭失和贬值的风险；责任风险是指因侵权或违约，依法对他人遭受的人身伤亡或财产损失应负赔偿责任的风险；信用风险是指在经济交往中，权利人与义务人之间，由于一方违约或犯罪而给对方造成经济损失的风险。

2. 按照风险导致的后果分为纯粹风险和投机风险

纯粹风险是指只会造成损失而无获利可能的风险；投机风险是指既可能造成损失也可能造成收益的风险。

3. 按照风险的性质或发生原因分为自然风险、经济风险和社会风险

自然风险是由于自然现象导致的财产损失和人身伤害的风险；经济风险是指在生产经营过程中，由于各种因素的变动，导致产量减少或价格涨跌所致损失的风险；社会风险是指组织或个人的异常行为导致的财产损失和人身伤害的风险。

4. 按照风险能否被分散分为可分散风险和不可分散风险

可分散风险是指能够通过风险分担协议使得经济单位面临的风险减少的风险；不可分散风险是指通过风险分担协议不能使经济单位面临的风险减少的风险。

5. 按照风险的起源和影响分为基本风险与特定风险

基本风险是指风险的起源和影响方面都不与特定的组织或个人有关，至少是某个特定组织或个人所不能阻止的风险，即全社会普遍存在的风险，如战争、自然灾害、经济衰退等带来的风险；特定风险是指特定的因素引起而且损失仅涉及特定组织或个人的风险，如罢工、诉讼失败、失去销售市场等带来的风险。从个别理财主体的角度看，基本风险通常是不可分散风险，或称系统风险。特定风险通常是可分散风险，或称非系统风险。

对于特定企业而言，企业风险可进一步分为经营风险和财务风险。经营风险是指因生产经营方面的原因给企业目标带来不利影响的可能性，如由于原材料供应地的政治经济变动情况、新材料的出现等因素带来的供应方面的风险；由于生产组织不合理而带来的生产方面的风险；由于销售决策失误带来的销售方面的风险。财务风险又称筹资风险，是指由于举债而给企业目标带来不利影响的可能性。企业举债经营，全部资金除自有资金外还有一部分借入资金，这会对自有资金的盈利能力造成影响；同时借入资金需还本付息，一旦无力偿付到期债务，企业便会陷入财务困境甚至破产。

2.2.3　风险报酬

上节讲述的资金时间价值是在假定无通货膨胀、无风险的情况下的资金的增值。在多数情况下人们的投资都是有风险的。但是几乎没有人因为存在风险而不去投资，有风险就意味着投资可能成功，也可能失败。人们就会期望获得比没有风险的投资更高的回报。如果能得到高回报，人们就会冒风险去投资。诱导投资者进行风险投资的，是超过时间价值的那部分额外报酬，即风险报酬。

风险报酬(return of risk)是指投资者因冒风险进行投资而要求的超过资金时间价值的那部分额外报酬。风险报酬的表现形式有风险报酬额和风险报酬率，我们常用相对数风险报酬率来表示风险报酬。所谓风险报酬率，是指投资者因冒风险进行投资而获得的超过资金时间价值率的那部分额外报酬率，即风险报酬额与原投资额的比率。

一般来讲，投资者进行一项投资所获得的报酬，由三部分组成：资金时间价值、通货膨胀补偿、风险报酬。即：

投资报酬率 = 资金时间价值 + 通货膨胀补偿率 + 风险报酬率

不考虑通货膨胀，投资者所要求或者期望的报酬率就是资金时间价值和风险报酬率之和。其中资金时间价值可称为无风险报酬。上式也可写为：

投资报酬率 R = 资金时间价值(或无风险报酬率) R_F + 风险报酬率 R_R

假如，资金时间价值为10%，某项投资期望报酬率为15%，在不考虑通货膨胀的情况下，该项投资的风险报酬率便是5%。

2.2.4 风险衡量

风险客观存在，广泛影响着企业的财务和经营活动，因此，正视风险并将风险程度予以量化，进行较为准确的衡量，就成为企业财务管理中的一项重要工作。财务管理中所谈的风险是指预期收益偏离实际收益的可能性，所以衡量这一偏离程度就需要计算。由于风险本身不易计量，通常要用到概率论的方法，与概率分布、期望值、离散程度等相联系。

1. 概率分布

在现实生活中，某一事件在完全相同的条件下可能发生也可能不发生，既可能出现这种结果也有可能出现那种结果，我们称这类事件为随机事件。概率就是用百分数或小数来表示随机事件发生可能性及出现某种结果可能性大小的数值。一个事件的概率是指这一事件可能发生的机会。例如，明年的利润60%可能增加，40%可能减少。对每一结果给予一定的概率便构成概率分布。假定某企业拟试制一种甲产品投放市场，根据市场预测，估计可能出现“畅销”“一般”“滞销”三种情况。如果把所有可能的事件或结果都列示出来，且每一事件都给予一种概率，把它们列示在一起，便构成了概率的分布。

x_i表示随机事件的第 i 种结果，P_i表示出现该种结果的相应概率。

若 x_i肯定出现，则 $P_i = 1$；若 x_i肯定不出现，则 $P_i = 0$。因此，概率必须符合下列2个要求：

①所有的概率都必须在0和1之间，即 $0 \leqslant P_i \leqslant 1$。

②所有可能结果的概率之和等于1，即 $\sum_{i=1}^{n} P_i = 1$，n 表示可能出现的结果的个数。

【例2-17】某企业甲产品投产后预计收益情况和市场销售有关。它们可能获得的年净收益及其概率资料，如表2-2所示：

表 2-2　市场预期报酬及概率分布表　　万元

市场销售情况	A 方案年净收益 x_i	B 方案年净收益 x_i	概率 P_i
畅销	200	350	0.2
一般	100	100	0.5
滞销	50	-50	0.3
合计	—	—	1

2. 期望值

期望值(expected value)是一个概率分布中的所有可能结果，以各自相应的概率为权数计算的加权平均值，是加权平均的中心值，即某一投资方案未来收益的各种可能结果，用概率为权数计算出来的加权平均数。期望值反映预期收益的平均化，代表投资者的合理预期。通常用符号 $\bar{E}$ 表示，其计算公式如下：

$$\bar{E} = \sum_{i=1}^{n} x_i P_i$$

【例 2-18】以表 2-2 中有关数据计算甲产品投产后预计收益的期望值。

解：$\bar{E}_A = 200 \times 0.2 + 100 \times 0.5 + 50 \times 0.3 = 105$（万元）

$\bar{E}_B = 350 \times 0.2 + 100 \times 0.5 - 50 \times 0.3 = 105$（万元）

两种方案收益期望值相同，哪种投资方案的风险程度小些呢？投资的风险程度同收益的概率分布有着密切联系。概率分布越集中，实际可能的结果就越接近预期收益；反之，概率分布越分散，投资的风险程度就越大。

3. 离散程度

反映随机变量离散程度的指标主要有标准离差、标准离差率。一般来说，离散程度越大，风险越大；离散程度越小，风险越小。

(1) 标准离差

标准离差是各种可能的收益值偏离期望收益值的综合差异，用来反映离散程度。其计算公式为：

$$\sigma = \sqrt{\sum_{i=1}^{n} (x_i - \bar{E})^2 \times P_i}$$

σ 越大，可能值与期望值的偏差越大，可能值的可变性大，意味风险大。σ 以绝对数衡量决策风险，σ 的大小看作风险的标志。

【例 2-19】以例 2-17 中的数据为例，计算 A、B 两方案预计年收益与期望年收益的标准离差。

解：$\sigma_A = \sqrt{(200-105)^2 \times 0.2 + (100-105)^2 \times 0.5 + (50-105)^2 \times 0.3} = 52.2$

$\sigma_B = \sqrt{(350-105)^2 \times 0.2 + (100-105)^2 \times 0.5 + (-50-105)^2 \times 0.3} = 138.65$

从计算结果可看出，A 方案的标准离差为 52.2，B 方案的标准离差为 138.65，在期望值均为 105 万元的情况下，A 方案的标准离差较小，意味着风险也更小，所以应选择 A 方案。

(2)标准离差率

标准离差率是标准离差同期望值之比，通常用符号 V 表示，其计算公式为：

$$V = \frac{\sigma}{\bar{E}}$$

标准离差率是一个相对指标，它以相对数反映决策方案的风险程度。标准离差作为绝对数，只适用于期望值相同的决策方案风险程度的比较，期望值相同的情况下，标准离差越大，风险越大。对于期望值不同的决策方案，评价和比较其各自的风险程度，就要剔除期望值的差异影响，只能借助于标准离差率这一相对数值。在期望值不同的情况下，标准离差率越大，风险越大；反之，标准离差率越小，风险越小。

【例 2-20】以例 2-18 中有关数据为例，计算 A、B 方案预计年收益的标准离差率。

解：

$$V_A = \frac{52.2}{105} \times 100\% = 50\%$$

$$V_B = \frac{138.65}{105} \times 100\% = 132\%$$

由计算可知，A 方案风险较小。

通过上述方法将决策方案的风险加以量化后，决策者便可据此做出决策。一般情况下，高收益往往伴随高风险，低收益的方案其风险程度往往也较低。究竟选择何种方案，不仅要权衡期望收益与风险，而且还要视决策者对风险的态度而定。对风险比较反感的人可能选择期望收益较低同时风险也较低的方案，喜欢冒风险的人则可能选择风险虽高但同时收益也较高的方案。

4. 风险收益率

标准离差率虽然能正确评价投资风险程度的大小，但还无法将风险与收益结合起来进行分析。假如我们面临的决策不是评价与比较两个投资项目的风险水平，而是决定是否对某一投资项目进行投资，此时就需要计算出该项目的风险收益率。因此，我们还需要一个指标将对风险的评价转化为收益率指标，这便是风险价值系数。风险收益率、风险价值系数和标准离差率之间的关系可用公式表示如下：

$$R_R = bV$$

式中 R_R——风险收益率；

b——风险价值系数；

V——标准离差率。

在不考虑通货膨胀因素的情况下，投资额的总收益率(R)为：

$$R = R_F + R_R = R_F + bV$$

式中 R——投资收益率；

R_F——无风险收益率。

其中，无风险收益率 R_F 可用加上通货膨胀溢价的资金时间价值来确定，在财务管理实务中一般把短期政府(如短期国债)的收益率作为无风险收益率；风险价值系数(b)的数字意义是指该项投资的风险收益率占该项投资的标准离差率的比率。在实际工作中，确定单项投资的风险价值系数，可采取以下 4 种方法：

①通过对相关投资项目的总投资收益率和标准离差率，以及同期的无风险收益率的历史资料进行分析。

②根据相关数据进行统计回归推断。

③由企业主管投资的人员会同有关专家定性评议而获得。

④由专业咨询公司按不同行业定期发布，供投资者参考使用。

风险价值系数就是指在风险市场上风险的价格，投资者每承担一个单位的风险，对应的风险收益率就称作风险的价格，也就是风险价值系数。

【例 2-21】风险收益率和投资收益率的计算。以【例 2-20】的数据为依据，并假设无风险收益率为 10%，风险价值系数为 10%，请计算两个项目的风险收益率和投资收益率。

解：项目 A 的风险收益率 = 10% × 50% = 5%

项目 A 的投资收益率 = 10% + 10% × 50% = 15%

项目 B 的风险收益率 = 10% × 132% = 13.2%

项目 B 的投资收益率 = 10% + 10% × 132% = 23.2%

2.2.5　风险对策

1. 规避风险

当风险所造成的损失不能由该项目可能获得的收益予以抵消时，应当放弃该项目，以规避风险。例如，拒绝与不守信用的厂商业务往来；放弃可能明显导致亏损的投资项目。

2. 减少风险

主要有两方面意思：一是控制风险因素，减少风险的发生；二是控制风险发生的频率和降低风险损害程度。

减少风险的常用方法有：进行准确的预测；对决策进行多方案优选或相关替代；及时与政府部门沟通获取政策信息；在发展新产品前，充分进行市场调研；采用多领域、多地域、多项目、多品种的投资以分散风险。

3. 转移风险

对可能给企业带来灾难性损失的项目，企业应以一定代价，采取某种方式转移风险。例如，向保险公司投保；采取合资、联营、联合开发等措施实现风险共担；通过技术转让、租赁经营和业务外包等实现风险转移。

4. 接受风险

接受风险包括风险自担和风险自保两种。

风险自担是指风险损失发生时，直接将损失摊入成本或费用，或冲减利润。风险自保是指企业预留一笔风险金或随着生产经营的进行，有计划计提资产减值准备等。

小结

1. 资金时间价值是没有风险和没有通货膨胀条件下的社会平均投资报酬率；是资金参与再生产，在使用过程中的增值；资金时间价值的大小与时间成正比。资金时间价值有单利和复利两种计算方法。单利计算就是利息的计算以本金为基础，复利利息计算是以上期期末的本利和为基础。

2. 单利计算的终值 $F_n = P(1 + i \times n)$，复利计算的终值 $F_n = P(1+i)^n$。

3. 年金是指一定时期内每隔相同时间发生相同数额的系列收付款项。

年金的特点：等额性；连续性；均匀性。

年金的种类：普通年金；预付年金；递延年金；永续年金。

4. 普通年金终值计算公式：$F = A \times \frac{(1+i)^n - 1}{i} = A \times (F/A, i, n)$

普通年金现值计算公式：$P = A \times \frac{1-(1+i)^{-n}}{i} = A \times (P/A, i, n)$

5. 名义利率与实际利率的换算公式：$i = (1 + r/m)^m - 1$

6. 风险是指某一行动的结果具有多样性。风险报酬是指投资者因冒风险进行投资而要求的超过资金时间价值的那部分额外报酬。

7. 风险按投资主体的不同，分为市场风险和公司特有风险两类。按形成原因的不同，可将公司特有风险分为经营风险和财务风险两类。

8. 风险的衡量。离散程度越大，风险越大；离散程度越小，风险越小。

当两种方案收益期望值相同时，计算标准离差(σ)衡量风险的大小。

当两种方案收益期望值不相同时，计算标准离差率(V)衡量风险的大小。

复习思考题

1. 什么是资金时间价值？怎样理解资金时间价值？
2. 举例说明单利计算与复利计算的特点和区别。
3. 什么是年金？它有几种表现形式？
4. 如何进行年金终值和年金现值的计算？
5. 什么是风险？风险的种类有哪些？如何对其进行衡量？
6. 股票投资风险比国债大，但仍然有人愿意购买，这是为什么？

练习题

一、单项选择题

1. 资金的时间价值相当于没有风险和没有通货膨胀下的(　　)。

A. 社会平均资金利润率　　B. 企业利润率

C. 复利下的利息率　　D. 单利下的利息率

2. 永续年金具有下列特点(　　)。

A. 每期期初支付　　B. 每期不等额支付

C. 没有终值　　D. 没有现值

3. 普通年金终值系数的倒数称之(　　)。

A. 偿债基金　　B. 偿债基金系数

C. 年回收额　　D. 投资回收系数

4. 在实务中，人们习惯用(　　)数字表示资金时间价值。

A. 绝对数　　B. 相对数

C. 平均数　　D. 指数

5. 预付年金现值系数和普通年金现值系数相比(　　)。

A. 期数加 1，系数减 1　　B. 期数加 1，系数加 1

C. 期数减 1，系数加 1　　D. 期数减 1，系数减 1

6. 某校准备设立科研奖金，现在存入一笔现金，预计以后无限期地在每年年末支取利息 20 000 元。在存款年利率为 8% 的条件下，现在应存(　　)元。

A. 250 000　　B. 200 000

C. 216 000　　D. 225 000

7. 在利息率和现值相同的情况下，若计息期为一期，则复利终值和单利终值(　　)。

A. 前者大于后者　　B. 相等

C. 无法确定　　D. 不相等

8. 甲乙两方案的预计投资报酬率均为 25%，甲方案标准离差小于乙方案标准离差，则下列说法正确的是(　　)。

A. 甲方案风险大于乙方案风险　　B. 甲方案风险小于乙方案风险

C. 甲乙方案风险相同　　D. 甲乙方案风险不能比较

9. 在期望值不同时，比较风险的大小，可采用(　　)。

A. 标准离差　　B. 标准离差率

C. 期望值　　D. 概率

10. 由影响所有公司的因素所引起的风险，可以称为(　　)。

A. 公司特有风险　　B. 可分散风险

C. 系统风险　　D. 不可分散风险

二、多项选择题

1. 年金按付款方式不同分为(　　)。

A. 普通年金　　B. 预付年金

C. 递延年金　　D. 永续年金

2. 期望投资报酬率应当包括(　　)。

A. 平均资金利润率　　B. 风险报酬率

C. 通货膨胀补偿　　D. 无风险报酬率

3. 普通年金现值系数表的用途是(　　)。

A. 已知年金，求现值　　B. 已知现值，求年金

C. 已知现值、年金和利率，求期数　　D. 已知现值、年金和期数，求利率

4. 市场风险产生的原因有(　　)。

A. 经济衰退　　B. 通货膨胀

C. 战争　　D. 罢工

5. 企业的财务风险主要来自(　　)。

A. 市场销售带来的风险　　B. 生产成本因素产生的风险

C. 借款筹资增加的风险　　D. 筹资决策带来的风险

6. 就资金的时间价值而言，下列表述中正确的有(　　)。

A. 资金的时间价值不可能由“时间”创造，而只能由劳动创造

B. 只要把货币作为资金投入生产经营就能产生时间价值

C. 时间价值的相对数是指扣除风险报酬和通货膨胀补偿以后的平均资金利润率或平均报酬率

D. 随着时间的推移，货币总量在循环周转中，按几何级数增长，使得货币具有时间价值

7. 下列各项中属于年金形式的有(　　)。

A. 直线法计提的折旧额　　B. 等额分期付款

C. 优先股股利　　D. 按月发放的养老金

8. 关于风险下列表述中正确的有(　　)。

A. 理论上讲风险和不确定性是一回事

B. 投资项目的风险大小是一种客观存在

C. 风险是一定条件下、一定时期内可能发生的各种结果的变动程度

D. 某一随机事件只有一种结果，则无风险

9. 当两个投资期望投资报酬率相同时，下列说不正确的有(　　)。

A. 平方差大的项目风险大　　B. 平方差大的项目风险小

C. 标准离差大的项目风险小　　D. 标准离差大的项目风险大

三、判断题

1. 6 年分期付款购物，每年初付 500 元，设银行利率为 10%，该项会期付款相当于现在一次现金支付的购价是 2 395.50 元。(　　)

2. 普通年金现值系数的倒数，可以把现值折算成年金，称为投资回收系数。(　　)

3. 优先股的股利可视为永续年金。(　　)

4. 企业需用一设备，买价为 3 600 元，可用 10 年，如租用，则每年年初需付租金 500 元，除此以外，买与租的其他情况相同。假设利率为 10%，则租赁该设备较优。(　　)

5. 在两个方案对比时，标准离差越大，说明风险越大。(　　)

6. 风险和报酬的基本关系是风险越大则其报酬率就越低。(　　)

7. 时间越长，资金时间价值越大，相同数值的金额的现值也越大。(　　)

8. 投资报酬率或资金利润率除包括时间价值以外，还包括风险报酬和通货膨胀补偿率，在计算资金时间价值时，后两部分是不应包括在内的。(　　)

9. 只要是货币就具有时间价值。(　　)

10. 在现值和计息期数一定的情况下，利率越高，则复利终值越大。(　　)

四、计算题

1. 向银行借入一笔款项，银行贷款的年利率为 10%，每年复利一次，银行规定前 10 年不用还本付息，但从第 11 ~20 年每年年末偿还本息 5 000 元，这笔借款的现值是多少？

2. 年利率为 5% 时，20 年期的普通年金终值系数和年金现值系数是多少？

3. 年利率为 5% 时，20 年期的预付年金终值系数和年金现值系数是多少？

4. 某设备安装施工期为 3 年，从第 4 年起投产，每年可增加收益 10 万元，若按年利率 10% 计算，投产后 10 年的总收益现值是多少？

5. 如果一优先股，每年分得股息 10 元，而年利率为 6%，该优先股出售价格为多少元，投资人才愿意购买？

五、案例分析

（一）利民公司资金时间价值的计算

1. 基本案情

资料 1：利民公司 1995 年 1 月 5 日向沈阳信托投资公司融资租赁一台万能机床，双方在租赁协议中明确：租期截至 2000 年 12 月 31 日，年租金 5 600 元，于每年末支付一次，沈阳信托投资公司要求的利息及手续费率通常为 5%。

资料 2：利民公司 1998 年 8 月拟在东北某大学设立一笔“助成奖学基金”。奖励计划为：每年特等奖 1 人，金额为 1 万元；一等奖 2 人，每人金额 5 000 元；二等奖 3 人，每人金额 3 000 元；三等奖 4 人，每人金额 1 000 元。目前银行存款年利率为 4%，并预测短期内不会发生变动。

资料 3：利民公司 1993 年 1 月 1 日向工商银行沈阳分行借入一笔款项，银行贷款年利率为 6%，同时利民公司与工商银行沈阳分行约定：前 3 年不用还本付息，但从 1996 年 12 月 31 日起至 2000 年 12 月 31 日止，每年末要偿还本息 2 万元。

2. 要求

（1）根据资料 1 计算系列租金的现值和终值？如果年租金改按每年年初支付一次，再计算系列租金的现值和终值？

（2）根据资料 2 分析利民公司为设此项奖学基金，应一次性存入银行多少钱？

（3）根据资料 3 分析利民公司当初向工商银行沈阳分行借入多少本金？至 2000 年 12 月 31 日共向工商银行沈阳分行偿还本息是多少？

（二）风险报酬的确认——苹果公司风险报酬的计量

1. 基本案情

苹果公司现持有太平洋保险股份 2 000 万元和高新实业股份 1 000 万元。两种股份的预期报酬率及概率分布见下表：

两种股份报酬率及其概率分布

经济情况	太平洋保险股份		高新实业股份	
	报酬率（%）	概率	报酬率（%）	概率
衰退	20	0.2	0	0.2
正常	30	0.6	30	0.6
繁荣	40	0.2	60	0.2

经专家测定太平洋保险股份的风险报酬系数为 6%，高新实业股份的风险报酬系数为 8%。

2. 分析要点及要求

（1）计算两种股份的期望报酬率并计量两者风险的大小？

（2）计算两种股份的风险报酬率和风险报酬？

推荐阅读书目

1. 财务管理．李艳萍主编．经济科学出版社、中国铁道出版社，2006.
2. 企业财务管理．彭亚黎主编．武汉大学出版社，2012.
3. 财务成本管理．中国注册会计师协会编．中国财政经济出版社，2014.

第 3 章　筹资方式

学习目标

通过本章学习，要求掌握企业资金需要量预测的销售额比率法、回归直线法和高低点法；掌握权益性资金筹集方式、债务性资金筹集方式和混合性资金筹集方式；熟悉筹资的含义与动机；熟悉吸收直接投资的种类与出资方式；熟悉银行借款的程序；熟悉普通股的发行与上市要求；了解筹资的基本原则；了解企业资金需要量预测的定性预测法。

【实务支招】如何融到两百万？（4 套方案，哪个好呢？）

今年年初，在杭州文三街主营通信技术的方先生遇到了资金周转困境。方先生经营的是一家小企业，日常经营资金都是自己找亲戚、朋友解决，从来没有任何银行融资经验。可这次，方先生签的合同标的比较大，临时从亲朋好友处借款，已经远远不能保障该笔订单的落实。那么，如何才能获得急需的 200 万元资金呢？宁波银行杭州分行在了解到相关情况后，先后以“灵活使用保证方式”、“为客户节约更多的财务成本”为核心，先后为方先生的企业提供了 4 套可行的融资方案。

经笔者分析，该 4 套融资方案不仅均适合方先生的企业，也比较适用于大部分有融资需求的小企业，因此特将该 4 套融资方案进行详细介绍，以对小企业融资有所启发。

方案一是引入担保公司保证。在企业不能提供有效抵押物的前提下，引入担保公司保证的方式是目前银行采用最多的一种保证方式。

通过担保公司为企业提供无限连带责任担保，在企业正常经营收入不足以偿付贷款本息时，担保公司作为第二还款来源，需要向银行归还未还清的贷款余额。据了解，担保公司作为市场上主营“担保”服务的机构，同样会像银行一样，核实企业的生产经营、还款能力、经营主体信誉等情况，落实“反担保措施”（企业无法偿还本息时采取的追偿措施）。为企业提供担保服务后，同样会像银行履行贷后管理一样，有明确的“保后管理”。

对于企业来说，如采取担保公司保证，则除了必须在缴纳银行贷款利息外，还通常额外向担保公司支付贷款总额 2% ~3% 的担保费用，这样对于普通小企业来说，他们的财务成本可能就有些高了。由于方先生的企业本身经营状况中等偏上，因此完全可以有其他成本更低的融资模式。

第二套融资模式是企业担保模式。目前银行的企业担保模式较多，有单一企业法人或自然人担保方式，也有多家企业联保模式，在此基础上，“互助融”贷款产品也比较适合方先生的企业及其所在商圈企业。

单一企业法人或自然人担保方式，也是目前银行的传统贷款保证方式之一。多家企业联保，即 4 ~ 8 家企业一起申请，一起审批、一起放款。

该些企业在此基础上形成一个“共同体”，在放款后，由于相互间负无限连带担保责任，因此每个企业都应相互监督、相互牵制，如发现其中一个企业有无法足额还款的风险，就会马上告知银行，否则由联保体的其他企业代偿。

在慎重考虑后，方先生认为目前资金需求较为紧张，而企业担保在落实时需要一定的时间，为此，银行为其提出了后两种以“信用”为担保的融资方案。

其中之一的信用融资方案，也就是“订单贷款”。该贷款项目是专门面向取得大额订单但履行订单时可能有资金障碍的企业，对于像方先生这样因订单而引申的融资需要，应该说是“再好不过”。

如何运用订单进行融资？首先银行是要查验订单的真伪情况，比如通过下单方查询履约合同、业务发票（如已开具）的真实性、订单双方是否存在关联关系等；其次银行是要查询订单双方应收账款的周期、受信企业回款的可靠性，这样就对订单双方的信用情况就提出了较高的要求：如订单双方经常性出现合同违规、应付账款拖延、双方信誉状况在近两年有较大不良记录的，则银行可能会不再考虑企业的该项融资诉求；最后，银行要判断受信企业的履行订单能力即交货能力。一个企业如果出现一笔订单，该标的甚至要远远超过其上一年度的销售收入总和时，银行就要充分考虑企业的交货能力，因为毕竟有一部分企业在履行该类订单时有时重量不重质，或无法按时交付交货量，反而导致下单方出现退货、延迟应付账款时间，这样对银行正常收回贷款多少肯定是有影响的。

还有一种信用融资方案是无抵押无担保，甚至无须任何质押或应收应付款凭证的“诚信融”信用贷款产品。“诚信融”是一种信用项下授信产品，只需追加企业主夫妻双方的个人连带责任保证。

该产品的推广应用，一方面，有效地解决了某些行业企业、部分小企业客户因担保物缺乏而融资难的问题，另一方面，为进一步建立社会信用机制，提升信用意识做了很大贡献。目前该产品最高授信金额可达 200 万元，授信期限可达 1 年，对于小企业来说，其资金成本也比较低。正是经过全盘考虑和目前企业资金需求情况，方先生最终选择了“诚信融”的产品模式。

（资料来源：潘孝斌　中国会计报 2014 – 08 – 21）

3.1　筹资管理概述

筹资是企业的一项非常重要的财务活动。本节主要介绍筹资的含义、动机、原则、渠道与方式、类型，最后重点讲解资金需要量的测算方法。

3.1.1 筹资的含义

筹资是指企业根据其生产经营、对外投资以及调整资本结构等需要，通过一定的渠道、采取适当的方式，以获取所需资金的一种行为。资金是企业的血液，是企业设立、生存和发展的基础。任何一个企业要想形成生产能力、正常开展生产经营活动，就必须拥有一定数量的资金。

3.1.2 筹资的动机

筹资活动是资金运动的起点，筹资的动机主要包括以下 4 个方面：

(1)设立性筹资动机

设立性筹资动机是企业因扩大生产经营规模或追加对外投资的需要而产生的筹资动机。

(2)扩张性筹资动机

扩张筹资动机是企业因扩大生产经营规模或追加对外投资的需要而产生的筹资动机。

(3)调整性筹资动机

调整性筹资动机是企业因调整现有资本结构的需要而产生的筹资动机。

(4)混合性筹资动机

混合性筹资动机是企业既为扩大规模又为调整资本结构而产生的筹资动机。

3.1.3 筹资原则

企业筹资管理的基本要求，是在严格遵守国家法律法规的基础上，分析影响筹资的各种因素，权衡所需筹集资金的数量、时间和来源，选择合理的筹资方式，提高资金的筹集效果。

(1)依法筹措

依法筹措原则就是说企业的筹资活动必须依法遵循国家的法律法规，依法履行诸如《公司法》和《经济合同法》等约定的责任，合理合法筹资，依法履行信息披露义务，维护利益相关者的合法权益。

(2)规模适当

规模适当原则就是说企业筹集的资金数量不多不少，要与资金需求量相吻合。筹资数量过多，会造成资金的闲置浪费；筹资数量过少，又会影响正常的经营活动。

(3)来源合理

不同来源的资金，对企业的成本和收益会有不同的影响，因此，企业应认真研究资本市场和资金来源渠道，合理选择资金来源。

(4)方式经济

企业筹集资金必然要付出一定的代价，并承担相应的风险，筹资方式不同，企业要承担的资金成本和财务风险也不同，因此，企业需要对各种筹资方式进行分析，选择经济可行的筹资方式。

(5)筹措及时

筹措及时原则就是说企业筹集资金的时间不早不晚，要与使用资金的时间相吻合。

3.1.4　筹资渠道与筹资方式

在筹资活动中，从哪些渠道筹集资金，采取什么样的方式筹集资金，都会直接影响企业的筹资效率。

1. 筹资渠道

筹资渠道是指企业筹集资金来源的方向与通道。目前我国企业的筹资渠道主要包括：

(1)国家财政资金

国家对企业进行直接投资，是国有企业尤其是国有独资企业获得资金的主要渠道之一。除了国家进行直接投资以外，“税前还贷”和减免税款形成的资金，都属于国家投入的资金，产权归国家所有。

(2)银行信贷资金

银行对企业的各类贷款，是目前我国各类企业的重要资金来源。商业银行和政策性银行通过给企业发放贷款，一方面满足了企业对资金的需求；另一方面又达到了盈利或执行国家方针政策的目的。

(3)非银行金融机构资金

诸如信托投资公司、保险公司、证券公司、财务公司等非银行金融机构，既可以给企业提供融通资金或者物资的服务，又可以提供为企业承销证券的服务。

(4)企业自留资金

企业自留资金，也就是内部留存收益，包括盈余公积金和未分配利润，这些资金无须企业采用一定的方式去筹集，而直接由企业内部自动生成或转移。

(5)其他企业资金

企业与企业之间进行相互投资，或者是购销商品过程中通过预收货款、延期付款等方式形成的商业信用，都能够成为企业重要的资金来源。

(6)居民个人资金

企业职工或者城乡居民个人的结余货币，作为“游离”于银行及非银行金融机构之外的个人资金，企业也可以通过一定的方式来吸引这部分资金，为企业所用。

2. 筹资方式

筹资方式是企业筹集资金所采用的具体形式。目前我国企业可以采用的筹资方式主要有：

(1)权益资金筹集方式

企业的权益资金筹集方式主要包括：吸收直接投资、发行普通股、利用留存收益等。

(2)债务资金筹集方式

企业的债务资金筹集方式主要包括：向银行借款、发行债券、融资租赁、利用商业信用等。

(3)混合资金筹集方式

企业的混合资金筹集方式主要包括：发行优先股、发行可转换债券和发行认股权证。

由于本章后面的具体章节要详细介绍各种筹资方式，所以在此不再赘述。

3. 筹资渠道与筹资方式的对应关系

筹资渠道解决的是资金来源问题，是一种客观存在；而筹资方式解决的是通过何种途径取得资金的问题，属于主观能动的范畴，它们之间存在着一定的对应关系。一定的筹资方式可能只适用于某一特定的筹资渠道，而同一渠道的资金往往可以采用不同的筹资方式取得。因此，企业在筹资时应实现二者的合理搭配。

3.1.5 筹资的类型

企业筹资可以按照不同的标准进行分类。

1. 直接筹资与间接筹资

企业的筹资活动按其是否以金融机构为媒介，可分为直接筹资和间接筹资。

直接筹资是指企业不通过银行等金融机构，而通过直接与资金供应者协商借款或发行股票、债券等办法筹集资金。在直接筹资过程中，资金供求双方借助于融资手段直接实现资金的转移，而无须银行等金融机构作为媒介。

间接筹资是指企业借助于银行等金融机构而进行的筹资活动。在间接筹资过程中，银行等金融机构发挥中介作用，它预先聚集资金，然后提供给筹资企业。间接筹资的基本方式是银行借款、融资租赁等。

2. 内部筹资与外部筹资

按照资金的来源范围不同，企业筹资可分为内部筹资与外部筹资。

内部筹资是指企业通过利润分配所形成的留存收益和计提折旧所形成的资金。通过利润分配所形成的留存收益数额的多少主要取决于企业可供分配利润的多少以及企业的利润分配政策；通过计提折旧所形成的内部资金主要取决于固定资产原值以及折旧政策。

外部筹资是指企业借助于一定的筹资方式从外部筹集的资金，如发行股票、融资租赁、利用商业信用等。

3. 权益性筹资、债务性筹资与混合性筹资

按照企业所取得资金的权益特性，企业筹资分为权益性筹资、债务性筹资与混合性筹资。

权益性筹资又可以称为自有资金筹资，是指企业通过发行股票、吸收直接投资和利用留存收益等方式筹集的资金。企业筹集的这类资金，一般不用偿还本金，财务风险小，但付出的资本成本相对较高。

债务性筹资又可以称为借入资金筹资，是指企业通过银行借款、发行公司债券、融资租赁、利用商业信用等方式筹集的资金。企业筹集的这类资金，到期要偿还本金而且要支付利息，一般要承担较大的财务风险，但付出的资本成本相对较低。

混合性筹资是兼具股权与债务特性的双重性质的融资，具体包括发行优先股筹资、发行可转换债券筹资和发现认股权证筹资。

4. 按照使用期限的长短，可将企业筹资分为长期资金筹集和短期资金筹集

长期资金，是指使用期限在 1 年以上或超过 1 年的一个营业周期以上的资金。长期资金主要用于固定资产的更新、生产经营规模的扩大等，一般需要几年甚至十几年才能收回。企业通常通过长期借款、发行债券、融资租赁、发行股票、吸收直接投资和利用留存收益等方式来获取长期资金。

短期资金，是指使用期限在 1 年以内或超过 1 年的一个营业周期以内的资金。短期资金主要用于应收账款、存货等，一般在短期内可以收回。企业通常通过短期借款、利用商业信用等方式来获取短期资金。

3.1.6　资金需要量的预测

企业在筹资以前，应当采用一定的方法预测资金需求量，只有这样，才能使筹集的资金数量既能保证满足生产经营的需要，又不会有太多的闲置。企业资金需要量的预测可以采用定性预测法、销售百分比法和资金习性预测法。

1. 定性预测法

定性预测法是指利用直观的资料，依靠个人的经验和主观分析、判断能力，预测未来营运资金需要量的方法。这种方法通常在企业缺乏完备、准确的历史资料的情况下采用的。其预测过程是：首先由熟悉财务情况和生产经营情况的专家，根据过去所积累的经验，进行分析判断，提出预测的初步意见；然后，通过召开座谈会或发出各种表格等形式，对上述预测的初步意见进行修正补充。这样经过一次或几次之后，得出预测的最终结果。

定性预测法是十分有用的，但它不能揭示资金需要量与有关因素之间的数量关系。

2. 销售百分比法

销售百分比法就是以资金与销售收入的比率为基础，预测未来资金需要量的一种方法。

(1) 销售百分比法的基本假定

应用销售百分比法预测资金的需要量是建立在以下假设基础之上的：

①企业的部分资产和负债与销售额同比例变化，或者说与销售收入存在固定百分比的项目，即存在着变动资产和变动负债项目；

②企业的各项资产、负债与所有者权益结构已经达到最优。

(2) 销售百分比法的工作步骤

应用销售百分比法预测营运资金需要量通常须经过以下步骤：

①预计销售增长率。

②找出变动资产与变动负债项目。变动资产占收入的百分比表示收入增加 100 元需要增加的资产额；变动负债占收入的百分比表示收入增加 100 元所增加的负债，也就是由变动负债所带来的资产数；这两个百分比的差额表示收入增加 100 元需要由企业实际动手筹集的资金数额。

③计算内部筹资数额。

④计算确定需要从外部筹集的资金数额。

需要从外部筹集的资金总额 = 收入的增加额 ×（变动资产百分比 − 变动负债百分比）− 预计的收入 × 主营业务净利率 ×（1 − 股利支付率）

【例3-1】某企业2010年12月31日的资产负债表(简表)如下：

项　目	期末数	负债及所有者权益	期末数
货币资金	300	应付账款	300
应收账款净额	900	应付票据	600
存货	1 800	长期借款	2 700
固定资产净值	2 100	实收资本	1 200
无形资产	300	留存收益	600
资产总计	5 400	负债及所有者权益总计	5 400

该企业2010年的主营业务收入净额为6 000万元，主营业务净利率为10%，净利润的40%分配给投资者。预计2011年主营业务收入净额比上年增长25%，为此需要增加固定资产200万元，增加无形资产100万元。根据有关情况分析，企业流动资产项目和流动负债项目将随主营业务收入同比例增减，假定2011年的主营业务净利率仍为10%，保持与2010年相同的股利分配政策。

要求：计算2011年需要从外部筹集的资金额。

解：变动资产占销售收入百分比 =(300 +900 +1 800)/6 000 ×100% =50%

变动负债占销售收入百分比 =(300 +600)/6 000 ×100% =15%

2011年需要增加的资金数额 =6 000 ×25% ×(50% -15%) +200 +100 =825(万元)

2011年需要从外部筹集的资金数 =825 -6 000 ×(1 +25%) ×10% ×(1 -40%) =375(万元)

3. 资金习性预测法

资金习性预测法是根据资金习性来预测资金需要量的方法。资金习性是指资金的变动同产销量变动之间的关系。资金按习性分类可分为不变资金、变动资金和半变动资金。

不变资金是在一定的产销量范围内，总额不随产销量的变动而变动的那部分资金。这部分资金包括：为维持正常营业而占用的最低数额的现金；原材料的保险储备；必要的产成品储备；以及厂房、设备等固定资产占用的资金等。

变动资金是在一定的产销量范围内，总额随产销量的变动而正比例变动的那部分资金。它一般包括产品成本中直接材料、直接人工占用的资金；另外，在最低保险储备以外的现金、存货、应收账款等也具有变动资金的性质。

半变动资金是总额虽随产销量的变动而变动，但不是成正比例变动的那部分资金。如一些辅助材料占用的资金就具有半变动资金的性质。半变动资金可以采取一定的方法分解为不变资金和变动资金两部分。

资金习性预测法有两种形式：一种是可以根据资金占用总额同产销量的关系来预测资金的需要量，另一种是可以采用先分项后汇总的方式预测资金的需要量。但是，无论采用什么样的预测形式，都要根据历史数据资料，按照回归分析法或者是高低点法求出 a 和 b。

(1)回归分析法

先根据方程组 $\sum y_i = na + b\sum x_i$ 和 $\sum x_i y_i = a\sum x_i + b\sum x_i^2$ 求出 a 和 b,然后代入 $y = a + bx$，建立经验公式，只要给出业务量 x，就能求出资金需要量 y。

【例 3-2】某企业过去 5 年的产销数量和资金需要量的历史资料如下表，该企业 2015 年预计产销量 9. 5 万件。

年度	产销量 x 万件	资金占用量 y 万元	xy	x^2
2010	8	650	5 200	64
2011	7. 5	640	4 800	56. 25
2012	7	630	4 410	49
2013	8. 5	680	5 780	72. 25
2014	9	700	6 300	81
合计	40	3 300	26 490	322. 5

要求：用回归直线法预计 2015 年的资金需要总量和需要新增的资金数量。

解：依据所给的数据资料，建立联立方程：

$$3\ 300 = 5a + 40b$$

$$26\ 490 = 40a + 322.5b$$

解得：$b = 36$(元/件)　$a = 372$(万元)

$y = 3\ 720\ 000 + 36x$

2015 年的资金需要总量 $= 3\ 720\ 000 + 36 \times 95\ 000 = 7\ 140\ 000$(元)

2015 年需新增的资金数量 $= 36 \times (95\ 000 - 90\ 000) = 180\ 000$(元)

(2)高低点法

首先，根据历史资料找到最高业务量 $x_{高}$ 和最低业务量 $x_{低}$，同时找出它们所对应的资金占用量 $y_{高}$ 和 $y_{低}$。计算单位变动资金 $b = (y_{高} - y_{低}) \div (x_{高} - x_{低})$；最后，根据 $y = a + bx$ 求出业务量为 x 时需要的资金量 y。

【例 3-3】仍然沿用【例 3-2】的数据资料，用高低点法预计 2015 年的资金需要总量和需要新增的资金数量。

根据【例 3-2】的数据资料，采用高低点法计算如下：

$$b = (700 - 630)/(9 - 7) = 35(\text{元/件})$$

$$a = 700 - 35 \times 9 = 385(\text{万元})$$

$$y = 3\ 850\ 000 + 35x$$

2015 年的营运资金需要总量 $= 3\ 850\ 000 + 35 \times 95\ 000 = 7\ 175\ 000$(元)

2015 年需新增的营运资金数量 $= 35 \times (95\ 000 - 90\ 000) = 175\ 000$(元)

由于高低点法只考虑了业务量最高点和最低点两点的数据资料，因而其代表性差；而回归直线法考虑了所给的全部资料，因而其精确性相对较高。

3.2　权益性资金的筹集

本节主要介绍权益性资金的两种筹集方式：吸收直接投资和发行普通股股票。

3.2.1　吸收直接投资

吸收直接投资(简称吸收投资)是指企业按照“共同投资、共同经营、共担风险、共享利润”的原则来吸收国家、企业单位、个人投入资金的一种筹资方式。吸收投资、发行股票、留用利润属于企业筹集自有资金的重要方式。发行股票要有股票作中介，而吸收直接投资则无需发行任何证券。吸收直接投资中的出资者，使企业的所有者可通过一定方式参与企业经营决策，有关各方按出资额的比例分享利润，承担损失。

1. 吸收直接投资的种类

企业采用吸收直接投资方式筹集的资金一般可分为以下3类：

(1)吸收国家投资

国家投资是指有权代表国家投资的政府部门或者机构以国有资产投入企业，这种情况下形成的资本叫国有资本。吸收国家投资是国有企业筹集自由资金的主要方式。根据《企业国有资本与财务管理暂行办法》的规定，国家对企业注册的国有资本实行保全原则。企业在持续经营期间，对注册的国有资产除依法转让外，不得抽回，并且以出资额为限承担责任。企业拟以盈余公积金、资本公积金转增实收资本的，国有企业和国有独资公司由企业董事会或经理办公室决定，并报主管财政机关备案；股份有限公司和有限责任公司由董事会决定，并经股东大会审议通过。吸收国家投资一般具有以下特点：①产权归属国家；②资金的运用和处置受国家约束较大；③在国有企业中采用比较广泛。

(2)吸收法人投资

法人投资是指法人单位以其依法可以支配的资产投入企业，这种情况下形成的资本叫法人资本。吸收法人投资一般具有如下特点：①发生在法人单位之间；②以参与企业利润分配为目的；③出资方式灵活多样。

(3)吸收个人投资

个人投资是指社会个人或本企业内部职工以个人合法财产投入企业，这种情况下形成的资本称为个人资本。吸收个人投资一般具有以下特点：①参加投资的人员较多；②每人投资的数额较少；③以参与企业利润分配为目的。

2. 吸收直接投资中的出资方式

企业在采用吸收投资方式筹资时，投资者可以采用多种形式，具体如下。

(1)现金出资

现金出资是吸收投资中一种最常用、最重要的出资方式。有了现金，便可获取其他物质资源。因此，企业应尽量动员投资者采用现金方式出资。吸收投资中所需投入现金的数额，取决于投入的实物、工业产权之外尚需多少资金来满足建厂的开支和日常周转需要；外国公司法或投资法对现金出资占资本总额的比例，一般都有规定，我国目前尚无这方面的规定，所以，需要在投资过程中由双方协商加以确定。

(2) 实物出资

以实物出资就是投资者以厂房、建筑物、设备等固定资产和原材料、商品等流动资产进行的投资。一般来说，企业吸收的实物应符合如下条件：①确定企业科研、生产、经营所需；②技术性能比较好；③作价公平合理。实物出资所涉及的实物作价方法应按国家的有关规定执行。

(3) 以无形资产出资

以无形资产出资包括以工业产权或非专利技术出资和以土地使用权出资两种形式。

以工业产权或非专利技术出资是指投资者以专有技术、商标权、非专利技术等无形资产所进行的投资。一般来说，企业吸收的工业产权或非专利技术应符合以下条件：①能帮助研究和开发出新的高科技产品；②能帮助生产出适销对路的高科技产品；③能帮助改进产品质量，提高生产效率；④能帮助大幅减低各种消耗；⑤作价比较合理。

土地使用权是按有关法规和合同的规定使用土地的权利。企业吸收土地使用权投资应符合以下条件：①企业科研、生产、销售活动所需要的；②交通、地理条件比较适宜；③作价公平合理。

我国有关法规规定，企业吸收的无形资产出资（不包括土地使用权）一般不得超过注册资本的 20%。但作为知识经济时代，这一比例应该会进一步提高。

3. 吸收直接投资的程序

企业吸收其他单位的直接投资，一般要遵循如下的程序。

(1) 确定吸收投资所需的资金数量

企业新建或扩大经营时需采取吸收直接投资方式，应先确定资金的需要量，防止资金不足或多余。

(2) 联系投资单位，商定投资数额和出资方式

企业能向哪些单位吸收投资，要由企业和有关投资者进行双向选择。投资者根据市场需要和经济效益高低对企业进行选择，需要资金的企业则要争取足够数量、条件相宜的投资者。为此要做好信息交流工作，企业既要广泛了解有关投资者的财力和意向，又要主动介绍自身的经营状况和盈利能力。

投资单位确定以后，企业与投资方可进行具体协商，确定出资数额和出资方式。从使用的灵活性来考虑，企业应尽可能吸收现金投资，如果投资方确有先进而适合本企业需要的固定资产和无形资产时，才可以采取非现金投资方式。

(3) 签署投资协议，付诸实施

投资者与企业商定投资意向和具体条件后，便可签定投资协议，并加以落实。投资者有权参与企业的经营决策，但在资金总额中出资比例较少的，一般不参与经营管理。

(4) 共享投资利润

投资各方可按投资协议规定，根据出资额的多少参与企业利润的分配。

4. 吸收直接投资的优缺点

(1) 吸收直接投资的优点

①有利于增强企业信誉　吸收直接投资所筹集的资金属于自有资金，能增强企业的信

誉和借款能力，对扩大企业经营规模、壮大企业实力具有重要作用。

②有利于尽快形成生产能力　吸收直接投资时如果直接获得投资者的先进设备和先进技术，有利于尽快形成生产能力，尽快开拓市场。

③有利于降低财务风险　吸收直接投资可以根据企业的经营状况向投资者支付报酬，企业经营状况好，要向投资者多支付一些报酬，企业经营状况不好，就可不向投资者支付报酬或少支付报酬，比较灵活，所以财务风险较小。

(2)吸收直接投资的缺点

①资金成本较高　一般而言，采用吸收直接投资方式筹集资金所需负担的资金成本较高，特别是企业经营状况较好和盈利较强时，更是如此。因为向投资者支付的报酬是根据其出资的数额和企业实现利润的多寡来计算的。

②容易分散企业控制权　采用吸收直接投资方式筹集资金，投资者一般都要求获得与投资数量相适应的经营管理权，这是接受外来投资的代价之一。如果外部投资者的投资较多，则投资者会有相当大的管理权，甚至对企业实行完全控制。

③没有证券为媒介，产权关系有时不明确，不利于产权交易。

3.2.2　发行普通股

发行普通股是筹集权益性资金的一种重要方式。

1. 普通股的概念及其特征

普通股是股份有限公司发行的无特殊权利的股份，也是最基本、最标准的股份。通常情况下，股份有限公司只发行普通股。

普通股的特征体现在以下几个方面：

①期限上的永久性　在公司正常生产经营期内，普通股股本一般不能返还给投资者，只有在公司破产、解散清理时，普通股股东才有求偿权。

②责任上的有限性　股东作为公司的所有者，也同时承担着公司的全部责任。如果公司经营不善，破产倒闭，股东应承担偿还公司债务的责任，但其偿还责任仅以股票的出资额为限。

③收益上的剩余性　公司在经营过程中获得的收益应首先偿付到期的债务本息，支付各种税款，提取各种公积金、公益金，支付优先股股利，在完成上述分配后，剩余的收益才能作为普通的股利进行分配。股利的多少取决于剩余收益的多少，无剩余收益，一般不分配股利。

④清偿上的滞后性　企业经营不善，应首先偿还拖欠的职工工资、国家的税款和企业债权人的债务。在全部清偿上述款项后，方可将剩余财产偿还普通股股东的投资。

2. 普通股的种类

股份有限公司根据有关法规的规定，可以发行不同种类的普通股。

(1)按股票有无记名，可分为记名股票和不记名股票

记名股票是在股票票面上记载股东姓名或名称的股票。这类股票，只有股票上所记载的股东有权行使其股权，而且股票的转让有严格的法律程序和手续，需要办理过户手续。我国《公司法》规定，向发起人、国家授权投资的机构和法人发行的股票，必须记名。

不记名股票是在股票票面上不记载股东姓名或名称的股票。这类股票的持有人就是公司的股东，股票的转让也比较方便、自由，无须办理过户手续。

(2)按股票是否标明金额，可分为面值股票和无面值股票

面值股票是在票面上标有一定金额的股票。持有这类股票的股东在公司享有的权利和承担的义务大小，依其所持有的股票票面金额占公司发行在外股票总面值的比例而定。

无面值股票是在票面不标明金额的股票，只载明所占公司股本总额的比例。持有这类股票的股东在公司享有的权利和承担的义务大小，直接依股票标明的比例而定，无面值股票的价值随公司财产价值的增减而变动。

(3)按投资主体的不同，可分为国家股、法人股和个人股

国家股是有权代表国家投资的部门或者机构以国有资产向公司投资而形成的股份。

法人股是企业法人、具有法人资格的事业单位和社会团体以其可支配的财产或国家允许用于经营的资产向公司投资而形成的股份。

个人股是社会公众或公司内部职工以个人合法财产投入公司而形成的股份。

(4)按发行对象和上市地点的不同，可分为 A 股、B 股、H 股和 N 股等

A 股是供我国内地个人或法人买卖的、以人民币标明面值并以人民币交易的股票。

B 股是供我国内地个人或法人买卖的、以人民币标明面值但以外币进行交易的股票，其中，上海证券交易所的 B 股用美元交易，深圳交易所的 B 股用港币交易。

H 股和 N 股是专供外国和我国港、澳、台地区投资者买卖的，以人民币标明面值但以外币进行交易的股票，其中 H 股在中国香港交易，N 股在美国纽约交易。

以上第(3)、(4)种分类，是我国目前实务中为便于对公司股份来源的认识和股票发行而进行的分类。

3. 普通股股东的权利

①公司管理权　公司管理权具体包括投票表决权、查询权和阻止越权的权利。普通股股东可出席或委托代理人出席股东大会，在选举董事成员和公司其他重大事项的表决中进行投票，这是普通股股东参与公司管理的基本方式。普通股股东在每个会计年度终了均可委托注册会计师出具的查账报告了解公司的财务状况、经营业绩。当管理当局在经营活动中有越过职权范围的行为发生时，普通股股东有权阻止越权行为的发生。

②股票出售或转让权　普通股股东可在法律、法规和公司章程所规定的条件下转让所拥有的股份。一般而言，普通股股本一经形成，不能随意抽回，但当普通股股东所获得的收益不足或需要现金时可在证券市场上出售或转让其股票。

③优先认股权　股份公司在发行新股时，都会给普通股股东以优先认购的权利。这种优先认购权使现有股东在一定时间内以低于市价的价格购买新股票。优先认股权能使现有股东保持其在股份公司股本中的份额，以保证普通股股东在公司发行新股时对公司的控制权不发生变化。

④股利分配权　股东有参与公司税后利润分配的权利。

⑤剩余财产求偿权　公司解散时，分享公司的剩余财产。

4. 普通股票的发行与上市

股份有限公司在设立时要发行股票；公司在设立以后为了扩大经营规模或者改善资本

结构，也会增资发行新股。

(1)股票发行的规定与条件

按照我国《公司法》和《证券法》的有关规定，股份有限公司发行股票，应该符合以下规定与条件：

①每股金额相等。同次发行的股票，每股的发行条件和价格应该相同。

②股票发行价格可以等于票面金额，也可以超过票面金额，但不能低于票面金额。

③股票应当载明公司名称、公司登记日期、股票种类、票面金额及代表的股份数、股票编号等主要事项。

④向发起人、国家授权投资的机构和法人发行的股票，必须记名；向社会公众发行的股票，可以记名，也可以不记名。

⑤公司发行记名股票的，应当置备股东名册，记载股东的姓名或名称、住所、各股东所持股份、各股东所持股份编号、各股东取得股份的日期；发行不记名股票的，公司应当载明其股票数量、编号及发行日期。

⑥公司发行新股，必须具备如下条件：具备健全且运行良好的组织结构；具备持续盈利能力，财务状态良好；最近3年财务会计文件无虚假记载，无其他重大违法行为；证券监管管理机构规定的其他条件。

⑦公司发行新股，应由股东大会做出有关下列事项的决议：新股种类与数量；新股发行价格；新股发行的起止日期；向原有股东发行新股的种类及数额。

(2)股票发行的程序

股份有限公司在设立时发行股票和增资时发行新股，程序上有所不同。

①设立时发行股票的程序 包括：a. 提出募集股份申请；b. 公开招股说明书、制作认股书、签订承销协议和代收股款协议；c. 招认股份、缴纳股款；d. 召开创立大会，选举董事会和监事会；e. 办理设立登记，交割股票。

②增资发行新股的程序 包括：a. 股东大会做出发行新股的决议；b. 由董事会向国务院授权的部门或省级人民政府申请并经批准；c. 公告新股招股说明书和财务会计报表及附属明细表，与证券经营机构签订承销合同，定向募集时向新股认购人发出认购公告或通知；d. 招认股份、缴纳股款；e. 改组董事会和监事会，办理变更登记并向社会公告。

(3)股票上市的条件

股票上市，即公司公开发行的股票进入证券交易所挂牌买卖，须受严格的条件限制。我国《证券法》规定，股份有限公司申请其股票上市，必须符合以下条件：

①股票经国务院证券监管机构核准已公开发行；

②公司股本总额不少于人民币3 000万元；

③公开发行的股份达到公司股份总数的25%以上；公司股本总额超过人民币4亿元的，公开发行的比例为10%以上；

④公司最近3年无重大违法行为，财务会计报告无虚假记载。

此外，公司股票上市还应符合证券交易所规定的其他条件。

5. 普通股筹资的优缺点

(1)普通股筹资的优点

发行普通股是公司筹集资金的一种基本方式。其优点主要有：

①筹资风险小　由于普通股没有固定到期日，不用偿还；又没有固定利息负担，公司有盈余，并认为适合分配股利，就可以分给股东；公司盈余较少，或虽有盈余但资金短缺或有更有利的投资机会，就可少支付或不支付股利。因此利用普通股筹资风险最小。

②能增加公司的信誉　普通股本与留存收益构成公司所借入一切债务的基础。有了较多的自有资金，就可为债权人提供较大的损失保障，因而，普通股筹资既可以提高公司的信用价值，同时也为使用更多的债务资金提供了强有力的支持。

③筹资限制较少　利用优先股或债券筹资，通常有许多限制，这些限制往往会影响公司经营的灵活性，而利用普通股筹资则没有这种限制。

(2)普通股筹资的缺点

①资金成本较高　一般来说，普通股筹资的成本要大于债务资金。这主要是股利要从净利润中支付，不能抵减所得税，而债务资金的利息可在税前扣除可以抵减所得税；股东的投资风险要大于债权人的风险，所以，他们要求的报酬就高于债权人要求的报酬；另外，普通股的发行费用也比较高。

②容易分散控制权　利用普通股筹资，出售了新的股票，引进了新的股东，容易导致公司控制权的分散。

③可能导致股价下跌　发行新股后，股东享受发行前的累积盈余，会降低普通股的每股净收益，从而可能导致股价下跌。

3.3　债务资金的筹集

债务资金是企业的一项重要资金来源。本节主要介绍银行借款、发行债券、融资租赁和商业信用筹资。

3.3.1　银行借款

银行借款是指企业向银行或其他非银行金融机构借入需要还本付息的款项，主要包括偿还期限在1年以上的长期借款和不足1年的短期借款。

1. 银行借款的种类

银行借款的种类很多，各企业可根据自身的情况和各种借款条件选用。

(1)按照提供贷款的机构，分为政策性银行借款、商业银行借款和其他金融机构借款

政策性银行借款是指国家开发银行、中国进出口银行和中国农业发展银行为执行国家政策而向相关企业发放的借款，通常为长期借款。

(2)按照用途，分为基本建设借款、专项借款和流动资金借款

基本建设借款是指企业因从事新建、改建和扩建等基本建设项目而向银行申请借入的款项。

专项借款是指企业因从事更新改造、大修理、研发和新产品试制等而向银行申请借入

的款项。

流动资金借款是指企业为满足流动资金的需求而向银行申请借入的款项，包括生产周转借款、临时借款、结算借款等。

(3)按照有无担保，可分为信用借款、担保借款和抵押借款

信用贷款指不需企业提供抵押品，仅凭其信用或担保人信誉而取得的借款。企业取得这种借款，无须以财产作抵押。

担保借款是指以第三方作为保证人承诺在借款人不能偿还借款时，按约定承担一定保证责任或连带责任而取得的借款。

抵押贷款是指以借款人或第三方的财产作为抵押品而取得的借款。作为借款担保的抵押品可以是房屋、建筑物、机器设备、交通运输设备等实物资产，也可以是有权处分的土地使用权，还可以是股票、债券等有价证券，等等。

2. 银行借款的信用条件

按照国际惯例，银行通常还在借款合同中给借款企业提出一些有助于保证本息按期收回的各种条件，这些条件就是银行借款的信用条件。

(1)长期借款的信用条件

长期借款的信用条件包括一般性保护条款和特殊保护条款两方面。

一般性保护条款应用于大多数借款合同，但根据具体情况会有不同的内容，主要包括：①企业需持有一定限额的货币资金及其他流动资金，以保持企业资金的流动性和偿债能力，一般规定企业必须保持最低营运资本净值和最低的流动比率。②限制企业支付现金股利、再购入股票和职工加薪规模，以减少企业资本的过分外流。③限制企业资本支出的规模，以减少企业日后不得不变卖固定资产以偿还贷款的可能性(其结果仍然是着眼于保持企业资产较高的流动性)。④限制企业再举债规模，以防止其他债权人取得对企业资产的优先索偿权。⑤限制企业的投资。例如，规定企业不准投资于短期内不能收回资金的项目，不能未经银行等债务人同意而与其他企业合并以确保借款方的财务结构和经营结构。⑥借款方定期向提供贷款的银行或其他金融机构提交财务报表，以使债权人随时掌握企业的财务状况和经营成果。⑦不准在正常情况下出售较多的非产成品(商品)存货，以保持企业正常的生产经营能力。⑧如期清偿应缴纳的税金和其他到期债务，以防被罚款而造成不必要的现金流失。⑨不准以任何资产作为其他承诺的担保或抵押，以避免企业遭受过重的负担。⑩不准贴现应收票据或出售应收款，以避免或有负债。⑪限制借款方租赁固定资产的规模，其目的在于防止企业负担巨额租金以致削弱其偿债能力，还在于防止企业以租赁固定资产的办法摆脱债务人对其资本支出和负债的约束。⑫做好固定资产的维修保护工作，使之处于良好的运行状态，以保证生产经营能正常、持续地运行。

特殊性保护条款是针对某些特殊情况而出现在部分借款合同中的条款，只有在特殊情况下才能生效。主要包括：①贷款专款专用。②要求企业的主要领导人购买人身保险。③要求企业的主要领导人在合同有效期间担任领导职务。④限制企业高级职员的薪金和奖金总额，等等。

上述各项条款结合使用，将有利于全面保护银行取决于双方谈判能力的大小，而不是完全取决于银行等债权人的主观愿望。

(2)短期借款的信用条件

按照国际通行做法，企业向银行取得短期借款要受到以下限制。

①信贷限额　信贷限额是银行对借款人规定的无担保贷款的最高额。信贷限额的有效期通常为 1 年，但根据情况不同也可延期 1 年。一般来说，企业在批准的信贷限额内可随时向银行借款，但银行并不承担必须提供全部信贷限额的义务。如果企业财务状况恶化，银行有权不对企业发放贷款。

②周转信贷协定　周转信贷协定是银行具有法律义务承诺提供不超过某一最高限额的贷款协定。在协定的有效期内，只要企业的借款总额未超过最高限额，银行必须满足企业任何时候提出的借款要求。企业想用周转信贷协定，通常要对借款限额的未使用部分按一定的比率付给银行一笔承诺费。

③补偿性余额　补偿性余额是银行要求企业在银行中保留按贷款限额或实际借用额的一定百分比(一般为 10% ~20%)计算的最低存款余额。

④贷款抵押　银行向财务风险较大的企业或对其信誉不甚把握的企业发放贷款时，有的需要以抵押品担保，以减少自己承受损失的风险。短期银行的抵押品经常是借款企业的应收账款、存货及股权、债券等。银行接收抵押品后，根据抵押品的面值及其变现能力决定贷款金额。

⑤偿还条件及其他承诺　贷款的偿还分到期一次偿还和贷款期内定期等额偿还两种方式。银行偏好后一种方式，因为这会减少企业巨幅的风险，同时会提高实际贷款利率。企业则偏好前一种方式，因为这种方式不会提高借款的实际利率；除了要求偿还贷款外，银行还可能要求企业做出其他承诺，以保证其贷出的款项准时足额地收回。

3. 银行借款的程序

具备上述借款条件的企业欲取得借款，应该按如下程序办理。

(1)提出申请

企业根据筹资需求向银行提出借款书面申请，其内容一般包括：借款原因；借款期限；借款数额。

(2)银行审核申请

银行接受企业的借款申请以后，首先应要求借款企业提供必要的财务信息和其他方面的信息，必要时还要派人对企业进行实地调查，然后对企业的借款申请进行审核。审核的内容一般包括：企业的财务状况、信用情况、企业赢利的稳定性、企业的发展前景、借款用途的期限、借款的担保品和借款保证人等。

(3)签订借款合同

经过银行审核借款申请以后，如果银行决定接受企业的借款申请，那么，双方就应进一步协商借款的具体条件，然后签订正式的借款合同。在借款合同中，一般要包括对借贷双方基本权利和义务进行规定的基本条款、银行为保证收回本息而规定的保证条款、如果违反合同约定而进行处罚的违约条款、还有像合同的生效日期和双方经办人员的签章等其他附属条款。双方在贷款期限内都应遵守这一合同。

(4)借款企业取得借款

签订借款合同以后，企业就可按合同规定的条款取得借款资金。

(5)借款企业使用、归还借款

企业取得借款以后，就应该按照合同规定的借款用途来使用资金，不能挪作他用。在借款到期时，借款企业应按照合同的规定，及时偿还。

4. 银行借款的偿还

由于短期借款期限较短，在偿还时就不用考虑资金的时间价值。下面主要阐述长期借款的偿还问题。

(1)编制偿还计划

长期借款由于时间长、金额大、风险大，企业借入长期借款后，必须事先筹划，有计划性地做出偿还的安排，这有利于企业资本的调度。因此，企业应编制还款计划，详细说明各期还本付息额、资本来源，并做出必要的现金流量安排。

(2)偿还方式

下面介绍一下定期等额还本付息法。所谓定期等额还本付息法是指在贷款期内连本带息，均按相等金额分期偿还的方法。分期偿还计划可按季、半年或一年制订。可将每次偿还额看成年金，用贷款本金除以年金现值系数求出每期偿还额。举例如下：

【例 3-4】某饮料有限公司向市工商银行贷款 100 万元，期限 5 年，年利率 10%，银行要求按年度定期等额偿还本息。则该公司编制的还款计划表如表 3-1 所示：

表 3-1 还款计划表

年序号 (T)	年偿还额 (A)	利息支付额 (B)	本金偿还额 (C)	本金剩余额 (D)
0	—	—	—	1 000 000
1	263 800	100 000	163 800	836 200
2	263 800	83 620	180 180	656 020
3	263 800	65 602	198 198	457 822
4	263 800	45 782	218 018	239 804
5	*263 784	23 980	239 804	0
合计	1 318 984	318 984	100 000	

注：* 因四舍五入产生的误差。

表中：

$$A=\frac{1\ 000\ 000}{\text{年金现值系数}(N=5,\ I=10\%)}=\frac{1\ 000\ 000}{3.791}=263\ 800$$

B = 上年末 D 乘以年利率；

C = 当年 A 与当年 B 之差；

D = 上年末 D 与当年 C 之差。

由表 3-1 可知，饮料公司每年偿还额为 263 800 元，5 年共偿还 1 318 984 元，其中利息 318 984 元，本金 1 000 000 元。

在实践中，企业所借回的全部资金不一定全部采取一种偿还方式，可以采取多种偿还方式。比如，上述 100 万元长期借款，与银行约定的偿还方式为，其中 50 万元采取定期等额偿还方式，30 万元到期一次还本付息（不计复利），15 万元采取利息先付（贴现方式）本金到期偿还方式，5 万元采取平时按年付息到期还本方式。这样的话，要先分别编制 4 张还款计划表，再加以合并成一张还款总计划表。这种在总表中呈现出借款计划企业平时逐期偿还小额本金和利息，到期偿还大额的本金和利息的现象，被形象地称为“气球膨胀”式付款。

5. 银行借款的优缺点

与发行普通股、发行债券相比较，银行借款具有如下特点。

(1)银行借款的优点

①筹资速度快　与发行股票和发行债券获得长期资本相比，银行借款筹资不需要发生像证券发行那样的准备、层层申报与审批、印刷、推销等事项，而只需与银行等贷款机构达成协议即可。程序相对简单，所花时间较短，企业可以迅速获得所需资金。

②成本较低　利用银行借款筹资，利息可在税前支付，故可减少企业实际负担的利息费用，因此比股票筹资的成本低。

③灵活性较强　在借款之前，企业根据当时的资本需要与银行等贷款机构直接商定贷款的时间、数量和条件。在借款期间，若企业的财务状况发生某些变化，也可与债权人再协商，变更借款数量、时间和条件，或提前偿还本息。因此，借款筹资对企业具有较大的灵活性。在我国，企业有过度依赖银行的倾向，间接融资比例过高，资本负债率在不少企业呈现异常。国有企业必须树立正确的筹资观念，抛弃“肉反正烂在锅里，还不还都是国家的”的不健康思想，端正银企关系，及时还本付息，树立良好的财务形象。否则，企业的再融资将变得十分困难。

④便于利用财务杠杆效应　银行借款不改变企业的控制权，因而股东不会由于控制权问题反对借款。由于银行借款的利率一般是固定或相对固定的，这就为企业利用财务杠杆效应创造了条件。当企业的资本报酬率超过了贷款利率时，会增加普通股股东的每股收益，提高企业的净资产报酬率。

(2)银行借款的缺点

①财务风险高　银行借款有固定的还本付息期限，企业到期必须足额支付。在企业经济不景气时，这种情况无异于釜底抽薪，会给企业带来更大的财务困难，甚至可能导致破产。当然，企业若与银行等债权人协商能进行债务重组，将债务延期、减免部分本息、降低利息率、债转股等，则可暂时获得喘息的机会，止住“短痛”。

②限制条款多　银行借款合同对借款用途有明确规定，对企业资本支出额度、再融资等行为有严格的约束，以后企业的生产经营活动必将受到一定程度的影响。

③筹资数额有限　银行借款的数额往往受到贷款机构资本实力的制约，不可能向发行债券股票那样一次筹集到大笔资本，无法满足企业生产经营活动大跨度的方向转变和大规模的范围调整等需要。

3.3.2 发行债券

发行债券是企业的一种重要的长期债务资金筹集方式。

1. 债券性质与分类

(1)债券的性质

债券是债务人为筹集债务资本而发行的、约定在一定期限内还本付息的一种有价证券(又称长期应付票据)。债券筹资是一种直接融资，面向广大社会公众和机构投资者，对发行企业的资格有严格要求。在我国，发行债券的主体资格仅仅包括股份有限公司、国有有限责任公司和国有独资公司。企业发行债券的目的通常是为其大型投资项目一次募集大额长期资本。从性质上讲，债券与借款一样是企业的债务，发行债券一般不影响企业的控制权，发行企业无论盈利与否必须到期还本付息。

(2)公司债券的种类

债券按不同标准可以分为以下几类。

①按公司债券是否记名分类 可分为记名债券与无记名债券。

记名债券是指在券面上记有持券人的姓名或名称。对于这种债券，公司只对记名人偿本付息，凭身份证或其他有效证件领取本息。记名债券的转让，由债券持有者以背书等方式进行，并向发行公司通报受让人的姓名或名称，以便公司登记在债券存根簿上。

无记名债券是指在券面上不记载持券人的姓名或名称，还本付息以债券为凭。其转让手续简单，只需将债券交付给受让人即发生效力。我国发行的债券一般是无记名债券。

②按是否有抵押品分类 可分为抵押债券与信用债券。

抵押债券又称有担保债券，是指企业发行的以指定的财产作为担保的债券。按担保品的不同，又可分为不动产抵押债券、动产抵押债券、信托抵押债券。信托抵押债券是指公司以其特有的有价证券为担保而发行的债券。

信用债券又称无担保债券，是指发行公司没有抵押品担保，完全凭信用发行的债券。这种债券通常由信誉良好的公司发行，利率一般略高于抵押债券。

③按利率是否固定分类 可分为固定利率债券与浮动利率债券。

固定利率债券的利率在发行债券时即已确定并载于债券票面之上。

浮动利率债券的利率水平在发行债券之初不固定，而是根据有关利率如银行存贷利率水平等加以确定。

④按是否能参与公司利润分配分类 可分为参与公司债券与非参与公司债券。

参与公司债券的持有人除可获得预先规定的利息外，还享有一定程度参与发行公司利润分配的权利，其参与分配的方式与比例必须事先规定。实际中，这种债券一般很少。

非参与公司债券的持有人则没有参与发行公司利润分配的权利。公司债券大多为非参与公司债券。

⑤其他分类 按是否能转换为公司股票以及是否附加认股权分，可分为可转换公司债券和附认股权债券。

可转换公司债券是指根据发行公司债券募集办法的规定，债券持有人可将其转换为发行公司的股票，发行可转换债券的公司应规定转换办法，并应按转换办法向债券持有人换发股票。债券持有人有权选择是否将其所持债券转换为股票。发行这种债券，既可为投资者增加灵活的投资机会，又可为发行公司调整资本结构或减缓财务压力提供便利。

附认股权债券是指所发行的债券附带一种允许债券持有人按特定价格认购股票的长期

选择权。这种认股权通常随债券发放，具有与可转换公司债券相类似的属性。附认股权债券的票面利率，与可转换公司债券一样，通常低于一般的公司债券。

2. 债券的发行条件

我国《证券法》规定，公开发行公司债券的公司必须具备以下条件：

①股份有限公司的净资产额不低于人民币 3 000 万元，有限责任公司的净资产额不低于人民币 6 000 万元。

②累计债券总额不超过公司净资产额的 40%。

③最近 3 年平均可供分配利润足以支付公司债券 1 年的利息。

④所筹集的资金投向符合国家的产业政策。

⑤债券的利率不得超过国务院限定的利率水平。

⑥国务院规定的其他条件。

另外，发行公司债券所筹集的资金，必须用于核准的用途，不得用于弥补亏损和非生产性支出，否则会损害债权人的利益。

3. 债券发行的程序

发行债券一般需要经过以下步骤。

(1)作出决议

公司在实际发行债券之前，必须由股东会(或董事会)作出发行债券的决议，具体决定公司发行债券的总额、票面金额、发行价格募集办法、偿还日期及方式等内容。

(2)提出申请

我国规定，公司申请发行债券由国务院证券管理部门批准。公司申请应提交公司登记证明、公司章程、公司债券募集办法、资产评估报告和验资报告。

(3)公告募集办法

发行公司债券的申请经批准后，公开向社会发行债券，应当向社会公告债券募集办法。根据我国《公司法》的规定，公司债券募集办法中应当载明本次发行债券总额、债券面额、票面利率、还本付息的期限与方式、债券发行的起止日期、公司净资产额、已发行而未到期的公司债券总额、债券的承销机构等事项。

(4)委托证券机构发售

公司债券的发行方式一般有私募发行和公募发行两种。前者是指由发行公司直接将债券发售给投资者，因限制较多在我国极少采用。后者是指发行公司通过承销商向社会发售债券，发行公司可以选择代销或包销方式。我国有关法律、法规要求采用公募发行。

(5)交付债券，收缴款项，登记债券存根簿

发行公司公开发行公司债券，由证券承销机构发售时，投资者直接向承销机构付款购买，承销机构代理收取债券款，交付债券；然后，发行公司向承销机构收缴债券款并结算代理费及预付款项。

根据我国《公司法》的规定，公司发行公司债券，必须在债券上载明公司名称、债券面额、利率、偿还期限等事项，并由董事长签名、公司盖章。

公司发行的债券，还应在置备的公司债券存根簿登记。登记项目主要有：债券持有者的姓名或者名称及住所；债券持有人取得债券的日期及债券的编号(此两项适用于记名债

券)；债券总额、票面利率、还本付息的期限与方式；发行日期等。

4. 债券的发行价格

债券的发行价格是债券发行时使用的价格，亦即投资者购买债券时所支付的价格。公司债券的发行价格通常有平价、溢价和折价。

平价是指以债券的票面金额为发行价格；溢价是指以高于债券票面金额的价格为发行价格；折价是指以低于债券票面金额的价格为发行价格。债券价格的形成受诸多因素的影响和制约，其中主要取决于票面利率与市场利率的一致程度。债券的票面金额、票面利率等在债券发行前就已经参照市场利率和发行公司的具体情况确定下来，并载明于债券之上。但在发行债券时已确定的票面利率不一定与当时的市场利率一致。为了协调债券发行方与购买方在债券利息上的利益，就要调整发行价格，即：当债券票面利率等于市场利率时，平价发行债券；当债券票面利率高于市场利率时，溢价发行债券；当债券票面利率低于市场利率时，折价发行债券。

债券发行价格主要由两部分组成：债券利息的年金现值和到期本金的复利现值。其计算公式为：

$$\text{债券发行价格} = \frac{\text{票面金额}}{(1+\text{市场利率})^n} + \sum_{n=1}^{t} \frac{\text{票面金额} \times \text{票面利率}}{(1+\text{市场利率})^t}$$

式中　n—— 债券期限；

t—— 付息期限。

【例 3-5】双菱纸业有限公司拟发行面额 1 000 元，票面利率 10%，期限 10 年的债券，每年年末付息一次。假设当时市场利率为 8%。该债券的发行价格计算如下：

解：债券发行价格 = 1 000 × 10% × (P/A, 8%, 10) + 1 000 × (P/F, 8%, 10) = 1 134(元)

该债券的发行价格应该定为 1 134 元。

5. 债券的还本付息

(1)债券的偿还

债券偿还时间按其实际发生与规定的到期日之间的关系，分为到期偿还；提前偿还与滞后偿还 3 类。

①到期偿还　到期偿还是指当债券到期后，还清债券所载明的义务，又包括分批偿还和一次偿还两种。

②提前偿还　提前偿还又称提前赎回或收回，是指在债券尚未到期之前，就予以偿还。只有在企业发行债券的契约中明确规定了有关允许提前偿还的条款，企业才可以进行此项操作，提前偿还所支付的价格通常要高于债券的面值，并随到期日的临近而逐渐下降。具有提前偿还条款的债券，可使企业融资有较大的弹性，当企业资金有结余时，可提前赎回债券；当预测利率下降时，也可提前赎回债券，而后以较低的利率来发行新债券。

赎回有 3 种形式：强制性赎回、选择性赎回和通知赎回。

强制性赎回，是指要保证公司拥有一定数量的现款来减少其固定负债，从而减少利息支付时，能够提前还债。强制性赎回有偿债基金和赎债基金两种形式。偿债基金是公司为分期偿还未到期的债券而设立的基金，它要求发行人在债券到期前陆续偿还债务，一方面缩短了债务的有效期限，另一方面分散了还本付息的压力，在某种程度上减少了违约风险。赎债基金同样是举债公司为提前偿还债券而设立的基金，与偿债基金不同的是，赎债基金只能从二级市场上赎回自己的债券，其主要任务是支持自己的债券在二级市场上的价格。

选择性赎回，是指举债公司有选择债券到期前赎回全部或部分债券的权利。选择性赎回的利息率略高于其他同类债券。

通知赎回，是指举债公司在到期日前准备赎回债券时，要提前一段时间向债券持有人发出赎回通知，告知赎回债券的日期和条件。

③滞后偿还　债券在到期日之后偿还叫滞后偿还，这种偿还条款一般在发行时便订立，主要是给予持有人以延长持有债券的选择权。滞后偿还有转期和转换两种形式。

转期指将较早到期的债券换成到期日较晚的债券。实际上，是将债务的期限延长，常用的方法有两种：一是直接以新债券兑换旧债券；二是用发行新债券得到的资金来赎回旧债券。

转换通常指股份有限公司发行的债券可以按一定的条件转换成该公司的股票。

(2)债券的付息

债券的付息主要表现在：利息率的确定、付息频率和付息方式 3 个方面。

利息率的确定主要有固定利率和浮动利率两种形式。

债券付息频率主要有按年付息、按半年付息、按季付息或按月付息和一次性付息、利随本清贴现发行 5 种。

付息方式有两种：一种是采取现金支票或汇款的方式；另一种是息票债券的方式。

6. 债券的信用等级

债券的信用等级表示债券质量的高低。债券的信用等级通常由独立的中介机构进行评估。投资者根据这些中介机构的评级结果选择债券进行投资。

不同国家对债券的评级不尽相同，即使同一个国家的不同评级机构，其评级也有差异。但有一点是相同的，即都将债券按发行公司还本付息的可靠程度、财务质量、项目状况等因素，用简单的符号、文字说明等公开提供给广大投资者。目前，世界各国已基本对债券信用等级形成惯例，即将其划分为 3 等 9 级。以美国著名的债券评级机构标准普尔公司的评级为例，其将债券级别从高到低分为 AAA、AA、A、BBB、BB、B、CCC、CC、C 9 个等级。各级别的含义为：

AAA：该债券到期具有极高的还本付息能力，投资者没有风险。

AA：该债券到期具有极高的还本付息能力，投资者基本没有风险。

A：该债券到期具有一定的还本付息能力，经采取保护措施后，有可能按期还本付息，投资者风险较低。

BBB：该债券到期还本付息资金来源不足，发行企业对经济形势的应变能力较差，有可能延期支付本息，投资者有一定风险。

BB：该债券到期还本付息能力低，投资风险较大。

B：该债券到期还本付息能力脆弱，投资风险较大。

CCC：该债券到期还本付息能力很低，投资风险极大。

CC：该债券到期还本付息能力极低，投资风险最大。

C：发行企业面临破产，投资者可能血本无归。

对于发行企业来说，若能按期还本付息，树立良好的形象，争取划入较高等级，这样便于吸引投资者，成功地实现筹资目的，而且筹资成本也较低。根据美国著名的债券评级机构莫迪公司的一项统计报告：在1980年AAA级债券的利率平均为11.94%，AA级债券的利率平均为12.5%，A级债券的利率平均为12.89%，BAA(相当于标准普尔的BBB)债券的利率平均为13.67%。这完全符合风险收益均衡原理。在国外，许多稳健的机构如慈善组织都规定不得购买A级以下债券。

7. 债券筹资的评价

(1)债券筹资的优点

①资本成本较低　与股票的股利相比，债券的利息允许在所得税前支付，公司可享受税收上的利益，故公司实际负担的债券成本一般低于股票成本。

②可利用财务杠杆　无论发行公司的盈利多少，持券者一般只收取固定的利息，若公司用资后收益丰厚，增加的收益大于支付的债息额，则会增加股东财富和公司价值。

③保障公司控制权　持券者一般无权参与发行公司的管理决策，因此发行债券一般不会分散公司控制权。

(2)债券筹资的缺点

①财务风险较高　债券通常有固定的到期日，需要定期还本付息，财务上始终有压力。在公司不景气时，还本付息将成为公司严重的财务负担，有可能导致公司破产。

②限制条件多　发行债券的限制条件较长期借款、融资租赁的限制条件多且严格，从而限制了公司对债券融资的使用，甚至影响公司以后的筹资能力。

③筹资规模受制约　公司利用债券筹资一般受一定额度的限制。我国规定，累计债券总额不得超过公司净资产额的40%。

3.3.3 融资租赁

融资租赁是现代企业的一种不可或缺的债务资金筹集方式。

1. 租赁及其种类

(1)租赁的概念

所谓租赁，是指通过签订合同的方式，出让财产的一方(出租方)收取货币补偿(租金)，使用财产的一方(承租方)支付使用费(租金)而融通资产使用权的一种交易行为。在这项交易中，承租方不仅得到了所需的机器设备的使用权，而且通过这一行为达到了最终筹集资金的目的。从出租方角度看，其通过出租业务获取了现金，用于补偿资产的折旧及其他费用之后可获得一定的收益。出租方可以是专业的设备租赁公司，也可以是设备厂房处于闲置的一般企业。对于后者而言，这种出租有利于提高企业的经济效益，改善企业的资产质量，优化稀缺财务资源的配置。

租赁是一个古老的经济范畴。古代租赁的主要对象是土地、房屋和一些通用性器具和农具。近代租赁开始于工业革命时代，那时还只是出租方与承租方之间的直接租赁，尚无专业的租赁公司，现代租赁业是第二次世界大战后开始的。20 世纪 50 年代，第一批租赁公司在美国成立。现代租赁业的最大特点是金融资本与工业资本在信贷环节上的相互融通，使得租赁业成为一种融通资金的行业。现代租赁业以融资租赁为主，并由专业的租赁公司专门从事租赁业务。目前，租赁已经成为保留盈余、发行债券与股票之外的一条主要融资渠道。

(2)租赁的特征

租赁作为一种独特的信用形式，既有信用的一般特征，又有自己的独特特征，主要表现为：

①所有权与使用权相分离　租赁资产的所有权与使用权分离是租赁的主要特点之一。银行信用也是所有权与使用权相分离，但载体是现实资金，租赁则是资金与实物相结合基础上的分离。

②融资与融物相结合　租赁是以商品形态与货币形态相结合提供的信用活动，它在向企业出租设备的同时，解决了企业的资金需求，具有信用、贸易双重性质。它不同于一般的借钱还钱、借物还物的信用形式，而是借物还钱，并以分期支付租金的方式来体现。租金的这一特点使银行信贷和物资信贷融合在一起，成为企业融资的一种新形式。

融资与融物相结合使得作为专营租赁业务的专业租赁公司或兼营租赁业务的机构具有金融机构(融通资金)与贸易机构(提供设备)的双重职能。在租赁期内，租赁公司始终控制着设备的所有权，把握着资金的使用方向。

③租金的分期回流　在租金的偿还方式上，租金与银行信用、消费信用一样，采取了分期回流的方式。出租方的资金一次投入，分期收回。承租方交付租金的次数和金额由出租方与承租方具体协商确定。对于承租方而言，通过租赁可以提前获得资产的使用价值，分期支付租金便于现金流量，租金支付在后等于用未来的钱还现在的债务。

(3)租赁的分类

租赁一般按性质分为经营租赁与融资租赁。

①经营租赁　也称为营业租赁或使用租赁，一般租赁期限较短、租金较低、风险较小；租赁物一般是通用的耐用物品，如计算机、汽车、房屋等；租赁期内由出租方负责资产的维修、保养，并提供专门的技术服务；承租方可以提前解除租约(一般要提前通知出租方并予一定赔偿)。从实质上看，它是一种短期资金的融通方式。对于承租方来讲，经营租赁的租金可作为费用在税前扣除，是十分有利的。经营租赁一般适用于季节性生产企业，或租赁资产的技术更新很快，或承租方资金虽然充裕可以购买但对所生产产品的畅销期长短没有把握等情况。

②融资租赁　也称财务租赁或金融租赁。融资租赁是现代设备租赁的主要形式。它是指由出租方用资金购买承租方选定的设备，并按照签订的租赁协议或合同将设备租给承租方长期使用的一种融通资金方式。融资租赁的特点有：

a. 交易涉及三方。融资租赁交易涉及到出租方、承租方和供货方，承租方与出租方是租赁关系，出租方与供货方是买卖关系，承租方与供货方存在选货与技术服务的关系。

b. 双合同关联。承租方与出租方的租赁合同，出租方与供货方的购销合同，两个合同之间存在密切联系。出租方为租出买入，有预期收入才发生现时支出。

c. 承租方对设备和供应具有选择的权利和验货责任。融资租赁的设备往往是专用设备，承租方对设备的技术参数要求很具体，而出租方可能也了解不多，因此，承租方要负责选货和验货。

d. 合同不可撤销。由于出租方购入的设备自身往往并不需用，因而如果承租方要求解除租约，出租方损失就很惨重了。为了避免出现这类情况，融资租赁合同是不可撤销的，双方必须严格履行。

e. 租赁期限比较长。根据美国会计准则的规定，租赁期只有超过资产经济寿命期的75%，才能成为融资租赁。出租方通过一次融资租赁的租金收入的现值应大于设备的现值。

f. 期满时承租方对设备的处置有选择权。承租方可以选择退回给出租方，也可以续租或留购。

g. 在租赁期内，设备的保养、维修、保险费用和设备过时的风险由承租方承担。

融资租赁还可进一步分为直接租赁、售后租回和杠杆租赁。

直接租赁是融资租赁的主要形式。承租方提出租赁申请时，出租方并没有承租方所需要的资产，而是按照承租方的要求选购或制造，然后再出租给承租方。

售后租回是指应承租方面临财务困境，急需资金时，将原来归自己所有的资产售给出租方，然后以租赁的形式从出租方原封不动地租回资产的使用权。在这种租赁合同中，除资产所有者的名义改变之外，其余情况均无变化。这种租赁形式的好处是一方面企业可以获得现金收入，暂时缓解企业的财务危机，另一方面又能继续使用原资产，不影响企业的日常生产经营活动的持续进行。

杠杆租赁是指租赁所涉及的资产价值昂贵时，出租方自己只投入部分资金，通常为资产价值的20%～40%，其余60%～80%则通过将该资产抵押的方式，并以转让租金的权利作为额外担保向第三方(通常为银行)申请贷款解决，然后将购进的设备出租给承租方，租赁公司用收取的租金偿还贷款，该资产的所有权属于出租方。这样，出租方只用少量资金就盘活了巨额的租赁业务，就如同杠杆原理一样，故称为杠杆租赁。

2. 融资租赁的程序

不同的租赁业务，具有不同的程序。融资租赁程序比较复杂，现介绍如下。

(1)选择租赁公司

企业决定采用租赁方式筹集某项设备时，首先需了解各家租赁公司的经营范围、业务能力、资信情况，以及与其他金融机构如银行的关系，取得租赁公司的融资条件和租赁费率等资料，加以分析比较，从中择优选择。

(2)办理租赁委托

企业选定租赁公司后，便可向其提出申请，办理委托。这时，承租企业需填写“租赁申请书”，说明所需设备的具体要求，同时还要向租赁公司提供财务状况文件，包括资产负债表、利润表和现金流量表等资料。

(3)签订购货协议

由承租企业与租赁公司的一方或双方合作组织选定设备供应厂商，并与其进行技术和商务谈判，在此基础上签订购货协议。

(4) 签订租赁合同

租赁合同系由承租企业与租赁公司签订。它是租赁业务的重要文件，具有法律效力。融资租赁合同的内容可分为一般条款和特殊条款两部分。

一般条款主要包括：

①合同说明。主要明确合同的性质、当事人身份、合同签订的日期等。

②名词释义。解释合同中所使用的重要名词，以避免歧义。

③租赁设备条款。详细列明设备的名称、规格型号、数量、技术性能、交货地点及使用地点等。

④租赁设备交货、验收和税务、使用条款。

⑤租赁期限及起租日期条款。

⑥租金支付条款。规定租金的构成、支付方式和货币名称，这些内容通常以附表形式列为合同附件。

特殊条款主要规定：

①购货协议与租赁合同的关系。

②租赁设备的产权归属。

③租期中不得退租。

④对出租人和对承租人的保障。

⑤承租人违约及对出租人的补偿。

⑥资产的使用和保管、维修、保障责任。

⑦保险条款。

⑧租赁保证金和担保条款。

⑨租赁期满时对设备的处理条款等。

(5) 办理验货与保险

承租企业按购货协议收到租赁设备时，要进行验货，验收合格后签发交货及验收证明，并提交租赁公司，租赁公司据以向供应厂商支付价款。同时，承租企业向保险公司办理投保事宜。

(6) 支付租金

承租企业在租期内按合同规定的租金数额、支付方式等，向租赁公司支付租金。

(7) 合同期满处理设备

租赁合同期满时，承租企业根据合同约定，对设备选择续租、退租或留购。

3. 租金的构成和计算

在决定签订租赁合同之前，不论是承租人还是出租人，都得对租金构成进行评价。对承租人，必须判断租赁资产的成本是否低于购买资产的成本；而对出租人，租赁是否会带来合理的报酬。租金的数额和支付方式对承租企业的未来财务状况具有直接的影响，因此，本书只介绍承租人对租金构成评价和计算问题。

(1) 租金的构成

①经营租赁的租金　经营租赁的租金包括租赁资产购买成本、租赁期间利息、租赁物

的维修保养费用、业务与管理费、税金、保险费及租赁物的陈旧风险。

②融资租赁的租金　融资租赁的租金包括租赁设备价款和租息两部分，其中租息又由出租人的融资成本和租赁手续费组成。

a. 设备价款。融资租赁物通常为生产设备，现就设备价款进行介绍。设备价款包括买价、运费和途中保险费。设备的买价一般按市价由承租人与供应商协商确定。设备的运费和途中保险费一般按实际发生计入租金。但签约前必须进行预估，成为设备价款的一部分。

b. 融资租赁成本。是指出租人为购买租赁设备所筹资本的成本，实际是租赁期间的利息。在我国，目前的融资性租赁交易很大一部分是国际性的，主要是承租企业为引进外国先进技术和利用外资而采取的筹资方式。因此，出租人融资成本也来自国外，这包括出租人在国际金融市场上和各国金融市场上所筹措的融资成本。在国际金融市场上，筹措成本率一般高于国内资本筹措，但较灵活，受本国政府限制较小。所以，承租企业在利用外国资本时，应了解和全面考虑各国的利率政策，以尽可能降低贷款利率，减少融资成本。

c. 租赁手续费。包括出租人承办租赁设备的营业费用和一定盈利。营业费用包括办公费、工资、差旅费、折旧费、税金等。但租赁手续费的高低一般无固定标准，由承租人与出租人商定。

(2)租金的计算

融资租赁租金计算方法有很多种，包括年金现值法、等差变额年金法、等比变额年金法、等额偿还本金法、平均分摊法、不规则租金计算法、浮动利率法，等等。我国在计算融资租赁租金方法上一般采用年金现值法。

这里只介绍最常见的年金方法。

①后付租金的计算　承租企业与租赁公司商定的租金支付方式，大多为后付等额租金。其计算公式如下：

$$P = A \times (P/A,\ i,\ n)$$

根据普通年金现值的计算公式，可推导出后付租金方式下每年末支付租金数额的计算公式：

$$A = P/(P/A,\ i,\ n)$$

【例3-6】某企业采用融资租赁方式于2010年1月1日从一租赁公司租入一设备，设备价款为40 000元，租期为8年，到期后设备归企业所有，为了保证租赁公司完全弥补融资成本、相关的手续费并有一定盈利，双方商定采用18%的折现率，试计算该企业每年年末应支付的等额租金。

解：$A = 40\ 000/(P/A,\ 18\%,\ 8) = 40\ 000/4.0776 \approx 9\ 809.69$(元)

②先付租金的计算　承租企业有时可能会与租赁公司商定，采取先付等额租金的方式支付租金。根据先付年金的现值方式，可得出先付等额租金的计算公式：

$$A = P/[(P/A,\ i,\ n-1) + 1]$$

【例 3-7】假如上例采用先付等额租金方式，则每年年初支付的租金额可计算如下：
解：$A = P/[(P/A,\ 18\%,\ 7) + 1] = 40\ 000/(3.8115 + 1) = 8\ 313.4$(元)

关于采用递延年金支付租金方式的计算，可参照递延年金现值的计算方法，这里不再赘述。

4. 融资租赁的优缺点

对承租企业而言，租赁尤其是融资租赁，是一种特殊的筹资方式。通过租赁，企业可不必预先筹措一笔相当于设备价款的现金，即可获得需用的设备。因此，与其他筹资方式相比，租赁筹资颇具特点。

(1)租赁筹资的特点

①筹资速度快　租赁是一种借“融物”来“融资”的筹资方式，其往往比借款购置设备更迅速、更灵活，因为租赁本身是筹资与设备购置同时进行的，可以缩短设备的购进、安装时间，使企业尽快形成生产能力。有利于企业尽快占领市场，打开销路。

②限制条款少　如前所述，债券和长期借款都规定有相当多的限制条款，虽然类似的限制租赁公司中也有，但一般比较少。

③设备淘汰风险少　随着科学技术的迅猛发展，固定资产更新周期日趋缩短。企业设备陈旧过时的风险很大，利用租赁筹资可减少这一风险。这是因为：a. 营业租赁期限较短，过期把设备归还出租人，这种风险完全由出租人承担；b. 融资租赁的期限一般为资产使用年限的 75%，也不会像自己购买设备那样整个期间都承担风险；c. 多数租赁协议都规定由出租人承担设备陈旧过时的风险。

④到期还本负担轻　租金在整个租期内分摊，不用到期归还大量本金。许多借款都在到期日一次偿还本金，这会给财务基础较弱的公司造成相当大的困难，有时会造成不能偿付的风险。而租赁则把这种风险在整个租期内分摊，可适当减少不能偿付的风险。

⑤税收负担轻　租金可在税前扣除，具有抵免所得税的效用。

⑥租赁可提供一种新的资金来源　有些企业由于种种原因，如负债比率过高，不能向外界筹集大量资金。在这种情况下，采用租赁的形式就可使企业在资金不足而又急需设备时，不付出大量资金也能及时得到所需设备。

(2)租赁筹资的缺点

租赁筹资的主要缺点是成本较高，租金总额通常要高于设备价值的 30%；承租企业在财务困难时期，支付固定的租金也将构成一项沉重的负担；另外，采用租赁筹资方式如不能享有设备残值，也可视为企业的一种机会损失。

3.3.4　商业信用

商业信用是指由商品交易中的延期付款或预收货款而形成的借贷关系，是企业之间的一种直接信用行为。它是企业短期资金的重要来源。商业信用是由商品交换中货与钱在空间上和时间上的分离而产生的。在西方一些国家里，90% 的商品销售方式是商业信用。在我国，随着商品经济的不断发展，商业信用也正迅速发展，已经成为企业短期筹资的一种重要方式。但是还应看到，对商业信用如果管理不善，也会产生消极的后果，应当加强监督，积极引导。

1. 商业信用的主要表现形式

商业信用主要包括应付账款、应付票据和预收账款。

(1)应付账款

买卖双方发生商品交易，买方收到商品后不立刻支付现金，可延至一定时期以后付款。在这段时间内，等于买方向卖方借了钱。这种方式可以弥补企业暂时的资金短缺，对于出售单位来说，也有利于把商品推销出去。但买方并不提供正式的具有法律效力的借据，卖方仅以买方签发的订单和交易时产生的发票、账单为收款收据。买卖双方分别在会计账簿上记录“应付账款”和“应收账款”，完全依靠企业之间的信用来维护。一旦买方资金紧张，就会造成拖欠。所以采用这种方式，卖方要对买方的信用和财务状况作充分的了解后才能提供。

应付账款是最早出现的最典型的商业信用形式，后来才发展为商业票据等形式。

(2)应付票据

应付票据是企业进行延期付款商品交易时开具的表明债权债务关系的票据。卖方要求买方开出正式的商业汇票，卖方也可自己开出，但必须由买方承诺在未来一定日期偿还贷款。双方依据票据作为债权债务的法律依据。在会计账簿和资产负债表上，买方列为“应付票据”，卖方列为“应收票据”。采用商业汇票，可以起到约期结算、防止拖欠的作用。

商业汇票按承兑人的不同，可分为商业承兑汇票与银行承兑汇票两种。商业承兑汇票是指到期由购货单位付款的汇票；银行承兑汇票是指由购货单位请求其开户银行于汇票到期承兑的汇票。这两种承兑的汇票在同城、异地均可使用。应付票据的付款期限由交易双方商定，一般为1~6个月，最长不超过6个月，遇有特殊情况可以适当延长。

应付票据对于购货企业来说，是一种短期负债筹资方式。

应付票据可分为带息票据和不带息票据两种。带息票据在票据上标有利率及计息日期，一般在到期日兑付时一并支付利息；不带息票据是在到期日只按票面金额兑付而不另给利息的票据。即使是带息票据，其利率一般也比银行借款的利率低。

(3)预收账款

预收账款对销货企业来说，也是一种筹集短期资金的形式。而且这种筹资方式一般无需付出代价，完全属于免费信用。但是也有的企业和个人利用预收货款行骗，钱到手后，到期并不发货，也不还钱，用别人的钱做自己的生意，甚至赖账，逃之夭夭。所以购货单位支付预收货款时一定要对销货方作信用调查，谨防上当受骗。

2. 商业信用条件

所谓商业信用条件指销货人对付款时间和现金折扣所作的具体规定，如“2/10，*N*/30”，便属于一种信用条件。信用条件从总体来看，主要有以下几种形式：

(1)预付货款

这是买方在卖方发出货物之前支付货款。一般用于如下3种情况：

①卖方已知买方的信用欠佳。

②紧俏商品的购销。

③销售生产周期长、售价高的产品。在这种信用条件下销货单位可以得到暂时的资金

来源，但购货单位不但不能获得资金来源，还要预先垫支一笔资金。

(2)延期付款，但不提供现金折扣

这种信用条件下，卖方允许买方在交易发生后一定时期内按发票面额支付货款，如“N/45”，是指在45天内按发票金额付款。这种条件下的信用期一般为30～60天，但有些季节性的生产企业可能为其客户提供更长的信用期间。在这种情况下，买卖双方存在商业信用，买方可因延期付款而取得资金来源。

(3)延期付款，但早付款有现金折扣

在这种情况下，买方提前付款，卖方可给予一定的现金折扣，如买方不享受现金折扣，则必须在一定时期内付清账款。如“2/10，N/30”便属于此种信用条件。西方企业在各种信用交易活动中广泛地应用现金折扣，这主要是为了加速账款的收现。现金折扣一般为发票面额的1%～5%。

现金折扣是企业对顾客在商品价格上所作的扣减。向顾客提供这种价格上的优惠，主要目的在于吸引顾客为享受优惠而提前付款，缩短企业的平均收款期。另外，现金折扣也能招揽一些视折扣为减价出售的顾客前来购货，借此扩大销售量。折扣的表示通常采用如5/10、3/20、N/30这样一些符号形式。这三种符号的含义为：5/10表示10天内付款，可享受5%的价格优惠，即只需支付原价的95%，如原价为10 000元，只支付9 500元；3/20表示20天内付款，可享受3%的价格优惠，即只需支付原价的97%，若原价为10 000元，只支付9 700元；N/30表示付款的最后期为30天，此时付款无优惠。

这种条件下，双方存在信用交易。买方若在折扣期内付款，则可获得短期的资金来源，并能得到现金折扣；若放弃现金折扣，则可在稍长时间内占用卖方的资金。

如果销货单位提供现金折扣，购买单位应尽量争取获得此项折扣，因为丧失现金折扣的机会成本很高。可按下式计算：

$$\text{放弃现金折扣的成本}=\frac{\text{折扣百分比}}{1-\text{折扣百分比}}\times\frac{360}{\text{信用期}-\text{折扣期}}$$

如果信用条件为“2/10，N/30”，丧失现金折扣的资金成本应为：

$$\text{放弃现金折扣的成本}=\frac{2\%}{1-2\%}\times\frac{360}{30-10}=36.73\%$$

放弃现金折扣的成本实际上反映的是买方企业向卖方企业借款的成本，买方企业是否获得现金折扣，就要看放弃现金折扣的成本与企业其他筹资方式的成本(如短期借款的年利率)进行比较，如果放弃现金折扣的成本低于企业其他筹资方式的成本，就说明向卖方企业借款成本较低，就应该向卖方企业借款，即放弃现金折扣；反之，就应该获得现金折扣。

3. 商业信用筹资的优缺点

(1)商业信用筹资的优点

①商业信用非常方便　因为商业信用与商品买卖同时进行，属于一种自然融资，不用于非常正规的安排。

②成本小　如果没有现金折扣，或企业不放弃现金折扣，则利用商业信用筹资没有实际成本。

③限制少 如果企业利用银行借款筹资，银行往往对货款的使用规定一些限制条件，而商业信用则限制较少。

(2)商业信用筹资的缺点

商业信用的时间一般较短，如果企业取得现金折扣，则时间会更短；如果放弃现金折扣，则要付出较高的资金成本。

3.4 混合性资金的筹集

混合性资金因其同时具有债务性融资和权益性融资的特点而得名。最常用的混合性融资工具是优先股、可转换债券和认股权证。

3.4.1 发行优先股

优先股是一种典型的混合性资金筹集工具。

1. 优先股的特征

优先股股票是指由股份有限公司发行的，在分配公司收益剩余财产方面比普通股股票具有优先权的股票。优先股常被看成是一种混合证券，介于股票与债券之间的一种有价证券。发行优先股对于公司资本结构、股本结构的优化，提高公司的效益水平，增强公司财务弹性无疑具有十分重要的意义。

发行优先股是公司获得所有权资本的方式之一。从公司的最终所有者——普通股股东的立场看，优先股是一种可以利用的财务杠杆，可视为一种永久性负债。公司有时也可以赎回发行在外的优先股，当然要付出一定的代价，如溢价赎回的贴水。从债权人的立场看，优先股又是构成公司主权资本的一部分，可以用作补偿的铺垫。

2. 优先股股东的权利

优先股的“优先”是相对于普通股来说的，这种优先权主要表现在以下几个方面：

(1)优先分配股利权

优先分配股利的权利，是优先股的最主要特征。优先股通常有固定的面值和股利率，一般只有先按约定的股息率给优先股股东分派股息以后，普通股股东才能进行分派红利。

(2)优先分配剩余财产权

如果公司破产清算，优先股对剩余财产有优先的请求权。对于公司破产清算时出售资产所取得的收入，优先股位于债权人的求偿之后，但先于普通股。其金额只限于优先股的票面价值加上累积未支付的股利。

(3)部分管理权

优先股股东一般没有表决权，无权过问公司的经营管理，只有在公司讨论与优先股有关的问题时，他们才有权参与表决。所以发行优先股一般不会稀释公司普通股股东的控制权。

3. 发行优先股的动机与促销策略

股份公司发行优先股，筹集自有资本只是其目的之一。由于优先股有其特性，公司发行优先股往往还有其他的动机：

(1) 防止公司股权分散化

由于优先股股东一般没有表决权，发行优先股就可以避免公司股权分散，保障公司老股东的原有控制权。

(2) 调剂现金余额

公司在需要现金资本时发行优先股，在现金充裕时可赎回部分或全部优先股，从而调剂现金余额。

(3) 改善公司的资本结构

公司在安排借入资本与自有资本的比例关系时，可较为便利地利用优先股的发行、转换、赎回等手段进行资本结构和自有资本内部结构的调整。

(4) 维持举债能力

公司发行优先股，有利于巩固自有资本的基础，维持乃至增强公司的举债能力。

筹资公司在选择不同类别的优先股时，应充分考虑投资者对不同类型优先股的偏好。一般来说，在经济出现剧烈波动或经济衰退时，宜发行累积优先股；在公司的经营状况稳定增长时，可发行非累积优先股；在投资者要求较高持有收益时，可发行全部参与或部分参与优先股；在投资者要求较高资本收益和较大的对公司支配权，而甘愿承担一定风险时，可发行可转换为普通股的优先股；对于保守的投资者，可发行可转换为债券的优先股；在国际金融市场动荡不安，利率市场经常波动的条件下，宜发行股息率可调整的优先股；对于收入不稳定、支出有异常的投资者，可发行可赎回优先股。

4. 优先股的种类

公司发行优先股，在操作方面与发行普通股无较大差别，但由于公司与优先股股东的约定不同，从而有多种类型的优先股。

(1) 按股息是否可以累积，可分为累积优先股与非累积优先股

累积优先股是指可以将以往营业年度公司拖欠未付的股息累积起来由以后营业年度的盈利来一并支付的优先股股票。非累积优先股是指公司对过去年度拖欠的股息不再补付的优先股股票。我国的有关法规规定：优先股股东无表决权，但公司连续 3 年不支付优先股股利，优先股股东就享有普通股股东的权利。因此，公司从维护公司的财务形象，防止公司控制权的稀释的角度，一般不宜不支付优先股股息。实践中，大多数公司发行的优先股为累积优先股，这体现了公司管理层对于未来盈利的信心，同时也便于推销优先股。当然这对公司的财务压力较大。需要注意的是，在分派公司股利时无论是以前年度优先股股息补付还是当年的优先股股息的支付都优先在普通股红利之前支付。

(2) 按优先股能否参与剩余利润的分派和参与程度，可分为全部参与优先股、部分参与优先股和不参与优先股

不参与优先股是指优先股股东只按优先股票面约定的固定股利率取得股息收入，不能参与剩余利润的分配。全部参与优先股是指优先股股东在利润分配上与普通股股东同股同利，即每元优先股股本与每元普通股股本分得相等的公司税后利润。部分参与优先股是指优先股股东除了按约定的固定股息率获得股息收入外，还有权在一定幅度内参加剩余股利的分配。优先股股票还可以根据需要合成累积非参与优先股、非累计非参与优先股、累积全部参与优先股、累积部分参与优先股等。下面举例加以说明。

【例 3-8】海王药业公司发行的流通在外的普通股为 40 000 股，每股面值 20 元；优先股 6 000 股，每股面值 40 元，约定的股息率为 8%，优先股为累积优先股且有 2 年没有发放优先股股利。现假设该公司宣布发放股利 130 000 元。如果按照优先股为不参与、部分参与、全部参与剩余利润三种方式进行分配，其计算和分配过程如下：

解：(1)非参与优先股

支付积欠的优先股股息：　6 000×40×8%×2=38 400(元)

当期分配的优先股股息：　6 000×40×8%×1=19 200(元)

优先股股东共分得股息：　57 600(元)

普通股股东共分得红利：　130 000-57 600=72 400(元)

(2)部分参与优先股(假设参与最高定率为 1%)

支付积欠的优先股股息：　38 400(元)

当期首次分配的优先股股息：　19 200(元)

当期首次分配的普通股红利：40 000×20×8%=64 000(元)

再次分配的优先股红利：6 000×40×1%=2 400(元)

再次分配的普通股红利：72 400-64 000-2 400=6 000(元)

统计结果：优先股股利(股息红利合称股利，下同)合计为 60 000 元，普通股红利合计为 70 000 元。

(3)全部参与优先股

支付积欠的优先股股息：　38 400(元)

剩余利润为 130 000-38 400=91 600(元)，按两种股票的股本比例分配。由上可知，优先股股本为 6 000×40=240 000(元)，普通股股本为 40 000×20=800 000(元)，合计为 1 040 000 元，其中优先股占 23%，普通股占 77%。优先股股东可分得股利21 138元(91 600×23%)，普通股股东分得红利 70 462 元(91 600-21 138)。

(3)可转换优先股、可赎回优先股、有投票权优先权与股息率可调整优先股

可转换优先股是指其持股人可以在特定条件下，把优先股股票转换成普通股股票或公司债券的优先股。一般来说，对这类优先股股票都规定了转换的条件、时间和比例。对于发行公司而言，发行可转换优先股，为持股人提供了优惠，公司可相应调低股息率，从而节约财务开支。

可赎回优先股是指发行公司可以按一定价格赎回发行在外的优先股股票，即优先股股票的票面上有公司可提前赎回的条件，如在公司发行优先股使得发行公司在未来的年度就有了调整股本结构、资本结构的主动权，增强了公司的财务弹性，公司可在市场利率不断下跌的情况下赎回优先股另以较低的资本成本融资，减少公司的财务负担。

有投票权的优先股是指公司在一定时间内始终未能发放优先股股利时，可以被赋予一定投票权的优先股。赋予优先股的投票权是为了保护优先股股东的利益。

股息率可调整的优先股是指优先股的股息率不是固定不变的，可按照某一参照物的变动而相应调整(一般调高不调低)。参照物主要有：国库券的利率、长期银行存款利息率。

发行这种优先股在于保护优先股股东的利益，扩大公司优先股股票的销售量。

5. 优先股筹资的优缺点

与普通股筹资相比较，优先股筹资具有如下的特点。

(1) 优先股筹资的优点

①优先股的股利率一般为固定比率，从而优先股筹资有财务杠杆作用。在公司运用优先股筹资后，公司增长的利润大于支付给优先股股东的约定股息，则差额为普通股股东分享，因此优先股筹资有助于提高普通股股东的每股收益。

②公司采用优先股筹资，可以避免固定的支付负担。优先股的股息支付可以根据公司的盈利情况适当地加以调整(对固定股息的支付并不构成公司的法定义务)，不必像债务的利息、本金那样需要定期、如数地履行。在付不出优先股股息时，可以拖欠，不致进一步加剧公司资本周转的困难。

③优先股一般没有到期日，实际上可将优先股看成一种永久性负债，但不需要偿还本金。只有在有利于公司的根本利益时，公司才会赎回优先股。优先股的赎回、股息支付等方面公司较为主动，增加了公司财务的机动性。

④优先股股东也是公司的所有者，不能强迫公司破产。发行优先股而取得的资本是公司的自有资本，因而发行优先股能增强公司的信誉，提高公司的举债能力。

另外，由于优先股股东一般没有投票权，所以发行优先股不会引起普通股股东的反对，其筹资能够顺利进行。当使用债务融资风险很大，利率很高，而发行普通股又会产生控制权问题时，优先股是一种最理想的筹资方式。有些国家的税法对于企业购买优先股的股息有部分免税的政策优惠，这就对发行公司的优先股股票的销售十分有利。

(2) 优先股筹资的缺点

①资金成本高　优先股的股息不能作为应税收益的抵减项目，在公司税后利润中支付，得不到税收上的好处。优先股的资本成本虽低于普通股，但高于债券。

②由于优先股在股息分配、资产清算等方面拥有优先权，使得普通股股东在公司经营不稳定时收益受到影响。当公司盈利下降时，优先股的股息可能成为公司一项沉重的财务负担。

③优先股筹资后对公司的限制较多，如公司不能连续 3 年拖欠股息，公司有盈利必须先分给优先股股东，公司举债额度较大时要征求优先股股东的意见等。

3.4.2　发行可转换债券

可转换债券是一种具有债权和股权性质的混合性资金筹集工具。

1. 可转换债券的性质

可转换债券是一种混合型金融产品，可以被看作普通公司债券与期权的组合体。其特殊性在于它所特有的转换性。作为现代金融创新的一种产物，可转换债券在某种程度上兼有债务性证券与所有权证券的双重功能。从证券权利角度来分析，可转换债券赋予持有者一种特殊的选择权，即按事先约定在一定时间内将其转换为公司的股票的选择权，这样可转换债券就将传统的债券与股票的筹资功能结合起来，在转换权行使之前属于公司的债务资本，权利行使之后成为发行公司的所有权资本。

2. 可转换债券的基本要素

可转换债券的基本要素包括标的股票、票面利率、转换价格、转换利率、转换期限、赎回条款、回售条款、转换调整与保护条款等。

(1)标的股票

可转换债券作为期权的二级派生产品与期权一样也有标的物，它的标的物一般是发行公司自己的普通股票，不过也可以是其他公司的股票，如该公司的上市子公司的股票。

(2)票面利率

可转换债券的票面利率一般大大低于普通债券的票面利率，其上限是同期银行存款利息率。可转换债券的持有者看重的是转换为股票获得资本利得的好处，因此，如果发行公司的预期收益增长前景良好，可以将票面利率设计得低一些。

(3)转换价格

转换价格指的是可转换债券在存续期间内债券持有者据以转换为普通股而给付的每股价格。按照我国《可转换公司债券管理暂行办法》的规定，上市公司发行可转换债券的，以发行可转换债券前一个月股票的平均价格为基准，上浮一定幅度作为转换价格；重点国有企业发行可转换债券的，以拟发行股票的价格为基准，折扣一定比例作为转换价格。在整个转换期内，转换价格可以固定不变，也可以逐期提高。因为，转换价格逐期提高，债券能够转换成的股数就会越来越少，所以这种逐期提高可转换价格的目的，就在于促使可转换债券的持有者尽早地进行转换，让公司及早地完成资本结构的调整。

(4)转换比率

转换比率指的是每一份可转换债券在既定的转换价格下能转换为普通股股票的数量。在债券面值和转换价格确定的前提下，转换比率为债券面值与转换价格之商。

(5)转换期限

转换期限指的是可转换债券转换为股票的起始日至结束日的期间。转换期限的规定通常有4种情况：发行日至到期日；发行日至到期前；发行后某日至到期前；发行后某日至到期日。至于选择哪种，要看公司的资本使用状况、项目情况、投资要求、可转换债券的期限等。由于转换价格高于公司当前股价，投资者一般不会在发行后立即行使转换权，采取前两种类型能吸引更多投资者；如果公司现有股东不希望过早稀释控制权，可采用后两种类型。

(6)赎回条款

赎回是指在一定条件下公司按事先约定的买价买回未转股的可转换债券。发行公司为了避免因市场利率下降而带来的损失，同时为了避免可转换债券的持有者过分享受因公司收益大幅提高所产生的回报，通常设计有赎回条款。赎回条款通常包括赎回期、赎回价格、赎回条件等。公司在赎回债券之前要向投资者发出赎回通知，此时投资者必须在转股与售给发行公司之间做出选择。正常情况下，投资者会选择前者。可见，赎回条款最重要的功能是强制可转换债券的持有者积极行使转股权，因此又被称为加速条款。

(7)回售条款

回售条款是指公司股票价格在一定时期内连续低于转股价格达到某一幅度时，可转换债券的持有者按事先约定的价格将债券卖给发行公司。回售对于投资者而言实际上是一种卖权，有利于降低投资者的持券风险。与赎回一样，回售条款也有回售时间、回售价格和回售条件等规定。

(8) 转换调整与保护条款

发行公司发行可转换债券之后，其股票价格可能出现巨大的波动。如果股价表现不佳，又未设计回售条款，公司可设计转换调整条款以保护公司利益，预防投资者到期集中挤兑引发公司破产的悲剧。转换调整条款又称向下修正条款，允许发行公司在约定时间内将转股价格向下修正为原转换价格的70%～80%。

3. 可转换债券筹资的优缺点

与发行普通债券、发行普通股相比较，发行可转换债券具有如下的特点。

(1) 可转换债券筹资的优点

①可节约利息支出　由于可转换债券的利率大大低于普通债券，使得发行公司在转换前所支付的利息费用很低，转换之后又节约股票发行成本。

②稳定股票市价　转换价格通常高于其发行时的公司股票价格，因此在当前股权融资时机不佳时，发行可转换债券一方面不会因为直接发行新股而降低公司股票市价；另一方面由于可转换债券的转换期限较长，对公司股价的影响较温和，也有利于公司股价的稳定。

③增强筹资灵活性　发行可转换债券不影响公司偿还其他债务的能力，不会受到其他债权人的反对。同时，其投资者是公司的潜在股东，与公司利益冲突较少。如果公司对可转换债券的有关条款设计周到，将有助于公司主动调整资本结构，增强公司财务。

(2) 可转换债券筹资的缺点

①增强了对管理层的压力　发行可转换债券之后，如果其股价长期低迷，持券者到期未能转股，会造成公司的集中兑付债券本金的财务压力；或者，债权转股票后股价大幅度下跌，两者都会影响公司的声誉，恶化公司财务形象。因此，管理层需保持公司经济效益的稳定增长，这种压力很大。

②回售风险　若可转换债券发行后，公司业绩虽然不错但公司股票却随大盘下跌，或者公司业绩不佳股价长期低迷。在设计有回售条款的情况下，投资者集中在一段时间内将债券回售给发行公司，公司如果对此准备不足将导致公司陷入财务支付危机之中。

③股价大幅度上扬风险　如果可转换债券发行之后，公司股价大幅度上扬，持券者纷纷按较低转换价格行使转换权，这实际上会相对减少公司的筹资数量，投资者则获益过多。

3.4.3　发行认股权证

认股权证是上市公司发行的一种筹集资金的选择权凭证。

1. 认股权证的概念

认股权证是由股份公司发行的，能够按特定的价格，在特定的时间内购买一定数量该公司股票的选择权凭证。认股权证是另一种优先权形式，通常是公司在发行债券或优先股筹资时为了促销而附有的一种权力，这与普通股股东所拥有的优先认股权是两回事。认股权证可以与优先股或债券附在一起，也可以与它们分离。

由于公司股票的市场价格通常要高于认股权证确定特买定价，因此，认股权证可视为一种有价证券，形成市场价格。股份有限公司通过发行认股权证，可以顺利募集到大量资本。不过，由于认股权证的价格要随公司股价的变化而波动，认股权证的持有者需要承担这种价格变动风险。

认股权证上主要规定持有者购买股票的价格、数量、期限等内容，这些内容构成了认股权证的基本要素。

①认购数量　认购数量可以用两种方式进行约定：一是确定每一单位认股权证可以认购若干公司发行的普通股；二是确定每一单位认股权证可以认购多少金额面值的普通股。

②认购价格　也称执行价格。认购价格的确定一般以认股权证发行时，发行公司的股票价格为基础。价格一般自始至终保持不变，也可以随着时间的推移逐步提高。如果公司股份增加或减少，就要对认购价格进行调整。

③认购期限　认购期限是指认股权证的有效期限。在有效期内，认股权证的持有者可以随时购买股票；超过有效期，则认股权证失效。有些认股权证没有截止日期，长期有效。一般而言，认股期限越长，认股价格就越高。

④赎回条款　发行认股权证的公司大都制定有赎回条款，即规定在特定情况下，公司有权赎回其发行在外的认股权证。

2. 认股权证的发行

认股权证一般可以采用两种方式发行。最常用的方式是认股权证在发行债券或优先股之后发行。以这种方式发行时，认股权证将随同债券或优先股一同寄往认购者。在无纸化交易制度下，认股权证将随同债券或优先股一并由中央登记结算公司划入投资者账户。

认股权证也可单独发行。公司可向对公司有突出贡献的人员或与公司有密切往来的利害关系者赠送认股权证，间接地使这些人员获得一些经济利益。

3. 认股权证的价值

认股权证有理论价值与实际价值之分。

(1)理论价值

认股权证在其有效期限内具有价值。其理论价值可用下式计算：

理论价值=(普通股市价-执行价格)×一个认股权证所能认购的普通股股数

如果普通股市价低于其执行价格，认股权证的理论价值为一负数，但在此时，认股权证的持有者不会行使其认股权。所以，当出现这种情况时，设定认股权证的理论价值为0。影响认股权证理论价值的主要因素有：普通股的市价，市价越高，认股权证的理论价值就越大；剩余有效期间，认股权证的剩余有效期间越长，市价高于执行价格的可能性就越大，认股权证的理论价值就越大；换股比率，一个认股权证所能认购的普通股股数越多，其理论价值越大，反之，则越小；执行价格，执行价格越低，认股权证的持有者为换股而支付的代价就越小，市价高于执行价格的机会就越大，认股权证的理论价值也就越大。

(2)实际价值

认股权证具有价值，是一种有价证券，其价值的实现必须借助市场这个媒介。对于单独发行的认股权证，其持有者可以将认股权证直接在市场上出售获取利益。如认股权证与优先股或债券是附在一起的，则持有人可以通过行使认股权购买普通股实现其与优先股或债券的分离，从而实现其价值。

假如某公司规定认股权证的持有者，每持有两个权证可按 12 元的价格认购一股普通股。现在杨明拥有 200 个认股权证，他投资 1 200 元购买 100 股普通股，次日该公司的普通股的市价为每股 16 元，杨明将其持有的 100 股全部抛出获得 1 600 元(假设无交易成本)，获利 400 元(1 600 - 1 200)，就是实现的认股权证的理论价值。

认股权证在证券市场上的市场价格或售价称为认股权证的实际价值。一般来说，认股权证的实际价值高于其理论价值，理论价值是出售认股权证的最低限。认股权证的实际价值大于理论价值部分称为超理论价值的溢价。之所以形成超理论价值的溢价，是因为认股权证的投资具有较大的投机性，认股权证给予投资者以高度的获利杠杆作用。为了说明这一点，假定认股权证的售价恰好等于其理论价值。例如，A 公司规定认股权证的持有者，以 20 元的价格，每一个权证认购一股普通股，普通股的每股市价 25 元，则此时认股权证的售价为 5 元。如果李明准备投资，以 25 元的股价购买一股普通股，一年后股价上涨为 50 元，李明获得的资本利得为 25 元(假设无交易费用)，资本利得率 100%。但张军在一年前按认股权证的理论价值去投资认股权证，投资 5 元买入一个权证，此时出售认股权证可获得收入 30 元，获利 25 元，资本利得率为 500%(25/5)。而且，张军投资认股权证的可能总损失为 5 元，而李明的可能总损失为 25 元。巨额的资本利得，有限的损失，对于投资者来说吸引力巨大。认股权证在期权市场上公开买卖，相应助长了这种投机性。

4. 认股权证筹资的评价

发行附有认股权证的公司债券或优先股，可使投资者分享到由于公司繁荣成长带来的利益，公司以较低的债券利率或股息率就能顺利将债券或优先股销售出去。投资者踊跃购买的结果，对于资本市场的资金供求紧张，而自身财务状况良好的公司来说可以比其他企业更容易实现筹资目的。不仅如此，发行附有认股权证的公司债券或优先股，还可能为将来的筹资奠定基础。如果公司不能稳定发展，普通股的股价下跌至执行价格以下，则认股权证并不能为公司带来资本。

为了使认股权证的持有者积极行使认股权，实现公司的筹资目的，公司必须改善财务状况和经营成果，给股东以丰厚的回报，增强股票的吸引力。另外，在设计认购期限上要精心考虑。

◢小结

筹资是指企业根据其生产经营、对外投资以及调整资本结构等需要，通过一定的渠道、采取适当的方式，以获取所需资金的一种行为。它是资金运动的起点。

资金需要量的测算是筹资活动首先要解决的问题，可以通过销售百分比法和资金习性预测法来进行定量预测，也可以依据经验进行定性预测。销售百分比法就是以资金与销售收入的比率为基础，预测未来资金需要量的一种方法。应用销售百分比法预测营运资金需要量通常需经过以下步骤：

(1)预计销售增长率。

(2)找出变动资产与变动负债项目。变动资产占收入的百分比表示收入增加 100 元需要增加的资产额；变动负债占收入的百分比表示收入增加 100 元所增加的负债，也就是由变动负债所带来的资产数；这两个百分比的差额表示收入增加 100 元需要由企业实际动手筹集的资金数额。

(3)计算内部筹资数额。

(4)计算确定需要从外部筹集的资金数额。

资金习性预测法是根据资金习性来预测资金需要量的方法，资金习性是指资金的变动同产销量变动之间的关系。资金按习性分类可分为不变资金、变动资金和半变动资金。

筹资方式是企业筹集资金所采用的具体形式。目前我国企业可以采用的筹资方式主要有：

(1)股权型资金筹集方式，主要包括吸收直接投资、发行普通股、利用留存收益等。一般而言，企业筹集权益资金风险小、但资金成本高而且容易分散控制权。

(2)债务资金筹集方式，主要包括向银行借款、发行债券、融资租赁、利用商业信用等。企业筹集债务资金风险大，但资金成本低，而且能够保持控制权。

(3)混合资金筹集方式，主要包括发行优先股、发行可转换债券和发行认股权证。企业筹集混合资金的风险和成本介于权益资金和债务资金之间。

复习思考题

1. 试说明筹资渠道与筹资方式的异同。
2. 简述资金需要量的定量预测法。
3. 试分析债券发行价格的影响因素。
4. 试分析说明股权性筹资与债务性筹资的异同。
5. 试说明经营租赁和融资租赁的异同。
6. 简述融资租赁租金的构成及计算。
7. 试说明放弃现金折扣成本的计算与决策。
8. 试说明可转换债券的赎回条款与回售条款的异同。

练习题

一、单项选择题

1. 间接融资的典型形式是(　　)。

A. 发行债券　　B. 银行借款　　C. 杠杆收购　　D. 融资租赁

2. 某公司股票每股市价 20 元，每股认购价格 15 元，每份认股权证认购 2 股，则此时的认股权证理论价值为(　　)。

A. 40 元　　B. 30 元　　C. 10 元　　D. 0 元

3. 相对股东利益而言，公司发行下列各种类型的优先股时，对股份公司更为有利的是(　　)。

A. 可赎回优先股　　B. 累积优先股　　C. 可转换优先股　　D. 参加优先股

4. 不属于直接表外筹资的筹资方式是(　　)。

A. 经营租赁　　B. 融资租赁　　C. 代销商品　　D. 来料加工

5. 某企业需借入资金 60 万元，由于银行要求的补偿性余额比例为 20%，故企业需向银行申请的贷款数额为(　　)。

A. 60 万元　　B. 67.2 万元　　C. 72 万元　　D. 75 万元

6. 具有高效性、灵活性、大量性和集中性特点的筹资是(　　)。

A. 直接筹资　　B. 间接筹资　　C. 内源筹资　　D. 外源筹资

7. 属于表内筹资方式的是(　　)。

A. 融资租赁　　B. 应收票据贴现
C. 出售有追索权的应收账款　　D. 产品筹资协议

8. 融资租赁的租金正确构成是(　　)。
A. 购买成本和税金　　B. 设备价款和设备租赁期间的利息
C. 设备买价和租赁手续费　　D. 设备价款和租息

9. 在国有独资企业中，国家对企业“税前还贷”或减免税款而形成的资金，属于(　　)。
A. 企业自留资金　　B. 非银行金融机构资金
C. 国家财政资金　　D. 银行信贷资金

10. 股票按股票权利和义务划分，可分为(　　)。
A. 面值股票和无面值股票　　B. 普通股和优先股
C. 记名股和不记名股　　D. 参与股和非参与股

11. 当信用条件为“2/10，*N*/30”时，如果放弃折扣但在信用期内付款，则现金折扣成本为(　　)。
A. 20%　　B. 18. 18%　　C. 36. 36%　　D. 36. 73%

12. 面值发行500万元，10%，5年期，到期一次还本付息且不计复利的债券，为了还本付息，则每年应准备的偿债基金应为(　　)万元。
A. 122. 85　　B. 131. 89　　C. 126. 69　　D. 161. 05

13. 按10%利率从银行贷款100万元，如果存款利率6%，补偿性余额比例为15%时，则该贷款的实际利率为(　　)。
A. 11. 76%　　B. 12. 76%　　C. 10. 71%　　D. 11. 20%

14. 企业从银行取得为期1年的周转信贷，金额100万元，年度内使用了60万元(使用期平均6个月)假设利率12%，承诺费率0. 5%，则年终企业应支付利息和承诺费共(　　)。
A. 3. 6万元　　B. 4. 3万元　　C. 3. 8万元　　D. 3. 95万元

15. 下列关于杠杆租赁表述不正确的有(　　)。
A. 出租人既是资产的出借人，又是贷款的借入人
B. 出租人只垫支购置资产所需现金的一部分
C. 如果出租人不能按期偿还借款，则资产的所有权要转归承租人
D. 一般涉及出租人、承租人和资金出借者三方当事人

二、多项选择题

1. 普通股与优先股的共同特点主要有(　　)。
A. 需支付固定股息　　B. 同属公司股本
C. 股息从净利润中支付　　D. 可参与公司重大决策

2. 补偿性余额这一银行信用条件对企业的影响有(　　)。
A. 提高了借款的实际利率　　B. 增加了应付利息金额
C. 减少了实际可使用的资金　　D. 提高了债务资金成本

3. 下列关于认股权证的说法中，正确的有(　　)。
A. 认股权证作为一种特殊的筹资手段，对于公司发行新债券或优先股股票具有促销作用
B. 持有人在认股之前，既不拥有债权也不拥有股权，只拥有股票认购权
C. 用认股权证购买普通股票，其价格一般低于市价，所以，它具有价值
D. 认股权证的价值可以分为理论价值和实际价值

4. 销售额比率法的基本假定包括(　　)。
A. 企业的全部资产和负债与销售额同比例变化

B. 企业的部分资产和负债与销售额同比例变化

C. 企业的所有者权益与销售额同比例变化

D. 企业各项资产、负债与所有者权益结构已经达到最优

5. 企业采用吸收直接投资的好处在于(　　)。

A. 有利于增强企业信誉　　B. 有利于尽快形成生产能力

C. 有利于降低财务风险　　D. 有利于避免企业控制权过于分散

6. 从投资者的角度来看，累积优先股比非累积优先股(　　)。

A. 投资风险低　　B. 投资风险高　　C. 投资收益低　　D. 投资收益高

7. 下列关于优先股的说法中，正确的是(　　)。

A. 发行优先股筹集的资金是权益资金，但优先股却兼具债券性质

B. 优先股股利一般是固定的

C. 优先股先于普通股分配公司的剩余财产

D. 可赎回优先股的购回价格一般略高于其面值

8. 认股权证的基本要素有(　　)。

A. 认购数量　　B. 认购价格　　C. 认购期限　　D. 赎回条款

9. 已知普通股市场价格为 10 元，认购价格 8 元，认股权证换股比率为 3，认股权证的实际价值为 7 元，则下列说法正确的是(　　)。

A. 该认股权证的理论价值为 2 元

B. 该认股权证的理论价值为 6 元

C. 该认股权证的超理论价值溢价为 5 元

D. 该认股权证的超理论价值溢价为 1 元

10. 发行优先股股票的主要动机有(　　)。

A. 防止公司股权分散　　B. 调剂现金余缺

C. 改善资金结构　　D. 维持举债能力

11. 优先股的优先权利表现为(　　)。

A. 优先分配股利权　　B. 优先分配剩余财产权

C. 优先表决权　　D. 优先认股权

12. 预收货款方式适用的情形有(　　)。

A. 紧俏商品的购销　　B. 企业已知买方的信用欠佳

C. 生产销售飞机、轮船等产品　　D. 买方的信用程度高

三、判断题

1. 通过金融机构实现的资金融通叫作直接融资。(　　)

2. 无论企业的财务状况与经营成果如何，企业必须支付当年的优先股股利，否则，优先股股东有权要求企业破产。(　　)

3. 企业发行普通股筹集资金，一般都能成功地溢价发行，故普通股筹资方式的优点之一是筹资风险小。(　　)

4. 相对普通股而言，优先股有优先分配股利和剩余财产权，但优先股在股东大会没有表决权，故优先股没有管理权。(　　)

5. 认股权证具有超理论价值的主要原因在于认股权证具有较大的投机性。(　　)

6. 间接融资虽然灵活便利、规模经济，但是缺陷之一就是增加了筹资者的成本，从而减少了投资者的收益。(　　)

7. 直接融资有利于加强资金供求双方的联系，也有利于资金的快速配置。（　）
8. 回售条款有利于降低投资者的风险。（　）
9. 不变资金不随业务量的变化而变化，而变动资金则随着业务量的变化而变化。（　）
10. 原则上讲普通股股东具有查账权，但并不是每个股东都可以自由查账。（　）
11. 新设立的股份公司要求发起人认购的股本不少于拟发行股本总额的 25%。（　）
12. 参加优先股股东有权与普通股股东共同等额分享本期剩余利润。（　）
13. 优先股股东只有在公司研究与优先股股东有关的问题时才有表决权。（　）
14. 按规定的用途使用借款、担保人及责任等内容均属于借款合同中的保证条款部分。（　）
15. 信贷额度与周转信贷协定的一个主要区别在于银行是否负有法律义务地要满足企业的借款请求。（　）
16. 转换调整条款或保护条款就是允许发行公司在规定的时间内将转换价格进行调整的条款。（　）
17. 放弃现金折扣的成本与折扣率同方向变化。（　）
18. 收益债券是在企业不盈利时，可暂不支付利息，而到获利时支付累积利息的债券。（　）
19. 融资租赁方式下，设备陈旧过时遭淘汰的风险主要由出租人承担。（　）
20. 零票面利率债券就是没有利息的债券。（　）
21. 只有国家最初以拨款形式投入企业所形成的资金才能视为国家投资。（　）

四、计算题

1. 购买一批价值 10 000 元的商品，卖方的信用条件为“2/10，*N*/30”，市场利率 12%，问应否享受该折扣？说明原因。

2. 某企业上年末资产负债表(简表)如下：

项　目	期末数	项　目	期末数
流动资产合计	240	短期借款	46
		应付票据	18
		应付账款	25
长期投资净额	3	预提费用	7
		流动负债合计	96
固定资产合计	65	长期负债合计	32
无形资产及其他	12	股本	90
		资本公积	35
		留存收益	67
		股东权益合计	192
资产总计	320	权益总计	320

根据历史资料考察，销售收入与流动资产、固定资产、应付票据、应付账款和预提费用等项目成正比，企业上年度销售收入 4 000 万元。实现净利 100 万元，支付股利 60 万元，普通股 30 万股，无优先股。预计本年度销售收入 5 000 万元，销售净利率提高 10%，股利支付率与上年度相同。

要求回答以下各不相关的几个问题：

(1)采用销售百分比法预测本年外部融资额。

(2)假设其他条件不变，预计本年度销售净利率与上年相同，董事会提议提高股利支付率 10% 以稳定股价。如果可从外部融资 20 万元，你认为是否可行？

(3)假设该公司一贯实行固定股利政策，预计本年度销售收入 5 000 万元，销售净利率提高 10%，采用销售百分比法预测本年外部融资额。

(4)假设该公司一贯实行固定股利比例政策，预计本年度销售收入5 000万元，预计本年度销售净利率与上年相同，采用销售百分比法预测本年外部融资额。

(5)按(4)所需资金通过银行借款取得，假设年利率10%，补偿性余额的比例为20%，则实际年利率为多少？需要的借款额为多少？

(6)假设该公司股票属于固定增长股票，固定增长率为5%，无风险报酬率为6%，β系数为2，股票市场的平均收益率为10.5%。计算该公司股票的预期报酬率和该公司股票的价值。

第 4 章　资本成本与资金结构

学习目标

通过本章学习，要求掌握个别资本成本、加权平均资本成本和资金边际成本的计算方法；掌握经营杠杆、财务杠杆和复合杠杆的计量方法；掌握最优资金结构的每股利润无差别点法、比较资本成本法、公司价值分析法；熟悉资金结构的调整；熟悉经营杠杆、财务杠杆和复合杠杆的概念及其相互关系；熟悉经营杠杆与经营风险、财务杠杆与财务风险以及复合杠杆与企业风险的关系；了解资本成本的概念与作用；了解资金结构的概念；了解影响资金结构的因素。

（一）秦池酒厂盛衰史

秦池酒厂是山东省临朐县的一家生产“秦池”白酒的企业。1995 年厂长赴京参加中央电视台黄金时段广告“标王”竞标，以 6 666 万元人民币的价格夺得“标王”，在全国引起极大轰动，一时间“秦池”白酒成为家喻户晓的品牌，身价倍增，秦池酒厂也因此一夜成名，订单雪片般地飞来，在短短的一个多月内，秦池酒厂就签订了 4 亿元的销售合同，两个多月秦池酒厂的销售收入就达到 2.18 亿元，实现利税 6 800万元，相当于秦池酒厂建厂以来前 55 年的总和，至 1995 年 6 月底，订单已排到了年底。尝到甜头后的秦池酒厂，不久又做出了惊人之举。1996 年 11 月 8 日下午，中央电视台传来一个令全国震惊的消息，在全国白酒行业无论是厂名还是品牌并不起眼的秦池酒厂以 3.2 亿元人民币的“天价”，买下中央电视台黄金时间段的广告权，从而成为令人为之炫目的两届“标王”连任者，一时间，全国上下刮起了“秦池”风，就连在全国享有极高知名度的四川白酒企业，如沱牌酒厂的高层管理者们都感到汗颜，惊呼“狼来了！”。正如秦池酒厂高层人士的预期，巨大的广告投入确实给秦池酒厂带来了“惊天动地”的效益，1996 年秦池酒厂的销售收入达到 9.5 亿元，此时，秦池酒厂的老总们可谓是踌躇满志，风光无限。

秦池酒厂成名之前作为一家县级企业，其总资产规模和生产能力有限。面对成为“标王”之后滚滚而来的订单，不可能弃之不管，但仅凭现有的生产能力又难以应付，为满足客户的需求，秦池酒厂必须扩大生产规模，生产规模的扩大，就需要对现有的厂房设备进行更新或扩建，引进新设备。巨大的广告费用和企业生产规模的扩大都需要大量的资金，限于当时的条件，秦池酒厂只有向银行贷款，按当时的银行政策，此类贷款往往是短期贷款。贷款使企业的负债比率提高，生产规模的扩大使企业总资产中固定资产比例提高。扩大生产规模，大规模提高生产能力，并不能产生立竿见影的结果，因为，即使企业完全有能力扩大生产规模，但无论是设备厂房的购建，还是白酒的酿造，都需要一定的时间周期。为满足眼前客户的订单，秦池酒厂在扩大生产规模同时，想到了另外一条解决燃眉之急的捷径，那就是与周边地区的白酒企业横向联合或收购其他企业的白酒进行勾兑，但无论怎么做，两者都很难保证产品的质量。

俗话说，“天有不测风云，人有旦夕祸福”，让秦池酒厂始料不及的是，1997市场风云突变，白酒这一诱人的市场，高额的利润，引来无数的竞争者，很多白酒企业效仿秦池酒厂，一时间全国白酒生产企业大增，数量达4万余家。这4万余家企业所产的白酒量远远大于销量，约有50%的产量过剩，与此同时，洋酒也悄然进入酒业市场，使白酒在酒业消费中的比例下降，秦池酒厂的市场份额面临着严峻的考验。与此同时，秦池酒厂又陷入了品牌危机，1996年12月《××参考报》上4篇关于秦池酒厂沿川藏公路两侧收购散装酒勾兑“秦池”的报道，不仅使秦池陷入巨大的媒体危机之中，而且使刚树立的“秦池”形象遭受了损害，在一定程度上影响了其市场份额。1997年和1998年的市场竞争和秦池酒厂自身的问题，使其市场份额产生了波动。

好景没有持续多久，新华社1998年6月25日传来惊人之报道：“秦池目前生产、经营陷入困境，今年亏损已成定局”。

(二)“玫瑰园”破产始末

1999年7月，山东希森集团公司以3.98亿元竞得“玫瑰园”。有关“玫瑰园”的传奇是这样的：1992年12月5日，昌平县房地产开发总公司(以下简称昌平房地产)与中国飞达房地产有限公司(以下简称飞达房地产)成立了北京飞达玫瑰园别墅有限公司(以下简称飞达玫瑰园)，在北京昌平县沙河镇小寨村投资兴建“玫瑰园”别墅区。总投资额4 500万美元，昌平房地产以土地入股，占55%的股份；飞达房地产以现金入股，占45%的股份，但飞达房地产的资本金并没有到位，甚至首批卖楼回收的资金被迅速挪作他用。早在1992年，香港利达行便投资预购了一部分别墅并取得全部飞达玫瑰园850套别墅的销售代理权。但是香港利达行没有想到此时飞达玫瑰园已是一盘散沙。出于自身利益的考虑，香港利达行被迫融资准备接手飞达玫瑰园，从飞达房地产手中买下了它45%的股份，原香港利达行老板邓智仁出任董事长。与此同时，昌平房地产也将其所有的45%的股份转让给珠海友联实业发展公司。因珠海友联实业发展公司实际并未向玫瑰园投资，利达玫瑰园将其股份转让给香港国陆发展有限公司(光大集团下属高登公司的子公司)(以下简称国陆公司)。利达行与国陆公司约定，只要玫瑰园能按时还本付息，就将其45%的股份转让给利达玫瑰园有限公司，为赎回其股份，利达玫瑰园董事长邓智仁四处拆借资金，向高登公司筹得利率很高的短期资金1 820万美元和3 422万元人民币，总算把启动资金弄到手。

由于 1994—1995 年，北京的别墅房地产市场已日趋滑坡，利达玫瑰园陷入资金困境。1996 年 2 月，邓智仁又引进了希森集团有限公司，以带资装修的办法进入利达玫瑰园，经法院确认，它后来成为玫瑰园另一大债权人，债权共计 2.38 亿元人民币。利达玫瑰园负债累累，无法进一步融资，破产已是大势所趋。1997 年希森集团和高登公司正式向法院起诉利达玫瑰园，要求破产保护，北京市第一人民法院受理此案。经北京市第一人民法院审查并委托北京房地产价格评估事务所评估，利达玫瑰园共有 105 家债权人，债权申报达 10 亿余元人民币，其中已经确认的有 7.9 亿元，而玫瑰园现有资产评估值仅为 5.995 6 亿元，资不抵债约 2 亿元。紧接着，法院委托北京市审计事务所对利达玫瑰园账目进行审计，《审计报告》称：玫瑰园公司会计核算极不规范，会计资料极不完整，很多记账无原始凭证。1998 年 7 月 21 日，北京市第一人民法院依法裁定其宣告破产，并对其破产清算。1999 年 6 月 8 日对利达玫瑰园进行一次性整体拍卖。最终，希森集团以 3.98 亿元竞得“玫瑰园”。

[思考]

1. 企业筹资时应考虑哪些问题？

2. 案例包括哪些筹资方式，各种筹资方式之间有什么差异？

3. 适合企业资本结构的判别标准是什么？

4. 能够对不同的筹资方式进行比较，并选择出适合企业目前发展状况的筹资方案。

4.1　资本成本

本节在概述资本成本的基础上，重点介绍个别资本成本、加权平均资本成本以及边际资本成本的计算。

4.1.1　资本成本概述

资本成本是企业筹资活动必须要考虑的一个重要因素，它直接影响着企业的筹资效率。

1. 资本成本的概念

所谓资本成本，是指企业为取得和长期占有资本而付出的代价，它包括资金的取得成本和占用成本。其中，资金的占用成本是资本成本的主体部分，也是降低资本成本的主要方向。

资金的取得成本，又称为筹资费用，是指企业在筹措过程中所发生的各种费用，如证券的印刷费、发行手续费、行政费用、律师费、资信评估费、公证费等。取得成本与筹资的次数相关，与所筹资本数量关系不大，一般属于一次性支付项目，可以看作固定成本。

资金的占用成本是指企业因占用资本而向资本提供者支付的代价，如长期借款的利息、长期债券的债息、优先股的股息、普通股的红利等。资金占用成本具有经常性、定期性支付的特征，它与筹资金额、使用期限成同向变动关系，可视为变动成本。

2. 资本成本的性质

资本成本是商品经济条件下资本所有权和使用权分离的必然结果，具有特定的经济性质。

首先，资本成本是资本使用者向资本所有者和中介机构支付的费用，是资本所有权和使用权相分离的结果。当资本所有者有充裕的资本而被闲置时，可以直接或者通过中介机构将其闲置资本的使用权转让给急需资本的筹资者。这时，对资本所有者而言，由于让渡了资本使用权，必然要求获得一定的回报，资本成本表现为让渡资本使用权所带来的报酬；对筹资者来说，由于取得了资本的使用权，也心须支付一定的代价，资本成本便表现为取得资本使用权所付出的代价。可见，资本成本是资本所有权和使用权分离的必然结果。

其次，资本成本作为一种耗费，最终要通过收益来补偿，体现了一种利益分配关系。资本成本和产品成本都属于劳动耗费，但是，产品成本的价值补偿是对耗费自身的补偿，并且，这种补偿金还会回到企业再生产过程中；而资本成本的补偿是对资本所有者让渡资本使用权的补偿，一旦从企业收益中扣除以后，就退出了企业生产过程，体现了一种利益分配关系。

最后，资本成本是资金时间价值与风险价值的统一。资本成本与资金时间价值既有联系，又有区别。资金时间价值是资本成本的基础，资金时间价值越大，资本成本也就越高；反之，资金时间价值越小，资本成本也就越低。但是，资金时间价值和资本成本在数量上并不一致。资本成本不仅包括资金时间价值，而且还包括风险价值、筹资费用等因素，同时，还受到资金供求、通货膨胀等因素的影响。此外，资金时间价值除了用于确定资本成本外，还广泛用于其他方面。

3. 资本成本的种类

资本成本按用途，可分为个别资本成本、加权平均资本成本和边际资本成本。

个别资本成本是单种筹资方式的资本成本，包括长期借款成本、长期债券成本、优先股成本、普通股成本和留存收益成本。其中，前两种称为债务资本成本，后 3 种称为权益资本成本或自有资本成本。个别资本成本一般用于比较和评价各种筹资方式。

加权平均资本成本是对各种个别资本成本进行加权平均而得的结果，其权数可以在账面价值、市场价值和目标价值之中选择。加权平均资本成本一般用于资本结构决策。

边际资本成本是指新筹集部分资本的成本，在计算时，也需要进行加权平均。边际资本成本一般用于追加筹资决策。

上述 3 种资本成本之间存在着密切的关系。个别资本成本是加权平均资本成本和边际资本成本的基础，加权平均资本成本和边际资本成本都是对个别资本成本的加权平均。三者都与资本结构紧密相关，但具体关系有所不同。个别资本成本高低与资本性质关系很大，债务资本成本一般低于权益资本成本；加权平均资本成本主要用于评价和选择资本结构；而边际资本成本主要用于在已经确定目标资本结构的情况，考察资本成本随筹资规模变动而变动的情况。当然，3 种资本成本在实务中往往同时运用，缺一不可。

4. 资本成本的作用

资本成本在财务管理中处于至关重要的地位。资本成本不仅是资本预算决策的依据，而且还是许多其他类型决策包括租赁决策、债券偿还决策以及制定有关营运资本管理政策的直接依据。

(1)资本成本是选择筹资方式、进行资本结构决策的依据

首先，个别资本成本是比较各种筹资方式的依据。随着我国金融市场的逐步完善，企业的筹资方式日益多元化。评价各种筹资方式的标准是多种多样的，如对企业控制权的影响、对投资者的吸引力大小、取得资本的难易、财务风险的大小、资本成本的高低等。其中，资本成本是一个极为重要的因素，在其他条件基本相同或对企业影响不大时，应选择资本成本最低的筹资方式。

其次，加权平均资本成本是衡量资本结构合理性的依据。衡量资本结构是否最佳的标准主要是资本成本最小化和企业价值最大化。西方财务理论认为，加权平均资本成本最低时的资本结构才是最佳资本结构，这时企业价值达到最大。

最后，边际资本成本是选择追加筹资方案的依据。企业有时为了扩大生产规模，需要增大资本投入量。这时，企业不论维持原有资本结构还是希望达到新的目标资本结构，都可以通过计算边际资本成本的大小来选择是否追加筹资。

(2)资本成本是评价投资方案、进行投资决策的重要标准

在对相容的多个投资项目进行评价时，只要预期投资报酬率大于资本成本，投资项目就具有经济上的可行性。在多个投资项目不相容时，可以将各自的投资报酬率与其资本成本相比较，其中正差额最大的项目是效益最高的，应予首选。当然，投资评价还涉及技术的可行性、社会效益等方面的考虑，但资本成本毕竟是综合评价的一个重要方面。

(3)资本成本是评价企业经营业绩的重要依据

资本成本是企业使用资本应获得收益的最低界限。一定时期资本成本的高低不仅反映了财务经理的管理水平，还可用于衡量企业整体的经营业绩。更进一步，资本成本还可以促进企业增强和转变观念，充分挖掘资本的潜力，节约资本的占用，提高资本的使用效益。

5. 资本成本的决定因素

在市场经济环境中，企业资本成本的高低受到多个因素的影响和制约，其中主要的有：总体经济环境、证券市场条件、企业的经营风险和财务风险、项目融资规模。

(1)总体经济环境

总体经济环境决定了整个经济中资本的供给和需求，以及预期通货膨胀的水平。总体经济环境变化的影响，反映在无风险报酬率的变动上。如果经济发展过热，中央政府必然会紧缩货币银根，使得货币的总供应满足不了货币的总需求，投资人便会提高其要求的投资回报率，从而使得企业的资本成本上升。同样地，如果预期通货膨胀水平上升，货币的购买力就会下降，投资者也会提出更高的收益率来补偿预期的投资损失，导致企业的资本成本上升。

(2)证券市场条件

证券市场条件包括证券的市场流动难易程度和价格波动幅度，证券市场条件影响证券投资的风险。如果某种证券的市场流动性不好，投资者买进或卖出该证券的难度加大，要求的收益率就会提高。如果某种证券的价格波动幅度大，也就意味着投资的风险加大，要

求的收益率也会提高。

(3) 企业的经营风险和财务风险

企业的经营风险是投资决策的结果，表现在资产息税前利润的变动上；财务风险是企业筹资决策的结果，表现在普通股每股利润或权益净利率的变动上。如果企业的经营风险和财务风险大，投资者便会有较高的收益率要求。

(4) 项目的融资规模

项目的融资规模是影响企业资本成本的另一个因素。项目的融资规模大，资本成本就高。比如，企业发行的证券筹资额度大，资金的筹集费和占用费就会上升，而且证券发行规模的增大还会降低其发行价格，由此导致企业资本成本的提高。

4.1.2 资本成本的计量

资本成本要从个别资本成本、加权平均资本成本和边际资本成本 3 个方面来计量。

1. 资本成本的通用模型

为了便于分析筹资额的资本成本，通常不用绝对金额表示资本成本，而用资本成本率来表示。在计算时，通常将资本的取得成本作为筹资总额的一项扣除，扣除取得成本后的金额称为实际筹资额或筹资净额。人们一般将资本成本率简称为资本成本。通用计算公式是：

$$\text{资本成本} = \frac{\text{资本占用成本}}{\text{筹资总额} - \text{资本取得成本}}$$

由于债务资本的资本占用成本在缴纳所得税之前列支，而权益资本成本的资本占用成本在缴纳所得税之后列支，因此在实际计算资本成本时还要考虑所得税因素以使债务资本的资本成本与自有资本的资本成本具有可比性。通常，对于债务资本成本在上述公式的基础上还要乘以(1 - 所得税率)。

2. 个别资本成本

(1) 债务资本成本

债务资本的占用成本主要内容是利息费用。其特点是：利息率的高低是预先确定的，不受企业经营业绩的影响；在长期债务有效期内，一般利息率固定不变，并按期支付；利息费用是税前扣除项目。

①长期借款的资本成本　长期借款的占用成本一般是借款利息，取得成本是手续费。由于借款利息计入税前成本费用，可以起到抵减所得税的作用。因此，分期付息、到期还本的长期借款成本可以用下面的公式计算：

$$K_L = \frac{I_L(1-T)}{L(1-F)}$$

式中 K_L——长期债券的资本成本；

I_L——债券按票面价值计算的年利息额；

T——所得税率；

L——债券按发行价格计算的筹资额；

F——债券的取得成本率。

【例 4-1】某企业取得 3 年期的长期借款 500 万元，年利率 8%，每年付息一次，到期一次还本，筹资费率为 0.5%，企业所得税税率 25%。则该项长期借款的资本成本为：

$$\frac{500\times8\%\times(1-25\%)}{500\times(1-0.5\%)}=6.03\%$$

上述计算长期借款资本成本的方法比较简单，但没有考虑资金的时间价值，实务中还有根据现金流量计算长期借款成本的。其计算公式为：

长期借款净额 = 长期借款年利息 ×（1 - 所得税税率）× 年金现值系数 +
长期借款本金 × 复利现值系数

这实际上是将长期借款的资本成本看成是使用借款的现金流入（筹资净额）等于现金流出现值（未来偿还的税后利息现值加上本金现值）的贴现率。

【例 4-2】仍用【例 4-1】的资料，根据考虑资金时间价值的方法，该项长期借款的资本成本计算如下：

筹资净额 = 500 ×（1 - 0.5%）= 497.5（万元）

未来偿还的本息现值 = 500 × 8% ×（1 - 25%）×（P/A，i，3）+ 500 ×（P/F，i，3）

当 $i=6\%$ 时，未来偿还的本息现值 = 499.99（万元）

当 $i=7\%$ 时，未来偿还的本息现值 = 486.88（万元）

采用内插法计算：

$$\frac{499.99-486.88}{6\%-7\%}=\frac{499.99-497.5}{6\%-i}$$

求得 $i=6.08\%$。

②长期债券的资本成本　相对于长期借款而言，长期债券的取得成本往往高得多，因而不能忽略不计。而且，长期债券可以溢价或折价发行，但占用成本只能按面值计算。在不考虑资金时间价值的情况下，一次还本、分期付息的长期债券的资本成本公式如下：

$$K_{\mathrm{B}}=\frac{I_{\mathrm{B}}(1-T)}{B(1-F)}$$

式中　K_{B}——长期债券的资本成本；

I_{B}——债券按票面价值计算的年利息额；

T——所得税率；

B——债券按发行价格计算的筹资额；

F——债券的取得成本率。

【例 4-3】某公司发行债券 10 000 张，每张面值 1 000 元，发行价格 1 020 元，5 年期，年利率 9%，每年付息一次，到期一次还本，筹资费率为 4%，企业所得税税率 25%。则该项债券的资本成本为：

解：
$$\frac{1\ 000 \times 9\% \times (1-25\%)}{1\ 020 \times (1-4\%)} = 6.89\%$$

上述计算债券资本成本的方法，同样没有考虑资金的时间价值，如果将资金的时间价值考虑在内，该债券的资本成本为7.27%，计算过程同长期借款一样，在此省略。

(2)权益资本成本

权益资本成本的特点是：第一，除优先股以外，向所有者支付的投资报酬不是事先规定的，它是由企业的经营成果和股利政策决定的。因而，在计算上具有较大的不确定性。第二，股利是以税后利润支付的，不会减少企业上缴的所得税，因而权益资本成本通常高于债务资本成本。

①优先股资本成本　一般而言，优先股的取得成本也比较高，不能予以忽略。优先股占用成本的表现形式是股息，一般按年支付。按通用公式便可计算出优先股的资本成本。

$$K_P = \frac{D}{P(1-F)}$$

式中 K_P——优先股的资本成本；

P——优先股筹资额；

F——优先股的取得成本率；

D——优先股预期年股利。

②普通股资本成本　普通股的占用成本具有很大的不确定性。一般而说，普通股比优先股的风险更大，因而资本成本更高。普通股资本成本的计算方法有多种。

第一种方法：评价法。也称红利固定增长模型，即假设普通股的红利每年以固定比率G增长。计算公式如下：

$$K_C = \frac{D_1}{C(1-F)} + G$$

式中 K_C——普通股的资本成本；

C——普通股筹资额；

F——普通股的取得成本率；

D_1——普通股预期年股利；

G——年股利增长百分比。

【例4-4】万达技术公司发行面值为1元的普通股1 000万股，发行价格为5元，发行费用率为发行所得的5%，第一年股利率为20%，以后每年以5%的速度增长。计算普通股资本成本如下：

解：
$$K = \frac{1\ 000 \times 1 \times 20\%}{(1\ 000 \times 5) \times (1-5\%)} + 5\% = 9.21\%$$

第二种方法：资本资产定价模型。普通股的资本成本可以用投资者对发行企业的风险程度与股票投资承担的平均风险水平来评价。根据资本资产定价模型，普通股的资本成本=无风险报酬率+β系数(股票市场平均报酬率－无风险报酬率)。实证研究表明，股票市场平均报酬率通常比无风险报酬率高 5% ~7%。

【例 4-5】万达技术公司普通般的风险系数为 2，政府长期债券利率为 3%，股票市场平均报酬率为 8%。计算该公司普通股的资本成本。

万达公司普通股的资本成本 $=3\%+2\times(8\%-3\%)=13\%$

资本资产定价模型在理论上是比较严密的。但它同样建立在一些假设基础上，因而有可能不切实际。其假设是风险与报酬率成线性关系，投资者进行了高度多元化的投资组合。

第三种方法：债券收益加风险溢酬法。这种方法是在企业发行的长期债券利率的基础上加上风险溢酬率，便得到普通股的资本成本。

这种方法的理论依据是，相对于债券持有者，普通股东承担较大的风险，理应得到比债券持有者更高的报酬率。实证研究表明，风险溢酬率的变化范围约为 1.5% ~4.5%。

【例 4-6】万达技术公司发行的债券属于 AAA 级，利率为 6%，而普通股股东所要求的风险溢酬率为 4%。则普通股的资本成本为：

$$K=6\%+4\%=10\%$$

这种方法的主观判断色彩相当浓厚，误差较大。

第四种方法：历史报酬率法。这种方法假设股东在过去买进股票，一直持有到现在，按现行价格出售股票。这时股东赚得的历史报酬率被当作普通股资本成本。

【例 4-7】某公司 5 年前普通股每股价格为 100 元，每年支付 10 元现金股利，现可按每股 110 元出售股票。普通股资本成本计算如下：

$$K=[10+(110-100)/5]/100=12\%$$

历史报酬率法建立在以下几个假设基础之上：公司未来经营业绩没有什么重大变化，利率水平没有什么重大变化，投资者对风险的态度没有变化。应用这种方法必须多加小心，因为这些假设条件比较苛刻。

第五种方法：市盈率法。这种方法是以市盈率的倒数作为普通股的资本成本。虽然此法比较简捷而近似地测算普通股资本成本，但在实践中应用少。因为，亏损和零利润企业无法计算市盈率，有些股票的价格严重偏离价值，市盈率已失真。

③留存收益资本成本　留存收益是企业税后净利在扣除当年股利后形成的，它属于普通股股东所有。从表面上看，留存收益不需要现金流出，似乎不用计算其资本成本。其实不然。留存收益的资本成本是一种机会成本，体现为股东追加投资要求的报酬率。因此，留存收益也必须计算资本成本，其计算方法与普通股相似，唯一的区别是留存收益没有资本取得成本。

3. 加权平均资本成本

由于受法律、风险等多种因素的制约，企业不可能只使用某种单一的筹资方式。虽然债务资本的成本一般低于权益资本成本，但负债率超过一定范围将导致财务风险陡增，从而抬高债务资本成本。因此，除了计算个别资本成本外，还须从企业整体的角度出发，计算加权平均资本成本，以便进行科学的筹资决策，确定理想的资本结构。

加权平均资本成本是以各项个别资本在企业总资本中所占比例为权数，对各项个别资本成本进行加权平均而得的资本成本，又称加权平均资本成本或整体资本成本。加权平均资本成本的计算存在着一个权数价值的选择问题，即各个个别资本成本按什么价值来确定的问题。可供选择的价值形式有以下 3 种：

①账面价值 即以各个个别资本的账面价值来计算权数。其优点是资料容易取得，可以直接从资产负债表的右方得到。其缺点是，当债券和股票的市价脱离账面价值较大时，影响准确性；同时，账面价值反映的是过去的资本结构，不适合未来的筹资决策。

②现行市价 即以各个个别资本的现行市价来计算权数。其优点是能够反映实际的资本成本，但现行市价处于经常变动之中，不容易取得；而且现行市价反映的只是现实的资本结构，也同样不适用未来的筹资决策。

③目标价值 即以未来预计的目标市场价值来确定权数。对于公司筹措新资、反映期望的资本结构来说，目标价值是有益的，但目标价值的确定难免具有主观性。

【例 4-8】万达技术公司 2010 年年末的长期资本总额为 1 000 万元，其中银行长期贷款 400 万元，占 40%；长期债券 150 万元，占 15%；优先股股本 100 万元，占 10%；普通股股本 350 万元(每股面值 1 元，共 350 万股)，占 35%。个别资本成本分别为：5%、6%、7%、9%。则该公司的加权平均资本成本为：

$$K = 40\% \times 5\% + 15\% \times 6\% + 10\% \times 7\% + 35\% \times 9\% = 6.75\%$$

4. 边际资本成本

(1) 边际资本成本的概念

任何一个企业都不可能以一个固定的成本筹集到无限量的资金，随着筹资额度的增加，资本成本往往不断地提高，用来描述每增加一个单位的资金所增加的成本，就叫作边际资本成本。而在现实生活中，边际资本成本通常在某一筹资区间内保持稳定，当企业以某种筹资方式筹资超过一定限度时，边际资本成本就会提高，此时，即使企业保持原有的资本结构，也仍有可能导致加权平均资本成本上升。因此，边际资本成本也可以称为随筹资额增加而提高的加权平均资本成本。

企业追加筹资有时可能只采用某一种筹资方式。但在筹资数额较大，或者在目标资本结构既定的情况下，往往需要通过多种筹资方式的组合来实现。这时，边际资本成本应该按照加权平均法计算，而且其资本比例必须以市场价值确定。

(2) 边际资本成本的计算

边际资本成本的计算需要按照以下步骤进行：

①确定目标资本结构。

②测算随筹资额度的增加而导致的资本成本的变化情况。

③计算各筹资方式的筹资总额分界点。筹资总额分界点是指在保持某一特定成本的情况下，可以筹集到的资金总限额，一旦筹资额超过了筹资总额分界点，即使维持现有的资

本结构，其资本成本也会提高。

筹资总额分界点 = 某种筹资方式特定成本的筹资限额/目标资本结构中该种筹资方式所占比例

④计算边际资本成本。根据计算出的分界点，按照从小到大的顺序进行排列，就可以得出若干组新的筹资范围，然后分别计算各筹资范围的加权平均资本成本，即可得到各种筹资范围的边际资本成本。

【例 4-9】某公司现有长期资金 200 万元，其中债务资本 80 万元，权益资本 120 万元。已知该结构为公司的最佳目标资本结构。公司准备追加筹资 50 万元，并维持目前的资本结构。随着筹资额的增加，各种资本成本变化如下：

发行债券筹资，若追加筹资额在 30 万元及 30 万元以下，其资本成本为 8%，超过 30 万元，其资本成本为 9%；

发行普通股筹资，若追加筹资额在 60 万元及 60 万元以下，其资本成本为 15%，超过 60 万元，其资本成本为 16%。

要求：计算各筹资范围的边际资本成本。

债券的筹资总额分界点 $=\dfrac{30}{40\%}=75$（万元）

普通股筹资总额分界点 $=\dfrac{60}{60\%}=100$（万元）

筹资额在 0～75 万元的边际资本成本 $=40\%\times8\%+60\%\times15\%=12.2\%$

筹资额在 75 万元～100 万元的边际资本成本 $=40\%\times9\%+60\%\times15\%=12.6\%$

筹资额在 100 万元以上的边际资本成本 $=40\%\times9\%+60\%\times16\%=13.2\%$

4.2　杠杆效应

杠杆本是物理学用语，意指在力的作用下能绕固定支点转动的杆。改变支点和力点间的距离，可以产生大小不同的力矩，这就是杠杆作用。经济学中所说的杠杆是无形的，通常指杠杆作用，反映的是不同经济变量的相互关系。常见的杠杆有财务杠杆、经营杠杆和复合杠杆。

财务杠杆反映的是普通股每股收益与息前税前利润（EBIT，或简称息税前利润）的关系，是指由于债务利息、优先股股息等固定资本成本的存在，犹如杠杆的支点，使得每股收益的变动幅度大于息税前利润的变动幅度。经营杠杆是指由于固定成本的存在而使得企业的息税前利润的变动幅度大于销售额的变动幅度。上述两个杠杆既可以各自发挥作用，也可以综合发挥作用。复合杠杆就是用来反映财务杠杆和经营杠杆综合发挥作用的，即研究每股收益变动与销售额变动的关系。杠杆效应具有双面性，既可以产生杠杆利益，也可能带来杠杆风险。

4.2.1 成本习性、边际贡献与息税前利润

在具体介绍三大杠杆之前，必须要清楚成本习性、边际贡献与息税前利润这几个概念。

1. 成本习性及成本按习性分类

成本习性是指成本总额与业务量变动之间的依存关系，也就是说，成本总额是否随着业务量的变化而变化，如果变化，是否发生正比例的变化。

成本按照习性可以分为固定成本、变动成本和混合成本3类。

(1)固定成本

固定成本是指在一定的时期和一定的业务量范围内成本总额不随业务量的变动而变动的那部分成本，如按直线法计提的固定资产的折旧费、管理人员的月工资、广告宣传费、员工培训费，等等。

需要说明的是，固定成本总额只是在一定的时期和一定的业务量范围内保持不变。这里所说的一定范围，是指相关范围，超过了相关范围，固定成本总额也会发生变动。从较长时间看，所有的成本都在变化，绝对不变的固定成本是不存在的。因此，固定成本必须和一定时期、一定业务量范围联系起来进行分析。

固定成本还可以进一步区分为约束性固定成本和酌量性固定成本两类。

①约束性固定成本　又可以称为经营能力成本，是企业为了维持正常生产经营活动必须负担的最低成本，如厂房与设备的折旧费、租赁费等。约束性固定成本一旦发生，形成生产能力以后，很难在短期内改变，因此，要想降低约束性固定成本，只能从充分利用生产能力入手。

②酌量性固定成本　又可以称为经营方针成本，是企业根据经营方针确定的成本，或者说随经营方针的变化而变化的成本，是一种可以发生、也可以不发生的成本，如员工培训费、广告宣传费、研究开发费等。要想降低酌量性固定成本，就要在预算审批时加以控制。

(2)变动成本

变动成本是指成本总额随业务量的变动而完全正比例变动的那部分成本。产品成本中的直接材料、直接人工等都属于变动成本。

与固定成本相同，变动成本也存在相关范围，即只有在一定范围之内，成本总额才和产销量完全正比例变化，超过了这个范围，这种正比例变动的关系就不存在了。

(3)混合成本

混合成本是指成本总额随着业务量的变化而变化，但不是完全正比例变化的那部分成本。具体又可以分为半变动成本和半固定成本两种。

①半变动成本　它通常有一个初始量，类似于固定成本，在这个初始量的基础上随业务量的增加而增加，又类似于变动成本。例如企业的电话费就属于半变动成本。

②半固定成本　这类成本随产量的变化而成阶梯型增长，产量在一定限度内，这种成本不变，当产量增长到一定限度后，这种成本就跳跃到一个新水平。化验员、质检员的工资就属于这类成本。

2. 边际贡献

边际贡献是指销售收入减去变动成本以后的差额。其计算公式为：

$$
\begin{aligned}
\text{边际贡献} &= \text{销售收入} - \text{变动成本} \\
&= \text{销售量} \times (\text{单价} - \text{单位变动成本}) \\
&= \text{销售量} \times \text{单位边际贡献}
\end{aligned}
$$

3. 息税前利润

息税前利润是指企业支付利息和所得税之前的利润。其计算公式为：

$$
\begin{aligned}
\text{息税前利润} &= \text{销售收入} - \text{变动成本} - \text{固定成本} \\
&= \text{边际贡献} - \text{固定成本}
\end{aligned}
$$

或者：

$$\text{息税前利润} = \text{税前利润} + \text{利息费用}$$

4.2.2　经营杠杆

经营杠杆也称为营业杠杆、营运杠杆，是指由于企业经营成本中存在固定成本而带来的对企业收益的影响。在同等营业额条件下，固定成本在总成本中所占的比重较大时，单位产品分摊的固定成本额便大，若产品销售量发生变动时，单位产品分摊的固定成本会随之变动，最后导致利润更大幅度的变动。

1. 经营杠杆效应

经营杠杆利益是指在扩大营业额条件下，经营成本中固定成本这个杠杆所带来的增长幅度更大的经营利润(一般用息税前利润表示经营利润)。在一定的产销规模内，由于固定成本并不随产品销售量(或销售额)的增加而增加，而随着销售量的增长，单位销售量所负担的固定成本会相对减少，从而为企业带来额外的收益。或者可以这样来描述：由于固定成本的存在，企业经营利润的增长幅度会始终大于销售量的增长幅度。举例说明如下：

【例 4-10】长江实业公司产销玩具。目前固定成本 3 000 万元，最大产销能力为年产 5 亿元。变动成本率为 30%。年产销玩具 1 亿元时，变动成本为 3 000 万元，固定成本为 3 000 万元，息税前利润为 4 000 万元；当年产销玩具 2 亿元时，变动成本为 6 000万元，固定成本仍为 3 000 万元，息前税前利润变为 11 000 万元。可以看出，该公司的产销量增长 100%，息税前利润增长 175%，后者始终大于前者。

经营杠杆风险是经营杠杆所带来的负面效应。它是指由于固定成本的存在，使得企业经营利润的下降幅度大于产销量的下降幅度。影响经营杠杆风险的主要因素有：固定成本比例、产品需求的变动、产品销售价格的变动、单位产品变动成本的变化等。企业欲获得经营杠杆利益，需要承担由此引起的经营杠杆风险，因此必须在这种杠杆利益与杠杆风险之间做出权衡。

2. 经营杠杆系数

为了反映经营杠杆的作用程度，估计经营杠杆利益的大小，评价经营杠杆风险的高低，需要测算经营杠杆系数。

经营杠杆系数(DOL)，也称经营杠杆程度，是息税前利润的变动率相当于销售量变动率的倍数。

DOL = 息前税前利润的变动率/销售量的变动率

利用上述长江实业公司的数据资料，其经营杠杆系数计算如下：

$$\mathrm{DOL}=\frac{(11\,000-4\,000)\div 4\,000}{(20\,000-10\,000)\div 10\,000}=1.75$$

上述计算过程需要利用变动前后的数据资料，计算起来很麻烦，所以，上述公式通过推导可以简化为：

DOL = 基期边际贡献 ÷ 基期息税前利润

仍然利用【例 4-10】的数据资料，采用基期数据计算的经营杠杆系数为：

$$\mathrm{DOL}=(10\,000-3\,000)\div(10\,000-3\,000-3\,000)=1.75$$

经营杠杆系数等于 1.75 的意义在于：当企业的销售额增长 1% 时，息税前利润将增长 1.75%；反之，当企业销售额下降 1% 时，息税前利润也将下降 1.75%。

经营杠杆系数不是固定不变的。当企业的固定成本总额、单位产品的变动成本、销售价格、销售数量等因素发生变动时，经营杠杆系数也会发生变动。

3. 经营杠杆与经营风险的关系

其他因素一定时，经营杠杆系数越高，对经营杠杆利益的影响就越强，经营风险也就越高。控制经营风险的措施有：增加销售量、提高销售单价、降低单位变动成本和降低固定成本比例。

【例 4-11】甲、乙两家公司的有关资料见表 4-1。请比较两家公司的经营风险。

表 4-1 甲、乙两家公司的有关资料 万元

企业名称	经济状况	概率	销售额	变动成本总额	边际贡献	固定成本	息税前利润
甲	好	0.2	1 200	720	480	200	280
	中	0.6	1 000	600	400	200	200
	差	0.2	800	480	320	200	120
乙	好	0.2	1 200	480	720	400	320
	中	0.6	1 000	400	600	400	200
	差	0.2	800	320	480	400	80

解：为了比较两家公司的经营风险，首先计算两家公司的经营杠杆系数。

甲公司边际贡献期望值 = 480 × 0.2 + 400 × 0.6 + 320 × 0.2 = 400（万元）

乙公司边际贡献期望值 = 720 × 0.2 + 600 × 0.6 + 480 × 0.2 = 600（万元）

甲公司息税前利润期望值 = 280 × 0.2 + 200 × 0.6 + 120 × 0.2 = 200（万元）

乙公司息税前利润期望值 = 320 × 0.2 + 200 × 0.6 + 80 × 0.2 = 200（万元）

甲公司 DOL 期望值 = 400 ÷ 200 = 2

乙公司 DOL 期望值 = 600 ÷ 200 = 3

从上面计算可知，乙公司的经营杠杆系数比甲公司大。为了说明经营杠杆系数与经营风险的关系，下面计算两家公司息税前利润的标准离差。

甲公司息税前利润的标准离差＝

$\sqrt{(280-200)^2\times0.2+(200-200)^2\times0.6+(120-200)^2\times0.2}=50.6$(万元)

乙公司息税前利润的标准离差＝

$\sqrt{(320-200)^2\times0.2+(200-200)^2\times0.6+(80-200)^2\times0.2}=75.9$(万元)

计算结果表明，虽然甲、乙两家公司的息税前利润期望值相同，但乙公司息税前利润的标准离差大，说明乙公司的经营风险更大。也就是说，其他因素一定时，固定成本越大，经营杠杆系数越大，经营风险也就越大。

4.2.3　财务杠杆

财务杠杆主要是由于负债经营而引起的。

1. 财务杠杆效应

在企业资本结构一定的条件下，企业从息税前利润中支付债务利息、优先股股息等资本成本是相对固定的。当息税前利润增长时，每一元利润所负担的固定资本成本就会减少，从而使普通股的每股收益(英文缩写为EPS，下同)以更快的速度增长；当息税前利润减少时，每一元利润所负担的固定资成本就会相应增加，从而导致普通股的每股收益以更快的速度下降。这种由于筹集资本的成本固定引起的普通股每股收益的波动幅度大于息税前利润的波动幅度现象称为财务杠杆。同样，财务杠杆既有利益的一面，也有风险的一面。影响财务杠杆的主要因素有：利率水平的变动、盈利能力的变化、资本供求的变化、负债率的变化等。运用财务杠杆可以获得财务杠杆利益，同时也承担相应的财务风险，对此可用财务杠杆系数来衡量。

2. 财务杠杆系数

财务杠杆系数(DFL)，又称财务杠杆程度，是指普通股每股收益变动率或普通股本利润率的变动率，在非股份制企业可用净资产利润率的变动率，相当于息税前利润的变动率的倍数。它可用来反映财务杠杆的作用程度估计财务杠杆利益的大小，评价财务风险的高低。计算公式如下：

$$DFL=普通股利润变动率/息税前利润变动率$$

为了便于计算，可将上述公式变换为(推导过程从略)：

$$DFL=\frac{基期息税前利润}{基期息税前利润-基期利息-优先股股息/(1-所得税税率)}$$

如果没有优先股，就可以简化为：

$$DFL=\frac{基期息税前利润}{基期息税前利润-基期利息}$$

【例4-12】有A、B、C三个公司，公司全部长期资本皆为1 000万元。A公司无负债，无优先股，全部为普通股股本；B公司的借入资本为300万元，利率为10%，普通股股本为700万元，也无优先股；C公司的借入资本为500万元，利率为10%，优先股100万元，股息率为12%，普通股股本为400万元。假定预期息税前利润为200万元，所得税率为30%。分别计算三个公司的财务杠杆系数。

解：根据题意，可得：

A公司的财务杠杆系数=200万元/200万元=1，税后利润为140万元，普通股本(自有资本)利润率为14%；

B公司的利息费用=30万元，DFL=200/(200-30)=1.18，税后利润为119万元，普通股本利润率为17%；

C公司的利息费用=50万元，股息支出=12万元，计算出DFL=1.5，税后利润为105万元，属于普通股的税后利润为93万元，普通股本利润率为23.25%。

可见，长期资本来源中资本成本固定型资本所占比例越高，财务杠杆系数越来越大，普通股本利润率也越来越大，其根本原因就是由于三个公司的投资报酬率20%大于利息率10%，大于股息率12%，从而导致随着成本固定型资本增加，财务杠杆利益越大。

假设上述三个公司的投资报酬率下降为15%(即EBIT下降幅度为25%)，三个公司的普通股本利润率的下降情况计算如下：

A公司税后利润为105万元，普通股本利润率为10.5%，较14%下降25%；B公司的税后利润为84万元，普通股本利润率为12%，较17%下降了29.4%；C公司的税后利润为70万元，属于普通股的税后利润为58万元，普通股本利润率为14.5%，较23.25%下降了37.6%。可以看出，A公司的普通股本利润率的下降幅度与EBIT的下降幅度相同，而B公司和C公司的普通股本利润率的下降幅度大于EBIT的下降幅度，这是因为A公司没有成本固定型的长期资本来源而不承担财务杠杆风险，B公司和C公司因使用了成本固定型的长期资本来源而要承担财务杠杆风险。读者可以验证：29.4%=25%×1.183，37.6%=25%×1.5。使用成本固定型长期资本来源的企业其普通股本利润率的下降(或上升)幅度等于EBIT的下降(或上升)幅度与财务杠杆系数的乘积。

可以看出，C公司的财务杠杆系数最大，其对财务杠杆利益的影响也最强，承担的财务风险也最高；A公司的财务杠杆系数等于1，不能获得财务杠杆利益，也不承担财务杠杆风险。

3. 财务杠杆与财务风险的关系

财务杠杆会加大财务风险，企业举债比例越大，财务杠杆效应越强，财务风险越大。财务杠杆与财务风险的关系可以通过计算分析不同资本结构下普通股每股利润及其标准离差和标准离差率来进行测试。

控制财务风险的主要措施是：控制负债比率，即通过合理安排资本结构，适度负债使财务杠杆利益抵消风险增大所带来的不利影响。

【例 4-13】A、B、C 三家公司的资本构成如表 4-2 所示。其他有关情况三家公司完全一致，见表 4-1 中甲公司的情况。试计算每股收益、每股收益的标准离差和标准离差率以及财务杠杆系数。

表 4-2　A、B、C 三家公司的资本构成　　万元

项　目	A 公司	B 公司	C 公司
资金总额	2 000	2 000	2 000
普通股股本	200 万股 ×10 元/股	100 万股 ×10 元/股	100 万股 ×10 元/股
长期借款	0	1 000	1 000
借款利息率	0	6%	12%
借款利息	0	60	120

根据表 4-2 的资料，可以通过表 4-3 计算每股收益指标。

表 4-3　三家公司每股收益

企业名称	经营状况	概率	息税前利润	利息	利润总额	所得税 25%	净利润	普通股股数	每股收益
A	好	0.2	280	0	280	70	210	200	1.05
	中	0.6	200	0	200	50	150	200	0.75
	差	0.2	120	0	120	30	90	200	0.45
B	好	0.2	280	60	220	55	165	100	1.65
	中	0.6	200	60	140	35	105	100	1.05
	差	0.2	120	60	60	15	45	100	0.45
C	好	0.2	280	120	160	40	120	100	1.20
	中	0.6	200	120	80	20	60	100	0.60
	差	0.2	120	120	0	0	0	100	0

解：根据表 4-3，计算三家公司每股收益的期望值、每股收益的标准离差和标准离差率以及财务杠杆系数分别为：

(1) 计算三家公司每股收益的期望值

A 公司每股收益的期望值 $=1.05\times0.2+0.75\times0.6+0.45\times0.2$

$=0.75$(元)

B 公司每股收益的期望值 $=1.65\times0.2+1.05\times0.6+0.45\times0.2$

$=1.05$(元)

C 公司每股收益的期望值 $=1.20\times0.2+0.60\times0.6+0\times0.2$

$=0.60$(元)

(2) 计算三家公司每股收益的标准离差

A 公司每股收益的标准离差 =

$\sqrt{(1.05-0.75)^2\times0.2+(0.75-0.75)^2\times0.6+(0.45-0.75)^2\times0.2}=0.1897$(元)

B 公司每股收益的标准离差 =

$$\sqrt{(1.65-1.05)^2\times0.2+(1.05-1.05)^2\times0.6+(0.45-1.05)^2\times0.2}=0.3795(\text{元})$$

C 公司每股收益的标准离差 =

$$\sqrt{(1.20-0.60)^2\times0.2+(0.60-0.60)^2\times0.6+(0-0.60)^2\times0.2}=0.3795(\text{元})$$

(3) 计算三家公司每股收益的标准离差率

A 公司每股收益的标准离差率 = 0.1897 ÷ 0.75 = 0.2529

B 公司每股收益的标准离差率 = 0.3795 ÷ 1.05 = 0.3614

C 公司每股收益的标准离差率 = 0.3795 ÷ 0.60 = 0.6325

(4) 计算三家公司的财务杠杆系数

$$\begin{aligned}\text{三家公司息税前利润的期望值}&=280\times0.2+200\times0.6+120\times0.2\\&=200(\text{万元})\end{aligned}$$

$$\text{A 公司财务杠杆系数}=\frac{200}{200-0}=1$$

$$\text{B 公司财务杠杆系数}=\frac{200}{200-60}=1.43$$

$$\text{C 公司财务杠杆系数}=\frac{200}{200-120}=2.5$$

从以上计算可知，A 公司完全依靠自有资金经营，其每股收益的期望值为 0.75 元，标准离差率为 0.2529，财务杠杆系数为 1。B 公司利用了利息率为 6% 的长期借款 1000 万元，其每股收益的期望值上升为 1.05 元，标准离差率上升到 0.3614，财务杠杆系数变为 1.43。B 公司每股收益的期望值上升，说明当资金的息税前利润率 10%（即 200 ÷ 2 000）大于借款利息率 6% 时，应用财务杠杆取得了好的效果，当然，随之也加大了财务风险。C 公司利用了利息率为 12% 的长期借款 1 000 万元，其每股收益的期望值下降到 0.60 元，标准离差率上升到 0.6325，财务杠杆系数变为 2.5，这说明当资金的息税前利润率 10%（即 200 ÷ 2 000）小于借款利息率 12% 时，应用财务杠杆产生了消极的影响，每股收益下降的同时加大了财务风险。

4.2.4　复合杠杆

复合杠杆是经营杠杆和财务杠杆的连锁作用。

1. 复合杠杆效应

复合杠杆也称总杠杆、联合杠杆。它用来反映企业综合利用财务杠杆和经营杠杆给企业普通股东收益带来的影响。前已述及，经营杠杆是通过扩大销售量影响息税前利润，而财务杠杆是通过息税前利润影响普通股每股收益，两者最终都影响到普通股东的收益。而且，这两种杠杆作用是相互影响和有关联的。如果企业同时利用经营杠杆和财务杠杆，那么销售额变动对普通股收益的影响就会更大，总的风险也就更高。

2. 复合杠杆系数

对经营杠杆和财务杠杆的综合利用程度，可以用复合杠杆系数(DCL)或总杠杆系数(DTL)来衡量。DCL 或 DTL 是经营杠杆系数与财务杠杆系数之乘积。

其计算公式是：

$$\begin{aligned}\text{DCL} &= \text{EPS 的变动率/销售量的变动率}\\ &= \text{DOL} \times \text{DFL}\end{aligned}$$

也可以通过下面的公式进行计算；

$$\text{DCL} = \frac{\text{基期边际贡献}}{\text{基期息税前利润} - \text{基期利息} - \text{优先股股息}/(1 - \text{所得税税率})}$$

如果不存在优先股，则可以简化为：

$$\text{DCL} = \frac{\text{基期边际贡献}}{\text{基期息税前利润} - \text{基期利息}}$$

【例 4-14】某公司年销售额 100 万元，变动成本率 70%，全部固定成本和费用 20 万元，总资产 50 万元，资产负债率 40%，负债的平均成本 8%，假设所得税率为 40%。

该公司拟改变经营计划，追加投资 40 万元，每年固定成本增加 5 万元，可以使销售额增加 20%，并使变动成本率下降至 60%。

该公司以提高权益净利率同时降低总杠杆系数作为改进经营计划的标准。

要求：

(1)所需资金以追加实收资本取得，计算权益净利率、经营杠杆、财务杠杆和总杠杆，判断应否改变经营计划；

(2)所需资金以 10% 的利率借入，计算权益净利率、经营杠杆、财务杠杆和总杠杆，判断应否改变经营计划。

解：(1)目前情况

$$\text{权益净利率} = \frac{(100 \times 30\% - 20) \times (1 - 40\%)}{50 \times (1 - 40\%)} = 20\%$$

$$\text{经营杠杆} = \frac{100 \times 30\%}{100 \times 30\% - (20 - 50 \times 40\% \times 8\%)} = \frac{30}{11.6} = 2.59$$

$$\text{财务杠杆} = \frac{11.6}{11.6 - 1.6} = 1.16$$

$$\text{总杠杆} = 2.59 \times 1.16 = 3.00$$

(2)追加实收资本方案

$$\text{权益净利率} = \frac{[100 \times 120\% \times (1 - 60\%) - (20 + 5)] \times (1 - 40\%)}{50 \times (1 - 40\%) + 40} = 19.71\%$$

$$\begin{aligned}\text{经营杠杆} &= \frac{120 \times (1 - 60\%)}{120 \times (1 - 60\%) - (20 + 5 - 1.6)}\\ &= \frac{48}{48 - 23.4} = \frac{48}{24.6} = 19.5\end{aligned}$$

$$财务杠杆=\frac{24.6}{24.6-1.6}=1.07$$

$$总杠杆=1.95\times1.07=2.09$$

(3)借入资金方案

$$权益净利率=\frac{[100\times120\%\times(1-60\%)-(20+5+4)]\times(1-40\%)}{50\times(1-40\%)}=38\%$$

$$经营杠杆=\frac{120\times40\%}{120\times40\%-(20+5-1.6)}=1.95$$

$$财务杠杆=\frac{24.6}{24.6-(4+1.6)}=1.29$$

$$总杠杆=1.95\times1.29=2.52\left[或总杠杆=\frac{120\times40\%}{120\times40\%-(20+5+4)}=2.53\right]$$

由于公司以提高权益净利率同时降低总杠杆系数作为改进经营计划的标准，所以，应该采用借入资金方案。

显然，复合杠杆的作用大于经营杠杆与财务杠杆的单独影响作用，而两种杠杆又可以有多种组合。一般情况下，企业将复合杠杆系数即总风险控制在一定范围内，这样经营杠杆系数较高(低)的企业只能在较低(高)的程度上使用财务杠杆。

4.3 资本结构

本节主要介绍资本结构的基本理论和最佳资本结构的确定方法。

4.3.1 资本结构概述

本部分主要介绍资本结构的概念、影响因素和资本结构理论。

1. 资本结构的概念

资本结构是指企业各种资本的构成及其比例关系。在企业筹资管理中，资本结构有广义和狭义之分。广义的资本结构是指企业全部资本的构成及其比例关系。它不仅包括长期资本，还包括短期资本，主要是短期债务资本。狭义的资本结构是指企业各种长期资本的构成及其比例关系，尤其是指长期的权益资本与债务资本的构成及其比例关系。在狭义资本结构下，短期债务资本系作为营运资本来管理的。

2. 影响资本结构的因素

影响资本结构的主要因素有如下几点。

(1)企业财务状况

企业的财务状况越好、变现能力越强，就有能力负担财务上的风险，其负债筹资就越有吸引力。衡量企业财务状况的指标主要有流动比率、总资产报酬率、利息保障倍数等。

(2)企业资产结构

资产结构是各种资产的构成及其比例关系。一般而言，拥有大量固定资产的企业，主要通过长期负债和发行股票来筹集资金；而拥有较多流动资产的企业，更多依赖流动负债来筹资。

(3)企业产品销售情况

如果企业的产品销售稳定且获利能力强的话，企业负担固定财务费用的能力就比较强，负债产生的财务杠杆效应就越明显；反之，如果企业的产品销售具有较强的周期性，则企业负债就要承担较大的财务风险。

(4)企业所有者和管理人员的态度

首先是企业的所有者和管理人员对待风险的态度，如果他们喜欢冒风险，就会安排比较高的债务比例，如果他们比较保守，就会使用较少的债务资金；其次是他们对待控制权的态度，如果他们并不担心控制权旁落，就会更多地采用发行股票等方式筹集资金，反之，为了保证少数股东的绝对控制权，就宜采用发行优先股或者负债方式筹集资金。

(5)贷款人和信用评级机构的影响

一般来说，大部分贷款人都不希望借款企业的负债比例太高；同样的，如果企业债务太多，信用评定机构就会降低企业的信用等级，从而影响企业的筹资能力。

(6)行业因素

行业不同，资产结构也会不同，从而使其资本结构出现较大的差异。一般来说，房地产开发行业，举债额会比较大；而高新技术开发行业则负债较少。

(7)所得税税率的高低

由于债务利息在税前扣除能够抵减所得税，所以，负债额一定时，所得税税率越高，负债的好处越大；如果税率很低，则采用负债方式的减税利益就不显著。

(8)利率水平的变动趋势

利率水平的变动趋势主要决定着负债的时间和利率方式的选择，如果预期市场利率要上升，就可以提前负债而且应该采用固定利率方式，从而在若干年内把利率固定在较低的水平上。

3. 资本结构理论

(1)净收益理论

这种理论认为，企业利用债务，即加大财务杠杆程度，可以降低其资本成本，并且会提高企业价值。因此，举债越多，加权平均资本成本越低，倘若举债100%，则公司价值最大。该理论的缺陷是，没有考虑财务风险对资本成本和企业价值的影响。

(2)经营利润理论

该理论认为，无论企业财务杠杆如何变动，加权平均资本成本和企业价值都是固定的。其假设是，资本成本越低的债务资本增加，会增大权益资本的风险，从而使权益资本成本上升。因此，资本结构与资本成本和企业价值无关，资本结构的选择也毫无意义。该理论的缺陷是，过分夸大了财务风险的作用，并忽略了资本成本与资本结构之间的内在联系。

(3)传统理论

该理论认为，财务杠杆的利用伴随着财务风险，从而伴随着债务资本成本和权益资本成本的提高；同时，加权平均资本成本与负债权益比率密切相关，资本成本不能独立于资本结构之外。因此，最佳资本结构是客观存在的。具体地说，当企业的负债在一定范围之内，债务资本成本与权益资本成本不会显著增加，并且相对稳定，一旦超过该范围，则开始上升。所以，最佳资本结构就在债务资本的边际成本等于权益资本的边际成本那一点上。

(4) MM 理论

MM 理论是由莫迪里亚尼和米勒于 1958 年在《资本成本、公司财务和投资理论》中提出的。该理论被认为是现代资本结构的开端和最有影响的资本结构理论。他们两人分别于 1985 年和 1990 年获得诺贝尔经济学奖。

MM 理论包括无公司税的 MM 理论和有公司税的 MM 理论。它们都具有以下基本假设：①风险是可以衡量的，且经营风险相同的企业处于同一个风险等级；②投资者对企业未来收益与风险的预期相同；③股票和债券在完全的资本市场上交易；④负债的利率为无风险利率；⑤投资者预期的息税前利润不变。无公司税的 MM 理论的结论是：资本结构不影响企业价值和资本成本。有公司税的 MM 理论的结论是：负债会因税赋节约而增加企业价值，负债越多，企业价值越大，权益资本的所有者获得的收益也越大。

(5) 等级融资理论

该理论的核心思想是：企业偏好内部筹资，如果需要外部筹资，则偏好债务筹资。这是因为，第一，由于信息的不对称，外部筹资的成本包括管理成本、证券承销成本和"投资不足效应"而引起的成本，为消除"投资不足效应"而引起的成本，企业可以选择用内部积累的资金来满足净现值为正的投资机会，所以，通过比较外部筹资和内部筹资的成本，当企业面临投资决策时，理论上首先考虑运用内部资金。第二，由于企业所得税的节税利益，负债筹资可以增加企业的价值，即负债越多，企业价值越大，这是负债的第一种效应；但是财务危机成本期望值的现值和代理成本的现值会导致企业价值的下降，即企业负债越多，企业价值越小，这是负债的第二种效应，由于两种效应相互抵消，企业应适度负债。

在成熟的证券市场上，企业筹资优先顺序首先是内部筹资，其次是银行借款、发行债券、可转换债券，最后是发行股票。但是，对于新兴证券市场来说却未必如此。

目前，我国上市公司却普遍存在股票筹资偏好。究其原因，主要有：第一，在不健全的资本市场机制下，市场和股东对代理人的监督效率低下，使得经理们有较多的私人信息和可自由支配的现金流量；第二，代理人认为企业股权筹资的成本是以股利来衡量的，而股利的发放似乎是按照代理人的计划分配的，所以，他们认为股票的筹资成本是廉价的；第三，利用股权筹资可以降低破产风险。

4.3.2 最佳资本结构的确定

最佳资本结构是指企业在一定时期最适宜的条件下使企业加权平均资本成本最低，且企业价值最大的资本结构。

根据现代资本结构理论，最佳资本结构是存在的。在资本结构的最佳点上，企业的加权平均资本成本达到最低，同时企业的价值达到最大。事实上这一点是很难确定的，最优只是理论上的结果。实际工作中，必须将定性分析与定量分析结合起来，使企业的资本结构接近最优。

1. 比较资本成本法

所谓比较资本成本法是对不同资本结构的加权平均资本成本进行计算和比较，以加权平均资本成本最低的方案为最优，进行资本结构决策的方法。

(1)初始资本结构决策

初始资本结构决策适用于企业创立时对资本结构的选择。下面通过一个简单的例子进行介绍。

【例 4-15】某企业初创时需要资金 100 万元，有如下 3 个方案备选，经测算，各方案及其具体筹资方式的数量、比例、资本成本情况见表 4-4。试分别计算 3 个筹资方案的加权平均资本成本。

表 4-4　初始资本结构决策资料表　　万元

筹资方式	方案 A		方案 B		方案 C	
	筹资额	资本成本(%)	筹资额	资本成本(%)	筹资额	资本成本(%)
长期借款	8	7	10	7.5	16	8
债券	20	8	30	9	24	8.5
优先股	12	13	20	13	10	13
普通股	60	16	40	16	50	16
合计	100		100		100	

解：方案 A

加权平均资本成本 =8% ×7% +20% ×8% +12% ×13% +60% ×16% =13.32%

方案 B

加权平均资本成本 =10% ×75% +30% ×9% +20% ×13% +40% ×16% =12.45%

方案 C

加权平均资本成本 =16% ×8% +24% ×8.5% +10% ×13% +50% ×16% =12.62%

通过计算可以看出，方案 B 的加权平均资本成本最低，在其他有关因素大体相同的条件下，方案 B 最优，其资本结构可确定为最佳资本结构。

(2)追加资本结构决策

追加资本结构决策是指企业追加筹资时的资本结构决策。进行追加资本结构决策时，可以直接比较各备选追加筹资方案的边际资本成本，从中选择最好的筹资方案；也可以将各备选方案与原资本结构汇总后，比较各追加筹资条件下汇总资本结构的加权平均资本成本，以确定最优筹资方案。

【例 4-16】上例中的企业若需要追加筹资 50 万元，有两个方案可供选择，有关资料见表 4-5，试求两种方案下的加权平均资本成本。

表 4-5 追加资本结构决策资料表

筹资方式	追加方案 A		追加方案 B	
	筹资额	资本成本(%)	筹资额	资本成本(%)
债券	25	9	30	9.5
优先股	10	14	10	14
普通股	15	17	10	17
合计	50		50	

解：进行追加资本结构决策可采用以下两种方法。

方法一：直接比较各备选追加筹资方案的边际资本成本。

追加方案 A 的边际资本成本 $=50\% \times 9\% + 20\% \times 14\% + 30\% \times 17\% = 12.4\%$

追加方案 B 的边际资本成本 $=60\% \times 9.5\% + 20\% \times 14\% + 20\% \times 17\% = 11.9\%$

由于追加筹资方案 B 的边际资本成本低，因此追加筹资 B 方案较好。

方法二：比较各追加筹资条件下汇总资本结构的加权平均资本成本。

若采用追加筹资方案 A，则追加筹资后的加权平均资本成本为：

$$\frac{10}{150} \times 7.5\% + \frac{55}{150} \times 9\% + \frac{20}{150} \times 13\% + \frac{10}{150} \times 14\% + \frac{55}{150} \times 17\% = 12.7\%$$

若采用追加筹资方案 B，则追加筹资后的加权平均资本成本为：

$$\frac{10}{150} \times 7.5\% + \frac{30}{150} \times 9\% + \frac{30}{150} \times 9.5\% + \frac{20}{150} \times 13\% + \frac{10}{150} \times 14\% + \frac{50}{150} \times 17\% = 12.53\%$$

根据计算结果，方案 B 追加筹资后的资本成本低于方案 A 追加筹资后的资本成本，所以应采用 B 方案进行追加筹资。

比较资本成本法通俗易懂，计算过程也不是十分复杂，是确定资本结构的一种常用方法。它一般适用于资本规模较小、资本结构较为简单的非股份制企业。

2. 每股利润无差别点法

每股利润无差别点法是通过分析财务杠杆利益对筹资方案的影响，利用每股利润无差别点来确定最优资本结构的方法。所谓每股利润无差别点法是指两种筹资方式下普通股每股利润相等时的息税前利润水平。根据每股利润无差别点，可分析、判断在什么样的销售水平下，采用何种筹资方式来安排和调整资本结构。每股利润无差别点法可以用销售量、销售额、边际贡献和息税前利润来表示。

其计算公式为：

$$\frac{(\mathrm{EBIT} - I_1)(1 - T) - D_1}{N_1} = \frac{(\mathrm{EBIT} - I_2)(1 - T) - D_2}{N_2}$$

式中 EBIT——每股利润无差别点的息税前利润；

I_1，I_2——两种筹资方式下的年利息；

D_1，D_2——两种筹资方式下的年优先股股利；

N_1，N_2——两种筹资方式下的年普通股股份数。

【例 4-17】某公司目前发行在外普通股 100 万股(每股 1 元)，已发行 10% 利率的债券 400 万元。该公司打算为一新的投资项目融资 500 万元，新项目投产后公司每年息税前盈余将增加到 200 万元。现有两个方案可供选择：方案一是按 12% 的利率发行债券，方案二是按每股 20 元发行新股。公司适用的所得税率为 40%。试用每股利润无差别点分析法选择最优筹资方案。

解：按照每股利润无差别点法，判断最优方案如下所述：

$$\frac{(EBIT-400\times10\%-500\times12\%)(1-40\%)}{100}=\frac{(EBIT-400\times10\%)\times(1-40\%)}{100+25}$$

EBIT = 340(万元)

此时的每股收益为 $\frac{(340-400\times10\%-500\times12\%)\times(1-40\%)}{100}=1.44$(元/股)

上述每股收益无差别点分析，当息税前利润高于无差别点的息税前利润 340 万元时，应采用负债筹资方式，以获得较高的每股收益；当息税前利润低于无差别点的息税前利润 340 万元时，则应采取权益筹资方式，以避免过高的财务风险。

这种方法只考虑了资金结构对每股利润的影响，并假定每股利润最高，股票价格也就最高。但把资本结构对风险的影响置于视野之外，是不全面的。因为，随着负债的增加，投资者的风险加大，股票价格和企业价值也会有下降的趋势，所以，单纯地用每股收益无差别点法有时会做出错误的决策。

每股收益无差别点法的原理比较容易理解，测算过程较为简单。它一般适用于资本规模不大、资本结构不太复杂的股份有限公司。

【例 4-18】已知某公司当前资金结构见表 4-6：

表 4-6　某公司资金结构情况表

筹资方式	金额(万元)
长期债券(年利率 8%)	1 000
普通股(4 500 万股)	4 500
留存收益	2 000
合计	7 500

因生产发展需要，公司年初准备增加资金 2 500 万元，现有两个筹资方案可供选择；甲方案为增加发行 1 000 万股普通股，每股市价 2.5 元；乙方案为按面值发行每年年末付息、票面利率为 10% 的公司债券 2 500 万元。假定股票与债券的发行费用可忽略不计；适用的企业所得税税率为 33%。

要求：

①计算两种筹资方案每股利润无差别点的息税前利润。

②计算处于每股利润无差别点时乙方案的财务杠杆系数。

③如果公司预计息税前利润为 1 200 万元，指出该公司应采用的筹资方案。

④如果公司预计息税前利润为1 600万元，指出该公司应采用的筹资方案。

⑤若公司预计息税前利润在每股利润无差别点上增长10%，计算采用乙方案时该公司每股利润的增长幅度。

解：计算过程如下：

①计算两种筹资方案下每股利润无差别点的息税前利润

(EBIT－1 000×8%)×(1－33%)/(4 500＋1 000)＝[EBIT－(1 000×8%＋2 500×10%)]×(1－33%)/4 500

解之得：EBIT＝1 455(万元)

②乙方案财务杠杆系数＝1 455/[1 455－(1 000 ×8%＋2 500 ×10%)

＝1 455/(1 455－330)≈1.29

③因为：预计息税前利润＝1 200万元<EBIT＝1 455(万元)

所以：应采用甲方案(或增发普通股)。

④因为：预计息税前利润＝1 600万元>EBIT＝1 455(万元)

所以：应采用乙方案(或发行公司债券)。

⑤每股利润的增长幅度＝1.29×10%＝12.9%。

3. 公司价值分析法

公司价值分析法是在充分反映公司财务风险的前提下，以公司价值的大小为标准，经过测算确定公司最佳资本结构的方法。与比较资本成本法和每股利润无差别点法相比，公司价值分析法充分考虑了公司的财务风险和资本成本等因素的影响，进行资本结构的决策以公司价值最大为标准，更符合公司价值最大化的财务目标；但其测算原理及测算过程较为复杂，通常用于资本规模较大的上市公司。

上市公司的市场总价值V应该等于其债券价值B加上股票的总价值S，即：

$$V=B+S$$

为了考虑问题的方便，假设债券价值等于其面值，股票总价值等于归属于普通股股东的净利润除以其要求的报酬率。当公司的经营利润永续不变而且股东和债权人的投入与要求的回报不变时，股票的市场总价值则可以表示为：

$$S=\frac{(\mathrm{EBIT}-I)(1-T)}{K_S}$$

采用资本资产定价模型计算股票的资本成本K_S：

$$K_S=R_S=R_F+\beta(R_M-R_F)$$

而公司的资本成本，则应用加权平均成本K_W来表示。其公式为：

加权平均成本＝税前债务成本×债务比例×(1－税率)＋权益成本×权益比例

【例4-19】某上市公司息税前利润为300万元，资本全部来源于普通股融资，所得税税率25%。公司决定通过负债融资来优化资本结构。经过估算，不同举债额下的资本成本和股票β值见表4-7。无风险报酬率6%，平均风险溢价6%。试确定公司的最佳资本结构。

表 4-7　不同举债额下的资本成本和股票 β 值

举债额(万元)	债务税前成本(%)	股票 β 值
0	0	1.1
200	8	1.2
400	9	1.3
600	10	1.5
800	12	1.8
1 000	14	2.2

解：首先采用资本资产定价模型，计算不同举债额下的权益成本。

然后，计算公司的权益价值，并加上债务额，得到不同举债额下的公司总价值。公司总价值最大时的资本结构是最佳资本结构，此时的加权平均成本也是最低的。

以举债额 400 万元为例，此时的权益成本为 13.8%(6% +1.3 ×6%)，从而公司的权益价值为：

$$S=\frac{(\text{EBIT}-I)(1-T)}{K_S}=\frac{(300-400\times 9\%)\times(1-25\%)}{13.8\%}=1\,435(\text{万元})$$

公司总价值 =400 +1 435 =1 835(万元)

加权平均成本 = 9% ×(1 − 25%)×(400/1 835)+ 13.8% ×(1 435/1 835)=12.26%

其他举债额下的权益成本、权益价值和加权平均成本也按上述方式计算，计算结果见表 4-8。

表 4-8　举债额下的权益成本、权益价值和加权平均成本

举债额(万元)	权益成本(%)	权益价值(万元)	公司总价值(万元)	加权平均成本(%)
0	12.6	1 786	1 786	12.60
200	13.2	1 614	1 814	12.41
400	13.8	1 435	1 835	12.26
600	15	1 200	1 800	12.50
800	16.8	911	1 711	13.15
1 000	19.2	625	1 625	13.85

从表 4-8 中可以看出，当公司举债 400 万元时，公司总价值最高，为 1 835 万元；此时的加权平均成本最低，为 12.26%。很显然，债务资本比例 21.80%(即 400/1 835)，权益资本比例 78.20%(即 1 435/1 835)为公司确定的最佳资本结构。

4.3.3　资本结构的调整

当企业现有资本结构与目标资本结构存在较大差异时，企业需要进行资本结构的调整。企业调整资本结构的方法有：

1. 存量调整

在不改变现有资产规模的基础上，根据目标资本结构要求，对现有资本结构进行调整。存量调整的方法主要有：债转股、股转债；增发新股偿还债务；调整现有负债结构，如与债权人协商将长、短期负债互换；调整权益资金结构，如用资本公积金转增股本等。

2. 增量调整

在增加现有资产规模的基础上，根据目标资本结构要求，对现有资本结构进行调整。增量调整的主要途径是从外部取得增量资本，如发行新债、举借新贷款、进行融资租赁、发行新股票等。

3. 减量调整

在减少现有资产规模的基础上，根据目标资本结构要求，对现有资本结构进行调整。其主要途径有：提前归还借款、收回发行在外的可提前收回债券、股票回购减少公司股本、进行企业分立等。

小结

资本成本是指企业为取得和长期占有资本而付出的代价，它包括资本的取得成本和占用成本。计算债务成本时要考虑利息的抵税作用；而计算权益成本时不用考虑占用成本的抵税问题，因为股利在税后利润中支付，不具备抵减所得税的功能。一般而言，在选择筹资方式时需要计算个别资本成本；在采用筹资组合进行筹资时，需要计算加权平均资本成本；在追加筹资时，需要计算边际资本成本。

由于某种成本费用的固定存在，当一个变量发生较小变动时，相关变量能够发生较大幅度的变动，这种效应就称作杠杆效应。在财务管理上，由于债务利息、优先股股息等固定资本成本的存在，息税前利润发生较小的变动就会使得每股收益发生较大幅度的变动，这种效应叫作财务杠杆；由于经营性固定成本的存在，销售额(数量)发生较小的变动就会使得企业的息税前利润发生较大幅度的变动，这种效应叫作经营杠杆；由于债务利息、优先股股息和经营性固定成本同时存在，销售额(数量)发生较小的变动就会使得企业的每股收益发生较大幅度的变动，这种效应叫作复合杠杆。杠杆效应具有双面性，既可以产生杠杆利益，也可能带来杠杆风险。

资本结构是指企业各种资本的构成及其比例关系。最佳资本结构是指企业在一定时期最适宜的条件下使企业加权平均资本成本最低，且企业价值最大的资本结构。确定最佳资金结构的方法主要有：比较资本成本法、每股利润无差别点法和公司价值比较法。当公司的资金结构不是目标结构时，可以采用增量调整、减量调整和存量调整的方法进行调整，力求使之成为最佳结构。

复习思考题

1. 试分析资本成本中的筹资费用和用资费用的不同特性。
2. 试分析资本成本对企业财务管理的作用。
3. 简述个别资本成本、加权平均资本成本和边际资本成本的使用场合。
4. 试说明经营杠杆的基本原理和经营杠杆系数的计算方法。
5. 试说明财务杠杆的基本原理和财务杠杆系数的计算方法。
6. 试说明复合杠杆的基本原理和复合杠杆系数的计算方法。
7. 简述资本结构的影响因素。
8. 简述最佳资本结构的概念及其确定方法。
9. 举例说明资本结构的调整方法。

练习题

一、单项选择题

1. 下列各项中，属于用资费用的是(　　)。

A. 向银行支付的借款手续费　　B. 发行股票支付的发行费

C. 发行债券支付的发行费　　D. 向股东支付的股利

2. 认为不存在最佳资金结构的理论是(　　)。

A. 净收益理论　　B. 净营业收益理论　　C. 平衡理论　　D. 传统折中理论

3. 在利用内部收益率指标进行决策时，一般用作基本收益率的指标是(　　)。

A. 资本成本　　B. 期望报酬率　　C. 内部报酬率　　D. 投资报酬率

4. 某公司债券票面利率为9%，每年付息一次，发行费率为1%，所得税率为33%，则该债券的资本成本是(　　)。

A. 6%　　B. 6.09%　　C. 9%　　D. 9.09%

5. 下列关于经营杠杆和经营风险的说法中，正确的是(　　)。

A. 经营杠杆作用加剧了利润变动

B. 固定成本越高，经营杠杆系数越小

C. 经营杠杆系数等于基期息税前利润除以基期边际贡献

D. 经营杠杆系数是息税前利润变动相当于产销量变动的倍数

6. 下列不属于增量资金结构调整的是(　　)。

A. 发行股票　　B. 举借新贷款　　C. 增发新股偿还债务　　D. 发行新债券

7. 下列关于复合杠杆的说法中，正确的是(　　)。

A. 复合杠杆系数反映产销量变动1%时，每股利润的变动金额

B. 复合杠杆系数越大，财务风险和经营风险越大

C. 复合杠杆作用源于固定的生产经营成本和财务成本

D. 复合杠杆使每股利润的变动幅度大于财务杠杆作用导致的每股利润变动幅度

8. 企业筹资决策的核心问题是(　　)。

A. 资金结构　　B. 个别资本成本　　C. 筹资方式　　D. 筹资渠道

9. 普通股预计第一年股利率15%，筹资费率4%，普通股成本率21.625%，则股利年递增百分比为(　　)。

A. 2.625%　　B. 6%　　C. 8%　　D. 12.625%

10. 当 DFL = 1.5，EBIT = 450，则本期实际利息费用为(　　)。

A. 100 万元　　B. 675 万元　　C. 300 万元　　D. 150 万元

11. 财务杠杆反映的是(　　)。

A. 息税前利润变动率是产销量变动率的倍数

B. 每股收益变动率是息税前利润变动率的倍数

C. 每股收益变动率是产销量变动率的倍数

D. 息税前利润变动率是每股收益变动率的倍数

12. 公司利用借款、债券、留存收益和普通股四种方式分别筹资 600 万元、200 万元、200 万元、1 000万元，若资本成本率依次为6%、11%、12%、15%，则加权平均的资本成本率为(　　)。

A. 10.4%　　B. 10%　　C. 11.6%　　D. 10.6%

13. 在个别资本成本的计算中，不必考虑筹资费用影响因素的是(　　)。
A. 长期借款成本　B. 债券成本　C. 普通股成本　D. 留存收益成本
14. 下列属于约束性固定成本的是(　　)。
A. 设备保险费　B. 广告费　C. 职工培训费　D. 研究开发费
15. 下列说法正确的有(　　)。
A. 产销量变动率与每股收益变动率相等
B. 产销量变动率与息税前利润变动率相等
C. 每股收益变动率与息税前利润变动率相等
D. 产销量变动率与边际贡献变动率相等

二、多项选择题

1. 下列关于留存收益资本成本的说法中，正确的是(　　)。
A. 留存收益资本成本大于长期债券资本成本
B. 留存收益资本成本小于普通股资本成本
C. 留存收益资本成本属于权益资本成本
D. 留存收益资本成本是一种用资费用
2. 变动成本的特点是在相关范围内(　　)。
A. 单位成本固定
B. 成本总额固定
C. 单位成本随业务量变动成正比例变动
D. 成本总额随业务量变动成正比例变动
3. 下列属于权益资金结构存量调整办法的是(　　)。
A. 优先股转换为普通股　B. 用资本公积金转赠股本
C. 增发新股偿还债务　D. 发行新股票
4. 可用于计算报告期息税前利润的公式是(　　)。
A. 边际贡献－固定成本
B. 基期息税前利润×(1＋经营杠杆系数×产销量变动率)
C. 基期息税前利润×(1＋财务杠杆系数×每股利润变动率)
D. 利润总额＋利息费用
5. 资本结构调整的方法有(　　)。
A. 增量调整　B. 减量调整　C. 存量调整　D. 差量调整
6. 关于EBIT－EPS分析法，下列说法正确的是(　　)。
A. 在每股利润无差别点上，筹资方式对每股利润没有影响
B. 当息税前利润大于每股利润无差别点，应当采用增加负债的筹资方式
C. 当息税前利润小于每股利润无差别点，应采用增加所有者权益的筹资方式
D. EBIT－EPS分析法忽视了资金结构对风险的影响
7. 下列关于权益资金的说法中，正确的是(　　)。
A. 资金结构中权益资金的比例越高，财务风险越大
B. 资金结构中权益资金比例越高，综合资本成本越高
C. 资金结构中权益资金比例越高，财务杠杆效应越低
D. 权益资金中的优先股资金比例越高，财务杠杆效应越高

8. 下列关于财务杠杆收益的说法中，正确的是(　　)。
   A. 企业获得财务杠杆的程度可用每股利润变动额和息税前利润变动额的比值表示
   B. 财务杠杆收益越大，财务风险越小
   C. 利用债务资金经营，不一定能获得财务杠杆收益
   D. 财务杠杆收益是固定财务费用引起的每股利润变动率的剧烈增加
9. 资本成本在投资决策中的作用有(　　)。
   A. 可以作为折现率
   B. 可以作为基准收益率
   C. 可以作为确定最优资金结构的主要参数
   D. 可以作为选择资金来源的基本依据
10. 关于经营杠杆系数，说法正确的有(　　)。
   A. 是息税前利润变动率相当于产销量变动率的倍数
   B. 是基期边际贡献相当于基期息税前利润的倍数
   C. 其他因素不变时，固定成本越高，则 DOL 越大
   D. 经营杠杆系数越大，则表明经营风险越大
11. 关于财务杠杆系数，说法正确的有(　　)。
   A. 不发优先股也不融资租赁的公司，计算公式为 $DFL=\frac{EBIT}{EBIT-I}$
   B. 发行优先股也不融资租赁的公司，计算公式为 $DFL=\frac{EBIT}{EBIT-I-\frac{d}{1-T}}$
   C. 如果不负债，则财务杠杆系数肯定等于 1，表明没有杠杆作用。
   D. 财务杠杆系数反映的是息税前利润变动引起每股收益变动的幅度。
12. 关于负债资金，说法正确的有(　　)。
   A. 债务资本成本明显低于权益资本成本的主要原因是债权人要求的报酬率低而且债务利息可抵税
   B. 债务资金肯定能带来财务杠杆利益
   C. 负债越多，企业财务风险越大
   D. 债务资金能降低企业加权平均的资本成本
13. 确定最优资金结构的方法有(　　)。
   A. EBIT - EPS 分析法　　B. 比较资本成本法
   C. 公司价值分析法　　D. 趋势分析法
14. 与复合杠杆系数成正比例变化的有(　　)。
   A. 产销量变动率　　B. EPS 变动率　　C. DOL 系数　　D. DFL 系数
15. 关于影响企业资金结构的因素，表述正确的有(　　)。
   A. 企业财务状况越好，举债融资能力就越强。
   B. 拥有较多流动资产的企业，更多地依靠流动负债筹集资金。
   C. 所得税税率越高，则负债的好处越多。
   D. 利率水平的变动趋势也影响企业的资金结构

三 、判断题

1. 提高所得税率可能使财务杠杆系数增大。　(　　)
2. 净收益理论认为，负债比率达到 100% 时，企业价值最大。　(　　)

3. 一般而言，固定资产比例较高的企业，其流动负债的比例反而较低。（ ）

4. 在息税前利润不变的条件下，提高资金结构中负债资金的比例，企业每股利润必然增加。（ ）

5. 普通股筹资方式没有固定的利息负担，其资本成本较低，风险较小。（ ）

6. 资本成本并不是筹资决策中所要考虑的唯一因素，但它是筹资决策时需要考虑的一个首要问题。（ ）

7. 在成熟的证券市场上，企业应该优先考虑用发行股票方式来筹资。（ ）

8. 利息和股息都是用资费用，都具有抵税作用。（ ）

9. 固定成本是不随业务量变化而变动的成本。（ ）

10. 从较长时间看，所有的成本都是变化的。（ ）

11. 不论是固定成本，还是变动成本，都有一个相关范围的问题。（ ）

12. 如果不存在固定成本，则边际贡献就是息税前利润（ ）

13. 只有固定成本为零时，息税前利润变动率才等于边际贡献变动率，否则，前者总大于后者。（ ）

14. 资金结构是筹资决策的核心问题，它实际上就是研究负债在企业全部资金中所占的比例问题。（ ）

15. 最优资金结构是企业价值最大每股收益达到最高时的资金结构。（ ）

16. EBIT－EPS 分析法是以每股收益最大、股票价格达到最高为假设前提的。（ ）

17. 当盈利能力 EBIT 超过无差别点 EBIT 时，采用债务筹资能得到较高的每股收益；反之，采用权益筹资能得到较高的每股收益。（ ）

18. 喜欢冒险的管理者会在安排资金结构时较多地安排债务资金。（ ）

19. 拥有较多固定资产的企业主要通过长期负债和发行股票来筹集资金。（ ）

20. 提前偿还未到期的债券属于资本结构的减量调整办法。（ ）

四、计算题

1. 公司 2013 年销售产品 20 万件，单价 80 元，单位变动成本 50 元，固定成本总额 200 万元，公司负债总额 1 200 万元，年利率 12%，所得税率 25%。

计算：边际贡献、息税前利润、经营杠杆系数、财务杠杆系数和总杠杆系数。

2. 公司原有资本 700 万元，其中债务资本 200 万元（每年负担利息 24 万元），普通股股本 500 万元（发行普通股 10 万股，每股面值 50 万元），现需追加筹资 300 万元，有两个方案：

（1）全部发行普通股：增发 6 万股，每股面值 50 元；

（2）全部筹措长期债务：债务利率仍为 12%，利息 36 万元，公司变动成本率 60%，固定成本 180 万元，所得税率 25%。

计算：（1）无差别点销售额；

（2）无差别点时的每股收益；

（3）如果实际的税息前利润为 160 万元，应采取哪个方案筹资。

3. 某公司现有长期资金 200 万元，其中债务资本 80 万元，权益资本 120 万元。已知该结构为公司的最佳目标资本结构。公司准备追加筹资 50 万元，并维持目前的资本结构。随着筹资额的增加，各种资本成本变化如下：

发行债券筹资，若追加筹资额在 30 万元及 30 万元以下，其资本成本为 8%，超过 30 万元，其资本成本为 9%；

发行普通股筹资，若追加筹资额在 60 万元及 60 万元以下，其资本成本为 15%，超过 60 万元，其资本成本为 16%。

要求：计算各筹资突破点及相应各筹资范围的边际资本成本。

4. 某公司年销售额 100 万元，变动成本率 70%，全部固定成本和费用 20 万元，总资产 50 万元，资产负债率 40%，负债的平均成本 8%，假设所得税率为 25%。

该公司拟改变经营计划，追加投资 40 万元，每年固定成本增加 5 万元，可以使销售额增加 20%，并使变动成本率下降至 60%。

该公司以提高权益净利率同时降低总杠杆系数作为改进经营计划的标准。

要求：

(1)所需资金以追加实收资本取得，计算权益净利率、经营杠杆、财务杠杆和总杠杆，判断应否改变经营计划；

(2)所需资金以 10% 的利率借入，计算权益净利率、经营杠杆、财务杠杆和总杠杆，判断应否改变经营计划。

五、综合题

公司欲增资 1 000 万元，有两种方案可供选择：

A 方案：以 7% 的年利率借入长期借款 600 万元，同时发行优先股 400 万元，固定股利率为 12%。这一筹资方案将导致普通股市价降低为 11 元。

B 方案：以 11% 的年利率发行债券 400 万元，同时增发普通股 600 万元。这一方案将导致普通股市价上升为 13 元。

已知该公司原长期资金结构是：长期资金共计 2 000 万元，其中长期借款 400 万元，年利率为 6%，长期债券 400 万元，年利率 10%；面值为 10 元的普通股 100 万股，市价为每股 12 元，市价总额 1 200 万元。普通股今年预计股利为 1. 32 元/股，以后每年增发股利 3%。假定所得税率为 40%，各种筹资费用忽略不计。请用比较资本成本法确定应采用何种筹资方案。

第5章　项目投资管理

学习目标

通过本章的学习，明确项目投资、现金流量的概念，了解项目投资的种类，特点和基本程序。理解项目投资中使用现金流量的原因，掌握现金流量的构成内容和计算。掌握项目投资决策的各种方法，特别是贴现现金流量方法。通过学习，掌握固定资产更新、投资开发时机、投资期限和资本限量决策；了解风险调整贴现率法和肯定当量法的基本思路，会进行计算和具体应用。

春都与双汇投资管理案例

曾经生产出中国第一根火腿肠的"春都第一楼"，如今是人去楼空，落寞无声；而在几百里*开外的双汇实业集团有限责任公司(以下简称双汇)，厂内机器开足马力，厂外排着等货的长长车队。

春都(春都集团简称)与双汇，双双抓住了上市融资的艰难机遇，却催生出两种不同的结果，谜底何在？双汇和春都，几乎是前后脚迈入资本市场。1998年年底双汇发展上市，1999年年初春都A上市，分别募集到3亿多元和4亿多元。

春都A新任董事长贾洪雷说："然而，从上市之初，春都和双汇的目的就大不相同：一个是为了圈钱还债，一个是意图扩大主业。"春都在上市之前，由于贪大求全，四处出击，已经背上了不少债务，上市免不了圈钱还债。春都集团作为独立发起人匆匆地把春都A推上市，然后迫不及待地把募集的资金抽走。春都A上市仅3个月，春都集团就提走募股资金1.8亿元左右，以后又陆续占用数笔资金。春都集团及其关联企业先后占用的资金相当一部分用来还债、补过去的资金窟窿，其余的则盲目投入到茶饮料等非主业项目中。春都A被大量"抽血"，至2000年年底终于力不能支，跌入亏损行业。

与春都不同，双汇希望凭借股市资金快速壮大主业。双汇发展董事长万隆说过，双汇使用募集资金有两条原则：一是股民的钱要"落地有声"，二是不该赚的钱坚决不赚。他们信守承诺，把募集资金全部投资到上市公司肉制品及其相关项目上。上市3年间，双汇发展先后兼并了华北双汇食品有限公司，完成了3万吨"王中王"火腿肠技术改造，建设双汇食品肉制品系列工程，产业链条不断完善，产品得到更新，企业实力显著增大。双汇集团和双汇发展的销售收入分别增加了30亿元和10亿元。投资者也得到了丰厚的回报。

---

* 里 =500 m。

5.1 项目投资管理概述

项目投资，是指以扩大生产能力和改善生产条件为目的的资本性支出。与金融投资相比，项目投资的支出是对企业自身的投入，与其他经济实体不会发生资本收支的经济往来关系，是一种对内投资、直接投资。项目投资通常包括固定资产投资、无形资产投资、开办费投资和流动资金投资等内容。由于固定资产投资是企业的一项战略性投资，是企业投资的重要组成部分，会对企业产生深远的意义，因此，本章将主要针对项目投资中的固定资产投资进行分析。

5.1.1 项目投资的特点

1. 投资数额大

项目投资往往涉及企业的生产能力，需要投入大量的资金。项目投资所形成的资产往往在企业总资产中占有相当大的比例，对企业未来现金流量和财务状况具有决定性的影响。

2. 作用时间长

项目投资所涉及的作用期较长，需要几年甚至几十年才能收回投资。特别是作为决定企业发展方向的战略性投资，直接决定了企业未来的生产经营方向。

3. 不经常发生

与金融投资相比，项目投资的对象涉及的是企业生产能力和生产条件，一旦生产能力和生产条件形成，不会经常加以改变。因此项目投资的决策不会经常发生，属于企业的非程序性决策，往往没有相类似的决策可供参照比较。

4. 变现能力差

项目投资所形成的资产不是为销售而持有的，一般都不会在短期内变现，而且即使想在短期内变现，其变现能力也很差。因为项目投资的对象往往与企业自身的生产相联系，变现起来相当困难，不是无法实现，就是代价太大。

5. 投资风险大

影响项目投资未来收益的因素很多，加上投资额大、影响时间长和变现能力差，必然造成投资风险比其他投资大，会对企业未来命运产生决定性影响。

5.1.2 项目投资的种类

1. 维持性投资与扩大生产能力投资

项目投资按其与企业未来经营活动的关系分为维持性投资和扩大生产能力投资。维持性投资是为维持企业正常经营，保持现有生产能力而投入的财力。扩大生产能力投资是企业为扩大生产规模，增加生产能力或改变企业经营方向，对企业今后的经营与发展有重大影响的各种投资。

2. 固定资产投资，无形资产投资和递延资产投资

项目投资按投资对象可分为固定资产投资、无形资产投资和递延资产投资。固定资产投资是指投资于企业固定资产，特别是生产经营用固定资产。无形资产投资是指投资于企业长期使用但没有实物形态的资产上。递延资产投资是指用于递延资产上的投资。

3. 战术性投资和战略性投资

项目投资按其对企业前途的影响分为战术性投资和战略性投资。战术性投资是指不牵涉整个企业前途的投资。战略性投资是指对企业全局有重大影响的投资。

4. 相关性投资和非相关性投资

项目投资按其相互关系分为相关性投资和非相关性投资。如果采纳或放弃某一项目并不显著地影响另一项目，则可说这两个项目在经济上是不相关的，二者互为非相关性投资。如果采纳或放弃某个投资项目可以显著地影响另外一个投资项目，则可以说这两个项目在经济上是相关的。

5. 扩大收入投资和降低成本投资

项目投资按其增加利润的途径可分为扩大收入投资与降低成本投资两类。扩大收入投资是指通过扩大企业生产经营规模，以便增加利润的投资；降低成本投资是指通过降低生产经营中的各种消费，以便增加利润的投资。

6. 采纳与否投资与互斥选择投资

项目投资按决策的角度分为采纳与否投资和互斥选择投资。采纳与否投资是指决定是否投资于某一项目的投资。在两个或两个以上的项目中，只能选择其中之一的投资，叫互斥选择投资。

5.1.3 项目投资管理原则

为了适应投资项目的特点和要求，实现投资管理的目标，做出合理的投资决策，需要制定投资管理的基本原则，据以保证投资活动的顺利进行。项目投资管理的原则主要包括以下几方面。

1. 可行性分析原则

可行性分析原则主要包括环境可行性、技术可行性、市场可行性、财务可行性等方面。同时，一般也包含资金筹集的可行性。

2. 结构平衡原则

投资项目在资金投放时，要遵循结构平衡的原则，合理分布资金，包括固定资金与流动资金的配套关系、生产能力与经营规模的平衡关系、资金来源与资金运用的匹配关系、投资进度和资金供应的协调关系、流动资产内部的资产结构关系、发展性投资与维持性投资配合关系、对内投资与对外投资顺序关系、直接投资与间接投资分布关系，等等。只有遵循结构平衡的原则，投资项目实施后才能正常顺利地运行，才能避免资源的闲置和浪费。

3. 动态监控原则

项目投资管理的动态监控，是指对投资项目实施过程中的进程控制。

5.1.4 项目投资的程序

1. 项目投资的提出

项目投资的提出是项目投资程序的第一步，是根据企业的长远发展战略，中长期投资计划和投资环境的变化，在把握良好投资机会的情况下提出的。它可以由企业管理当局或企业高层管理人员提出，也可以由企业的各级管理部门和相关部门领导提出。

2. 项目投资的评价

项目投资的评价包括以下工作：

①对提出的投资项目进行适当的分类，为分析评价做好准备；

②计算有关项目的建设周期，测算有关项目投产后的收入、费用和经济效益，预测有关项目的现金流入和现金流出；

③运用各种投资评价指标把各项投资按可行程度进行排序；

④写出详细的评价报告。

3. 项目投资的决策

投资项目经过评价后，应按分权管理的决策权限由企业高层管理人员或相关部门经理做最后的决策。投资方案最终由哪一层次批准，主要取决于其投资支出规模。项目的投资额越大，需要各层次“筛选”的次数就越多。例如，投资额小的战术性投资或维持性投资，一般可由部门经理做出决策，而特别重大的项目还需要报董事会或股东大会批准。

总之，不管由谁最终进行决策，其结论一般可分为以下3种：

①接受这个项目，可以进行投资；

②拒绝这个项目，不能进行投资；

③发还给项目提出的部门，重新论证后，再行处理。

4. 项目投资的执行

决定对某项目进行投资后，要积极筹措资金，实施项目投资。在执行过程中，要对工程进度、工程质量、施工成本和工程概算等进行监督、控制和审核，防止工程建设中的舞弊行为，确保工程质量，保证按时完成。

5. 项目投资的再评价

在投资项目的执行过程中，应注意评价原来做出的投资决策是否合理，是否正确。一旦出现新的情况，要随时根据变化的情况做出新的评价。如果情况发生重大变化，原来的投资决策变得不合理，应及时进行是否终止投资或怎样终止投资的决策，以避免发生更大的损失。

5.1.5 项目计算期的构成

项目计算期是指投资项目从投资建设开始到最终清理结束整个过程的全部时间，即该项目的有效持续期间。完整的项目计算期包括建设期和生产经营期。其中建设期的第一年初(记作第0年)称为建设起点，建设期的最后一年末称为投产日，项目计算期的最后一年末称为终结点，从投产日到终结点之间的时间间隔称为生产经营期。

5.2 现金流量的内容及其估算

5.2.1 现金流量的概念

现金流量(cash flow)又称现金流动量，是指一个投资项目在其计算期(包括建设期和生产经营期)内所引起的现金流入量和现金流出量的统称，它是计算项目投资决策评价指标的主要依据和重要信息之一。应注意的是，这里的“现金”是广义的现金，它不仅包括各种货币资金，还包括项目需要投入企业拥有的非货币资源的变现价值(或重置成本)，而非其账面成本。

现金流量包括现金流入量、现金流出量和净现金流量3个具体概念。现金流入量是指能够使投资项目的现实货币资金增加的项目。现金流出量是指能够使投资项目的现实货币资金减少或需要动用现金的项目。现金净流量(net cash flow，NCF)是指一定期间现金流入量和现金流出量之间的差额。在计算现金流量时，一般按年度分别计算现金流量，如果该年度现金流入量大于现金流出量，净现金流量以正值表示；反之，以负值表示；该年度无现金流量，以0表示。

5.2.2 现金流量的内容

(1)单纯固定资产投资项目的现金流量

①现金流入量，包括增加的营业收入和回收固定资产余值等内容。

②现金流出量，包括固定资产投资、新增经营成本和增加的各项税款等内容。

(2)完整工业投资项目的现金流量

完整工业投资项目，简称新建项目，是以新增工业生产能力为主的投资项目，其投资内容不仅包括建设投资，而且还包括流动资金投资。

①现金流入量，包括营业收入、补贴收入、回收固定资产余值和回收流动资金。

②现金流出量，包括建设投资、流动资金投资、经营成本、营业税金及附加、维持运营投资和调整所得税。

(3)固定资产更新改造投资项目的现金流量

固定资产更新改造投资项目，可分为以恢复固定资产生产效率为目的的更新项目和以改善企业经营条件为目的的改造项目两种类型。

①现金流入量，包括因使用新固定资产而增加的营业收入、处置旧固定资产的变现净收入和新旧固定资产回收固定资产余值的差额等内容。

②现金流出量，包括购置新固定资产的投资、因使用新固定资产而增加的经营成本、因使用新固定资产而增加的流动资金投资和增加的各项税款等内容，其中，因提前报废旧固定资产所发生的清理净损失而发生的抵减当期所得税额用负值表示。

5.2.3 项目投资中使用现金流量的原因

企业按照权责发生制计算收入与成本，以收入减去成本后的利润作为当期收益，股东也通常根据利润来评价企业的经济效益。但是，企业在项目投资决策中不是以利润作为评价项目经济效益高低的基础，而是以现金流入作为项目的收入，以现金流出作为项目的支出，以净现金流量作为项目的净收益进行评价。项目投资中之所以采用现金流量作为评价项目经济效益的核心指标，主要出于以下几方面原因。

1. 现金流量以收付实现制为基础

尽管期间利润代表了方案的盈利水平，但期间利润是权责发生制的产物，是当期收入与当期费用配比的结果。当期收入可能是实际现金收入也可能是应收项目，当期费用可能是实际现金支出也可能是应付项目。同样，本期的实际现金收入或现金支出，也可能没有被作为本期的收入或本期的费用予以配比。总之，权责发生制是以应收和应付作为收入实现与费用发生的标志的，并没有考虑现金收支的实际时间。但从长期来看，收入真正实现的标志是现金流入而不是应收项目，费用真正发生的标志是现金流出而不是应付项目。

期间利润与现金流量的不一致是由于跨期分配的作用，跨期分配是会计期间假设下权责发生制的要求。从财务管理的角度来看，长期投资项目的会计期间不是日历期间，它应当是该项目的整个寿命期间。从超过1年的长期期间来看，不再存在着权责发生制下的跨期分配作用，而应考虑收付实现制下的现金实际收付。而且，在长期项目整个寿命期间，现金流量总额与期间利润总额是相等的。

2. 现金流量有利于考虑时间价值因素

根据财务管理基本观念，不同时间的资金具有不同的价值，利润的计算以一定期间为基础，并不考虑资金收付的具体时点，因此，以利润为项目评价基础无法考虑货币时间价值。利润和现金流量的差异主要表现在以下4个方面：①购置固定资产时支付大量现金，但不计入成本；②固定资产价值以折旧形式进入当期成本时，企业并不付出现金；③企业因项目投资而垫支的流动资产及其收回，在计算当期利润时无须加以考虑；④只要销售行为确定，无论现金是否收到，都要计入当期的销售收入。

3. 现金流动状况比盈亏状况更为重要

一个投资项目能否进行，取决于有无实际现金进行支付，而不是取决于在一定期间内有无利润。企业当期利润很大，并不一定有足够的现金进行支付。例如，某企业本期现金收入为100万元，成本费用只有折旧费一项，如果按加速法折旧，本期折旧费为80万元，利润为20万元；如果按直线法折旧，本期折旧费用可能只有10万元，利润为90万元。两种情况下，后者利润比前者增加了70万元，但现金流量并没有增加，两种情况下本期现金余额均为100万元。

进一步来看，长期项目的投资回收期较长，若以没有收到现金的收入作为利润的组成部分，那么这种利润往往是靠不住的，具有较大的风险。而且，以未实际收到现金的收入来计算利润，人为地高估了投资项目的投资报酬。现金一旦被支付后，即使没有进入本期的成本费用，也不能用于其他目的。只有当现金真正收回后，才能用于其他项目的再投资。因此，投资决策中不采有风险较大的期间利润作为决策依据，而重视现金流量的取得。

5.2.4 现金流量的构成

现金流量的构成如果按发生时间序列表示，一般由以下三部分构成。

1. 初始现金流量

初始现金流量是指为使项目建成并投入使用而发生的有关现金流量，有时也称初始投资。一般包括：

①固定资产投资　包括固定资产的购入或建造成本、运输成本、安装成本等，为现金流出量。

②流动资产投资 项目要正常运转，除了固定资产投资外，还要追加现金、原材料、在产品、产成品等流动资产投资，这部分流动资产投资为现金流出量，在项目结束时要如数收回。

③其他投资费用 是指与长期投资有关的职工培训费、谈判费、注册费等，为现金流出量。

④原有固定资产的变价净收入 固定资产更新时的原有固定资产的变卖所得的现金收入与清理过程中发生的清理费用之间的差额，如果变价收入大于清理费用，为现金流入量，如果变价收入小于清理费用，为现金流出量。

2. 营业现金流量

营业现金流量是指投资项目完成投入使用后，在其寿命周期内由于正常生产经营所带来的净现金流量。该阶段既有现金流入量，也有现金流出量。现金流入量主要是营运各年的营业收入，现金流出量主要是营运各年的付现营运成本。这些现金流量通常按照会计年度计算，由以下几部分组成：

①销售产品或服务所得到的现金流入；

②各项营业现金支出；

③税金支出。

如果各年营业收入均为现金收入，则营业净现金流量可用下式计算：

$$年净现金流量=营业收入-付现成本-所得税$$

付现成本是与非付现成本相对应的，付现成本是指需要以现金支付的各种成本费用。而非付现成本是指不需要每年以现金支付的各种成本费用，例如固定资产折旧费、无形资产摊销、递延资产摊销等。在企业的非付现成本主要是折旧的情况下，付现成本可用下式计算：

$$付现成本=营业成本-折旧$$

将上式代入年净现金流量计算公式中可得：

$$\begin{aligned}年净现金流量&=营业收入-(营业成本-折旧)-所得税\\&=营业收入-营业成本+折旧-所得税\\&=净利+折旧\end{aligned}$$

另外，经营期间的年净现金流量也可用下式表示：

$$\begin{aligned}年净现金流量&=(营业收入-营业成本)\times(1-所得税税率)+折旧\\&=营业收入\times(1-所得税税率)-付现成本\times(1-所得税税率)+\\&\quad 折旧\times所得税税率\end{aligned}$$

式中，非付现成本主要是固定资产的年折旧费用。如果有其他较大数额的跨年摊销费用，如跨年的大修理摊销费用、改良工程折旧摊销费用、筹建开办费摊销费用等，也都作为非付现成本予以考虑。

另外，应注意的是，对于在营业期间某一年发生的设备大修理支出来说，如果本年内摊销完毕，应直接作为该年的现金流出量；如果跨年摊销，则本年作为现金流出量，摊销年份作为非付现成本处理。对于在营业期间某一年发生的设备改良支出来说，它是一种投资，应作为该年的现金流出量，以后年份通过折旧收回。在正常营业阶段，营运各年的营业收入和付现营运成本数额比较稳定。

3. 终结现金流量

终结现金流量是指投资项目经济寿命终结时所发生的现金流量，主要包括：

①固定资产残值收入或变价收入；

②原垫支在各种流动资产上的资金回收；

③停止使用土地的变价收入；

④为结束项目而发生的各种清理费用。

5.2.5 现金流量的估算及估算中应注意的问题

1. 现金流量的估算

为正确评价投资项目的优劣，必须依据可靠、准确的现金流量数据，才能做出科学的分析。投资项目现金流量估算过程中，营业现金流量的计算是一个重要环节，它涉及现金流入与现金流出的计算。在此基础上，结合初始现金流量（主要为现金流出）和终结现金流量（主要为现金流入），便可确定投资方案各时点的净现金流量。下面通过举例说明现金流量的估算过程。

【例5-1】振华公司准备购入一台设备以扩充生产能力。现有甲、乙两个方案可供选择，甲方案建设期为0，需一次性投资60 000元，使用寿命为5年，假设5年后设备无残值；5年中每年销售收入为38 506.67元，每年的付现成本为14 000元。乙方案建设期为0，需投资70 000元，还需垫支营运资金5 000元，使用寿命也为5年，使用期满有残值收入3 500元；5年中第一年的销售收入为47 632元，以后逐年减少840元，付现成本第一年为14 500元，以后随着设备陈旧将逐年增加修理费500元。两方案的全部投资均于建设起点投入。该公司采用直线法计提折旧，所得税税率为25%，试计算两个方案的现金流量。

解：①甲方案现金流量计算如下：

$$\text{甲方案每年折旧额} = \frac{60\ 000}{5} = 12\ 000(\text{元})$$

$$NCF_0 = -60\ 000(\text{元})$$

$$\begin{aligned} NCF_{1\sim5} &= \text{净利润} + \text{年折旧} = (38\ 506.67 - 14\ 000 - 12\ 000)(1 - 25\%) + 12\ 000 \\ &= 9\ 380 + 12\ 000 = 21\ 380(\text{元}) \end{aligned}$$

②乙方案现金流量计算如下：

$$\text{乙方案每年折旧额} = \frac{75\ 000 - 3\ 500}{5} = 13\ 300(\text{元})$$

$$NCF_0 = -70\ 000 - 5\ 000 = -75\ 000(\text{元})$$

$$\begin{aligned} NCF_1 &= (47\ 632 - 14\ 500 - 13\ 300)(1 - 25\%) + 13\ 300 = 14\ 874 + 13\ 300 \\ &= 28\ 174(\text{元}) \end{aligned}$$

$$\begin{aligned} NCF_2 &= (47\ 632 - 840 - 14\ 500 - 500 - 13\ 300)(1 - 25\%) + 13\ 300 \\ &= 13\ 869 + 13\ 300 = 27\ 169(\text{元}) \end{aligned}$$

$$NCF_3=(47\ 632-840\times 2-14\ 500-1\ 000-13\ 300)(1-25\%)+13\ 300$$
$$=12\ 864+13\ 300=26\ 164(\text{元})$$
$$NCF_4=(47\ 632-840\times 3-14\ 500-1\ 500-13\ 300)(1-25\%)+13\ 300$$
$$=11\ 859+13\ 300=25\ 159(\text{元})$$
$$NCF_5=(47\ 632-840\times 4-14\ 500-2\ 000-13\ 300)(1-25\%)+13\ 300+3\ 500+5\ 000$$
$$=10\ 854+13\ 300+3\ 500+5\ 000=32\ 654(\text{元})$$

【例 5-2】如果上述甲方案的建设期为 2 年，乙方案的建设期为 3 年，且固定资产投资 70 000 元发生在建设起点，垫支的营运资金 5 000 元发生在投产日，其他条件不变，试计算两方案的现金流量。

解：①甲方案整个项目的建设期为 7 年，其现金流量计算如下：

$$\text{甲方案每年折旧额}=\frac{60\ 000}{5}=12\ 000(\text{元})$$

$$NCF_0=-60\ 000(\text{元})$$
$$NCF_{1\sim 2}=0(\text{元})$$
$$NCF_{3\sim 7}=(38\ 506.67-14\ 000-12\ 000)(1-25\%)+12\ 000=21\ 380(\text{元})$$

②乙方案整个项目的建设期为 8 年，其现金流量计算如下：

$$\text{乙方案每年折旧额}=\frac{75\ 000-3\ 500}{5}=13\ 300(\text{元})$$

$$NCF_0=-70\ 000(\text{元})$$
$$NCF_{1\sim 2}=0(\text{元})$$
$$NCF_3=-5\ 000(\text{元})$$
$$NCF_4=(47\ 632-14\ 500-13\ 300)(1-25\%)+13\ 300=28\ 174(\text{元})$$
$$NCF_5=(47\ 632-840-14\ 500-500-13\ 300)(1-25\%)+13\ 300=27\ 169(\text{元})$$
$$NCF_6=(47\ 632-840\times 2-14\ 500-1\ 000-13\ 300)(1-25\%)+13\ 300=26\ 164(\text{元})$$
$$NCF_7=(47\ 632-840\times 3-14\ 500-1\ 500-13\ 300)(1-25\%)+13\ 300=25\ 159(\text{元})$$
$$NCF_8=(47\ 632-840\times 4-14\ 500-2\ 000-13\ 300)(1-25\%)+13\ 300+3\ 500+5\ 000$$
$$=32\ 654(\text{元})$$

在现金流量的计算中，为简便起见，一般都假定固定资产投资在年初发生，营业现金流量在年末发生，终结现金流量在投资项目使用最后一年年末发生。

在实务中，项目现金流量的确定也可通过编制现金流量表来实现。项目投资决策中的现金流量表，是一种能够全面反映某投资项目在其计算期内每年的现金流入量和现金流出量的具体构成内容，以及净现金流量水平的经济报表。该报表可以自行设计，也可利用 EXCEL 中的已有模板进行编辑。其具体步骤为：打开 EXCEL 工作表，单击“文件”下拉菜单中的“新建”，在“电子方案表格”中找到“改扩建项目报表”后即可进行相应编辑。

2. 现金流量估算中应注意的问题

在估算现金流量时，会涉及很多变量，需要企业有关部门的参与，为防止多算或漏算有关内容，需要注意以下几个问题。

(1)考虑增量现金流量

增量现金流量(incremental cash flows)是指接受或拒绝某个投资方案后，企业总现金流量因此发生的变动。只有那些由于采纳某个项目引起的现金支出增加额，才是该项目的现金流出；只有那些由于采纳某个项目引起的现金流入增加额，才是该项目的现金流入。例如，如果某公司打算推出一种新产品，而这种新产品会与公司的现有产品形成竞争，这时，仅仅依据新产品的总销售额来预测现金流量是不合适的，我们在考虑新产品的现金流量时，要同时考虑其造成的老产品现金流量的损失，二者之差的净值才是新产品投资所产生的净现金流量。

(2)不考虑沉没成本

沉没成本(suck cost)是指已经使用掉而无法收回的资金，或已经发生的支付责任，这种成本无法由今天对项目接受与否的决策所改变。换句话说，公司不管怎样也得付出这些成本。这种成本对企业当前的投资决策不产生任何影响，属于无关成本，企业在进行投资决策时要考虑的是当前的投资是否有利可图，而不是过去已花掉了多少钱。例如，决策现有旧设备是否更新时，旧设备原价尽管是一种投资，但它是过去的投资额，目前已无法改变，不能作为相关现金流量。又如，假定某奶品公司聘用一位财务顾问来帮助评估是否应该建立一条巧克力生产线，公司支付给财务顾问的咨询费构成一项成本，但这一成本是否应包含在巧克力生产线评估的现金流量中呢？答案是否定的，因为咨询费是一项典型的沉没成本。

(3)考虑机会成本

机会成本(opportunity cost)是指在投资决策过程中选择某个方案而放弃其他方案所丧失的潜在收益。这种相关成本并不是公司真正的现金流出，也无须账面成本，但必须作为选中项目的成本来考虑，否则就不能正确判断项目的优劣。例如，某企业在已征用的一块土地上建造厂房，尽管建造厂房时不必支付购置这块土地的资金，但如果不在这块土地上建造厂房，将它卖掉可得收入500万元，这时的500万元就是建造厂房使用这块土地的机会成本，这一成本在进行厂房投资方案的现金流量估算时必须加以考虑。注意的是，不管企业当初以多少价款征用这片土地，在进行投资决策时，均应以该土地的现行市价作为机会成本。有时，机会成本的表现方式是曲折复杂的，尽管进行这类分析的难度较大，但在可能的情况下，还是应尽量考察清楚，以便于做出正确的投资决策。

(4)考虑净营运资金

净营运资金是指增加的流动资产与增加的流动负债之间的差额。正常情况下，公司因项目投资导致现金流量增加时，它对货币资金、应收账款、存货等流动资金的需求也会随之增加，而公司必须筹措新的资金以满足这些项目的额外需求。另一方面，随着公司的扩充，其应付账款、应付费用、应付工资等流动负债也同时增加，它们的增加可以满足一部分流动资产的资金需求。因此，项目投资中要涉及净营运资金投资，它们在发生时被视为现金流出。当投资方案的寿命周期结束时，公司将项目有关的存货出售、应收账款变为现金，应付账款等也随之偿付，这意味着原有的净营运资金投资的收回，被视为现金流入。

(5)考虑通货膨胀

预测现金流量时，必须考虑预期的通货膨胀。在通货膨胀期间，不论是投资项目的收入还是支出，都会发生很大的变化。因此，在通货膨胀期间应认真分析投资项目的现金流量，并在计算投资决策指标时加以考虑。

在计算投资决策指标时对通货膨胀的影响通常有两种处理方法：一是调整投资项目的现金流量，扣除通货膨胀的影响(如按不变价格计算现金流量)；二是调整计算贴现指标时所用的贴现率，抵消通货膨胀带来的现金流量增加的影响(如采用"贴现率 = 无通货膨胀时的贴现率 + 通货膨胀率"的方法)。

(6)其他问题

我们仅仅对现金流量的考察感兴趣，而且，只对实际发生的现金流量，而不是会计意义上的现金流量感兴趣。另外，我们总是考虑税后现金流量，因为税收确实是一项现金流出。

5.3　项目投资决策评价指标

上一节我们分析了现金流量的内容和估算方法，但我们的最终目的是进行决策，因此，如何利用现金流量进行项目投资决策是下面要解决的问题。项目投资决策是指通过对投资方案的经济效益进行评价和分析，从而决定是否选用该投资方案，或者对多个方案的经济效益进行比较和分析，从而选出最优的方案。

投资项目决策可使用的指标分为两类：一类是非贴现指标，即没有考虑货币时间价值因素的指标，认为不同时期的现金流量的价值是相同的，可以直接相加和比较。这类指标的最大优点是计算简单，容易理解，主要包括静态投资回收期、投资收益率等指标。另一类是贴现指标，即考虑了资金时间价值因素的指标，将投资方案的现金流量按某一基础折算成同一时期的量，再对投资支出和各年现金流量的大小进行比较，以确定方案的可行性。这类指标更为精确、客观，能较好地反映投资方案的优劣，主要包括动态投资回收期、净现值、现值指数、内涵报酬率等。根据分析评价指标的类别，进行项目投资决策时可使用的方法也被分为非贴现现金流量的投资决策方法和贴现现金流量的投资决策方法，下面分别对这些方法进行介绍。

5.3.1　非贴现现金流量指标

1. 静态投资回收期

静态投资回收期(payback period，PBP)是指投资项目的未来净现金流量与原始投资额相等时所经历的时间，即原始投资额通过未来现金流量回收所需要的时间。

投资者希望投入的资本能以某种方式尽快地收回来，收回需要的时间越长，所担风险就越大。因而，投资方案回收期的长短是投资者十分关心的问题，也是评价方案优劣的标准之一。用回收期法评价方案时，回收期越短越好。

回收期法的具体运用见【例5-3】。

【例5-3】试以【例5-1】资料为基础分别计算甲、乙方案的投资回收期。

甲方案经营期每年的净现金流量相等，其投资回收期的计算可按下列公式直接计算：

$$投资回收期=\frac{原始投资额}{每年净现金流量}$$

因此，甲方案投资回收期 $=\frac{60\ 000}{21\ 380}=\approx 2.81$（年）

乙方案经营期每年的净现金流量不相等，应先计算各年尚未收回的投资额，然后再计算投资回收期。

根据例5-1资料，乙方案各年尚未收回的投资额如表5-1所示。

表5-1 投资回收期表 元

年份	投资额	回收额	年末尚未收回额
0	（75 000）	—	—
1	—	28 714	46 826
2	—	27 169	19 657
3	—	26 164	—
4	—	25 159	—
5	—	32 654	—

$$乙方案投资回收期=2+\frac{19\ 657}{26\ 164}\approx 2.75（年）$$

上述甲方案投资回收期为2.81年，乙方案投资回收期为2.75年，若两方案为互斥方案，用投资回收期法进行决策时，应选乙方案，因为投资回收期越短，说明投入的资金回收速度越快，投资风险越小。

若上述两方案为投资与否决策，则应将计算出的投资回收期与公司的基准（期望）投资回收期相比较来判断。假设该公司的期望投资回收期为3年，因为甲、乙方案的投资回收期均小于3年，因此，甲、乙方案都为可接受方案。

以上介绍的投资回收期法没有考虑资金时间价值，也称为静态投资回收期。这种方法的最大优点是简便易行、直观明了。但忽视资金时间价值，没有考虑现金流量发生的时间，也没有考虑回收期后的现金流量，其计算结果不能准确反映投资方案的经济效益。因此，这种方法在评价投资方案时一般只作为辅助方法使用。

2. 投资收益率

投资收益率是指项目寿命周期内年均净利（或年均现金流量）与原始投资额的比率。利用该指标判断方案优劣的方法为投资收益率法。

投资收益率指标的计算公式为：

$$投资收益率=\frac{年均净利（或年均现金流量）}{原始投资额}\times 100\%$$

【例 5-4】仍以【例 5-1】资料为例，若以年均净利来计算，甲、乙方案的投资收益率计算如下：

$$甲方案投资收益率 = \frac{9\ 380}{60\ 000} \times 100\% \approx 15.63\%$$

$$乙方案投资收益率 = \frac{(14\ 874 + 13\ 869 + 12\ 864 + 11\ 859 + 10\ 854) \div 5}{75\ 000} \times 100\% \approx 17.15\%$$

若以年均现金流量来计算，甲、乙方案的投资收益率计算如下：

$$甲方案投资收益率 = \frac{21\ 380}{60\ 000} \times 100\% \approx 35.63\%$$

$$乙方案投资收益率 = \frac{(28\ 174 + 27\ 169 + 26\ 164 + 25\ 159 + 32\ 654) \div 5}{75\ 000} \times 100\% \approx 37.15\%$$

上述计算表明，若两方案为互斥方案，用投资收益率法进行决策时，应选乙方案，因为乙方案的投资收益率高于甲方案。

若上述两方案为投资与否决策，则应将计算出的投资收益率与公司的基准(期望)投资收益率相比较来判断。假设该公司的期望投资收益率为 15%，因为甲、乙方案的投资收益率均大于 15%，因此，甲、乙方案都为可接受方案。

投资收益率法也具有简明易懂、计算容易的优点，这种方法同时考虑了投资方案在其寿命周期内的全部收益状况和现金流量，从这一点上要优于投资回收期法。但这种方法仍然没有考虑资金时间价值，因此在实际决策中只能配合其他方法加以运用。

5.3.2 贴现现金流量指标

1. 净现值

净现值(net present value，NPV)是指投资项目未来净现金流量按一定的贴现率折算成的现值减去投资额现值后的余额。根据净现值大小评价投资方案被称为净现值法。

(1)计算方法

采用净现值法来评价投资方案，一般有以下步骤：

第一，测定投资方案每年的现金流出量和现金流入量。

第二，确定投资方案的贴现率，所采用的贴现率是投资者所要求最低投资报酬率。该报酬率可按下列思路确定：

①以社会平均资本成本率为标准，即按资金时间价值计算的无风险最低报酬率；

②投资者自己设定希望获得的预期报酬率，这就需要考虑投资的风险报酬以及通货膨胀等因素。

第三，按确定的贴现率，分别将每年的现金流出量和现金流入量按复利方式折算成现值。

第四，将未来的现金流入量现值与投资额现值进行比较，若前者大于或等于后者，方案可采用。若前者小于后者，方案不能采用，说明方案达不到投资者的预期投资报酬率。

净现值的计算公式为：

$$\text{净现值} = \text{现金流入量现值} - \text{现金流出量现值}$$
$$= \sum(\text{年现金流入量} \times \text{复利现值系数}) + \sum(\text{年现金流出量} \times \text{复利现值系数})$$

(2)例题

【例5-5】现仍以【例5-1】振华公司为例，假设公司资金成本率为10%，则甲、乙方案的净现值计算如下。

甲方案的每年现金流入量相等，可直接按普通年金现值系数进行折算。

$NPV_{甲} = 21\ 380 \times (P/A, 10\%, 5) - 60\ 000 = 21\ 380 \times 3.791 - 60\ 000 = 21\ 051.58$（元）

乙方案的每年现金流入量不相等，应分别按复利现值系数进行折算。

$$\begin{aligned} NPV_{乙} &= 28\ 174 \times (P/F, 10\%, 1) + 27\ 169 \times (P/F, 10\%, 2) + 26\ 164 \times (P/F, 10\%, 3) + 25\ 159 \times (P/F, 10\%, 4) + 32\ 654 \times (P/F, 10\%, 5) - 75\ 000 \\ &= 28\ 174 \times 0.909 + 27\ 169 \times 0.826 + 26\ 164 \times 0.751 + 25\ 159 \times 0.683 + 32\ 654 \times 0.621 - 75\ 000 \\ &= 30\ 162.65(\text{元}) \end{aligned}$$

为了更直观地说明净现值的计算过程，也可通过下列表5-2计算甲、乙方案的净现值。

表5-2 投资方案净现值计算表

元

年限	现值系数	甲方案		乙方案	
		现金流量	现值	现金流量	现值
0	1	-60 000	-60 000	-75 000	-75 000
1	0.9091	21 380	19 436.56	28 174	25 612.98
2	0.8264	21 380	17 668.43	27 169	22 452.46
3	0.7513	21 380	16 062.79	26 164	19 657.01
4	0.6830	21 380	14 602.54	25 159	17 183.60
5	0.6209	21 380	13 274.84	32 654	20 274.87
净现值	—	—	21 045.16	—	30 180.92

通过表5-2计算的甲、乙方案的净现值与按公式计算的净现值不同，主要是因为现值系数小数点后保留的位数不同而导致的，这一误差可以忽略不计。

在采用净现值法进行投资方案决策时，若只有一个投资方案备选，净现值大于等于0时接受，否则拒绝；若有多个投资方案备选，应选择净现值为正值的最大者。

上例中，甲、乙方案的净现值均大于0，如果为独立方案，甲、乙方案均可行。如果甲、乙方案互斥，则应选择净现值更大的乙方案。

在例5-1中，甲、乙方案的建设期都为0，净现值的计算主要涉及复利现值和普通年金现值计算。而在例5-2资料中，甲、乙方案分别有2年和3年的建设期，且投资不是全部发生在建设起点，这时在计算净现值时，要涉及递延年金的计算。

【例5-6】下面以【例5-2】资料为基础计算甲、乙方案的净现值。

解：$NPV_{甲} = 21\ 380 \times (P/A,\ 10\%,\ 5)(P/F,\ 10\%,\ 2) - 60\ 000$

$= 21\ 380 \times 3.791 \times 0.826 - 60\ 000$

$= 6\ 948.61$(元)

$NPV_{乙} = 28\ 174 \times (P/F,\ 10\%,\ 4) + 27\ 169 \times (P/F,\ 10\%,\ 5) + 26\ 164 \times (P/F,\ 10\%,\ 6) + 25\ 159 \times (P/F,\ 10\%,\ 7) + 32\ 654 \times (P/F,\ 10\%,\ 8) - 70\ 000 - 5\ 000 \times (P/F,\ 10\%,\ 3)$

$= 28\ 174 \times 0.683 + 27\ 169 \times 0.621 + 26\ 164 \times 0.565 + 25\ 159 \times 0.513 + 32\ 654 \times 0.467 - 70\ 000 - 5\ 000 \times 0.751$

$= 19\ 242.84 + 16\ 871.95 + 14\ 782.66 + 12\ 906.57 + 15\ 249.42 - 70\ 000 - 3\ 755$

$= 5\ 298.44$(元)

在有建设期的情况下，甲、乙方案的净现值与例5-5相比要小很多，但仍都大于0，如果为独立方案，甲、乙方案均可行。如果甲、乙方案互斥，则应选择净现值更大的甲方案。

(3)特点

净现值指标是一个贴现的绝对值正指标，是投资决策评价指标中最重要的指标之一，必须熟练掌握它的计算技巧。该指标的优点主要表现在：

第一，充分考虑了资金时间价值；

第二，能够反映投资项目在整个经济年限内的全部净现金流量信息；

第三，适用性强，能基本满足期限相等的互斥投资方案的决策；

第四，可以根据需要改变贴现率，能灵活考虑投资风险。

该指标的缺点主要表现在：

第一，不能说明方案本身报酬率的大小。

第二，所采用的贴现率不明确。如果两方案采用不同的贴现率贴现，采用净现值法不能够得出正确的比较结论。同一方案中，如果要考虑投资风险，不易合理确定所要求的风险报酬率。

第三，无法比较原始投资额不同的方案的优劣。某些项目尽管净现值大，但同时其投资额也较大，单位投资额的获利能力可能低于其他项目。因此，对于原始投资额不同的互斥项目，只凭净现值大小无法得出正确的决策结论。

第四，净现值法有时也不能对寿命期不同的所有投资方案进行直接决策，包括独立投资方案和互斥投资方案。例如，某项目尽管净现值小，但其寿命期短，另一项目尽管净现值大，但它是在较长的寿命期内取得的。两项目由于寿命期不同，其净现值是不可比的。

2. 净现值率

净现值率(NPVR)是反映项目的净现值占原始投资现值比率的一个指标，亦可理解为单位原始投资的现值所创造的净现值。

(1)计算方法

净现值率的计算公式为：

$$净现值率=\frac{项目的净现值}{原始投资的现值合计}$$

(2)例题

【例5-7】根据【例5-5】有关净现值的计算，可得到振华公司甲、乙方案的净现值率。

$$NPVR_{甲}=\frac{21\ 051.58}{60\ 000}=0.3509$$

$$NPVR_{乙}=\frac{30\ 162.65}{75\ 000}=0.4022$$

在采用净现值率法进行项目投资决策时，若只有一个投资方案备选，净现值率≥0时接受，否则拒绝；若有多个投资方案备选，应选择净现值率为正值的最大者。

(3)特点

净现值率是一个折现的相对量评价指标。它的优点在于：可从动态的角度反映项目投资的资金投入与净产出之间的关系；比其他折现相对数指标更容易计算。其缺点与净现值指标相似，同样无法直接反映投资项目的实际收益率，而且必须以已知净现值为前提。

3. 获利指数

获利指数(profitability index，PI)又被称为现值指数，是投资项目未来各期净现金流量的现值合计与投资额现值合计之比。运用获利指数指标评价方案优劣的方法被称为获利指数法。

(1)计算方法

获利指数的计算方法与净现值的计算方法类似，主要区别在于净现值指标计算的是绝对数，获利指数计算的是相对数。

获利指数的计算公式为：

$$获利指数=\frac{现金流入量现值}{现金流出量现值}$$

$$=\frac{\sum(年现金流入量\times复利现值系数)}{\sum(年现金流出量\times复利现值系数)}$$

(2)例题

【例5-8】现仍以振华公司为例，根据【例5-1】的资料，假设公司资金成本率为10%，则甲、乙方案的获利指数计算如下。

$PI_{甲}=[21\ 380\times(P/A，10\%，5)]/60\ 000\approx1.35$

乙方案的每年现金流入量不相等，应分别按复利现值系数进行折算。

$PI_{乙}=[28\ 174\times(P/F，10\%，1)+27\ 169\times(P/F，10\%，2)+26\ 164\times(P/F，10\%，3)+25\ 159\times(P/F，10\%，4)+32\ 654\times(P/F，10\%，5)]/75\ 000\approx1.40$

在采用获利指数法进行投资方案决策时，若只有一个投资方案备选，当获利指数大于等于1时，说明该方案报酬率大于等于企业预定贴现率，方案可选；当获利指数小于1时，说明该方案报酬率小于企业预定贴现率，方案不可选。若有多个投资方案备选，应选获利指数大于1中的最大者。

上例中，甲、乙方案的获利指数均大于1，如果为独立方案，甲、乙方案均可行。如果甲、乙方案互斥，则应选择获利指数更大的乙方案。

(3)特点

获利指数是一个折现的相对数评价指标，可从动态的角度反映项目投资的资金投入和产出之间的关系。该指标的特点与净现值类似，不同的是该指标便于对原始投资额不同的方案进行比较决策，从这一点上来讲，它要优于净现值。

4. 内含报酬率

内含报酬率(internal rate of return，IRR)也称内部报酬率，是指对投资方案的每年净现金流量进行贴现，使未来净现金流量的总现值正好等于投资额现值的贴现率，或者说，内含报酬率是使投资项目的净现值等于0时的贴现率，它反映的是投资项目的真实报酬。

(1)计算方法

情况一：经营期内各年净现金流量相等时，且全部投资于建设起点一次投入。

①计算年金现值系数；

$$年金现值系数=\frac{投资额}{每年的净现金流量}$$

②根据计算出来的年金现值系数和n，查表确定IRR的两个临界值；

③用插值法求IRR。

情况二：经营期内各年现金净流量不等时，要用“逐步测试法”进行计算。

①设定折现率，以设定的折现率为贴现率计算NPV，如果NPV>0，说明项目的内含报酬率高于设定的折现率，应进一步提高折现率，再计算NPV；如果NPV<0，说明项目的内含报酬率低于设定的折现率，应进一步降低折现率。

②反复测试，寻找出使NPV由正到负或由负到正且NPV接近于0的两个贴现率。

③用插值法求IRR。

(2)例题

【例5-9】仍以振华公司为例，根据【例5-1】资料，甲、乙方案的内含报酬率计算如下。

甲方案符合情况一，先计算年金现值系数：

$$年金现值系数=\frac{60\ 000}{21\ 380}\approx 2.8064$$

查年金现值系数表，n为5时与2.8064相邻近的年金现值系数在22%~23%，现用插值法计算如下：

贴现率	年金现值系数
22%	2.8636
IRR	2.8064
23%	2.8035

根据上面系数表列等式：

$$\frac{2.8636-2.8035}{2.8636-2.8064}=\frac{22\%-23\%}{22\%-\text{IRR}}$$

解上面的等式可得：

$$\text{IRR}\approx 22.95\%$$

乙方案每年净现金流量不相等，因此必须逐次进行测算，测算过程见表5-3。

表5-3 内含报酬率测算表

元

年度	NCF	测试20%		测试24%		测试26%	
		复利现值系数	现值	复利现值系数	现值	复利现值系数	现值
0	-75 000	1	-75 000	1	-75 000	1	-75 000
1	28 174	0.8333	23 477	0.8065	22 722	0.7937	22 362
2	27 169	0.6944	18 866	0.6504	17 671	0.6299	17 114
3	26 164	0.5787	15 141	0.5245	13 723	0.4999	13 079
4	25 159	0.4823	12 134	0.4230	10 642	0.3968	9 983
5	32 654	0.4019	13 124	0.3411	11 138	0.3149	10 283
NPV	—	—	7 742	—	897	—	-2 179

在表5-3中，先设定20%的贴现率，计算出的净现值为正数，说明该方案的内含报酬率要大于20%，因此进一步提高贴现率到24%，净现值仍为正数，再提高贴现率到26%进行计算，得到的净现值为负数，这说明该方案的内含报酬率一定在24%和26%之间，最后用插值法计算如下：

贴现率	净现值
24%	897
IRR	0
26%	-2 179

根据上面系数表列等式：

$$\frac{-2\,179-897}{897-0}=\frac{26\%-24\%}{24\%-\text{IRR}}$$

解上面的等式可得：

$$\text{IRR}\approx 24.58\%$$

在采用内含报酬率法进行投资方案决策时，若只有一个投资方案备选，当内含报酬率≥期望报酬率时，方案可选；当内含报酬率＜期望报酬率时，方案不可选。若有多个投资方案备选，应选内含报酬率≥期望报酬率中的最大者。

上例中，假设该公司期望报酬率为20%，如果为独立方案，甲、乙方案均可行。如果甲、乙方案互斥，则应选择内含报酬率更大的乙方案。

(3)特点

内含报酬率是一个折现的相对量正指标，反映项目本身所能取得的投资报酬率水平。其优点主要表现在：

第一，考虑了资金时间价值，将未来的净现金流量进行折现后与投资总额比较来取舍方案，比较准确。

第二，反映了投资项目可能达到的报酬率，易于决策人员所理解。

第三，对于独立投资方案的决策，如果各方案原始投资额不同，可以通过计算各方案的内含报酬率，并与现值指数结合，反映各独立投资方案的获利水平。

该指标的缺点主要表现在：

第一，计算复杂，特别在手工测试时更是如此，所以应积极应用计算机进行计算。

第二，内含报酬率包含一个不现实的假定，即假定投资项目各期所形成的现金流量，都可以用来再投资，再投资的回报率为该投资项目的内含报酬率，这在现实中难以实现，不太客观。

第三，如果一个投资项目的净现金流量是正负交错的，则可能会没有内含报酬率或存在多个内含报酬率，给决策带来困难。

5.3.3 利用 EXCEL 插入函数计算财务指标

在 EXCEL 环境下，可利用插入财务函数来计算相关指标。本节中的净现值指标和内含报酬率指标可利用该方法得到。下面将介绍如何利用 EXCEL 中插入函数功能计算净现值和内含报酬率。

首先打开 EXCEL 工作表，将与项目有关的资料输入表中，然后点击插入菜单中的 fx 函数，可找到一系列财务函数，其中包括计算净现值和内含报酬率时用到的 NPV 函数和 IRR 函数。点击要计算的函数后，可根据计算机系统的提示正确选取相关数据，如折现率和净现金流量，便可得到相关指标计算结果。

要注意的是，EXCEL 系统的设计者将项目建设期内发生的第一次投资定义为第一年年末，即该系统只承认第 1 ~ n 期的 NCF，而不承认第 0 ~ n 期的 NCF。在 NCF 不等于 0 的情况下，该系统会自动将 $NCF0_{\sim n}$按照 $NCF1_{\sim n+1}$来处理。在这种情况下，按插入函数法求得的净现值并不是所求的第 0 年的价值，而是第 0 年的前 1 年(即第 -1 年)的价值，两者之间相差 1 年，必须通过乘以(1 + 贴现率)来调整，或在选择净现金流量区域时只选取第 1 期到第 n 期，第 0 期的现金流量单独加到公式中。

在用 IRR 函数计算内含报酬率时存在同样的问题，使用插入函数法求得的内含报酬率小于项目的真实内含报酬率，但在项目计算期不短于两年的情况下，误差通常会很小，可以忽略不计。与净现值函数计算不同的是，由于内含报酬率指标本身计算的特殊性，使得我们无法将按插入函数法求得的内含报酬率调整为项目真实内含报酬率，但这并不妨碍应用内含报酬率进行投资决策。因为内含报酬率是一个正指标，如果根据计算数值较低的内含报酬率判断项目可行的话，那么根据计算数值较高的真实内含报酬率判断项目也同样可行。

5.4 项目投资决策实例

5.4.1 独立方案的对比与选优

独立方案是指方案之间存在着相互依赖的关系，但又不能相互取代的方案。在只有一个投资项目可供选择的条件下，只需评价其财务上是否可行。

常用的评价指标有净现值、净现值率、现值指数和内含报酬率。如果评价指标同时满足以下条件：NPV≥0，NPVR≥0，PI≥1，IRR≥i，则项目具有财务可行性，反之，则不具备财务可行性。而静态的投资回收期与投资利润率可作为辅助指标评价投资项目，但需注意，当辅助指标与主要指标(净现值等)的评价结论发生矛盾时，应当以主要指标的结论为准。

5.4.2 互斥方案的对比与选优

项目投资决策中的互斥方案(相互排斥方案)是指在决策时涉及的多个相互排斥，不能同时实施的投资方案。互斥方案决策过程就是在每一个入选方案已具备项目可行性的前提下，利用具体决策方法比较各个方案的优劣，利用评价指标从各个备选方案中最终选出一个最优方案的过程。

由于各个备选方案的投资额、项目计算期不相一致，因而要根据各个方案的使用期、投资额相等与否，采用不同的方法做出选择。

1. 投资额、计算期均相等的互斥方案

互斥方案的投资额、项目计算期均相等，可采用净现值法或内含报酬率法。所谓净现值法，是指通过比较互斥方案的净现值指标的大小来选择最优方案的方法。所谓内含报酬率法，是指通过比较互斥方案的内含报酬率指标的大小来选择最优方案的方法。净现值或内含报酬率最大的方案为优。

2. 投资额不相等、计算期相等的互斥方案

互斥方案的投资额不相等，但项目计算期相等，可采用差额法。所谓差额法，是指在两个投资总额不同方案的差量现金净流量(记作 ΔNCF)的基础上，计算出差额净现值(记作 ΔNPV)或差额内含报酬率(记作 ΔIRR)，并据以判断方案孰优孰劣的方法。

在此方法下，一般以投资额大的方案减投资额小的方案，当 ΔNPV≥0 或 ΔIRR≥i 时，投资额大的方案较优；反之，则投资额小的方案为优。

差额净现值 ΔNPV 或差额内含报酬率 ΔIRR 的计算过程和计算技巧同净现值 NPV 或内含报酬率 IRR 完全一样，只是所依据的是 ΔNCF。

【例 5-10】某企业有甲、乙两个投资方案可供选择，甲方案的投资额为 100 000 元，每年现金净流量均为 30 000 元，可使用 5 年；乙方案的投资额为 70 000 元，每年现金净流量分别为 10 000 元、15 000 元、20 000 元、25 000 元、30 000 元，使用年限也为 5 年。甲、乙两方案建设期均为 0 年，如果贴现率为 10%。要求：对甲、乙方案做出选择。

解：因为两方案的项目计算期相同，但投资额不相等，所以可采用差额法来评判。

$\Delta NCF_0 = -100\ 000 - (-70\ 000) = -30\ 000$（元）

$\Delta NCF_1 = 30\ 000 - 10\ 000 = 20\ 000$（元）

$\Delta NCF_2 = 30\ 000 - 15\ 000 = 15\ 000$（元）

$\Delta NCF_3 = 30\ 000 - 20\ 000 = 10\ 000$（元）

$\Delta NCF_4 = 30\ 000 - 25\ 000 = 5\ 000$（元）

$\Delta NCF_5 = 30\ 000 - 30\ 000 = 0$（元）

$$\begin{aligned}\Delta NPV_{甲-乙} &= 20\ 000 \times (P/F,\ 10\%,\ 1) + 15\ 000 \times (P/F,\ 10\%,\ 2) \\ &\quad + 10\ 000 \times (P/F,\ 10\%,\ 3) + 5\ 000 \times (P/F,\ 10\%,\ 4) - 30\ 000 \\ &= 20\ 000 \times 0.9091 + 15\ 000 \times 0.8264 + 10\ 000 \times 0.7513 \\ &\quad + 5\ 000 \times 0.6830 - 30\ 000 \\ &= 11\ 506（元）> 0\end{aligned}$$

用 $i = 28\%$ 测算 ΔNPV：

$$\begin{aligned}\Delta NPV &= 20\ 000 \times (P/F,\ 28\%,\ 1) + 15\ 000 \times (P/F,\ 28\%,\ 2) \\ &\quad + 10\ 000 \times (P/F,\ 28\%,\ 3) + 5\ 000 \times (P/F,\ 28\%,\ 4) - 30\ 000 \\ &= 20\ 000 \times 0.7813 + 15\ 000 \times 0.6104 + 10\ 000 \times 0.4768 \\ &\quad + 5\ 000 \times 0.3725 - 30\ 000 \\ &= 1\ 412.5（元）> 0\end{aligned}$$

再用 $i = 32\%$ 测算 ΔNPV：

$$\begin{aligned}\Delta NPV &= 20\ 000 \times (P/F,\ 32\%,\ 1) + 15\ 000 \times (P/F,\ 32\%,\ 2) \\ &\quad + 10\ 000 \times (P/F,\ 32\%,\ 3) + 5\ 000 \times (P/F,\ 32\%,\ 4) - 30\ 000 \\ &= 20\ 000 \times 0.7576 + 15\ 000 \times 0.5739 + 10\ 000 \times 0.4348 \\ &\quad + 5\ 000 \times 0.3294 - 30\ 000 \\ &= -244.5 < 0\end{aligned}$$

用插入法计算 ΔIRR：

$$\begin{aligned}\Delta IRR &= 28\% + \frac{1\ 412.5 - 0}{1\ 412.5 - (-244.5)} \times (32\% - 28\%) \\ &= 31.41\% > 贴现率\ 10\%\end{aligned}$$

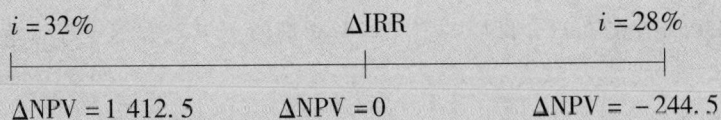

$i = 32\%$	ΔIRR	$i = 28\%$
$\Delta NPV = 1\ 412.5$	$\Delta NPV = 0$	$\Delta NPV = -244.5$

计算表明，甲与乙的差额净现值为 11 506 元，大于零，差额内含报酬率为 31.41%，大于贴现率 10%，应选择甲方案。

3. 投资额、计算期均不相等的互斥方案

互斥方案的投资额不相等，项目计算期也不相同，可采用年等额回收额法。所谓年回收额法，是指通过比较所有投资方案的年等额净现值指标的大小来选择最优方案的决策方法。在此法下，年等额净现值最大的方案为优。

年等额回收额法的计算步骤如下：

①计算各方案的净现值 NPV；

②计算各方案的年等额净现值，若贴现率为 i，项目计算期为 n，则：

$$\text{年等额净现值} A = \frac{\text{净现值}}{\text{年金现值系数}} = \frac{NPV}{(P/A,\ i,\ n)}$$

【例5-11】某企业有两项投资方案，其现金净流量如表5-4所示。

表5-4 甲乙方案现金流量表

元

项目计算期	甲方案		乙方案	
	净收益	现金净流量	净收益	现金净流量
0		(200 000)		(120 000)
1	20 000	120 000	16 000	56 000
2	32 000	132 000	16 000	56 000
3			16 000	56 000

要求：如果该企业期望达到最低报酬率为12%，请做出决策。

解：(1)计算甲、乙方案的 NPV

$NPV_{甲} = 120\ 000 \times (P/F,\ 12\%,\ 1) + 132\ 000 \times (P/F,\ 12\%,\ 2) - 200\ 000$

$= 120\ 000 \times 0.8929 + 132\ 000 \times 0.7972 - 200\ 000$

$= 12\ 378.4$(元)

$NPV_{乙} = 56\ 000 \times (P/A,\ 12\%,\ 3) - 120\ 000$

$= 56\ 000 \times 2.4018 - 120\ 000$

$= 14\ 500.8$(元)

(2)计算甲、乙方案的年等额净现值

$$\text{甲方案年等额净现值} = \frac{12\ 378.4}{(P/A,\ 12\%,\ 2)} = \frac{12\ 378.4}{1.6901} = 7\ 324.06(\text{元})$$

$$\text{乙方案年等额净现值} = \frac{14\ 500.8}{(P/A,\ 12\%,\ 3)} = \frac{14\ 500.8}{2.4018} = 6\ 037.47(\text{元})$$

(3)做出决策

因为：7 324.06 >6 037.47，即甲方案年等额净现值大于乙方案年等额净现值。

所以：应选择甲方案。

根据上述计算结果可知，乙方案的净现值大于甲方案的净现值，但乙方案的项目计算期为3年，而甲方案仅为2年，所以，乙方案的净现值高并不能说明该方案优，因此需通过年回收额法计算年等额净现值得出此结论，甲方案的年等额净现值高于乙方案，即甲方案为最优方案。

5.4.3 其他方案的对比与选优

在实际工作中，有些投资方案不能单独计算盈亏，或者投资方案的收入相同或收入基本相同且难以具体计量，一般可考虑采用“成本现值比较法”或“年成本比较法”来做出比较和评价。所谓成本现值比较法是指计算各个方案的成本现值之和并进行对比，成本现值之和最低的方案是最优的。成本现值比较法一般适用于项目计算期相同的投资方案间的对比、选优。对于项目计算期不同的方案就不能用成本现值比较法进行评价，而应采用年成本比较法，即比较年平均成本现值对投资方案做出选择。

【例5-12】某企业有甲、乙两个投资方案可供选择，两个方案的设备生产能力相同，设备的寿命期均为4年，无建设期。甲方案的投资额为64 000元，每年的经营成本分别为4 000元、4 400元、4 600元、4 800元，寿命终期有6 400元的净残值；乙方案投资额为60 000元，每年的经营成本均为6 000元，寿命终期有6 000元净残值。

要求：如果企业的贴现率为8%，试比较两个方案的优劣。

解：因为甲、乙两方案的收入不知道，无法计算NPV，且项目计算期相同，均为4年，所以应采用成本现值比较法。

甲方案的投资成本现值 $= 64\,000 + 4\,000 \times (P/F,\ 8\%,\ 1) + 4\,400 \times (P/F,\ 8\%,\ 2) + 4\,600 \times (P/F,\ 8\%,\ 3) + 4\,800 \times (P/F,\ 8\%,\ 4) - 6\,400 \times (P/F,\ 8\%,\ 4)$

$= 64\,000 + 4\,000 \times 0.9259 + 4\,400 \times 0.8573 + 4\,600 \times 0.7938 + 4\,800 \times 0.7350 - 6\,400 \times 0.7350$

$= 73\,951.20$（元）

乙方案的投资成本现值 $= 60\,000 + 6\,000 \times (P/A,\ 8\%,\ 4) - 6\,000 \times (P/F,\ 8\%,\ 4)$

$= 60\,000 + 6\,000 \times 3.3121 - 6\,000 \times 0.7350$

$= 75\,462.6$（元）

根据以上计算结果表明，甲方案的投资成本现值较低，所以甲方案优于乙方案。

【例5-13】根据【例5-12】所给的资料，假设甲、乙投资方案寿命期分别为4年和5年，建设期仍为0，其余资料不变。问：如果企业的贴现率仍为8%，应选择哪个方案?

解：因为甲、乙两个方案的项目计算期不相同：

甲方案项目计算期 $= 0 + 4 = 4$（年）

乙方案项目计算期 $= 0 + 5 = 5$（年）

所以不能采用成本现值比较法，而应采用年成本比较法。计算步骤如下：

①计算甲、乙方案的成本现值

甲方案成本现值 $= 73\,951.20$（元）

乙方案成本现值 $= 60\,000 + 6\,000 \times (P/A,\ 8\%,\ 5) - 6\,000 \times (P/F,\ 8\%,\ 5)$

$= 60\,000 + 6\,000 \times 3.9927 - 6\,000 \times 0.6806$

$= 79\,872.6$（元）

②计算甲、乙方案的年均成本

$$甲方案的年均成本=\frac{73\ 951.20}{(P/A,\ 8\%,\ 4)}=\frac{73\ 951.20}{3.3121}=22\ 327.59(元)$$

$$乙方案的年均成本=\frac{79\ 872.60}{(P/A,\ 8\%,\ 5)}=\frac{79\ 872.60}{3.9927}=20\ 004.66(元)$$

以上计算结果表明，乙方案的年均成本低于甲方案的年均成本，因此应采用乙方案。

5.4.4 风险项目的投资决策

以上讨论项目投资决策时，假定现金流量是确定的，即可确知现金收支的金额及发生时间。实际上，投资活动处处充满了不确定性，项目评价中的现金流量只是对未来可能发生结果的一种预计，一旦未来实际发生的现金流量与预计的不相符，就会动摇投资决策结果的可靠性。如果决策面临的不确定性比较小，一般可忽略它们的影响，把它们视为确定情况下的决策。如果决策面临的不确定性和风险比较大，足以影响方案的选择，那么就应对它们进行计量并在决策时加以考虑。一个投资方案的实施结果不符合决策者原来所作的预计，称为投资风险。以下将要讨论的是如何在存在投资风险的情况下进行投资决策。

项目投资风险分析的常用方法是风险调整贴现率法和风险调整现金流量法。

1. 风险调整贴现率法

(1)基本原理

这种方法的基本思路是对于高风险的项目，采用较高的贴现率计算净现值，然后根据净现值法的规则对方案进行决策。问题的关键是如何根据风险的大小确定包括了风险因素的贴现率即风险调整贴现率。

根据前面的讨论我们知道：

期望投资报酬率＝无风险报酬率＋投资风险报酬率

＝无风险报酬率＋风险报酬系数×标准离差率

由此可得风险调整贴现率的计算公式：

$$K=i+bQ$$

式中 K——风险调整贴现率；

i——无风险贴现率；

b——风险报酬斜率；

Q——项目的风险程度，可用标准离差率表示。

假设 i 为已知，为了确定 K，需要先确定 b 和 Q。利用上式可将无风险的贴现率调整为包括风险的贴现率，计算净现值。

(2)计算步骤

① 分别计算各年净现金流量的期望值E_t：

$$E_t=\sum x_i p_i$$

② 分别计算各年的标准离差 d_t：

$$d_t = \sqrt{\sum_{i=1}^{n} (x_i - E_t)^2 p_i}$$

③ 计算综合标准差 D,即各年标准离差的现值：

$$D = \sqrt{\sum \frac{{d_t}^2}{(1+i)^{2t}}}$$

④ 计算各年净现金流量期望值的现值之和 EPV：

$$\text{EPV} = \sum \frac{E_t}{(1+i)^t}$$

⑤ 计算综合标准离差率 Q：

$$Q = \frac{D}{\text{EPV}}$$

⑥ 计算风险调整贴现率 K：

$$K = i + bQ$$

⑦ 以风险调整贴现率为折现率计算项目的净现值：

$$\text{NPV} = \sum_{t=0}^{n} \frac{\text{NCF}_t}{(1+K)^t}$$

式中 NCF_t——第 t 年的净现金流量；

K——风险调整贴现率；

i——无风险贴现率。

(3)例题

下面我们通过一个例子来说明如何利用风险调整贴现率评价项目。

【例 5-14】某公司无风险贴现率为 6%，现有两个中等风险程度的投资机会，假设中等风险程度项目的综合变化系数为 0.5，通常要求的含风险报酬的最低报酬率为 12%，其他相关资料见表 5-5，试用风险调整贴现率法进行决策。

表 5-5 AB 方案现金流量表 元

年份	A 方案		B 方案	
	净现金流量	概率	净现金流量	概率
0	-10 000	1	-4 000	1
1	6 000	0.25	—	—
	4 000	0.50	—	—
	2 000	0.25	—	—
2	8 000	0.20	—	—
	6 000	0.60	—	—
	4 000	0.20	—	—
3	5 000	0.30	5 000	0.20
	4 000	0.40	5 000	0.60
	3 000	0.30	10 000	0.20

解：①计算各方案各年净现资金流量的期望值 E_t：

A 方案

$E_1 = 6\ 000 \times 0.25 + 4\ 000 \times 0.50 + 2\ 000 \times 0.25 = 4\ 000$(元)

$E_2 = 8\ 000 \times 0.20 + 6\ 000 \times 0.60 + 4\ 000 \times 0.20 = 6\ 000$(元)

$E_3 = 5\ 000 \times 0.30 + 4\ 000 \times 0.40 + 3\ 000 \times 0.30 = 4\ 000$(元)

B 方案

$E_1 = 0$

$E_2 = 0$

$E_3 = 5\ 000 \times 0.20 + 5\ 000 \times 0.60 + 10\ 000 \times 0.20 = 6\ 000$(元)

②计算 A、B 方案各年标准离差 d_t：

A 方案

$$d_1 = \sqrt{(6\ 000 - 4\ 000)^2 \times 0.25 + (4\ 000 - 4\ 000)^2 \times 0.50 + (2\ 000 - 4\ 000)^2 \times 0.25}$$

$$= \sqrt{2\ 000\ 000} \approx 1\ 414.21\text{(元)}$$

$$d_2 = \sqrt{(8\ 000 - 6\ 000)^2 \times 0.20 + (6\ 000 - 6\ 000)^2 \times 0.60 + (4\ 000 - 6\ 000)^2 \times 0.25}$$

$$= \sqrt{1\ 600\ 000} \approx 1\ 264.91\text{(元)}$$

$$d_3 = \sqrt{(5\ 000 - 4\ 000)^2 \times 0.30 + (4\ 000 - 4\ 000)^2 \times 0.40 + (3\ 000 - 4\ 000)^2 \times 0.30}$$

$$= \sqrt{600\ 000} \approx 774.60\text{(元)}$$

B 方案

$$d_3 = \sqrt{(5\ 000 - 6\ 000)^2 \times 0.20 + (5\ 000 - 4\ 000)^2 \times 0.60 + (10\ 000 - 6\ 000)^2 \times 0.20}$$

$$= \sqrt{4\ 000\ 000} = 2\ 000\text{(元)}$$

③计算 A 方案的综合标准差：

$$D_A = \sqrt{\frac{2\ 000\ 000}{(1+6\%)^2} + \frac{1\ 600\ 000}{(1+6\%)^4} + \frac{600\ 000}{(1+6\%)^6}}$$

$$= 1\ 862.88\text{(元)}$$

④计算 A 方案的各年期望净现金流量的现值之和 EPV：

$$\text{EPV}_A = 4\ 000 \times (P/F,\ 6\%,\ 1) + 6\ 000 \times (P/F,\ 6\%,\ 2) + 4\ 000 \times (P/F,\ 6\%,\ 3)$$

$$= 4\ 000 \times 0.9436 + 6\ 000 \times 0.8900 + 4\ 000 \times 0.8396$$

$$\approx 12\ 472.8\text{(元)}$$

⑤计算各方案的变化系数(即综合标准离差率) Q：

$$Q_A = \frac{1\ 862.88}{12\ 472.8} = 15\%$$

$$Q_B = \frac{2\ 000}{6\ 000} = 33\%$$

⑥计算各方案风险调整贴现率 K：

$$b=\frac{12\%-6\%}{0.5}=0.12$$

$$K_A=6\%+0.12\times15\%=7.8\%$$

$$K_B=6\%+0.12\times33\%=9.96\%$$

⑦以风险调整贴现率为折现率计算项目的 NPV：

$$\begin{aligned}NPV_A&=\frac{4\,000}{(1+7.8\%)}+\frac{6\,000}{(1+7.8\%)^2}+\frac{4\,000}{(1+7.8\%)^3}-10\,000\\&=3\,710.58+5\,136.07+3\,181.67-10\,000\\&=2\,055.32(\text{元})\end{aligned}$$

$$\begin{aligned}NPV_B&=\frac{6\,000}{(1+9.96\%)^3}-4\,000\\&=4\,512.97-4\,000\\&=512.97(\text{元})\end{aligned}$$

由于 A 方案的净现值大于 B 方案的净现值，所以应选择 A 方案进行投资。

(4)对风险调整贴现率法的评价

风险调整贴现率法充分考虑了资金时间价值，认为风险大的投资方案应采用高的贴现率进行折现，风险小的投资方案应采用低的贴现率进行折现，比较符合逻辑，容易理解，得到广泛的认可和使用，企业可根据自己对风险的偏好来确定风险调整贴现率。但风险调整贴现率法人为地把时间价值与风险价值混在一起，并据此对现金流量进行贴现，意味着风险随着时间推移而增大，有时与事实不符。例如，某些行业的投资，前几年的现金流量难以预料，越往后反而越有把握，如果园、饭店等。另外，该方法计算过程复杂，实践中应尽量利用计算机建立模型，可减少很大的工作量。

2. 风险调整现金流量法(肯定当量法)

(1)基本原理

为了克服风险调整贴现率法的缺点，人们提出了肯定当量法。它的基本思路是将未来各年有风险的预期净现金流量转换为与之等值的无风险的净现金流量，然后以无风险贴现率作为贴现率计算项目的净现值，以净现值的评价标准判断投资机会的可取程度。

(2)计算步骤

①计算各年净现金流量的期望值；

②计算各年净现金流量的标准离差率；

③根据肯定当量系数调整期望值；

④计算净现值，肯定当量法下净现值计算公式为：

$$NPV=\sum_{t=0}^{n}\frac{a_t\times NCF_t}{(1+i)^t}$$

式中 a_t——肯定当量系数；

NCF_t——第 t 年的净现金流量

i——无风险贴现率。

以上用肯定当量法计算净现值过程中，最关键的是确定肯定当量系数，肯定当量系数是指不肯定的 1 元现金流量相当于使投资者满意的肯定的金额，它可以把各年不肯定的现金流量换算为肯定的现金流量。即将有风险的现金流量转化为与之等值的无风险的现金流量。其计算公式为：

$$a_t = \frac{\text{肯定的现金流量}}{\text{不肯定的现金流量的期望值}}$$

肯定当量系数的确定一般先计算各年现金流量的标准离差率，然后根据肯定当量系数与标准离差率的经验对照关系表确定。肯定当量系数与标准离差率的经验对照关系见表 5-6：

表 5-6 标准离差率与肯定当量系数经验对照关系 元

标准离差率	肯定当量系数
0. 00 ~ 0. 07	1
0. 08 ~ 0. 15	0. 9
0. 16 ~ 0. 23	0. 8
0. 24 ~ 0. 32	0. 7
0. 33 ~ 0. 42	0. 6
0. 43 ~ 0. 54	0. 5
0. 55 ~ 0. 70	0. 4

这种方法很容易理解，肯定的 1 元比不肯定的 1 元更受欢迎。不肯定的 1 元，只相当于不足 1 元的金额，两者的差额与不确定程度的高低有关。而标准离差率就是表示现金流量的不确定性程度的一个指标。

(3) 例题

下面我们通过一个例子来说明如何利用肯定当量法评价项目。

【例 5-15】仍以【例 5-14】资料用肯定当量法计算 A、B 方案的净现值。

根据例 5-14 的计算可得：

A 方案各年的标准离差率：

$$q_1 = \frac{d_1}{E_1} = \frac{1\ 414.21}{4\ 000} = 0.35$$

$$q_2 = \frac{d_2}{E_2} = \frac{1\ 264.91}{6\ 000} = 0.21$$

$$q_3 = \frac{d_3}{E_3} = \frac{774.6}{4\ 000} = 0.19$$

B 方案第三年的标准离差率：

$$q_3 = \frac{d_3}{E_3} = \frac{2\ 000}{6\ 000} = 0.33$$

查肯定当量系数与标准离差率的经验对照关系表可得：

A 方案各年净现金流量的肯定当量系数：

$$a_1=0.6,\ a_2=0.8,\ a_3=0.8$$

B 方案第三年净现金流量的肯定当量系数：

$$a_3=0.6$$

最后，分别计算 A、B 方案的净现值：

$$\begin{aligned}NPV_A&=\frac{0.6\times4\ 000}{(1+6\%)^1}+\frac{0.8\times6\ 000}{(1+6\%)^2}+\frac{0.8\times4\ 000}{(1+6\%)^3}-10\ 000\\&=0.6\times4\ 000\times(P/F,\ 6\%,\ 1)+0.8\times6\ 000\times(P/F,\ 6\%,\ 2)+0.8\times4\ 000\times(P/F,\ 6\%,\ 3)-10\ 000\\&=-767(\text{元})\end{aligned}$$

$$\begin{aligned}NPV_B&=\frac{0.6\times6\ 000}{(1+6\%)^3}-4\ 000\\&=0.6\times6\ 000\times(P/F,\ 6\%,\ 3)-4\ 000\\&=-977.44(\text{元})\end{aligned}$$

(4)对肯定当量法的评价

肯定当量法克服了风险调整贴现率法夸大远期风险的缺点，可以根据各年不同的风险程度，分别采用不同的肯定当量系数。但肯定当量系数的确定，在实际上是比较困难的，以上所用标准离差率与肯定当量系数对照关系只是一个经验值。实际上，肯定当量系数与企业对风险的态度有关，如果企业愿意冒险，肯定当量系数可以取大一些，如果企业比较稳健，肯定当量系数可以取小一些。因此，肯定当量法受决策分析人员的主观意识影响较大。

肯定当量法与风险调整贴现率法的主要区别在于两者在分析中根据项目风险调整计算的位置不同，肯定当量法是用调整净现值公式中的分子的办法来考虑风险，直接调低项目的现金流量，而风险调整贴现率法是用调整净现值公式中的分母的办法来考虑风险，调高要求报酬率，以此补偿风险的影响，从而降低项目的净现值，使投资决策更为合理。

小结

项目投资是指以扩大生产能力和改善生产条件为目的的资本性支出。通常包括固定资产投资、无形资产投资、开办费投资和流动资金投资等内容，属于对内投资、直接投资。

项目投资决策中不是以权责发生制计算的利润作为项目投资决策的依据，而应以收付实现制计算的现金净流量为依据。项目投资中的现金流量包括现金流出量、现金流入量和净现金流量。

项目投资的决策方法主要包括静态评价法、动态评价法和风险评价法。动态评价法不仅要考虑资金的时间价值，而且还要考虑项目周期内现金流入与现金流出的全部数据，因此，它们是比静态评价法更全面、更科学的评价方法。动态评价法包括净现值法、净现值率法、现值指数法、内部收益率法和动态投资回收期法等。风险评价法要考虑风险因素，主要包括决策树法、风险调整贴现率法和肯定当量法等。

净现值是运用投资项目的净现值进行投资评估的基本方法，净现值是指投资项目未来净现金流量按一定的贴现率折算成的现值减去投资额现值后的余额。

内含报酬率也称内部报酬率，是指对投资方案的每年净现金流量进行贴现，使未来净现金流量的总现值正好等于投资额现值的贴现率，或者说，内含报酬率是使投资项目的净现值等于零时的贴现率，它反映的是投资项目的真实报酬。

风险调整贴现率法是投资者首先根据项目的风险程度来调整贴现率，然后再根据调整后的贴现率计算项目投资的净现值，根据净现值来进行互斥选择投资或选择是否投资决策。

肯定当量法是将未来各年有风险的预期净现金流量转换为与之等值的无风险的净现金流量，然后以无风险贴现率作为贴现率计算项目的净现值，以净现值的评价标准判断投资机会的可取程度。

复习思考题

1. 投资决策中用现金流量的原因是什么?
2. 什么是现金流量，其构成内容有哪些?
3. 项目投资决策的指标有哪几类，具体包括哪些指标?
4. 项目投资决策指标各自的优缺点有哪些?

练习题

一、单项选择题

1. 经营期主要现金流入项目是(　　)。

A. 回收流动资金　　B. 营业收入　　C. 回收固定资产残值　　D. 其他现金流入量

2. 某企业拥有一块土地，其原始成本为250万元，账面价值为180万元。现准备在这块土地上建造工厂厂房，但如果现在将这块土地出售可获得收入220万元，则建造厂房的机会成本是(　　)。

A. 250万元　　B. 220万元　　C. 180万元　　D. 70万元

3. 折旧具有抵减税负的作用，由于计算折旧而减少的所得税额可用(　　)计算。

A. 折旧额×所得税率　　B. (付现成本+折旧额)×所得税率

C. 折旧额×(1-所得税率)　　D. (付现成本+折旧额)×(1-所得税率)

4. 考虑资金时间价值的评价指标也称为(　　)。

A. 动态指标　　B. 静态指标　　C. 正指标　　D. 反指标

5. 计算投资方案的增量现金流量时，需考虑的项目是(　　)。

A. 沉没成本　　B. 原始成本　　C. 变现价值　　D. 账面价值

6. 某投资方案年销售收入300万元，年付现成本为200万元，折旧为75万元。所得税税率为40%，则该方案年现金流量净额为(　　)万元。

A. 90　　B. 139　　C. 135　　D. 54

7. 在用动态指标对投资项目进行评价时，如果其他因素不变，只有贴现率提高，则下列指标计算结果不会改变的是(　　)。

A. 净现值　　B. 内含报酬率　　C. 现值指数　　D. 动态投资回收期

8. 某投资项目贴现率为15%时，净现值为500，贴现率为18%时，净现值为-480，则该项目的内含报酬率是(　　)。

A. 16.125%　　B. 16.53%　　C. 22.5%　　D. 19.5%

9. 在计算内含报酬率时，使用逐次测试逼近法，若以 r 为贴现率计算的 NPV > 0，则说明(　　)，应重新设定。

A. IRR < r　　B. IRR > r　　C. IRR = r　　D. IRR = 0

10. 企业欲购置一台机器，要支付10万元，该机器使用年限为5年，无残值，采用直线法计提折旧，第一年现金流入量为4.2万元，以后每年递减0.6万元，所得税率为40%，则回收期为(　　)。

A. 2.16年　　B. 3.68年　　C. 2.53年　　D. 2.73年

11. 某投资项目在建设期内投入全部原始投资，该项目的净现值率为15%，则该项目的获利指数为(　　)。

A. 0.85　　B. 1.15　　C. 0.15　　D. 15

12. 当贴现率与内涵报酬率相等时，下列结论成立的是(　　)。

A. 净现值 > 0　　B. 净现值 = 0　　C. 净现值 < 0　　D. 净现值 = 1

13. 考虑所得税后，营业现金流量的计算公式是(　　)。

A. 营业现金流量 = 营业收入 - 付现成本 + 折旧

B. 营业现金流量 = 营业收入 - 付现成本 - 所得税

C. 营业现金流量 = 税后净利 + 折旧

D. 营业现金流量 = 税后收入 - 税后付现成本 + 税负减少

14. 进行投资方案组合决策时，在资金总量受到限制的情况下，每个项目应按(　　)的大小，结合净现值进行组合排队，确定最优投资组合。

A. 净现值　　B. 内部收益率　　C. 获利指数　　D. 投资回收期

15. 肯定当量法的基本思路是先用一个系数把有风险的现金流量调整为无风险的现金流量，然后用(　　)去计算净现值。

A. 内涵报酬率　　B. 资本成本率　　C. 有风险的贴现率　　D. 无风险的贴现率

二、多项选择题

1. 现金流出是指由投资项目所引起的企业的现金支出的增加额，包括(　　)。

A. 固定资产投资　　B. 付现成本　　C. 年折旧额　　D. 所得税

2. 项目投资决策分析使用的贴现现金流量指标主要包括(　　)。

A. 投资收益率　　B. 动态投资回收期　　C. 净现值　　D. 内含报酬率

3. 下列因素中影响内含报酬率的有(　　)。

A. 现金净流量　　B. 贴现率　　C. 项目投资使用年限　　D. 投资总额

4. 在考虑所得税因素后，经营期的现金净流量可按下列(　　)公式计算。

A. 年现金净流量 = 营业收入 - 付现成本 - 所得税

B. 年现金净流量 = 税后利润 + 折旧

C. 年现金净流量 = 税后收入 - 税后付现成本 + 折旧 × 所得税率

D. 年现金净流量 = 营业收入 ×（1 - 所得税率）- 付现成本(1 - 所得税率）+ 折旧 ×（1 - 所得税率)

5. 下列表述中正确的说法有(　　)。

A. 当净现值 = 0 时，项目的贴现率等于内含报酬率

B. 当净现值 > 0 时，现值指数 > 1

C. 当净现值 > 0 时，说明投资方案可行

D. 当净现值 > 0 时，项目贴现率大于投资项目本身的报酬率

6. 项目计算期由(　　)。

A. 项目建设期　　B. 生产周期　　C. 生产经营期　　D. 生产间隔期

7. 静态投资回收期和投资利润率指标共同的缺点包括(　　)。

A. 没有考虑资金时间价值　　B. 不能正确反映投资方式的不同对项目的影响

C. 不能直接利用净现金流量信息　　D. 不能反映原始投资的返本期限

8. 计算经营期现金净流量时，以下(　　)项目是直接相关的。

A. 净利润　　B. 无形资产支出　　C. 折旧额　　D. 回收额

9. 在计算税后现金净流量时，可以抵税的项目是(　　)。

A. 折旧额　　B. 无形资产摊销额　　C. 残值收入　　D. 设备买价

10. 公司拟投资一项目10万元，投产后年均销售收入48 000元，付现成本13 000元，预计有效期5年，按直线法提折旧，无残值，所得税率为33%，则该项目(　　)。

A. 回收期2.86年　　B. 回收期3.33年

C. 投资利润率20.1%(税后)　　D. 投资利润率35%(税后)

三、判断题

1. 现金净流量是指一定期间内现金流入量与现金流出量的差额。(　　)
2. 投资决策中使用的现金流量，实际上就是指各种货币资金。(　　)
3. 机会成本不是我们通常意义上的“成本”，它不是一种支出或费用，而是失去的收益。(　　)
4. 沉没成本是已被指定用途的支出，在投资决策时应予特别考虑。(　　)
5. 只有增量现金流量才是与投资项目相关的现金流量。(　　)
6. 利润会使企业增加现金，而计提折旧费用会使企业减少现金。(　　)
7. 回收期法和投资收益率法都具有计算简便容易理解的优点，因而运用范围很广，在选择方案时起决定作用。(　　)
8. 某一投资方案按10%的贴现率计算的净现值>0，那么内含报酬率>10%。(　　)
9. 投资项目评价所运用的内含报酬率指标的计算结果与项目预定的贴现率高低有直接关系。(　　)
10. 风险调整贴现率法是用调整净现值公式分子的办法来考虑风险。(　　)

四、计算题

1. 某投资项目，现有甲、乙两个方案可供选择，两方案各年现金流量如下表所示。如果以15%作为贴现率，要求计算甲、乙方案的静态投资回收期、净现值、现值指数和内含报酬率，并分别比较两方案的优劣。

A、B方案现金流量情况表　　万元

项目	A方案						B方案					
	0	1	2	3	4	5	0	1	2	3	4	5
流出量	100						100					
流入量		40	40	40	40	40		60	50	40	30	20
净流量	-100	40	40	40	40	40	-100	60	50	40	30	20

2. 某企业拟购建一项固定资产，现有甲、乙方案可供选择，甲方案建设期1年，经营期10年，原始投资总额为500万元，其中固定资产投资400万元，流动资产投入100万元，固定资产与流动资产于建设起点投入。固定资产期满无残值，预计该项目投产后，每年发生的营业收入(不含增值税)和经营成本为300万元和150万元，所得税率33%，行业基准折现率为10%。乙方案建设期为0，经营期10年，原始投资总额580万元，经营期每年的净现金流量150万元。

要求：

(1)计算甲方案净现金流量、净现值。

(2)计算乙方案的净现值。

3. 某企业拟投资320 000元购置一台设备，可使用10年，期满后有残值20 000元。使用该设备可使该厂每年增加收入250 000元，每年除折旧以外的付现营运成本将增加178 000元。假定折旧采用直线法，贴现率为12%，所得税率为35%。

要求：

分别计算该投资项目的净现值和内含报酬率，并对该投资项目是否可行做出决策。

4. 某企业准备更新一台已用5年的设备，目前账面价值为180 302元，变现收入为160 000元。取得新设备的投资额为360 000元，可用5年。新旧设备均采用直线折旧，5年后新旧设备的残值相等。设备更新在当年可以完成。更新后第一年增加营业收入100 000元，但增加营业成本50 000元。第二至五年增加营业收入120 000元，增加营业成本60 000元。所得税率为33%。

要求：

计算在计算期内各年的差额净现金流量(ΔNCF)，为企业是否应该更新设备做出决策。

5. 某机械厂需购置一台机床，有A、B、C3个互斥方案。无风险贴现率为10%，同等风险程度项目的风险报酬斜率为0.28。A和B方案期限3年，C方案期限2年，有关原始投资额和各年现金流量如下表所示，试用风险调整贴现率法计算各项目的净现值。

投资方案现金流量表

万元

年份	A方案		B方案		C方案	
	净现金流量	概率	净现金流量	概率	净现金流量	概率
0	-1 500	1	-4 000	1	-2 500	1
1	2 000	0.30	3 000	1	2 300	0.4
	1 000	0.50			2 000	0.5
	500	0.20			1 600	0.1
2	2 000	0.30	4 000	0.2	2 800	0.3
	1 000	0.40	2 500	0.6	2 100	0.5
	500	0.30	0	0.2	1 500	0.2
3	2 000	0.20	3 000	0.5	—	—
	1 000	0.40	2 000	0.4		
	500	0.40	-500	0.1		

第6章 证券投资

学习目标

通过本章学习，要求掌握证券投资的风险与收益率；掌握企业股票、债券、基金的估价及其投资收益率的计算；了解证券投资的含义与目的、股票投资的种类与目的、股票投资的技术分析法、债券投资的种类与目的、衍生金融资产的特征与投资技巧、基金投资的含义与特征、基金投资的优缺点等。

百花商业集团股票价值评估案例

王宏是一名财务分析师，应邀评估百花商业集团建设新商场对其股票价值的影响。王宏根据百花商业集团的情况做了以下估计：

1. 公司本年度净收益为200万元，每股支付现金股利2元，新商场开业后，净收益第一年、第二年均增长15%，第三年增长8%，第四年及以后将保持这一净收益水平。

2. 该公司一直采用固定支付率股利政策，并打算今后继续实行该政策。

3. 公司的β系数为1，如果将新项目考虑进去，β系数将提高到1.5。

4. 无风险收益率(国库券)为4%，市场要求的收益率为8%。

5. 公司股票目前市价为23.6元。

王宏打算利用股利贴现模型，同时考虑风险因素进行股票价值的评估。百花商业集团的一位董事提出，如果采用股利贴现模型，则股利越高，股价越高，所以百花商业集团应改变原有的股利政策提高股利支付率。

请你协助王宏完成以下工作：参考固定股利增长折现模型，分析这名董事的观点是否正确；分析股利增加对持续增长两次和股票的账面价值会有何影响；评估百花商业集团股票价值，并分析当前的估价是否值得投资。

6.1 证券投资概述

本节主要介绍证券投资的目的与特征、投资的风险与收益率计算。

6.1.1 证券及其种类

证券，是指用以证明或设定权利所做成的书面凭证，它表明证券持有人或第三者有权取得该证券所拥有的特定权益。

证券按不同的分类标准可以分为不同种类。

①按照证券发行主体的不同，可分为政府证券、金融证券和公司证券。政府证券是中央政府或地方政府为筹集资金而发行的证券；金融证券是银行或其他金融机构为筹集资金

而发行的证券；公司证券是工商企业发行的证券。

②按照证券所体现的权益关系，可分为所有权证券和债权证券。所有权证券是指证券的持有人便是证券发行单位的所有者的证券，如股票；债权证券是指证券的持有人是证券发行单位的债权人的证券，如债券。

③按照证券收益的决定因素，可分为原生证券和衍生证券。原生证券的收益大小主要取决于发行者的财务状况；衍生证券包括期货合约和期权合约两种基本类型，其收益取决于原生证券的价格。

④按照证券收益稳定性的不同，可分为固定收益证券和变动收益证券。固定收益证券在证券票面规定有固定收益率；变动收益证券的收益情况随企业经营状况而改变。

⑤按照证券到期日的长短，可分为短期证券和长期证券。短期证券是指到期日短于1年的证券；长期证券是到期日长于1年的证券。

⑥按照募集方式的不同，可分为公募证券和私募证券。公募证券，又称公开发行证券，是指发行人向不特定的社会公众广泛发售的证券；私募证券，又称内部发行证券，是指面向少数特定投资者发行的证券。

6.1.2 证券投资的目的

证券投资是指投资者将资金投资于股票、债券、基金及衍生证券等资产，从而获取收益的一种投资行为。

企业进行证券投资的目的主要有以下几个方面。

1. 利用闲置资金，增加企业收益

现金是企业流动性最强而盈利能力最差的资产，所以短期有大量闲散资金时，就可以投资购买短期国库券等有价证券以获取收益；与此同时，处于成长期或扩张期的公司一般每隔一段时间就会发行长期证券，所获得的资金往往不会一次用完，企业可以将暂时闲置的资金投资于有价证券，以获得一定的收益。

2. 稳定客户关系，保障生产经营

通过投资购买与本企业存在供应、生产、销售上下游关系的企业股票来稳定与客户的关系，保障正常生产经营。通过购买相关企业的股票可实现对该企业的控制权，购买供应商的股票，能够使本企业有稳定的原材料供应基地；购买经销商的股票，能够使本企业有顺畅的销售渠道。

3. 分散资金投向，降低投资风险

投资组合理论认为，进行投资组合，能够分散资金的投资方向，降低投资的风险，但收益仍然是组合中各资产收益率的加权平均数。

6.1.3 证券投资的特征

相对于实物投资而言，证券投资具有如下特点：

①流动性强　证券资产能够在较短的时间内变成现金。

②交易成本低。证券交易需要支付佣金、手续费和印花税，税费率较低。

③价格不稳定。证券价格既容易受到人为因素的影响，又容易受到政治、经济环境等

各种因素的影响，因此，证券投资具有价格不稳定、投资风险大的特点。

6.1.4 证券投资的风险

证券投资面临的风险包括系统风险和非系统风险两大类。

1. 系统风险

系统风险又称市场风险，也称不可分散风险，是指由于某种因素的影响和变化，导致股市上所有股票价格的下跌，从而给股票持有人带来损失的可能性。系统风险的诱因发生在企业外部，上市公司本身无法控制它，其带来的影响面一般都比较大。宏观经济形势的好坏，财政政策和货币政策的调整，政局的变化，汇率的波动，资金供求关系的变动等，都会引起股票市场的波动。对于投资者来说，系统性风险是无法消除的，投资者无法通过多样化的投资组合进行防范，但可以通过控制资金投入比例等方式，减弱系统性风险的影响。系统性风险主要包括以下4类：

(1)政策风险

政府的经济政策和管理措施可能会造成证券收益的损失，这在新兴股市表现得尤为突出。经济、产业政策的变化、税率的改变，可以影响到公司利润、债券收益的变化；证券交易政策的变化，可以直接影响到证券的价格。因此，每一项经济政策、法规出台或调整，对证券市场都会有一定的影响，从而引起市场整体的波动。

(2)利率风险

一方面，上市公司经营运作的资金也有利率成本，利率变化意味着成本的变化，加息则代表着企业利润的削减，相关证券的价值反映内在价值，必然会伴随着下跌；另一方面流入证券市场的资金，在收益率方面往往有一定的标准和预期，一般而言，资金是有成本的，同期利率往往是参照标的，当利率提升时，在证券市场中寻求回报的资金要求获得高过利率的收益率水平，如果难以达到，资金将会流出市场转向收益率高的领域，这种反向变动的趋势在债券市场上尤为突出。

(3)购买力风险

在现实生活中，由于物价的上涨，同样金额的资金未必能买到过去同样的商品。这种物价的变化导致了资金实际购买力的不确定性，称为购买力风险，或通货膨胀风险。同样在证券市场上，由于投资证券的回报是以货币的形式来支付的，在通货膨胀时期，货币的购买力下降，也就是投资的实际收益下降，将给投资者带来损失的可能。

(4)市场风险

市场风险是证券投资活动中最普遍、最常见的风险，当整个证券市场连续过度地上涨，股价已远离合理价值区域之后，股价上涨主要依靠资金简单流入堆砌，即所谓的“投机搏傻”，趋势投机代替了价值投资，但泡沫总有破灭的一天，当后继投资者不再认同没有价值支撑的股价，市场由高位回落便成为自然，这种转折趋势一旦形成，往往形成单边没有承接力的连续下跌，这在过去世界各国的股灾中已被证明，这也是市场参与者无法回避和必然接受的风险。

2. 非系统性风险

非系统性风险，也称为可分散风险或可回避风险，公司的经营管理、财务状况、市场销售、重大投资等因素的变化都会影响公司的股价走势。这种风险主要影响某一种证券，与市场的其他证券没有直接联系，投资者可以通过分散投资的方法，来抵消该种风险。非系统风险包括违约风险、经营风险、财务风险、操作风险等。

(1)违约风险

违约风险是指证券发行人在证券到期时无法向证券持有人支付本息而使投资者造成损失的可能性。主要针对债券投资品种，对于股票只有在公司破产的情况下才会出现。

(2)经营风险

经营风险是指公司的决策人员和管理人员在经营管理中出现失误而导致公司盈利水平变化从而产生投资者预期收益下降的风险。

(3)财务风险

财务风险是指公司财务结构不合理、融资不当而导致投资者预期收益下降的风险。形成财务风险的因素主要有资产负债比率、资产与负债的期限、债务结构等因素。

(4)操作性风险

操作性风险是指因结算运作过程中的电脑或人为的操作处理不当而导致的风险，大致可分成两类：一类是由于电脑自身软、硬件故障在市场火爆时仍可能导致行情数据、委托交易延误，从而使投资者错过时机，造成投资损失；另一类是由于投资者自身的知识的欠缺而造成投资损失。

6.1.5 证券投资的程序

证券投资一般要经过以下程序。

①开设委托证券交易账户。证券账户相当于投资者的证券存折，通常是指证券登记机构为投资者设立的用于准确记载投资者所持有的证券种类、名称、数量以及相应权益和变动情况。

②资金账户。开设资金账户时，必须缴纳一定数量的资金作为保证金，并与证券经纪商签订协议委托其代理证券交易并到证券交易结算机构办理进行相应的证券与资金的登记、清算、交割。

③委托。是指在现行的交易机构下，交易所并不直接面对投资者办理交易，投资者必须通过交易所的会员(证券经纪商)办理，投资者需要委托证券商代理交易，向证券商提交委托单，下达证券交易的指令。委托单的基本要素主要包括证券账号、日期、买进或卖出(即交易方向)、品种、数量、价格、时间、签名、其他内容。

④受理委托证券经营机构在收到投资者委托后，应对委托人身份、委托内容、委托卖出的实际证券数量及委托买入的实际资金数额进行审查，经审查符合要求后，才能接受委托。

⑤委托执行证券公司接受客户证券买卖的委托，应当根据委托书载明的证券名称、买卖数量、出价方式、买卖方向等，按照交易规则代理买卖证券；买卖成交后，应当按规定制作买卖成交报告单交付客户。

⑥成交。

⑦清算交割。卖出证券者资金账户中增加款项，证券账户中减少证券数量。买入证券者证券账户中增加证券，资金账户中减少款项。

6.2 股票投资

本节主要介绍股票的估价模型以及股票投资收益率的计算。

6.2.1 股票的估价模型

首先介绍股票估价的基本模型，然后介绍3种具体的估价模型。

1. 股票估价的基本模型

从理论上说，如果股东不中途转让股票，股票投资没有到期日，投资于股票所得到的未来现金流量是各期的股利。假设某股票未来各期股利为 D_t（t 为期数），R_s 为估价所采用的贴现率即所期望的最低收益率，股票价格的估价模型为：

$$V_s = \frac{D_1}{(1+R_s)^1} + \frac{D_2}{(1+R_s)^2} + \cdots + \frac{D_n}{(1+R_s)^n} = \sum_{t=1}^{n} \frac{D_t}{(1+R_s)^t}$$

优先股是特殊的股票，优先股每期在固定的时点上支付相等的股利，并没有到期日，未来的现金流量是一种永续年金，其价值计算为：

$$V_s = \frac{D}{R_s}$$

2. 常用的股票估价模型

与债券不同的是，持有期限、股利、贴现率是影响股票价值的重要因素。如果投资者准备永久持有股票，未来的贴现率也是固定不变的，那么未来各期不断变化的股利就成为评价股票价值的难题。为此，我们不得不假定未来的股利按一定的规律变化，从而形成几种常用的股票价值估价模型。

（1）固定成长模型

一般来说，公司并没有把每年的盈余全部作为股利分配出去，留存的收益扩大了公司的资本额，不断增长的资本应当创造更多的盈余，进一步又引起下期股利的增长。如果公司上期的股利为 D_0，未来各期的股利按上期股利的 g 速度呈几何级数增长，股票价值 V_0 为：

$$V_0 = \sum_{t=1}^{n} \frac{D_0(1+g)^t}{(1+R_s)^t}$$

因为 g 是一个固定的常数，上式可以化简为：

$$V_0 = D_1/(R_s - g)$$

【例6-1】甲投资者准备购买A公司股票，已知A公司上年每股发放股利0.5元，预期以后每年固定增长8%，假定甲投资者要求的报酬率为12%，计算该股票的价值，如果该股票市价为12元，应否购买？

解：

$$\text{股票的价值} = \frac{0.5 \times (1+8\%)}{(12\% - 8\%)} = 13.5(\text{元})$$

由于股票的价值高于其市价，所以，购买该股票是合算的。

(2)零成长模式

如果公司未来各期发放的股利都相等，那么这种股票与优先股是相类似的。或者说，当上式 $g=0$ 时，有：

$$V_0 = D/R_s$$

【例 6-2】乙投资者准备购买 B 公司股票，假定 B 公司每年发放现金股利 0.5 元，乙投资者要求的报酬率为 10%，要求计算该股票的内在价值。

解：

$$股票的价值 = \frac{0.5}{10\%} = 5(元)$$

(3)混合成长模式

在现实生活中，许多公司的股利都不是固定的。在某一期间有一个超长的增长，而在另一个阶段股利固定不变或正常增长。在这种情况下，就要分段计算，才能确定股票的价值。

【例 6-3】C 公司本年度的净收益为 20 000 万元，每股支付股利 2 元。预计该公司未来 3 年进入成长期，净收益第一年增长 14%，第 2 年增长 14%，第三年增长 8%。第四年及以后将保持其净收益水平。该公司一直采用固定支付率的股利政策，并打算今后继续实行该政策。该公司没有增发普通股和发行优先股的计划。假设投资者丙要求的报酬率为 10%，计算股票的价值。

股票价值的计算过程如下：

年 份	0	1	2	3	合计
净收益(万元)	20 000	22 800	25 992	28 071.36	
每股股利(元)	2	2.28	2.60	2.81	
现值系数($i=10\%$)		0.9091	0.8264	0.7513	
股利现值(元/股)		2.07	2.15	2.11	6.33
未来股价(元/股)				28.10	
未来股价现值(元)				21.11	21.11
股票价值(元)					27.44

其中，未来股价为 28.10 = 2.81 ÷ 10%

最后，把前 3 年每年的股利折现求和得到 6.33 元，然后，在把最后一段固定成长阶段的价值 28.10 元折现为 21.11 元，两部分现值求和就得到了股票的价值 27.44 元。

6.2.2 股票投资收益率

股票的收益是指投资者从购入股票开始到出售股票为止整个持有期间的收入，由股利和资本利得两方面组成。

股票收益率是股票收益额与购买成本之比，为便于与其他年度收益指标相比较，可折算为年均收益率，股票收益率主要有本期收益率、持有期收益率两种。

1. 本期收益率

本期收益率是指股份公司上年派发的现金股利与本期股票价格的比率，反映了以现行价格购买股票的预期收益情况。

本期收益率 = 年现金股利 ÷ 本期股票价格

式中，年现金股利是指上年发放的每股股利，本期股票价格是指该股票当日证券市场收盘价。

2. 持有期收益率

持有期收益率是指投资者买入股票持有一定时期后又将其卖出，在投资者持有该股票期间的收益率，反映了股东持有股票期间的实际收益情况，如投资者持有股票的时间不超过一年，不考虑复利计息问题，其持有期收益率可按如下公式计算：

持有期收益率 =（股票售出价 − 股票买入价 + 持有期间分得的现金股利）÷ 股票买入价

持有期年均收益率 = 持有期收益率 ÷ 持有年限

持有年限 = 股票实际持有天数 ÷ 360

如股票持有时间超过 1 年，则需要按每年复利一次，考虑资金时间价值，其持有期年均收益率可按如下公式计算：

买价 = 各年股利的现值之和 + 卖价的现值

使得上面等式成立的折现率 i，就是股票投资的收益率。

在【例 6-3】中，如果股票的价格为 24. 89 元，计算股票的预期报酬率（精确到 1%）。

由于按 10% 的预期报酬率计算，其股票价值为 27. 44 元，市价为 24. 89 元时预期报酬率应该高于 10%，故用 11% 开始测试。

年份	0	1	2	3	合计
净收益（万元）	20 000	22 800	25 992	28 071. 36	
每股股利（元）	2	2. 28	2. 60	2. 81	
现值系数（I = 11%）		0. 9009	0. 8116	0. 7312	
股利现值（元/股）		2. 05	2. 11	2. 05	6. 21
未来股价（元/股）				25. 55	
未来股价现值（元）				18. 68	18. 68
股票价值（元）					24. 89

因此，预期收益率为 11%。

6. 2. 3 股票投资的优缺点

与债权投资相比较，股票投资的优缺点如下。

1. 股票投资的优点

股票投资是一种最具有挑战性的投资，其收益和风险都比较高。股票投资的优点主要有：

①投资收益高　普通股票的价格虽然变动频繁，但从长期看，优质股票的价格总是上涨的居多，只要选择得当，都能取得丰厚的投资收益。

②购买力风险低　普通股的股利不固定，在通货膨胀率比较高时，由于物价普遍上涨，股份公司盈利增加，股利的支付也随之增加，因此，与固定收益证券比较，普通股能有效地降低购买力风险。

③拥有经营控制权　普通股股东是股份公司的所有者，有权监督和控制企业的生产经营情况，因此，欲控制一家企业，最好是收购这家企业的股票。

2. 股票投资的缺点

股票投资的缺点主要是风险大，这是因为：

①求偿权居后　普通股对企业资产和盈利的求偿权均居于最后。企业破产时，股东原来的投资可能得不到全额补偿，甚至一无所有。

②价格不稳定　普通股的价格受众多因素影响，很不稳定。政治因素、经济因素、投资人心理因素、企业的盈利情况、风险情况都会影响股票价格，这也使股票投资具有较高的风险。

③收入不稳定　普通股股利的多少，视企业经营状况的财务状况而定，其有无、多寡均无法律上的保证，其收入的风险也远远大于固定收益证券。

6.3 债券投资

本节主要介绍债券的估价模型以及债券投资收益率的计算。

6.3.1 债券的估价模型

债券的价值是发行者按照合同规定从现在至债券到期日所支付的款项的现值。计算现值时使用的折现率，取决于当前的利率和现金流量的风险水平。

1. 债券估价的基本模型

典型的债券类型是有固定的票面利率、每期支付利息、到期归还本金。这种债券模式下债券价值计量的基本模型是：

$$V_b=\frac{I_1}{(1+i)^1}+\frac{I_2}{(1+i)^2}+\cdots+\frac{I_n}{(1+i)^n}+\frac{M}{(1+i)^n}$$

式中　V_b——债券价格；

I——债券各期的利息；

i——贴现率，一般采用当时的市场利率或投资人要求的要求报酬率；

M——到期的本金；

n——债券到期前的年数。

【例6-4】A公司拟于2011年2月1日发行面额为1 000元的债券，其票面利率为5%，每年2月1计算并支付一次利息，并于5年后的1月31日到期。同等风险投资的必要报酬率为6%，则债券的价值为：

$$V=\frac{50}{(1+6\%)^1}+\frac{50}{(1+6\%)^2}+\frac{50}{(1+6\%)^3}+\frac{50}{(1+6\%)^4}+\frac{50+1\,000}{(1+6\%)^5}$$
$$=50\times(P/A,\ 6\%,\ 5)+1\,000\times(P/F,\ 6\%,\ 5)$$
$$=957.92(\text{元})$$

通过该模型可以看出，影响债券定价的因素有必要报酬率、利息率、计息期和到期时间。

2. 纯贴现债券的估价

纯贴现债券是指承诺在未来某一确定日期作某一单笔支付的债券。这种债券在到期日前购买人不能得到任何现金支付，因此也称为“零息债券”。零息债券没有标明利息计算规则的，通常采用按年计息的复利计算规则。

纯贴现债券的价值：

$$V=\frac{F}{(1+i)^n}$$

【例6-5】有一纯贴现债券，面值1 000元，20年期。假设必要报酬率为16%，其价值为：

$$V=\frac{1\,000}{(1+16\%)^{20}}=51.4(\text{元})$$

【例6-6】有一5年期国库券，面值1 000元，票面利率为12%，单利计息，到期时一次还本付息。假设必要报酬率为10%（复利、按年计息），其价值为：

$$V=\frac{1\,000+1\,000\times 12\%\times 5}{(1+10\%)^5}=\frac{1\,600}{1.6105}=993.48(\text{元})$$

在到期日依次还本付息债券，实际上也是一种纯贴现债券，只不过到期日不是按票面额支付而是按本利和作单笔支付。

3. 平息债券的估价

平息债券是指利息在到期时间内平均支付的债券。支付的频率可能是一年一次、半年一次或每季度一次等。

平息债券价值的计算公式如下：

$$V=\sum_{t=1}^{mn}\frac{I/m}{\left(1+\frac{i}{m}\right)^t}+\frac{M}{\left(1+\frac{i}{m}\right)^{mn}}$$

式中 m——年付利息次数；

n——到期时间的年数；

i——每年的必要报酬率；

I——年付利息；

M——面值或到期日支付额。

【例 6-7】有一债券面值为 1 000 元，票面利率为 8%，每半年支付一次利息，5 年到期还本。假设必要报酬率为 10%。

按惯例，报价利率为按年计算的名义利率，每半年计息时按年利率的 1/2 计算，即按 4% 计息，每次支付 40 元。必要报酬率按同样方法处理，每半年期的折现率按 5% 确定。该债券的价值为：

$$V=\frac{80}{2}\times(P/A,\ 10\%\div2,\ 5\times2)+1\ 000\times(P/F,\ 10\%\div2,\ 5\times2)$$

$$=40\times7.7217+1\ 000\times0.6139=308.868+613.9=922.768(\text{元})$$

债券付息期越短、价值越低的现象，仅出现在折价出售的状态。如果债券溢价出售，则情况正好相反。

4. 流通债券的估价

流通债券是指已发行并在二级市场上流通的债券。它们不同于新发行的债券，已经在市场上流通了一段时间，在估价时需要考虑现在至下一次利息支付的时间因素。

流通债券的估价方法有两种：第一种是以现在为折算时间点，历年现金流量按非整数计息期折现；第二种是以最近一次付息时间(或最后一点付息时间)为折算时间点，计算历次现金流量现值，然后将其折算到现在时点。无论哪种方法，都需要用计算器计算非整数期的折现系数。

【例 6-8】有一面值为 1 000 元的债券，票面利率为 8%，每年支付一次利息，2010 年 5 月 1 日发行，2015 年 4 月 30 日到期。现在是 2013 年 4 月 1 日，假设投资的必要报酬率为 10%，问该债券的价值是多少?

第一种计算办法：分别计算四笔现金流入的现值，然后求和。由于计息期数不是整数，而是 1/12、13/12、25/12，需要用计算器计算现值因数。

2013 年 5 月 1 日利息的现值为：

$$V_1=\frac{1\ 000\times8\%}{(1+10\%)^{\frac{1}{12}}}=\frac{80}{1.00797}=79.3674(\text{元})$$

2014 年 5 月 1 日利息的现值为：

$$V_2=\frac{1\ 000\times8\%}{(1+10\%)^{1\frac{1}{12}}}=72.1519(\text{元})$$

2015 年 5 月 1 日利息的现值为：

$$V_3=\frac{1\ 000\times8\%}{(1+10\%)^{2\frac{1}{12}}}=\frac{80}{1.2196}=65.5953(\text{元})$$

2015 年 5 月 1 日本金的现值为：

$$V_M=\frac{1\ 000}{(1+10\%)^{2\frac{1}{12}}}=\frac{1\ 000}{1.2196}=819.9410(\text{元})$$

该债券 2013 年 4 月 1 日的价值为：

$V=79.3674+72.1519+65.5953+819.9410=1\ 037.06$(元)

另一种计算办法，就是先计算 2013 年 5 月 1 日的价值，然后将其向后移动 1 个月的时间。

2013 年 5 月 1 日价值 $=80\times1.7355+80+1\ 000\times0.8264=1\ 045.24$(元)

2013 年 4 月 1 日价值 $=1\ 045.24/(1+10\%)^{1/12}=1\ 037$(元)

6.3.2 影响债券价值的主要因素

对债券价值产生影响的主要因素有：投资者必要报酬率、债券到期时间和利息支付频率等。

1. 必要报酬率

债券价值与必要报酬率有密切的关系。债券定价的基本原则是：必要报酬率等于债券利率时，债券价值就是其面值。如果必要报酬率低于债券利率，债券的价值就高于面值。对于所有类型的债券估价，都必须遵循这一原理。

如果在例 6-4 中，必要报酬是 5%，则债券价值为：

$$V=50\times(P/A,\ 5\%,\ 5)+1\ 000\times(P/F,\ 5\%,\ 5)=1\ 000(\text{元})$$

如果在例 6-4 中，必要报酬是 4%，则债券价值为：

$$V=50\times(P/A,\ 4\%,\ 5)+1\ 000\times(P/F,\ 4\%,\ 5)=1\ 044.49(\text{元})$$

【例 6-9】某一 2 年期债券，每半年付息一次，票面利率 8%，面值 1 000 元。假设必要报酬率是 8%，计算其债券价值。

由于债券在一年内复利 2 次，给出的票面利率是以一年为计息期的名义利率，也称为报价利率。实际计息是以半年为计息期的实际利率，为 8% 的一半即 4%，也称"周期利率"。同样如此，由于债券在一年内复利 2 次，给出的必要报酬率也是名义报酬率，实际的周期必要报酬率为 8% 的一半即 4%。由于票面利率与要求的必要报酬率相同，该债券的价值应当等于其面值(1 000 元)。验证如下：

$$V=V_{\text{利息}}+V_{\text{本金}}=\frac{40}{1.04}+\frac{40}{1.04^2}+\frac{40}{1.04^3}+\frac{40}{1.04^4}+\frac{40+1\ 000}{1.04^4}=1\ 000(\text{元})$$

应当注意，必要报酬率也有实际利率(周期利率)和名义利率(报价利率)之分。凡是利率，都可以分为名义的和实际的。当一年内要复利几次时，给出的年利率是名义利率，名义利率除以年内复利次数得出实际的周期利率。对于这一规则，票面利率和必要报酬率都需要遵守，否则就破坏了估价规则的内在统一性，也就失去了估价的科学性。在计算债券价值时，除非特别指明，必要报酬率与票面利率采用同样的计息规则，包括计息方式

(单利还是复利)、计息期和利息率性质(报价利率还是实际利率)。

在发债时，票面利率是根据等风险投资的必要报酬率确定的。假定当前的等风险债券的年必要报酬率为10%，拟发行面值为1 000元、每年付息的债券，则票面利率应确定为10%。此时，必要报酬率和票面利率相等，债券的公平价值为1 000元，可以按1 000元的价格发行。如果债券印制或公告后必要报酬率发生了变动，可以通过溢价或折价调节发行价，而不应修改票面利率。如果拟发行债券改为每半年付息，票面利率如何确定呢？发行人不会以5%作为半年的票面利率，他不会那么傻，以至于不知道半年付息5%比一年付息10%的成本高。他会按4.8809%(即$\sqrt{1+10\%}-1$)作为半年的实际利率，这样报价的名义利率为$2\times4.8809=9.7618\%$，同时指明半年付息。它与每年付息、报价利率为10%相比，其实际年利率相同，在经济上是等效的。既然报价利率是根据半年的实际利率乘以2得出的，则报价利率除以2得出的当然是半年的实际利率。影响利率高低的因素，不仅是利息率，还有复利期长短。利息率和复利期必须同时报价，不能分割。反过来说，对于平价发行的半年付息债券来说，若票面利率为10%，则它的定价依据是实际必要报酬率是10.25%，或者说名义必要报酬率是10%，或者说半年的实际必要报酬率是5%。为了便于不同债券的比较，在报价时需要把不同计息期的利率统一折算成年利率。折算时，报价利率根据实际的周期利率乘以一年的复利次数得出，已经形成惯例。

2. 到期时间

债券价值不仅受必要报酬率的影响，而且受债券到期时间的影响。债券的到期时间，是指当前日至债券到期日之间的时间间隔。随着时间的延续，债券的到期时间逐渐缩短，至到期日时该间隔为0。

在必要报酬率一直保持不变的情况下，不管它高于或低于票面利率，债券价值随到期时间的缩短逐渐向债券面值靠近，至到期日债券价值等于债券面值。这种变化情况可如图6-1所示。当必要报酬率高于票面利率时，随着时间向到期日靠近，债券时间价值逐渐提高，最终等于债券面值；但必要报酬率等于票面利率时，债券价值一定等于票面价值；当必要报酬率低于票面利率时，随着时间向到期日靠近，债券价值逐渐下降，最终等于债券面值。

在例6-4中，如果到期时间缩短至2年，在必要报酬率等于6%的情况下，债券价值为：

$$V=50\times(P/A,\ 6\%,\ 2)+1\ 000\times(P/F,\ 6\%,\ 2)=981.67(\text{元})$$

在必要报酬率不变(6%)的情况下，到期时间为5年时债券价值为957.92元，3年后到期时间为2年时债券价值上升至981.67元，向面值1 000元靠近了。

在例6-4中，如果必要报酬率为4%，到期时间为2年时，债券价值为：

$$V=50\times(P/A,\ 4\%,\ 2)+1\ 000\times(P/F,\ 4\%,\ 2)=1\ 018.91(\text{元})$$

在必要报酬率为4%并持续不变的情况下，到期时间为5年时债券价值为1 044.49元，3年后下降至1 018.91元，向面值1 000元靠近了。

在必要报酬率为5%并持续不变的情况下，到期时间为2年时，债券价值为：

$$V=50\times(P/A,\ 5\%,\ 2)+1\ 000\times(P/F,\ 5\%,\ 2)=1\ 000(\text{元})$$

在必要报酬率等于票面利率时，到期时间的缩短对债券价值没有影响。

综上所述，当必要报酬率一直保持至到期日不变时，随着到期时间的缩短，债券价值逐渐接近其票面价值。如果付息期无限小，则债券价值表现为一条线。

如果必要报酬率在债券发行后发生变动，债券价值也会因此而变动。随着到期时间的缩短，必要报酬率变动对债券价值的影响越来越小。这就是说，债券价值对必要报酬率特定变化的反映越来越不灵敏。

从上述计算上，可以看出，如果必要报酬率从5%上升到6%，债券价值从1 000元降至957.92元，下降了4.21%。在到期时间为2年时，必要报酬率从5%上升至6%，债券价值从1 000元降至981.67元，仅下降1.83%。具体如图6-1所示。

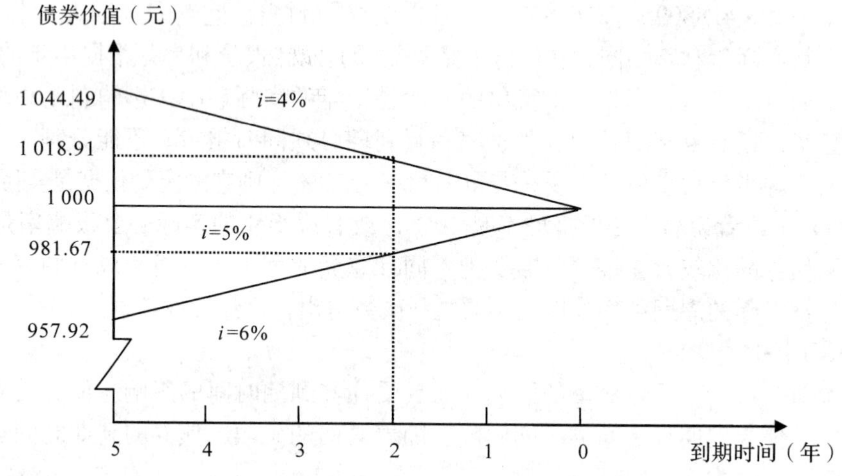

图6-1 必要报酬率、到期时间对债券价值的影响示意图

3. 利息支付频率

不同的利息支付频率也会对债券价值产生影响，估价模型中的纯贴现债券、平息债券反映的就是债券到期一次还本付息、或者一年中付息一次或多次的情况。毫无疑问，利息支付频率不同，债券价值也不同。

对债券价值产生影响的因素还有债券面值、票面利率、票面期限等。

6.3.3 债券投资收益率

债券的收益率包括票面收益率、本期收益率和持有期收益率3种。

1. 票面收益率

票面收益率又称名义收益率，或息票率，是印制在债券票面上的固定利率。通常是债券年利息收入与债券面值的比率。其计算公式为：

票面收益率 = 债券年利息收入 ÷ 债券面值

票面收益率反映了债券按面值购入持有至期满所获得的收益水平。

2. 本期收益率

本期收益率又称直接收益率、当前收益率，是指债券的年实际利息收入与买入债券的实际价格的比率。其计算公式为：

本期收益率 = 债券年利息收入 ÷ 债券买入价

本期收益率反映了购买债券的实际成本所带来的收益情况，但与票面收益率一样不能反映债券的资本损益情况。

3. 持有期收益率

持有期收益率是指债券持有人在持有期间获得的收益率，能综合反映债券持有期间的利息收入情况和资本损益水平，其中债券的持有期是指从购入债券至售出债券或者债券到期清偿之间的期间，通常以年为单位，表示持有期的实际天数除以360天。根据债券持有期长短和计息方式不同，债券持有期收益率的计算公式存在差异，债券持有期收益率可以根据具体情况换算为年均收益率，持有时间较短，不超过1年的，直接按债券持有期间的收益额除以买入价计算持有期收益率。

持有期收益率＝(债券持有期间的利息收入＋债券卖出价－债券买入价)÷债券买入价

持有期年均收益率＝持有期收益率÷债券持有年限

持有年限＝债券实际持有天数÷360

持有时间较长、超过1年的应按每年复利一次计算持有期年均收益率，即计算使债券产生的现金流入量净现值为零的折现率。

【例6-10】甲公司以1 030元的价格购入债券A，债券A的面值为1 000元，票面利率为10%。

如果该债券为按年付息，2年后到期，计算该债券的到期收益率。

债券价值 $V=1\ 000\times10\%\times(P/A,\ i,\ 2)+1\ 000\times(P/F,\ i,\ 2)$

当 $i=8\%$ 时，$V=1\ 036.53$(元)；

当 $i=9\%$ 时，$V=1\ 017.61$(元)。

运用内插法，求得到期收益率为8.35%。

【例6-11】已知：A公司拟购买某公司债券作为长期投资(打算持有至到期日)，要求的必要收益率为6%。

现有三家公司同时发行5年期，面值均为1 000元的债券，其中：甲公司债券的票面利率为8%，每年付息一次，到期还本，债券发行价格为1 041元：乙公司债券的票面利率为8%，单利计息，到期一次还本付息，债券发行价格为1 050元；丙公司债券的票面利率为0，债券发行价格为750元，到期按面值还本。

要求：

①计算A公司购入甲公司债券的价值和收益率。

②计算A公司购入乙公司债券的价值和收益率。

③计算A公司购入丙公司债券的价值。

④根据上述计算结果，评价甲、乙、丙三种公司债券是否具有投资价值，并为A公司做出购买何种债券的决策。

⑤若A公司购买并持有甲公司债券，1年后将其以1 050元的价格出售，计算该项投资收益率。

解：①甲公司债券价值 $=1\,000\times(P/F,6\%,5)+1\,000\times8\%\times(P/A,6\%,5)$

$=1\,000\times0.7473+1\,000\times8\%\times4.2124\approx1\,084.29$（元）

因为：发行价格 1 041 元 < 债券价值 1 084.29 元，所以：甲公司债券收益率 >6%。

下面用7%再测试一次，其现值计算如下：

$$V=1\,000\times8\%\times(P/A,7\%,5)+1\,000\times(P/F,7\%,5)$$
$$=1\,000\times8\%\times41\,000+1\,000\times0.7130=1\,041\text{（元）}$$

计算数据为1 041元，等于债券发行价格，说明甲公司债券收益率为7%。

②乙公司债券的价值 $=(1\,000+1\,000\times8\%\times5)\times(P/F,6\%,5)$

$=(1\,000+1\,000\times8\%\times5)\times0.7473$

$=1\,046.22$（元）

因为：发行价格 1 050 元 > 债券价值 1 046.33 元，所以：乙公司债券收益率 <6%。

下面用5%再测试一次，其现值计算如下：

$$V=(1\,000+1\,000\times8\%\times5)\times(P/F,5\%,5)$$
$$=(1\,000+1\,000\times8\%\times5)\times0.7835=1\,096.90\text{（元）}$$

因为：发行价格1 050元 < 债券价值1 096.90（元），所以：5% < 乙债券收益率 <6%

应用内插法：

乙债券收益率 $=5\%+[(1\,096.90-1\,050)/(1\,096.90-1\,046.22)]\times(6\%-5\%)\approx5.93\%$

③丙公司债券的价值 $=1\,000\times(P/F,6\%,5)$

$=1\,000\times0.7473=747.3$（元）

④因为：甲公司债券收益率高于A公司的必要收益率，发行价格低于债券价值，所以：甲公司债券具有投资价值。

因为：乙公司债券收益率低于A公司的必要收益率，发行价格高于债券价值，所以：乙公司债券不具有投资价值。

因为：丙公司债券的发行价格高于债券价值，所以丙公司债券不具备投资价值。

决策结论：A公司应当选择购买甲公司债券的方案。

⑤A公司的投资收益率 $=[(1\,050-1\,041+1\,000\times8\%\times1)]/1\,041\approx8.55\%$

6.3.4 债券投资的优缺点

与股票投资相比较，债券投资的优缺点如下。

1. 债券投资的优点

①本金安全性高 与股票相比，债券投资风险比较小。证券发行的债券有国家财力作后盾，其本金的安全性非常高，通常视为无风险证券。企业债券的持有者拥有优先求偿权，即当企业破产时，优先于股东分得企业资产，因此，其本金损失的可能性小。

②收入稳定性强 债券票面一般都标有固定利息率，债券的发行人有按时支付利息的

法定义务。因此，在正常情况下，投资于债券都能获得比较稳定的收入。

③市场流动性好　许多债券都具有较好的流动性。政府及大企业发行的债券一般都可在金融市场上迅速出售，流动性很好。

2. 债券投资的缺点

①购买力风险较大　债券的面值和利息率在发行时就已确定，如果投资期间的通货膨胀率比较高，则本金和利息的购买力将不同程度地受到侵蚀，在通货膨胀非常高时，投资者虽然名义上有收益，但实际上却有损失。

②没有经营管理权　投资于债券只是获得收益的一种手段，无权对债券发行单位施以影响和控制。

6.4 基金投资

本节主要介绍投资基金的含义、类型、估价及收益率。

6.4.1 证券投资基金的概念

投资基金是指基金发起人通过发行投资基金证券，将投资者分散的资金集中起来，交由基金托管人托管、基金管理人经营管理，并将投资收益分配给持券人的投资制度。其实质是一种间接的证券投资。投资基金的创立和运行涉及 4 个方面：投资人、发起人、托管人和管理人。

6.4.2 投资基金的类型

投资基金可以按照多种标准进行分类。

1. 根据不同的组织形式分类

投资基金可分为契约型投资基金和公司型投资基金

契约型投资基金，也称信托型投资基金，是指基金发起人通过发行受益证券的形式筹集投资基金，受益证券由证券机构或金融机构认购包销并向社会公开发行，投资人购买受益证券即成为该基金的受益人，在约定的存续时间内凭所持证券分享红利。

公司型投资基金，是指基金发起人通过组织基金公司的形式，发行投资基金股份，投资人购买基金股份即成为基金公司的股东，享有决议权、利益分配权和剩余财产分配权。

契约型基金和公司型基金的不同点主要有以下几个方面：①资金的性质不同。契约型基金的资金是信托资产；公司型基金的资金是公司的法人资本。②投资者的地位不同。契约型基金的投资者购买受益凭证后成为基金契约的当事人之一，即受益人，没有管理基金资产的权力；公司型基金的投资者购买基金公司的股票后成为该公司的股东，通过股东大会和董事会享有管理基金公司的权力。③基金的运营依据不同。契约型基金依据基金契约运营基金，公司型基金依据基金公司章程运营基金。

2. 根据基金证券能否赎回分类

投资基金可分为封闭型投资基金和开放型投资基金

封闭型投资基金，是指在基金的存续时间内，不允许证券持有人赎回基金证券，不得随意增减基金证券，证券持有人只能通过证券交易所买卖证券。这种基金证券的资产比较稳定，便于经营，但价格受市场供求关系的影响较大。公司型的封闭型投资基金，其经营业绩对基金股东来说至关重要，在其经营业绩好时，股东可以通过超过基金净资产价值的证券价格而获得较高的收益，但在其经营业绩不好时，投资人则会承担较大的亏损，因此其风险也较大。

开放型投资基金，是指在基金的存续时间内，允许证券持有人申购或赎回所持有的单位或股份，在基金发行新证券时，一般按基金的净资产价值加经销手续费出售基金证券，持有人赎回基金证券时，则按净资产价值减除一定比例的手续费作为赎回价格。开放型投资基金由于允许赎回，因此其资产经常处于变动之中，一般要求投资于变现能力较强的证券。

封闭型基金和开放型基金的区别主要有：①期限不同。封闭型基金通常有5～10年的封闭期；而开放型基金没有固定期限，投资者可以随时向基金管理人赎回。②基金单位的发行规模要求不同，封闭型基金在招股说明书中列明其基金规模，而开放型基金没有发行规模限制。③转让方式不同。封闭型基金在封闭期内不能要求基金公司赎回，只能在证券交易所或柜台市场上出售给第三者；而开放型基金的投资者可以在首次发行结束一段时间(多为3个月)后，随时向基金管理人或中介机构提出购买或赎回申请。④交易价格的计算标准不同。封闭型基金的交易价格受市场供求关系的影响，并不必然反映公司的净资产价值；而开放型基金的交易价格取决于基金单位净值的大小，基本上不受市场供求关系的影响。⑤投资策略不同。封闭型基金不能赎回，因此，基金可以进行长期投资；而开放型基金可随时赎回，为应付投资者随时赎回兑现，基金资产不能全部用来投资，必须保持基金资产的流动性。

3. 根据投资标的不同分类

投资基金可分为股票基金、债券基金、货币基金、期货基金、期权基金、认股权证基金、专门基金等

(1)股票基金

股票基金是所有基金品种中最为流行的一种类型，它是指投资于股票的投资基金，其投资对象通常包括普通股和优先股，其风险程度较个人投资股票市场要低得多，且具有较强的变现性和流动性，因此，它也是一种比较受欢迎的基金类型。

(2)债券基金

债券基金是指投资管理公司为稳健型投资者设计的投资于政府债券、市政公债、企业债券等各类债券品种的投资基金，债券基金一般情况下，定期派息，其风险和收益水平通常较股票基金低。

(3)货币基金

货币基金是指由货币存款构成投资组合，协助投资者参与外汇市场投资，赚取较高利息的投资基金，其投资工具包括银行短期存款、国库券、政府公债、公司债券、银行承兑票据及商业票据等，这类基金的投资风险小、投资成本低、安全性和流动性较高，在整个基金市场上属于低风险的安全基金。

(4)期货基金

期货基金是指投资于期货市场，以获取较高投资回报的投资基金，由于期货市场具有

高风险和高回报的特点，因此，投资期货基金既可能获得较高的投资收益，同时也面临着较大的投资风险。

(5)期权基金

期权基金是指以期权作为主要投资对象的基金，期权交易是指期权购买者向期权出售者支付一定费用后，取得在规定时期内的任何时候以事先确定好的协定价格向期权出售者购买或出售一定数量的某种商品合约的权利的一种买卖。

(6)认股权证基金

认股权证基金是指以认股权证为主要投资对象的基金，认股权证是指由股份有限公司发行的、能够按照特定的价格在特定的时间内购买一定数量该公司股票的选择权凭证，由于认股权证的价格是由公司的股份决定的，一般来说，认股权证的投资风险较通常的股票要大得多，因此，认股权证基金也属于高风险基金。

(7)专门基金

专门基金由股票基金发展演化而成，属于分类行业股票基金或次级股票基金，主要包括黄金基金、资源基金、科技基金、地产基金等。这类基金的投资风险较大，收益水平较易受到市场行情的影响。

6.4.3 投资基金的估价与收益率

对投资基金进行财务评价旨在衡量透悉基金的经营业绩，为投资者选择合适的基金作为投资对象提供参考。对投资基金财务评价所依据的信息来源主要是公开的基金财务报告信息。

1. 基金的价值

基金也是一种证券，与其他证券一样，基金的内涵价值也是指在基金投资上所能带来的现金净流量。但是，基金内涵价值的具体确定依据与股票、债券等其他证券又有很大的区别。

(1)基金价值的内涵

债券的价值取决于债券投资所带来的利息收入和所收回的本金，股票的价值取决于股份公司净利润的稳定性和增长性。这些利息和股利都是未来收取的，也就是说，未来的而不是现在的现金流量决定着债券和股票的价值。基金的价值取决于目前能给投资者带来的现金流量，这种目前的现金流量用基金的净资产价值来表达。

(2)基金单位净值

基金的单位净值(net asset value，NAV)，也称为单位净资产值或单位资产净值。基金的价值取决于基金净资产的现在价值，因此基金单位净值是评价基金业绩最基本和最直观的指标，也是开放型基金申购价格、赎回价格以及封闭型基金上市交易价格确定的重要依据。

基金单位净值是在一时点每一基金单位(或基金股份)所具有的市场价值，计算公式为：

$$基金单位净值=基金净资产价值总额/基金单位总份数$$

其中：基金净资产价值=基金总资产价值－基金负债总额

在基金净资产价值的计算中，基金的负债除了以基金名义对外的融资借款以外，还包括应付投资者的分红、基金应付给基金经理公司的首次认购费、经理费用等各项基金费用。相对来说，基金的负债金额是固定的，基金净资产的价值主要取决于基金总资产的价值。这里，基金总资产的价值并不是指资产总额的账面价值，而是指资产总额的市场价值。

(3)基金的报价

从理论上说，基金的价值决定了基金的价格，基金的交易价格是以基金单位净值为基础的，基金单位净值高，基金的交易价格也高。封闭型基金在二级市场上竞价交易，其交易价格有供求关系和基金业绩决定，围绕着基金单位净值上下波动。开放型基金的柜台交易价格则完全以基金单位净值为基础，通常采用两种报价形式：认购价(卖出价)和赎回价(买入价)。开放型基金柜台交易价格的计算方式为：

$$\text{基金的认购价} = \text{基金单位净值} + \text{首次认购费}$$

$$\text{基金的赎回价} = \text{基金单位净值} - \text{基金赎回费}$$

基金认购价也就是基金经理公司的卖出价，卖出价中的首次认购费是支付给基金经理公司的发行佣金。基金赎回价也就是基金经理公司的买入价，赎回价低于基金单位净值是由于抵扣了基金赎回费，以此提高赎回成本，防止投资者的赎回，保持基金资产的稳定性。收取首次认购费的基金，一般不再收取赎回费。

2. 基金收益率

基金收益率用以反映基金增值的情况，它通过基金净资产的价值变化来衡量。基金净资产的价值是以市价计量的，基金资产的市场价值增加，意味着基金的投资收益增加，基金投资者的权益也随之增加。基金收益率的计算公式为：

$$\text{基金收益率} = \frac{\text{年末持份数} \times \text{年末 NAV} - \text{年持份数} \times \text{年初 NAV}}{\text{年初持份数} \times \text{年初 NAV}}$$

式中，“持份数”是指基金单位的持有份数。如果年末和年初基金单位的持有份数相同，基金收益率就简化为基金单位净值在本年内的变化幅度。

年初的 NAV 相当于是购买基金的本金投资，基金收益率也就相当于一种简便的投资报酬率。

【例6-12】某基金公司发行的是开放式基金，2011年的相关资料见下表：

万元

项　目	年　初	年　末
基金资产账面价值	2 000	2 400
负债账面价值	600	640
基金资产市场价值	3 000	4 000
基金单位	1 000 万单位	1 200 万单位

假设公司认购费为基金净值的1.2%，赎回费为基金净值的0.5%。

要求计算：

(1)年初的下列指标：①该基金公司基金净资产价值总额；②基金单位净值；③基金认购价；④基金赎回价。

(2)年末的下列指标：①该基金公司基金净资产价值总额；②基金单位净值；③基金认购价；④基金赎回价。

(3)计算2011年基金的收益率。

解：(1)计算年初的有关指标

①基金公司基金净资产价值总额＝基金资产市场价值－负债价值

＝3 000－600＝2 400(万元)

②基金单位净值＝2 400/1 000＝2.4(元)

③基金认购价＝基金单位净值＋基金认购费＝2.4＋2.4×1.2%＝2.4288(元)

④基金赎回价＝基金单位净值－基金赎回费＝2.4－2.4×0.5%＝2.388(元)

(2)计算年末的有关指标

①基金公司基金净资产价值总额＝4 000－640＝3 360(万元)

②基金单位净值＝3 360/1 200＝2.8(元)

③基金认购价＝基金单位净值＋基金认购费＝2.8＋2.8×1.2%＝2.8336(元)

④基金赎回价＝基金单位净值－基金赎回费＝2.8－2.8×0.5%＝2.786(元)

(3)2011年基金的收益率 $=\dfrac{2.8\times 1\,200-2.4\times 1\,000}{2.4\times 1\,000}\times 100\%=40\%$

6.4.4 投资基金的特点

与股票投资、债券投资相比较，基金投资具有以下特点。

1. 投资基金的优点

将资金投向基金的最大优点是能够在不承担太大风险的情况下获得较高收益。这是因为：

①投资基金具有专家理财优势　投资基金的管理人都是投资方面的专家，他们在投资前均进行多种研究，这能够降低风险，提高收益。

②投资基金具有资金规模优势　我国的投资基金一般拥有资金20亿元以上，西方大型投资基金一般拥有资金百亿美元以上，这种资金优势可以进行充分的投资组合，能够降低风险，提高收益。

2. 投资基金的缺点

①无法获得很高的投资收益。投资基金在投资组合过程中，在降低风险的同时，也丧失了获得巨大收益的机会。

②在大盘整体大幅度下跌的情况下，进行基金投资也可能会损失较多，投资人承担较大的风险。

6.5 衍生金融资产投资

本节主要介绍商品期货投资、金融期货和期权投资。

6.5.1 商品期货投资

1. 商品期货的含义

商品期货是标的物为实物商品的一种期货合约，是关于买卖双方在未来某个约定的日期以约定的价格买卖特定数量实物商品的标准化合约。

商品期货可以细分为3类：①农产品期货。农产品期货是最早进行期货交易的品种，农产品包括谷物、畜产品、林产品以及一些经济作物。②金属产品期货。金属产品包括黑色金属产品（钢铁产品）和有色金属产品（黑色金属以外所有金属产品的总称）两大组成部分。③能源期货。能源期货是新兴的期货合约交易品种，其重要性仅次于农产品期货。

2. 商品期货的投资决策

（1）商品期货投资的特点

①以小博大　商品期货交易是通过交纳保证金的方式进行的，通常只需要交纳5%～20%的保证金，就可以控制100%的虚拟资金。

②交易便利　由于期货合约中的主要要素都采用标准化的形式，所以，合约的互换性和流通性都比较高，在交纳保证金以后即可买进或者卖出期货合约，而且在很短的时间内就可以达成交易。

③交易效率高　期货交易有固定的交易场所、交易程序和交易规则，而且通过公开竞价的方式进行交易，使得交易行为公开高效。

④合约的履行率高　期货交易达成后，需要通过结算部门的结算和确认，无须担心交易的履约问题。

（2）商品期货投资决策的基本步骤

①选择经纪公司　由于期货交易实行会员制，所以作为非会员的企业和个人，要想进行期货交易，首先就得选择一个经纪公司作为自己交易代理机构。一般而言，应该选择资本雄厚、信誉好、服务质量高、收费合理的经纪公司。

②选择交易商品　总体来说，应该选择自己感兴趣、价格走势比较明朗的商品；要注意交易的商品种类不能太多，同时为了回避风险，又要充分考虑商品品种的多元化。

③设定止损点　止损点是期货交易者为了避免过大损失、保全已获利润并使利润不断扩大而制定的买入或者卖出的价格最高点或最低点。止损点的设定与使用，在操作计划的制订中极具实用价值。因交易频率的不同，设定止损点的方法也有所不同：交易频繁的，可以以当天的第一支撑点或阻力点设定卖出止损点或买入止损点，或者根据前一天的最高点或最低点设定止损点；交易频率较低的，可以以第二支撑点或阻力点设定止损点，也可以以重要支撑点或阻力点设定止损点，还可以以前5个交易日或者前10个交易日的最高或最低点设定止损点，等等。

【例6-13】2011年5月1日，甲投资者预计玉米价格将会下跌，于是以800元/吨的价格抛出15手（每手合计10吨）同年9月份合约，保证金比率20%。7月8日玉米价格跌至720元/吨，于是甲投资者买进平仓了结交易。

要求：计算甲投资者投资玉米期货的资金利润率。

解：甲投资者卖出合约使用的资金数额 = 800 × 15 × 10 × 20% = 24 000（元）

甲投资者获得利润 = (800 − 720) × 15 × 10 = 12 000（元）

资金利润率 = 12 000 ÷ 24 000 = 50%

甲投资者动用 24 000 元资金完成了总价款 120 000 元的玉米交易，体现了期货交易以小博大的特征；该投资者获得了 12 000 元的投资利润，说明期货交易有较好的杠杆效应。

6.5.2 金融期货投资

1. 金融期货的含义

金融期货是买卖双方在期货交易所内以公开竞价的方式达成协议，约定在未来某一特定的时间以特定价格交易特定数量金融工具的标准化合约。金融期货一直在衍生金融工具市场上占有重要的地位，是投资者回避风险的有力武器和套取利润的有效工具。金融期货主要包括利率期货、股价指数期货、外汇期货等。

2. 金融期货投资的策略

为了达到规避风险、追求较高投资回报的目的，投资金融期货可以采用套期保值和套利等策略。

(1) 套期保值

套期保值是金融期货实现规避风险和转移风险的主要手段，具体包括买入保值和卖出保值两种方式。买入保值是指交易者预计在未来将会购买一种资产，为了规避这个资产价格上升所带来的经济损失，而事先在期货市场买入期货的交易策略。卖出保值则是为了规避未来出售资产时价格下降而事先卖出期货合约来达到保值的目的。

(2) 套利

由于供给与需求之间的暂时不平衡，或者由于市场对各种证券的反应存在时滞，将导致在不同的市场之间或者不同的证券之间出现暂时的价格差异，一些敏锐的交易者能够迅速地发现这种情况，并立即买入过低定价的金融工具或期货合约，同时卖出过高定价的金融工具或期货合约，从中获取无风险的或几乎无风险的利润，这是金融期货投资的套利策略。套利一般包括跨期套利、跨市套利和跨品种套利等形式。

【例 6-14】假设美元对人民币的即期汇率为 7.1，美元的 1 年期远期汇率合约的汇率为 7。在货币市场上美元的 1 年期贷款利率为 5.8%，人民币的 1 年贷款利率为 3.9%。乙投资者可以获得贷款额度 200 万美元（或相当金额人民币贷款），若该款项全部用于套利，请计算获得的利润，并说明套利的过程。

解：①由于人民币贷款利率低，美元贷款利率高，因此可以考虑的套利策略是借入人民币、贷出美元。

②如果乙投资者借入 1 420 万元人民币，按照即期汇率可兑换 200 万美元；将获得的 200 万美元贷出，1 年后可以收回本息 211.6 万美元（即 200 + 200 × 5.8%）；因此买入

美元的同时可以签订卖出1年期美元的远期合约，卖出上述211.6万美元；1年后执行远期合同，根据合同约定的汇率可以获得1 481.2万元人民币(即211.6×7)。

③用执行远期合同获得的1 481.2万元人民币偿还人民币借款本息1 475.38万元(即1 420×3.9%)，剩余部分即为套利获得的利润5.82万元(即1 481.2－1 475.38)。

6.5.3 期权投资

1. 期权的概念

期权就是指在未来某一特定的日期或在这个日期之前，按事先确定的价格买卖一种特定商品的权利。按所赋予的权利不同，期权主要有看涨期权(认购期权)和看跌期权(认售期权)两种类型。其中，看涨期权是指期权赋予持有人在期权合约到期日或到期日之前，以固定价格购买标的资产的权利；看跌期权是指期权赋予持有人在期权合约到期日或到期日之前，以固定价格出售标的资产的权利。

2. 期权的投资策略

(1)买进认购期权

投资者如果预期期权标的资产价格将上升，就可以买入认购期权，在有效期内如果标的资产价格上升，就达到了其买入认购期权保值和增值的目的。

(2)买进认售期权

投资者如果预期期权标的资产价格将下降，就可以买入认售期权，在有效期内如果标的资产价格下降，就可以避免在现货市场出售标的资产发生的损失。

(3)保护性看跌期权

保护性看跌期权就是指在持有标的资产的同时再买入看跌期权，就可以锁定组合的最低净收入和最低净损益，从而降低投资的风险。

(4)抛补看涨期权

抛补看涨期权就是指在持有标的资产的同时再卖出看涨期权，抛出看涨期权承担的到期出售标的资产的潜在义务，可以被组合中持有的标的资产抵补，不需要另外补进标的资产，从而降低投资的风险。

(5)对敲

对敲策略分为多头对敲和空头对敲两种。多头对敲就是同时买进标的资产的看涨期权和看跌期权，他们的执行价格和到期日都相同；空头对敲就是同时卖出标的资产的看涨期权和看跌期权，他们的执行价格和到期日都相同。

对敲的最坏结果是标的资产价格没有变动，白白损失了看涨期权和看跌期权的购买成本。标的资产的价格偏离执行价格的差额必须超过期权购买成本，才能给投资者带来净收益。

企业除了投资上述三种衍生金融资产以外，还可以投资可转换证券和认股权证，有关于可转换证券和认股权证的投资在此不再赘述。

6.6 证券投资组合

本节主要介绍证券投资组合的含义、风险及收益率等。

6.6.1 证券投资组合的意义

证券投资组合又叫证券组合，是指在进行证券投资时，不是将所有的资金都投向单一的某种证券，而是有选择地投向一组证券。这种同时投资多种证券的做法便叫证券的投资组合。

证券投资的盈利性吸引了众多投资者，但证券投资的风险性又使许多投资者望而却步。如何才能有效地解决这一难题呢？科学地进行证券的投资组合就是一个比较好的方法。通过有效地进行证券投资组合，便可消减证券风险，达到降低风险的目的。

投资风险存在于各个国家的各种证券中，它们随经济环境的变化而不断变化，时大时小，此起彼伏。简单地把资金全部投向一种证券，便要承受巨大的风险，一旦失误，就会全盘皆无。因此，证券市场上常用的一句名言“不要把全部鸡蛋放在一个篮子里”告诉我们的就是证券投资组合的重要性。证券投资组合是证券投资的重要武器，它可以帮助投资者全面捕捉获利机会，降低投资风险。以下将分别从证券投资组合的收益和风险两个方面进行阐述。

6.6.2 证券投资组合的收益

投资组合的期望收益率就是组成投资组合的各种证券的期望收益率的加权平均数，权数是投资于各种证券的资金占总投资额的比例。投资组合的期望收益率 R_p 的一般计算公式如下：

$$R_p = \sum_{j=1}^{n} W_j \times R_j$$

式中 R_p——投资组合的期望收益率；

W_j——投资于证券的资金占总投资额的比例或权数；

R_j——证券的期望收益率；

n——投资组合中不同证券的总数。

假设 A、B 两种证券的期望收益率分别为 14.0% 和 11.5%；标准离差分别为 10.7 和 1.5。如果投资于两种证券的货币额是相等的，那么这个组合的期望收益率是 $0.5 \times 14.0\% + 0.5 \times 11.5\% = 12.75\%$。

6.6.3 证券投资组合的风险

投资组合的期望收益率计算起来比较直接，它就等于组合中单个证券期望收益率的加权平均数；而投资组合的风险的衡量并不这样直接，它不是简单地把组合中单个证券的标准离差进行加权平均而得到的。若只是将单个证券的标准离差进行加权平均，则会忽略证券收益的相互关系，即相关性。但这种相关性不会影响组合的期望收益率。

单独持有一项证券时，证券的风险状况由其实际收益水平围绕期望收益的波动大小来衡量，波动越大，风险越高。然而，当一项证券纳入一个由众多证券组成的风险充分分散的证券组合中后，情况就起了变化。这时，投资者关心的不再是每一项证券本身的收益波动状况，而是整个证券组合的收益波动状况。每一证券的风险根据其能否被分散掉可分为两个部分——非系统性风险部分和系统性风险部分。

1. 非系统性风险

非系统性风险又称可分散风险或公司特有风险，是指证券发行公司因自身某些因素形成的只对个别证券造成影响的风险，如新产品开发失败、工人罢工、诉讼失败等。这种风险只与个别企业或少数企业相联系，是由每个企业自身的经营状况和财务状况所决定的，并不对大多数企业产生普遍的影响。因此，这种风险通过证券投资组合可分散抵消掉，即发生在一家公司的不利事件可以被其他公司的有利事件所抵消。

非系统性风险之所以可以通过证券投资组合分散掉，是因为证券投资组合中各证券之间的收益和风险之间存在一定的相关关系。风险分散程度的大小取决于不同证券之间的相关程度的大小。例如，把1万元投资于10种不同的证券不一定比把相同的资金投资于5种不同的证券更能使风险分散。因为投资组合中包含的10种证券可能是来自同一行业的10种股票，它们的收益有很高的相关关系，另一个组合虽由5种股票组成，但它们来自于不同的行业，其报酬的相关关系也低，因此该投资组合收益的变动性低。

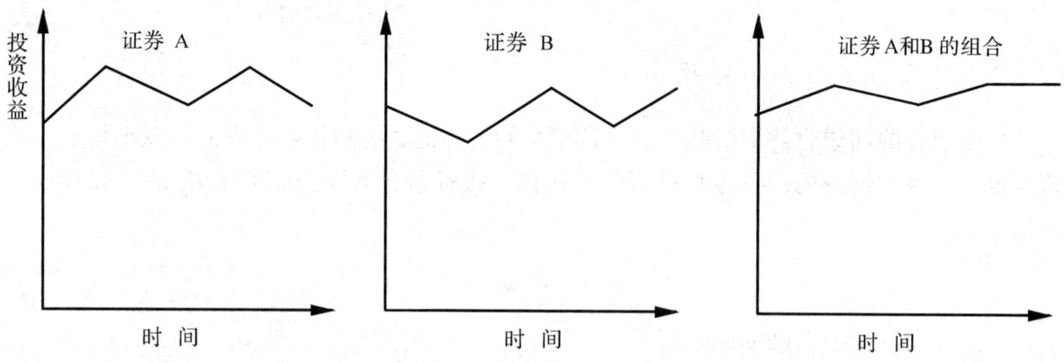

图 6-2 投资组合风险分散的效果

上面的图6-2显示了一种有意义的分散化，通过如图所示方法组合证券将降低风险。在某一期间内，证券A的收益随大的经济变动而呈周期性变动，证券B的收益则略呈反周期性变动。因此，这两种证券的收益是负相关关系。若向两种证券投资相等的金额，将会降低该投资组合的风险。这是因为某些单个证券收益的变动性被相互抵消了。其实，只要证券间不是正相关的关系，组合起来就会有降低风险的好处。

另外，投资于世界金融市场也可以比投资于单个国家的证券市场分散更多的风险。这是因为，不同国家的经济周期不是完全同步的，一个国家的经济衰退可能被另一个国家的经济繁荣所抵消。

非系统性风险由经营风险和财务风险组成，经营风险是指某个企业，或企业的某些投资项目的经营条件发生变化对企业盈利能力和资产价值产生的影响。经营风险可以进一步分解为内部原因和外部原因。内部原因是指由于企业本身经营管理不善造成的盈利波动，如决策失误、管理不善造成产品成本上升、质量下降；职工素质不高；管理人员水平低，缺乏应变能力等。外部原因是指由于企业外部的某些因素变化对企业经营收益的影响，如政府产业政策的调整，竞争对手的壮大，顾客购买偏好的转移，等等。财务风险是指企业因借入资金而造成的经营收益的不确定性的增加。

2. 系统性风险

系统性风险又称不可分散风险或市场风险，指的是由于某些因素给市场上所有的证券都带来经济损失的可能性。例如，宏观经济状况的变化、国家税法的变化、国家财政政策和货币政策变化等会使股票收益发生变动，这些风险来自企业外部，对所有公司均产生影响，表现为整个证券市场平均收益率的变动，投资者无法控制和回避，因此，这种风险不能通过证券投资组合分散掉，亦称不可分散风险。

系统性风险虽然不能够通过证券投资组合分散掉，但它对不同的企业、不同的证券或证券投资组合产生的影响是不同的。也就是说，当这个证券市场收益率变动时，有的证券收益率变动小，有的证券收益率变动大。各单个证券收益率随着整个证券市场收益率变动程度的大小，或承担不可分散风险程度的大小，通常用β系数来衡量。

β系数反映的是个别证券收益的变化与市场上全部证券的平均收益变化的关联程度，也即相对于市场全部证券的平均风险水平来说，一项证券所含系统风险的大小。用公式可以表示为：

$$\beta=\frac{\text{某种证券的风险收益率}}{\text{证券市场上所有证券的平均风险收益率}}$$

β系数的实际计算过程十分复杂，计算方法也有多种，上述的计算只是一个简化了的公式。实际操作中β系数一般不需要投资者自己计算，而由一些投资服务机构定期计算并公布。

作为整体的证券市场的β系数为1。如果某种证券的风险情况与整个证券市场的风险情况一致，则这种证券的β系数=1；如果某种证券的β系数>1，说明其风险大于整个市场的风险；如果某种证券的β系数<1，说明其风险小于整个市场的风险。

证券投资组合的风险是由构成这一组合的各单项证券的风险共同形成的。因此，其β系数的大小，也是由各单项证券的β系数进行加权平均得到的，权数为各种证券在投资组合中所占的比例，其公式如下：

$$\beta_p = \sum_{i=1}^{n} W_i \times \beta_i$$

式中 β_p—— 资产组合的β系数；

W_i—— 资产i在资产组合中所占的比例；

β_i—— 资产i的β系数。

【例6-15】某公司证券投资组合中有A、B、C三种股票，所占比例分别为30%、40%和30%，三种股票的β系数分别为0.8、1和1.5，试计算该证券组合的β系数。

$$\beta_p = 30\% \times 0.8 + 40\% \times 1 + 30\% \times 1.5 = 1.09$$

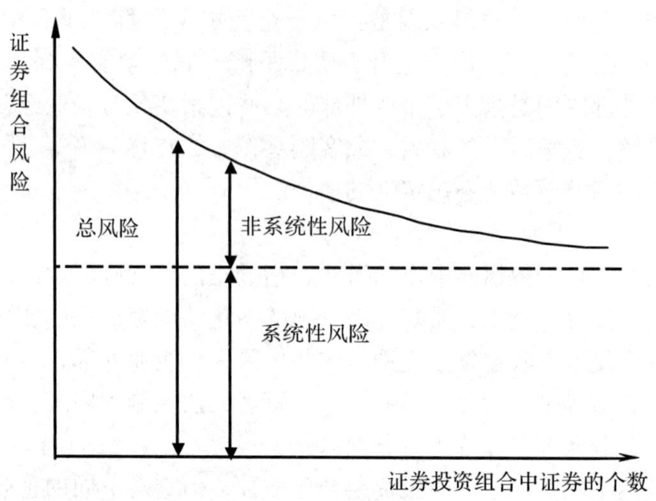

图 6-3 证券风险构成图

通过以上与证券有关的风险的分析，可得到如下结论：

①证券的风险由两部分构成，它们是系统性风险和非系统性风险。可用图 6-3 加以说明。

②非系统性风险可通过证券组合来消减。证券组合中的证券数目刚开始增加时，其风险分散作用相当显著，但随着证券数目的不断增加，这种风险分散的作用也逐渐减弱。一般来讲，当组合中的证券数目增加到 15～20 个时，绝大部分非系统风险都已被消除，继续增加证券数目对减少投资风险已没有太大的意义。

③系统性风险由市场变动所产生，它对所有股票都有影响，不能通过证券组合而消除。系统性风险通过 β 系数来衡量。

④系统风险报酬原则。有关研究人员通过对证券市场的长期观察发现，投资的风险报酬的大小并不是与证券的全部风险的大小相关联的，而只与证券资产所含的系统风险的大小相关联。也就是说，证券投资的期望收益只依赖于其所包含的系统风险，与其非系统风险无关。这是因为，在证券投资中，通过持有由多种证券构成的证券资产组合来分散投资风险是一项成本很低的活动。因此，人们可以通过成本很低（理论上可以考虑为零）的风险分散活动来消除每一资产的非系统性风险。既然这些非系统性风险可以很容易地消除，那么，承担这类风险也就不会得到什么报酬。与此相反，系统性风险是无法通过风险分散的方法来消除的，它是投资者所必须承担的风险。为了鼓励人们承担风险，进行投资，就必须给予风险承担者相应的报酬，这就是系统风险报酬原则。

6.6.4 资本资产定价模型和证券市场线

1. 资本资产定价模型（capital assets pricing model，CAPM）

证券（或证券组合）的投资收益率由无风险收益率和风险收益率构成，根据系统风险报酬原则，其中的风险收益率只与其所承担的系统风险相关联，而 β 系数又是其系统风险的度量值，因此，可以用一个简单的公式来描述每一证券（或证券组合）的必要收益率与其所含系统风险间的依赖关系：

$$R_i = R_f + \beta_i(R_m - R_f)$$

式中 R_i——证券(或证券组合)的必要收益率；

R_f——无风险收益率；

R_m——市场证券组合的必要收益；

β_i——证券(或证券组合)i 的 β 系数。

这一公式称为资本资产定价模型，由该模型可知，证券的必要收益率取决于下述3个因素：

第一，资金的纯粹时间价值，即无风险收益率 R_f。

第二，系统风险的报酬率减去无风险收益率 $R_m - R_f$。由于 R_m 是市场证券组合的必要收益率，而市场证券组合只含有系统风险，R_f 是无风险收益率，故二者之差 $R_m - R_f$ 反映的是单位系统风险所应得到的报酬。

第三，该证券(或证券组合)所含的系统风险的大小 β。

上述分析表明，证券投资的收益只能来自两个方面，一是资金的时间价值，二是投资者因承担系统风险而得到的风险收益。特别要指出的是，这一结论不仅对证券投资成立，而且对分析其他投资的收益也有很重要的参考价值。

【例6-16】某公司持有A、B、C三种股票组成的证券投资组合，其 β 系数和证券比例见例6-15，若市场证券组合的收益率为9%，无风险收益率为4%，试计算该证券投资组合的必要收益率。

$K_i = 4\% + 1.09 \times (9\% - 4\%) = 9.45\%$

或 $K_A = 4\% + 0.8 \times (9\% - 4\%) = 8\%$

$K_B = 4\% + 1 \times (9\% - 4\%) = 9\%$

$K_C = 4\% + 1.5 \times (9\% - 4\%) = 11.5\%$

$K_i = 8\% \times 30\% + 9\% \times 40\% + 11.5\% \times 30\% = 9.45\%$

根据资本资产定价模型确定了进行证券投资的必要收益率，在进行证券投资时，可将证券的预期收益率与计算出的必要收益率进行比较，当预期收益率大于必要收益率时，企业可以进行投资，反之，不应进行投资。也可以用必要收益率作为证券估价时的贴现率，因这一必要收益率充分考虑了投资风险，估价较为合理。

【例6-17】市场上A股票为固定成长股，其 β 系数为1.2，市价为100元/股，预计第一年每股股利为4元，以后每年增长5%，若目前市场上的短期国库券利率为4%，市场证券组合的必要收益率为8%，试判断可否对该股票进行投资。

方法一，分别计算A股票的必要收益率和预期收益率。

必要收益率 $K_A = 4\% + 1.2 \times (8\% - 4\%) = 8.8\%$

根据公式 $100 = 4/(R_S - 5\%)$

解得：A 股票的预期收益率为 $R_S = 9\%$

由于预期收益率9%大于必要收益率8.8%，所以可以进行A股票的投资。

方法二，首先计算A股票的必要收益率，再计算内在价值。

$K_A = 4\% + 1.2 \times (8\% - 4\%) = 8.8\%$

$V_A = 4/(8.8\% - 5\%) = 105.26$(元)

由于内在价值大于市价，所以可以进行A股票的投资。

2. 证券市场线(security market line，SML)

资本资产定价模型是在一定假设条件基础上经过复杂的计算推导得出的。该模型也可用图形来表示，称为证券市场线，表明某一证券(或证券组合)必要收益率与系统性风险之间的关系，证券市场线的纵轴为证券的必要收益率，横轴为β系数，纵轴上的截距为无风险收益率，斜率为单位系统风险的报酬，如图6-4所示。

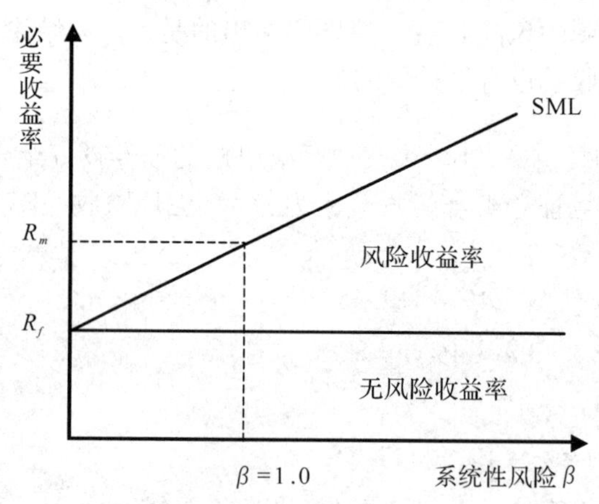

图6-4 证券必要收益与系统性风险之间的关系

证券市场线表明，所有证券的必要收益都应该落在这条线上。如果证券的必要收益高于证券市场线，说明这一证券的系统风险报酬高于其所承担的系统风险的数量，这将造成投资者对这一证券的青睐，从而使该证券的价格升高，必要收益下降，回到证券市场线上来。如果证券的必要收益低于证券市场线，说明这一证券的系统风险报酬低于其所承担的系统风险的数量，投资者将不愿意对这一证券投资，从而使证券的价格下降，必要收益升高，回升到证券市场线上去。因此，证券的必要收益应落在证券市场线上。

6.6.5 证券投资组合的策略与方法

从以上分析我们知道，通过证券投资组合能有效地分散风险，那么，企业在进行证券组合时应采用什么策略，用何种方法进行组合呢？现简要说明如下。

1. 证券投资组合策略

在证券投资理论的发展过程中，形成了各种各样的派别，从而也形成了不同的组合策略，现介绍其中最常见的几种。

(1)保守型策略

这种策略认为，最佳证券投资组合策略是要尽量模拟市场现状，将尽可能多的证券包括进来，以便分散掉全部非系统风险，得到与当时市场所有证券的平均收益同样的收益。1976年，美国先锋基金公司创造的指数信托基金，便是这一策略的最典型代表。这种基金投资于标准与普尔(standard and poor's)股票价格指数中所包含的全部500种股票，其投资比例与500家企业价值比例相同。这种投资组合有以下好处：①能分散掉全部可分散风险；②不需要高深的证券投资的专业知识；③证券投资的管理费比较低。但这种组合获得的收益不会高于证券市场上所有证券的平均收益。因此，此策略属于收益不高、风险不大的策略，故称之为保守型策略。

(2)冒险型策略

这种策略认为，与市场完全一样的组合不是最佳组合，只要投资组合做得好，就能击败市场或超越市场，取得远远高于平均水平的收益。在这种组合中，一些成长型的股票比较多，而那些低风险、低收益的证券不多。另外，其组合的随意性强，变动频繁。采用这种策略的人都认为，收益就在眼前，何必死守苦等。对于追随市场的保守派，他们是不屑一顾的。这种策略收益高，风险大，称为冒险型策略。

(3)适中型策略

这种策略认为，证券的价格，特别是股票的价格，是由特定企业的经营业绩来决定的。市场上股票价格的一时沉浮并不重要，只要企业经营业绩好，股票一定会升到其本来的价值水平。采用这种策略的人，一般都善于对证券进行分析，如行业分析、企业业绩分析、财务分析等，通过分析，选择高质量的股票和债券，组成投资组合。适中型策略如果做得好，可获得较高的收益，而又不会承担太大风险。但进行这种组合的人必须具备丰富的投资经验，拥有进行证券投资的各种专业知识。这种投资策略风险不太大，收益却比较高，所以是一种最常见的投资组合策略。各种金融机构、投资基金和企事业单位在进行证券投资时一般都采用此种策略。

2. 证券投资组合的方法

进行证券投资组合的方法有很多，但最常见的方法通常有以下几种。

(1)选择足够数量的证券进行组合

这是一种最简单的证券投资组合方法。在采用这种方法时，不是进行有目的的组合，而是随机选择证券，随着证券数量的增加，非系统风险会逐步减少，当数量足够时，大部分非系统风险都能分散掉。根据投资专家们估计，在美国纽约证券市场上，随机地购买40种股票，其大多数非系统风险都能分散掉。为了有效地分散风险，每个投资者拥有股票的数量最好不少于14种。我国股票种类还不太多，同时投资10种股票，就能达到分散风险的目的。

(2)把风险大、风险中等、风险小的证券放在一起进行组合

这种组合方法又称1/3法，是指把全部资金的1/3投资于风险大的证券；1/3投资于风险中等的证券；1/3投资于风险小的证券。一般而言，风险大的证券对经济形势的变化比较敏感，当经济处于繁荣时期，风险大的证券获得高额收益，当经济衰退时，风险大的

证券却会遭受巨额损失；相反，风险小的证券对经济形势的变化则不十分敏感，一般都能获得稳定收益，而不致遭受损失。因此，这种1/3的投资组合法，是一种进可攻、退可守的组合法，虽不会获得太高的收益，但也不会承担巨大风险，是一种常见的组合方法。

(3)把投资收益呈负相关的证券放在一起进行组合

一种股票的收益上升而另一种股票的收益下降的两种股票，称为负相关股票。把收益呈负相关的股票组合在一起，能有效地分散风险。例如某企业同时持有一家汽车制造公司的股票和一家石油公司的股票，当石油价格大幅度上升时，这两种股票便呈负相关。因为石油价格上涨，石油公司的收益会增加，但油价的上升，会影响汽车的销量，使汽车公司的收益降低。只要选择得当，这样的组合对降低风险有十分重要的意义。

小结

证券投资是指经济主体通过购买股票、债券等有价证券，以期获取未来收益的金融投资行为。证券投资在投资活动中占有突出地位，它是目前发达国家最主要和最基本的投资方式。证券投资流动性强、交易成本低、价格不稳定。

证券投资决策的基本做法是：只有证券价值高于其市价或者投资收益率高于预期投资报酬率时，才可以买进证券；否则就应该卖出。

股票的价值是购买股票以后未来获得的股利以及预计卖价的现值之和，具体计算有3种模型：零成长模型、固定成长模型和混合成长模型。短期的股票投资收益率不用考虑时间价值；长期股票投资收益率是使得股票价值与买价相等时的折现率。

债券价值是购买债券以后获得的利息与收回本金的现值之和。短期的债券投资收益率不用考虑时间价值；长期债券投资收益率是使得债券价值与买价相等时的折现率。

投资基金的价值是购买基金时能够带给投资人的现时流量，用资产的市场总价值减去债务的总价值，然后再除以总的基金份数，就得到单位基金净值。基金的认购价或者赎回价就是在单位基金净值的基础上加减手续费用得到的。基金的收益率其实就是股东权益的增长率。

投资多种证券的做法叫证券的投资组合，证券组合收益是组合中个别证券收益的加权平均数，证券组合的风险分为非系统风险和系统风险两部分，非系统风险能够通过有效组合来降低或者消除，系统风险是无法通过组合消除的，系统风险的大小用β系数来表示。两种证券的有效组合在机会集曲线上，而两种以上证券的所有有效组合在有效边界上。证券投资组合策略包括保守型策略、冒险型策略和适中型策略3种。

复习思考题

1. 试阐述证券投资的风险。
2. 试说明股票的估价模型与收益率的计算。
3. 试说明债券的估价模型与收益率的计算。
4. 试说明投资基金的估价模型与收益率的计算。
5. 试说明期权的投资策略。
6. 请阐述证券投资组合的意义。
7. 请说明证券投资组合的风险与收益率。

练习题

一、单项选择题

1. 下列说法中，正确的是(　　)。

A. 短期证券风险小，变现能力强，收益率高

B. 固定收益证券风险较小，但报酬不高

C. 变动收益证券风险较小，但报酬不高

D. 债权证券相对于所有权证券来说承担更大的风险

2. 一笔国债，5 年期，面值 1 000 元，发行价 1 100 元，票面利率 4%，单利计息，到期一次还本付息，其到期收益率是(　　)。

A. 4%　　B. 2%　　C. 1.76%　　D. 3%

3. 假设某基金持有三种股票，数量分别为 10 万股、50 万股和 100 万股，每股的收盘价分别为 30 元、20 元和 10 元，银行存款为 1 000 万元，该基金负债有两项：对托管人或管理人应付未来的报酬 500 万元，应付税金 500 万元，已经售出的基金单位为 2 000 万。则该基金的单位净值为(　　)。

A. 1.10 元　　B. 1.12 元　　C. 1.15 元　　D. 1.17 元

4. 下列各项中，属于非系统风险的是(　　)。

A. 中央银行提高存款利率　　B. 国家采取货币紧缩政策

C. 被投资公司在市场中竞争失败　　D. 通货膨胀

5. 投资人想出售有价证券获取现金时，证券不能立即出售的风险是(　　)。

A. 违约风险　　B. 购买力风险　　C. 流动性风险　　D. 期限性风险

6. 投资基金按组织形式不同，可分为(　　)。

A. 封闭型和开放型　　B. 契约型和公司型

C. 股权式和证券式　　D. 契约型和开放型

7. 某人以 1 100 元的价格购入 3 个月后到期一次还本付息(复利计息)的 5 年期面值 1 000 元，票面利率为 4% 的债券，则计算得出的到期收益率是(　　)。

A. 42.44%　　B. 10.61%　　C. 20%　　D. 36.37%

8. 下列公式中错误的是(　　)。

A. 基金认购价 = 基金单位净值 + 首次认购费

B. 基金单位净值 = 基金净资产价值总额/普通股股数

C. 基金赎回价 = 基金单位净值 - 基金赎回费

D. 基金净资产价值总额 = 基金资产总额 - 基金负债总额

9. 证券投资收益不包括是(　　)。

A. 证券出售价格与原买入价格之间的差价　　B. 定期的股利收入

C. 利息收入　　D. 证券出售价格

10. 由于通货膨胀而产生的风险称为(　　)。

A. 流动性风险　　B. 期限性风险　　C. 购买力风险　　D. 违约风险

11. 不存在违约风险的有价证券是(　　)。

A. 国库券　　B. 普通股　　C. 优先股　　D. 短期融资券

12. 短期证券投资的主要目的是(　　)。

A. 调节现金余额　　B. 获得稳定的收益

C. 获得控制权　　D. 降低风险

13. 某公司在 2002 年 4 月 1 日投资 515 万元购买一种股票 100 万股，在 2003 年、2004 年和 2005 年

的3月31日每股分配现金股利0.5元、0.6元、0.8元，并于2005年3月31日以每股6元的价格将股票全部出售，则该股票的持有期收益率是(　　)。

A. 18.2%　　B. 16.34%　　C. 16.7%　　D. 17.59%

14. 一次还本付息且单利计息的债券估价模型是(　　)。

A. $P = I \times (P/A, K, N) + F \times (P/F, K, N)$　　B. $P = F \times (P/A, K, N) + I \times (P/F, K, N)$

C. $P = F \times (1 + I \times N) \times (P/F, K, N)$　　D. $P = F \times (P/F, K, N)$

15. 能有效避免购买力风险的投资行为是(　　)。

A. 购买国库券　　B. 购买公司债券　　C. 购买优先股　　D. 购买普通股

16. 投资风险中，非系统风险的特征是(　　)。

A. 不能被投资多样化所稀释　　B. 不能消除而只能回避

C. 通过投资组合可以稀释　　D. 对各个投资者的影响程度相同

17. 上年每股股利1元，预计以后每年以5%的速度增长，如果投资者要求的最低报酬率为10%，则投资者可接受的最高买价是(　　)。

A. 10.5元　　B. 21元　　C. 15元　　D. 30元

18. 资本资产定价模式中，$\beta_i(K_m - R_F)$表示(　　)。

A. 市场均衡收益率　　B. 无风险收益率

C. 风险收益率　　D. 期望收益率

二、多项选择题

1. 下列说法不正确的是(　　)。

A. 票面收益率通常是票面全部利息收入与债券面额之比

B. 本期收益率是持有债券实际获得的利息收入与买入债券的实际价格之比

C. 贴现债券持有期收益率=(债券卖出价-债券买入价)/债券买入价

D. 剩余流通期限在1年以上的到期一次还本付息债券的到期收益率采用复利计算

2. 影响长期股票投资价值的因素包括(　　)。

A. 未来出售股票的价格　　B. 投资人要求的必要收益率

C. 预计未来每期的股利　　D. 股票现价

3. 产生证券违约风险的原因主要有(　　)。

A. 发生自然灾害　　B. 财务管理失误

C. 企业经营管理不善　　D. 政治经济形势发生重大变故

4. 下列属于系统风险的有(　　)。

A. 企业新产品开发失败　　B. 国家采取紧缩货币政策

C. 世界能源危机　　D. 企业没有签订到重要合同

5. 投资基金与股票、债券的重要区别有(　　)。

A. 发行主体不同　　B. 体现的权利关系不同

C. 风险和收益不同　　D. 存续时间不同

6. 债券投资的优点包括(　　)。

A. 购买力风险小　　B. 本金安全程度高

C. 收入稳定性强　　D. 市场流动性好

7. 股票投资的缺点包括(　　)。

A. 求尝权居后　　B. 股票价格不稳定

C. 股利收入不稳定　　D. 没有经营管理权

8. 基金投资的优点包括(　　)。

A. 获得很高的投资收益　　B. 具有专家理财优势

C. 投资风险小　　D. 具有资金规模优势

三、判断题

1. 证券具有两个最基本的特征：一是权利特征；二是书面特征。(　　)

2. 根据证券价格对不同信息的反映情况，可以将证券市场的效率程度分为两等，即弱式有效市场和强式有效市场。(　　)

3. 金融市场上的证券很多，其中可供企业投资的证券主要有国债、可转让存单和企业股票与债券，但并不包括短期融资券。(　　)

4. 息票债券持有期收益率等于持有期间获得的利息收入和资本损益之和与买入价的比值。(　　)

5. 在已知未来的本息收入的情况下，投资者愿意付的现期价格是按照目前的收益率对未来货币收入的折现值。(　　)

6. 票面收益率又称名义收益率或直接收益率，是印制在债券票面上的固定利率，通常是年利息收入和债券面额之比率。(　　)

7. 股票收益主要取决于股份公司的经营业绩和股票市场的价格变化，而与投资者的经验和技巧无关。(　　)

8. 根据投资标的不同，投资基金可以分为股票基金、债券基金、期货基金、期权基金、认股权证基金等，而不包括专门基金和货币基金。(　　)

9. 股票的持有期收益率是指股份公司以现金派发的股利和本期股票价格的比率。(　　)

10. 所有权证券比债权证券的风险低，其要求的投资收益也较低。(　　)

11. 优先股股票是最典型的变动收益证券。(　　)

12. 证券的流动性越强，其投资的流动性风险就越大。(　　)

13. 短期证券与长期证券相比，投资风险小，变现能力强，收益率也较高。(　　)

14. 投资基金证券是由管理人发行的。(　　)

15. 国库券没有购买力风险。(　　)

16. 一般而言，随着通货膨胀的发生，固定收益证券要比变动收益证券能更好地避免购买力风险。(　　)

17. 一般来说，政府证券同金融证券与公司证券相比，政府证券的风险较小。(　　)

18. 普通股股票不存在违约风险。(　　)

19. 在强式有效的市场上，投资者不可能通过对以往的价格分析来获得超额利润，而只能利用内幕信息才能获得超额利润。(　　)

四、计算题

1. 甲公司以 1 030 元的价格购入债券 A，债券 A 的面值为 1 000 元，票面利率为 10%。

请分别回答下列问题：

(1) 计算该债券的票面收益率；

(2) 如果该债券按年付息，计算该债券的本期收益率；

(3) 如果该债券为到期一次还本付息，持有半年后以 1 060 元的价格卖掉，计算该债券的持有期收益率；

(4) 如果该债券为按年付息，9 个月后到期，计算该债券的到期收益率；

(5) 如果该债券为按年付息，2 年后到期，计算该债券的到期收益率。

2. 甲公司以 10 元的价格购入股票 B，分别回答下列问题：

(1)假设本年可以获得1.5元的现金股利，计算本期收益率；

(2)假设持有3个月之后以10.5元的价格售出，在持有期间获得1.5元的现金股利，计算该股票的持有期收益率；

(3)假设持有2年之后以11元的价格售出，在持有一年时和持有两年时分别获得1元的现金股利，计算该股票的持有期收益率。

3. A公司2004年发行5年期，面值为1 000元的债券，票面利率为8%，单利计息，到期一次还本付息，债券的发行价格为1 050元。

要求：

(1)某人在债券发行时购入，半年后以1 080元售出，问该债券的持有期收益率是多少？

(2)某人在债券发行时购入，并持有到债券到期日，问该债券的到期收益率是多少？

(3)某人在债券发行4年后以1 350元购入，并持有到债券到期日，问该债券的到期收益率是多少？

4. 某公司欲投资购买A、B、C三种股票构成证券组合，它们目前的市价分别为10元/股、16元/股和4元/股，它们的β系数分别为1.1、1.0和0.5，它们在证券组合中所占的比例分别为50%、40%、10%，上年的股利分别为2元/股、1.4元/股和1.35元/股，预期持有B、C股票每年可分别获得稳定的股利，持有A股票每年获得的股利逐年增长率为5%，若目前的市场收益率为14%，无风险收益率为4%。

要求：

(1)计算投资A、B、C三种股票投资组合的风险收益率；

(2)按照资本资产定价模型分别计算投资A股票、B股票、C股票的必要收益率；

(3)计算投资组合的必要收益率；

(4)分别计算A股票、B股票、C股票的内在价值；

(5)判断该公司应否投资A、B、C三种股票；

(6)若选择投资A股票，估计1年后其市价可以涨到11元/股，计算若持有1年后将其出售，A股票的持有期收益率；

(7)若投资C股票，计算C股票的本期收益率。

5. 某证券市场现有A、B、C、D四种股票可供甲投资人选择，该投资人拟采取组合方式进行投资，有关资料如下：

(1)我国现行国库券的收益率为14%；

(2)市场平均风险股票的必要收益率为18%，已知A、B、C、D四种股票的β系数分别为2、1.6、1.2和0.9。

要求：

(1)假设A种股票是由W公司发行的，请按资本资产定价模型计算A股票的资本成本。

(2)假设B股票为固定成长股票，成长率为6%，预期一年后的股利为3元，当时该股票的市价为18元，那么甲投资人是否购买该种股票？

(3)如果甲投资人以其持有的100万元资金按着5:3:2的比例分别购买了A、B、C三种股票，此时投资组合报酬率和综合β系数各为多大？

(4)若甲投资人在保持投资比例不变条件下，将其中的C种股票售出并买进同样金额的D种股票，此时投资组合报酬率和综合β系数会发生怎样的变化？

6. A公司在2001年7月1日投资600万元购买甲公司股票200万股，在2002年、2003年、2004年的6月30日每股各分得现金股利0.3元、0.5元和0.6元，并于2004年7月1日以每股4元的价格将股票全部出售。

要求：计算该项投资的投资收益率。

第 7 章　营运资金管理

学习目标

通过本章学习，要求理解营运资金含义及特点、营运资金的一般政策、企业现金管理、应收账款管理、存货管理等。重点掌握最佳资金持有量的确定、信用政策的决策、存货控制的方法、经济采购批量的确定等。

时代计算机公司信用政策分析

时代计算机公司主要生产小型微型计算机，其市场目标主要定位于小规模公司和个人。该公司生产的产品质量优良，价格合理，在市场上颇受欢迎，销路很好，因此该公司也迅速壮大起来，由只有几十万元资本的公司发展到上亿元资本的公司。但是随着时代的变迁，该公司有些问题开始显现出来。该公司过去为了扩大销售，占领市场，一直采用较宽松的信用政策，客户拖欠的款项越来越大，时间越来越长，严重影响了资本的周转循环。公司不得不依靠长期负债及短期负债筹集资本。现在，主要贷款人开始做财务顾问，协助他们改善财务问题。

财务人员的有关资料整理如下：

(1)公司的销售条件为“2/10，*N*/90”，约半数的顾客享受折扣，但有许多未享受折扣的顾客延期付款，使平均收账期达到60天。2011年的坏账损失为500万元，信贷部门的成本分析及收账费用为50万元。

(2)如果改变信用条件为“2/10，*N*/30”，可能引起下列变化：

①销售额由原来的1亿元降为9 000万元；②坏账损失减少为90万元；③信贷部门成本增加至100万元；④享受折扣的顾客由50%增加到70%(假设未享受折扣的顾客也能在信用期内付款)；⑤由于销售规模下降，公司存货占用将减少1 000万元；⑥公司销售的变动成本率为60%；⑦公司的资金成本率为10%。

为改善公司目前的财务状况，根据这些财务资料，公司应采取什么措施？

7.1　营运资金管理概述

营运资金是指企业生产经营活动中占用在流动资产上的资金。营运资金有广义和狭义之分，广义的营运资金又称毛营运资金，是指一个企业流动资产的总额；狭义的营运资金又称净营运资金，是指流动资产减去流动负债后的余额。如果流动资产等于流动负债，则占用在流动资产上的资金是由流动负债融资；如果流动资产大于流动负债，则与此相对应的"净流动资产"要以长期负债或股东权益的一定份额为其资金来源。因此，营运资金的管理既包括流动资产的管理，也包括流动负债的管理。

7.1.1 营运资金的特点

为了有效地管理企业的营运资金，必须研究营运资金的特点，以便有针对性地进行管理。营运资金的特点一般有以下几点。

1. 周转速度快，变现能力强

营运资金周转一次所需要的时间短，通常为1年或超过1年的一个营业周期，对企业影响的时间比较短。因此，营运资金一般可通过商业信用、短期借款等方式加以解决。营运资金一般具有较强的变现能力，流动资产中的现金本身就是随时可利用的财务来源，具有百分之百的变现能力。其他流动资产，如交易性金融资产、应收票据、应收账款等的变现能力也比较强。一旦企业出现资金周转不良、现金短缺等情形，可迅速变卖这些资产换取现金。这对于财务上满足临时性资金需要具有重要意义。

2. 占用数量具有波动性

营运资金的数量并非一个常数，其占用额随企业供产销的变化而变化，季节性企业如此，非季节性企业也如此。随着流动资金数量的变动，流动负债的数量也相应发生变动。

3. 实物形态具有多变性

营运资金在循环周转过程中，经过供、产、销三个阶段，其占用形态不断变化。一般按现金、材料、在产品、应收账款、现金的顺序转化。从企业的每一个生产经营周期来看，为了保证生产经营活动的正常进行，必须首先拿出一部分现金去采购材料，这样，有一部分现金转化成材料；材料投入生产后，当产品尚未最后完工脱离加工过程以前，便形成在产品或自制半成品；当产品进一步加工后，就成为准备出售的产成品；产成品经过出售有的可直接获得现金，有的则因赊销而形成应收账款；经过一定时期以后，应收账款通过收现又转化为现金。由此可见，要使营运资金周转顺利进行，必须在各项营运资金上合理配置资金数额。

4. 营运资金的来源具有灵活多样性

企业筹集长期资金的方式一般比较少，只有吸收直接投资、发行股票、发行长期债券、银行长期借款等方式。而企业筹集营运资金的方式却较为灵活多样，通常有银行存款、短期融资券、商业信用、应交税金、应交工资、应付费用、预收货款、票据贴现等。

5. 获利能力相对较弱，投资风险相对较小

流动资产一般被认为是企业生产经营过程中的垫支性资产，如现金、应收账款等垫支性资产在某种意义都属于非生产性资产，并不直接创造价值，但又是价值创造中不可或缺的要素，获利能力较小。另外，这类资产与固定资产相比，通用性强，周转速度快，因此，投资风险小。

7.1.2 营运资金的内容

1. 流动资产

流动资产是指可以在1年或超过1年的一个营业周期内变现或耗用的资产，主要包括现金、交易性金融资产、应收及预付款、存货等。流动资产可以按以下标准进行分类。

(1)按实物形态分类

可分为现金、交易性金融资产、应收及预付款和存货。

①现金 现金有广义和狭义之分。广义的现金是指占用在各种货币形态上的资产，包括库存现金、银行存款及其他货币资金。狭义的现金是指企业的库存现金。本章中现金的概念是指广义的现金。

②交易性金融资产 交易性金融资产是指企业购买的，准备随时变现的各种有价证券以及不超过1年的其他投资，其中主要是指有价证券投资。

③应收及预付款 应收及预付款是指企业在商业信用条件下延期收回和预先支付的款项，包括应收账款、应收票据、其他应收款、预付账款等。

④存货 存货是指企业在生产经营过程中为销售或耗用而储备的物资，包括材料、燃料、在产品、半成品、产成品、商品及包装物、低值易耗品、委托代销商品等。

(2)按其在生产过程中发挥的作用分类

可分为生产领域的流动资产和流通领域的流动资产。

①生产领域的流动资产 生产领域的流动资产是指产品生产过程中发挥作用的流动资产，如原材料、半成品、辅助材料和低值易耗品等。

②流通领域的流动资产 流通领域的流动资产是指商品流通过程中发挥作用的流动资产，如产成品、现金和外购商品等。

(3)按流动性的强弱分类

可分为速动资产和非速动资产两大类。

①速动资产 速动资产是指变现能力强的流动资产，包括现金、交易性金融资产、应收票据、应收账款(扣坏账损失)、预付账款、其他应收款等。

②非速动资产 非速动资产是指变现能力差且不稳定的流动资产，包括存货、待摊费用、待处理流动资产损溢、一年内到期的长期投资等。

(4)按盈利能力分类

可分为收益性流动资产和非收益性流动资产两大类。

①收益性流动资产 收益性流动资产是指能直接给企业带来收益的流动资产，包括交易性金融资产、商品产品、结算资产(预付账款、其他应收款除外)。其中，结算资产作为收益性资产的前提是取得的收益应当大于可能发生的管理成本和坏账损失。

②非收益性流动资产 非收益性流动资产是指不能直接给企业带来收益的流动资产，包括现金、预付账款、其他应收款、非商品存货、待摊费用、待处理流动资产损溢等。

2. 流动负债

流动负债是指在1年(含1年)或超过1年的一个营业周期内必须偿还的债务，主要包括银行短期借款、应付账款、应付票据、预收账款、应付费用等。流动负债又称短期融资，具有成本低、偿还期短等特点。流动负债可按以下标准分类。

(1)按应付金额是否确定分类

可分为应付金额确定的流动负债和应付金额不确定的流动负债。

①应付金额确定的流动负债 应付金额确定的流动负债是指那些根据合同或法律规定，到期必须偿付，并且金额确定的流动负债，如短期借款、应付票据、应付账款、应付短期融资券等。

②应付金额不确定的流动负债 应付金额不确定的流动负债是指那些根据企业生产经营状况，到一定时期才能确定的流动负债或应付金额需要估计的流动负债，如应交税金、应交利润、应付工资、应付产品质量担保债务等。

(2)按流动负债的形成情况分类

可分为自然性流动负债和人为性流动负债。

①自然性流动负债 自然性流动负债是指不需要正式安排，由于结算持续的原因自然形成的那部分流动负债。

②人为性流动负债 人为性流动负债是指由财务人员根据企业对短期资金的需要情况，通过人为安排所形成的流动负债，如银行短期借款、应付短期融资券等。

7.1.3 营运资金管理的要求

1. 既要保证正常生产经营需要，又要合理节约使用资金

营运资金的管理，必须首先保证企业正常生产经营活动的资金需要，在此前提下，遵守勤俭节约的原则，挖掘资金潜力，精打细算地使用资金。只有这样，才能充分发挥营运资金管理促进生产经营正常进行的作用。

2. 资金管理和资产管理相结合

流动资产是流动资金的实物形态。财务部门只有深入生产经营业务部门关心流动资产的管理，使流动资产安全完整，使用合理，才能保证流动资金完整无缺，占用减少，效益提高。

3. 保证资金使用和物资运用相结合

在营运资金管理工作中，必须把资金使用和物资运用结合起来，资金是物资的货币表现。在遵守合理、公正原则的基础上，坚持钱货两清。企业不得无故拖欠货款，否则，影响企业资金周转速度，不能保证生产经营的资金需要。

7.1.4 营运资金的一般政策

营运资金的一般政策包括营运资金的投资政策和营运资金的筹资政策。

1. 营运资金的投资政策

营运资金的投资政策主要解决在既定的总资产水平下，企业营运资本中流动资产的占有量高低及其与长期资产占有比例的关系问题。流动资产作为短期资产具有较高的流动性，较多的流动资产占有能提高的企业的偿债能力，降低财务风险。在固定资产、流动负债和业务量一定的情况下，流动资产额较高，即企业拥有较多的现金、有价证券和保险储备量较高的存货。但是，由于流动性资产的收益性一般低于固定资产，所以较高的总资产拥有量和较高的流动资产比例会降低企业的收益性。而较低的营运资金占有量所带来的后果正好相反。此时，由于流动资产占有资金较少，而长期资产占有资金较多，使企业的流动资产占有量会使企业的流动比率下降，降低企业的流动性和偿债能力，增大企业的财务风险。

通过上面分析可以看到，营运资金占用量的确定，就是在收益和风险之间进行权衡。我们将较高的营运资金占用称为保守型投资政策；而将较低的营运资金占用称为激进型投资政策；处于两者之间的，称为中庸型投资政策。保守型投资政策的收益、风险均较低；激进型投资政策的收益、风险均较高；而中庸型投资政策的收益、风险一般。企业应当根据自己的实际情况和环境条件，按照中庸型营运资金政策原则，确定适当的营运资金占用量。

2. 营运资金的筹资政策

营运资金的筹资政策主要解决在既定的总资产水平下，企业营运资金中流动负债筹资额大小及其长期资本筹资的比例关系问题。它是就如何安排临时性流动资产和永久性流动资产的资金来源而言，一般也分为中庸型筹资政策、激进型筹资政策和保守型筹资政策。

(1)中庸型筹资政策

中庸型筹资政策也称为配合性筹资政策，它的特点是：对于临时性流动资产，运用临时性负债筹集资金满足其资金的需要；对于永久性流动资产和固定资产，运用长期负债、自发性负债和权益资本筹集资金满足其资金需要。

中庸型筹资政策要求企业临时负债筹集计划严密，实现现金流动与预期安排相一致。在季节性低谷时，企业应当除了自发性负债外没有其他流动负债；只有在临时性流动资产的需求高峰期，企业才举借各种临时性债务。但是在现实当中，往往会出现销售波动等客观情况，从而发生偿还临时性负债的困难。因此，中庸型筹资政策是一种理想化的营运资金筹集政策，对企业的资金使用条件要求较高。

(2)激进型筹资政策

激进型筹资政策也称为积极型筹资政策，它的特点是：临时性负债不但融通临时性流动资产的资金需要，还解决部分永久性资产的资金需要。

这种筹资政策较中庸型筹资政策有较多的流动负债，而流动负债的资金成本通常低于长期资金成本，所以可以大大节约企业的资金成本之外，增加企业盈利水平。但较多的流动负债会降低企业的流动比率，加大偿债风险。由于用短期负债购买部分的长期资产，而长期资产的资金周转期相对较长，有时企业不得不借新债还旧债。如果筹措不到新的款项，原债权人又不愿意将短期负债展期，企业就有可能破产。另外，当企业短期负债举债次数增多时，其利息费用也可能会大幅度的波动，有时甚至高于长期负债的利息费用。由此可见，激进型筹资政策可以在一定程度上解决资金成本，但要冒较高的财务风险。

(3)保守型筹资政策

保守型筹资政策也称为稳健型筹资政策，它的特点是：临时性负债只融通部分临时性流动资产的资金需要，另一部分临时性流动资产和永久性资产，则由长期负债、自发性负债和权益资本作为资金来源。

保守型筹资政策比中庸型筹资政策所借入的短期负债还要少，使企业有充足的还款保证，财务风险较小。例如，企业用长期负债满足部分季节性流动资金的需要，在经营淡季时，企业对资金的需求量低于长期资金的供应，此时企业可将闲置的资金用于交易性金融资产项目以获取若干报酬；到达旺季时，短期资金需求量高于长期资金供应，此时除了出售企业所存储的交易性金融资产项目外，可能还需要使用少量的短期信用就可满足资金的需要。这种筹资政策在偿还债务方面安全性较高，但在长期负债上所花费的成本费用要高于短期负债，使企业资金成本增大。

总之，激进型筹资政策的收益和风险均高，保守型筹资政策的收益和风险均相对较低，而中庸型筹资政策的收益和风险介于两者之间。一般说来，如果企业能够驾驭资金的使用，采用收益和风险配合得较为适中的中庸型筹资政策是有利的。

7.2 现金管理

现金是可以立即投入流动的交换媒介。它的首要特点是普遍的可接受性，即可以有效地立即用来购买商品、货物、劳务或偿还债务。因此，现金是企业中流动性最强的资产。属于现金内容的项目包括：企业的库存现金、各种形式的银行存款和银行本票、银行汇票。

7.2.1 现金管理的目标

现金是企业资产中流动性最强的部分，是满足企业正常经营支出、清偿债务、履行纳税义务的重要保证。因此，企业保持足够的现金余额，对于增加企业资产的流动性，降低或避免经营风险和财务风险都具有十分重要的意义。但是，现金又是一种非盈利性资产，持有量过多，会给企业造成较大的机会损失，降低企业整体资产的获利能力。因此，现金管理的目的，就是在现金的流动性与收益性之间做出合理的选择，力求做到既保证企业正常生产经营活动的需要，又不使企业现金多余闲置，以获取最大的长期利润。

7.2.2 现金的持有动机

企业持有一定量现金，主要是满足对现金的交易性需要、预防性需要和投机性需要，因此其持有现金主要出于以下三种动机。

1. 交易动机

交易动机是指用来满足日常业务的现金支出需要。企业经常得到收入，也经常发生支出，两者不可能同步同量，企业为了组织日常生产经营活动，必须保持一定数额的现金，用于购买原材料、支付工资、缴纳税款、偿付到期债务、派发现金股利等。因此，企业滞存一定数量的现金余额是正常业务活动能够连续进行的基本保障。一般来说，企业为满足交易动机所持有的现金余额主要取决于企业销售水平。企业销售规模扩大，销售额增加，所需要的现金余额也随之增加。

2. 预防动机

预防动机是指用来应付意外事件发生对现金支出的需要。企业有时会出现料想不到的事件，如生产事故、坏账、自然灾害等，这些事件一旦发生，就会产生现金急需。因此，在正常业务活动现金需要量的基础上，追加一定数量的现金余额以应付未来现金流入和现金流出的随机波动，是企业在确定必要现金持有量时应当考虑的因素。一般来说预防性现金数额的多少，取决于企业对未来现金流量预测的准确程度，企业对现金流量的预测越准，需要的预防性现金数额就越少；反之，则越多。此外，预防性现金数额的多少还与企业的借款能力有关，如果企业能够很容易地随时借到短期资金，也可以减少预防性现金数额；反之，则应扩大预防性现金额。

3. 投机动机

投机动机是指用于从事投机活动并从中获利的现金需要。比如，当企业遇到廉价原材料或其他资产供应的机会，便可用手头现金大量购入；再比如在适当时机购入价格有利的股票和其他有价证券，等等。投机动机一般只是企业确定现金余额所需考虑的次要因素之一，其持有量的大小往往与企业在金融市场的投资机会及企业对待风险的态度有关。

可见，企业的生产经营活动要顺利进行，必须持有一定数量的现金。但无论是企业的库存现金，还是存入银行的现金，或是没有收益，或是利息率远远低于投资的正常盈利水平。而且现金的流动性最强，在其保管和使用过程中容易出现事故以及挪用、贪污等违法行为，因此持有大量现金会增加管理难度，降低现金的安全性。现金管理的目的，就是要对企业现金进行合理的规划与控制，以便保证生产经营对现金的需求，同时，合理地利用闲置的现金，从中得到最大的投资收益。

7.2.3 现金管理的有关规定

按照现行制度，国家有关部门对企业使用现金有如下有关规定。

1. 现金使用范围的规定

企业用现金从事交易，只能在一定范围内进行。具体范围包括：

①支付职工工资、津贴；

②支付个人劳动报酬；

③根据国家规定颁发给个人的科学技术、文化艺术、体育等各项奖金；

④支付各种劳保、福利费用以及国家规定的对个人的其他支出；

⑤向个人收购农副产品和其他物资的价款；

⑥出差人员必须随身携带的差旅费；

⑦结算点(1 000 元)以下的零星支出；

⑧中国人民银行确定需要支出现金的其他支出。

2. 其他规定

①库存现金限额。企业库存现金，由开户银行根据企业的实际需要核定限额，一般以3 ~5 天的零星开支为限。

②不得坐支现金。即企业不得从本单位的现金收入中直接支付交易款。现金收入应于当日终了时，送存开户银行。

③不得出租、出借银行账户。

④不得签发空头支票和远期支票。

⑤不得套用银行信用。

⑥不得保存账外公款，包括不得将公款以个人名义存入银行和保存账外现金等各种形式的账外公款。

7.2.4 现金的持有成本

现金的持有成本通常由以下4部分组成。

1. 管理成本

管理成本是指企业因保留现金余额而发生的管理费用，如要建立完整的企业现金管理内部控制制度，制定各种现金收支规定和现金预算执行的具体办法，以及支付给现金管理人员的工资和安全措施费用等。管理成本具有固定成本的性质，它在一定范围内与现金持有量的多少关系不大，故属于决策无关成本。

2. 机会成本

现金资产的非盈利性特征决定了持有现金是不会获取收益的，银行存款即便有利息收入，也是非常低的，只能看作是起一种保值作用。如果企业将这部分现金资产进行投资，有可能获取一定的投资收益。因此，将因持有现金而丧失的再投资收益叫作机会成本。它是企业不能同时用该现金进行有价证券投资所产生的机会成本，这种成本在数额上等同于资金成本。比如，企业欲持有10 000元现金，就只能放弃600元的证券投资收益（假设证券投资收益率为6%）。这部分成本具有变动成本性质，它与现金持有量的多少密切相关，即持有量越大，机会成本越高；反之，就越小。

3. 转换成本

转换成本是指企业现金与有价证券转换过程中所发生的成本，如委托买卖佣金、委托手续费、债券过户费、实物交割手续费等。严格地讲，转换成本并不都是固定费用，有的具有变动成本性质。在有价证券总额既定的条件下，按成交金额计算的费用，无论转换次数多少，所支付的费用总额是相等的，即它们与转换次数关系不大，具有固定成本性质，属于决策无关成本，如委托佣金或手续费；与证券转换次数密切相关的转换成本具有变动成本性质，如固定性交易费用，这部分转换成本与证券变现次数成线性关系，即转换成本=证券变现次数×每次的转换成本。在现金需要总量确定的前提下，每次转换的现金越少，现金持有量就越少，则需要转换的次数就越多，相应的转换成本就越大；相反，转换成本就越少。

4. 短缺成本

短缺成本是指现金持有量不足而又无法及时得到补充而给企业造成的损失，如不能及时支付材料款而停工待料给企业造成的经济损失。现金短缺成本与现金持有量成负相关关系，即现金短缺成本随现金持有量的增加而减少，随现金持有量的减少而增加。

7.2.5 最佳现金持有量

基于交易、预防、投机等动机的需要，企业必须保持一定数量的现金余额。确定最佳现金持有量的模式主要有成本分析模式和存货模式。

1. 成本分析模式

成本分析模式是根据现金有关成本，分析预测其总成本最低时现金持有量的一种方法。运用成本分析模式确定现金最佳持有量，只考虑因持有一定量的现金而产生的机会成本及短缺成本，而不考虑管理费用和转换成本。

(1)原理

机会成本即因持有现金而丧失的再投资收益，是与现金持有量成正比例变动关系，用公式表示如下：

$$机会成本 = 现金持有量 \times 有价证券利率(或报酬率)$$

短缺成本与现金持有量成反方向变动关系。现金的成本同现金持有量之间的关系如图7-1所示。

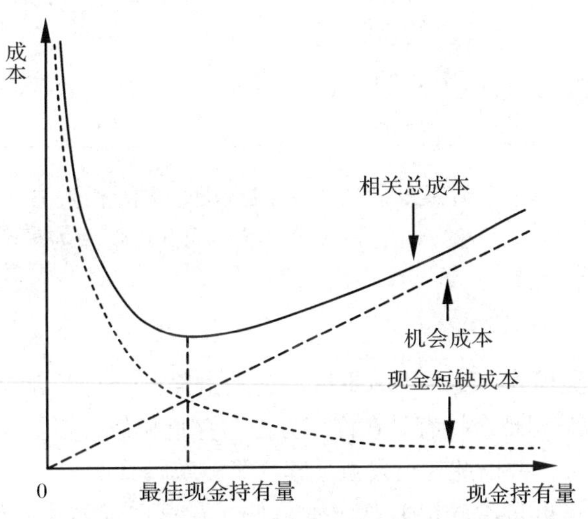

图 7-1 成本分析模式

从图7-1可以看出，由于各项成本同现金持有量的变动关系不同，使得总成本曲线呈抛物线形，抛物线的最低点，即为成本最低点，该点所对应的现金持有量便是最佳现金持有量，此时总成本最低。

成本分析模式是基于上述原理来确定现金最佳持有量的。在这种模式下，最佳现金持有量，就是持有现金而产生的机会成本与短缺成本之和最小时的现金持有量。

(2)运用

实际工作中运用该模式确定最佳现金持有量的具体步骤为：

①根据不同现金持有量测算并确定有关成本数值；

②按照不同现金持有量及其有关成本资料编制最佳现金持有量测算表；

③在测算表中找出相关总成本最低时的现金持有量，即最佳现金持有量。

【例7-1】最佳现金持有量测算——成本分析模式

某企业现有A、B、C、D四种现金持有方案，有关成本资料如表7-1所示。

表 7-1　现金持有量备选方案表　　万元

项　目	A	B	C	D
现金持有量	100 000	200 000	300 000	400 000
机会成本率(%)	10	10	10	10
短缺成本	48 000	25 000	10 000	5 000

根据表 7-1，可采用成本分析模式编制该企业最佳现金持有量测算表，见表 7-2。

表 7-2　最佳现金持有量测算表　　万元

方案及现金持有量	机会成本	短缺成本	相关总成本
A(100 000)	10 000	48 000	58 000
B(200 000)	10 000	25 000	45 000
C(300 000)	10 000	10 000	40 000
D(400 000)	10 000	5 000	45 000

通过分析比较上表中各方案的总成本可知，C 方案的相关总成本最低，因此企业持有 300 000 元的现金时，各方面的总代价最低，300 000 元为现金最佳持有量。

2. 存货模式

存货模式又称鲍莫模式(Baumol model)，它是由美国经济学家 William J. Baumol 首先提出的。Baumol 认为公司现金持有量在许多方面与存货相似，存货经济定货批量模型可用于确定目标现金持有量，并以此为出发点，建立了鲍莫模式。

存货模式的着眼点也是现金相关总成本最低。在这些成本中，管理费用因其相对稳定，同现金持有量的多少关系不大，因此在存货模式中将其视为决策无关成本而不予考虑。由于现金是否会发生短缺、短缺多少、概率多大以及各种短缺情形发生时可能的损失如何，都存在很大的不确定性和无法计量性。因而，在利用存货模式计算现金最佳持有量时，对短缺成本也不予考虑。在存货模式中，只对机会成本和固定性转换成本予以考虑。前已述及，机会成本和固定性转换成本随着现金持有量的变动而呈现出相反的变动趋向，这就要求企业必须对现金与有价证券的分割比例进行合理安排，从而使机会成本与固定性转换成本保持最佳组合。换言之，能够使现金管理的机会成本与固定性转换成本之和保持最低的现金持有量，即为最佳现金持有量。

运用存货模式确定现金持有量，是以下列假设为前提的：①企业所需要的现金可通过证券变现取得，且证券变现的不确定性很小；②企业预算期内现金需要总量可以预测；③现金的支出过程比较稳定、波动较小，而且每当现金余额降至 0 时，均通过部分证券变现得以补足；④证券的利率或报酬率以及每次固定性交易费可以获悉。如果这些条件基本得到满足，企业便可以利用存货模式来确定现金的最挂持有量。

设 T 为一个周期内现金总需求量；F 为每次转换有价证券的固定成本；Q 为最佳现金持有量(每次证券变现的数量)；K 为有价证券利息率(机会成本)；TC 为现金管理相关总

成本。则：

现金管理相关总成本 = 持有机会成本 + 固定性转换成本

即：

$$TC = (Q/2) \times K + (T/Q) \times F$$

现金管理相关成本与持有机会成本、固定性转换成本的关系如图 7-2 所示。

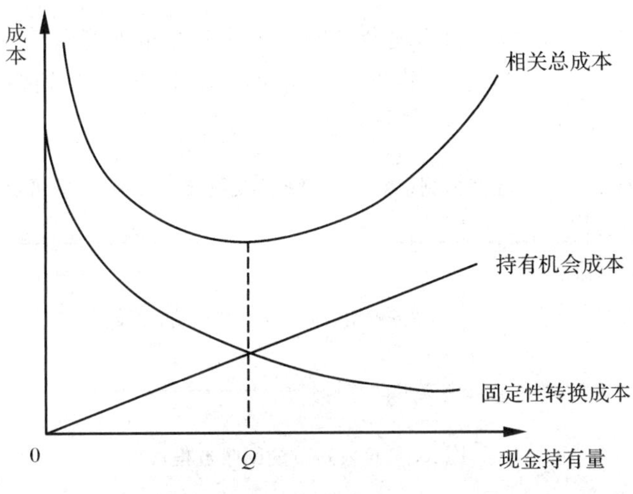

图 7-2 存货模式

从图 7-2 可以看出，现金管理的相关总成本与现金持有量呈凹形曲线关系。持有现金的机会成本与证券变现的交易成本相等时，现金管理的相关总成本最低，此时的现金持有量为最佳现金持有量，即：

$$Q = \sqrt{2TF/K}$$

将以上公式代入现金管理相关总成本公式得：

$$\text{最低现金管理相关总成本 } TC = \sqrt{2TFK}$$

【例 7-2】最佳现金持有量测算——存货模式

某企业现金收支状况比较稳定，预计全年(按 360 天计算)需要现金 400 万元。现金与耐用消费品有价证券的转换成本为每次 400 元，有价证券的年利率为 8%，则：

最佳现金持有量(Q) = $\sqrt{2 \times 4\,000\,000 \times 400/8\%}$

= 200 000(元)

最低现金管理相关总成本(TC) = $\sqrt{2 \times 4\,000\,000 \times 400 \times 8\%}$

= 16 000(元)

其中：转换成本 = (4 000 000 ÷ 200 000) × 400 = 8 000(元)

持有机会成本 = (200 000 ÷ 2) × 8% = 8 000(元)

有价证券交易次数(T/Q) = 4 000 000 ÷ 200 000 = 20(次)

有价证券交易间隔期 = 360 ÷ 20 = 18(天)

7.2.6 现金日常管理

企业在确定了最佳现金持有量后，还应采取各种措施，加强现金的日常管理，以保证现金的安全、完整，最大程度地发挥其效用。现金日常管理的基本内容主要包括以下几个方面。

1. 现金回收管理

为了提高现金的使用效率，加速现金周转，企业应尽量加速账款的收回。一般来说，企业账款的收回需要经过4个时点，即客户开出付款票据、企业收到票据、票据交存银行和企业收到现金。这个过程如图7-3所示。

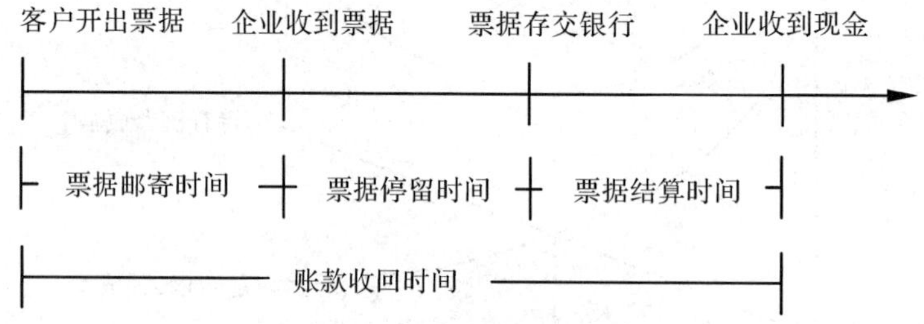

图7-3 企业账款的回收过程

企业账款收回的时间包括票据邮寄时间、票据在企业停留时间以及票据结算的时间。前两个阶段所需时间的长短不但与客户、企业、银行之间的距离有关，而且与收款的效率有关。在实际工作中，缩短这两段时间的方法一般有邮政信箱法、银行业务集中法、电子付款法等。

(1)邮政信箱法

邮政信箱法又称锁箱法，是西方企业加速现金流转的一种常用方法。企业可以在各主要城市租用专门的邮政信箱，并开立分行存款户，授权当地银行每日开启信箱，在取得客户票据后立即予以结算，并通过电汇再将货款拨给企业所在地银行。在锁箱法下，客户将票据直接寄给客户所在地的邮箱而不是企业总部，不但缩短了票据邮寄时间，还免除了公司办理收账、货款存入银行等手续，因而缩短了票据邮寄以及在企业的停留时间。但采用这种方法成本较高，因为被授权开启邮政信箱的当地银行除了要求扣除相应的补偿性余额外，还要收取办理额外服务的劳务费，导致现金管理成本增加。因此，是否采用邮政信箱法，需视提前回笼现金产生的收益与增加的成本的大小而定。

(2)银行业务集中法

这是一种通过建立多个收款中心来加速现金流转的方法。在这种方法下，企业指定一个主要开户行(通常是总部所在地)为集中银行，并在收款额较集中的若干地区设立若干个收款中心；客户收到账单后直接汇给当地收款中心，中心收款后立即存入当地银行；当地银行在进行票据交换后立即转给企业总部所在银行。这种方法可以缩短客户邮寄票据所需时间和票据托收所需时间，也就缩短了现金从客户到企业的中间周转时间。但是，采用这种方法须在多处设立收账中心，从而增加了相应的费用支出。

因此，企业应在权衡利弊得失的基础上，做出是否采用银行业务集中法的决策，这需要计算分散收账收益净额。

分散收账收益净额 =（分散收账前应收账款投资额 － 分散收账后应收账款投资额）×
企业综合资金成本率 － 因增设收账中心每年增加费用额

除上述方法外，还可以采取电汇、大额款项专人处理、企业内部往来多边结算，集中轧抵、减少不必要的银行账户等方法加快现金回收。

2. 现金支出管理

与现金收入的管理相反，现金支出管理的主要任务是尽可能延缓现金的支出时间。当然这种延缓必须是合理合法的，否则企业延期支付账款所得到的收益将远远低于由此而遭受的损失。延期支付账款的方法一般有以下几种。

(1)合理利用“浮游量”

所谓现金的浮游量是指企业账户上现金余额与银行账户上所示的存款余额之间的差额。有时，企业账户上的现金余额已为 0 或负数，而银行账簿上的该企业的现金余额还有很多，这是因为有些企业已经开出的付款票据尚处在传递中，银行尚未付款出账。如果能正确预测浮游量并加以利用，可节约大量现金，增加收益。例如，当一个公司在同一国家有多个银行存款账户时，可选择一个能使支票在外流通时间最长的银行来支付货款。当然利用浮游量经营要有一定的条件和限度，即以不损害企业信誉为前提。在使用现金浮游量时，还要控制好时间，否则会发生银行存款透支的现象。

(2)充分利用商业信用

为了最大限度地利用现金，应安排好付款时间，尽量推迟现金的支付，充分运用供货方所提供的信用优惠。例如，企业在赊购材料时，如果付款条件为“3/15，*N*/45”，是指在发票开出 15 天内付款，可享受 3% 的现金折扣，如果不想取得折扣，这笔货款要在 45 天内付清；如果想取得折扣，企业应安排在发票开出后第 15 天内付款给供应商。这样，通过推迟到最后一天付款，企业可以在最大限度的时间内利用它的资金而又不会损失现金折扣。在没有现金折扣的条件下，也应安排在信用条件所规定的最后一天付款。在不影响企业信誉的前提下，也可以考虑适当延期付款。

(3)采用汇票付款

在使用支票付款时，只要受票人将支票存入银行，付款人就要无条件地付款。但汇票不是“见票即付”的付款方式，在受票人将汇票送达银行后，银行要将汇票送交付款人承兑，并由付款人将一笔相当于汇票金额的资金存入银行，银行才会付款给受票人，这样就有可能合法地延期付款。

(4)改进工资支付方式

有的企业在银行单独开设一个账户专供支付职工工资。为了最大限度地减少这一存款余额，企业可预先估计出开出支付工资支票到银行兑现的具体时间。例如，某企业在每月 5 日支付工资，根据经验。5 日、6 日、7 日及 7 日以后的兑现率分别为 20%、25%、30% 和 25%。这样，企业就不需在 5 日存足支付全部工资所需要的工资额，而可将节余下的部分现金用于其他投资。

(5)力争现金流入和现金流出同步

企业只有将加速收款和控制付款有效地结合起来，才能真正提高现金周转效率。也就是说，企业应尽量使它的现金流入与现金流出发生的时间趋于一致，从而最大限度地减少现金占有，使其所持有的交易行现金余额降低到最低水平。为此，企业应认真编制现金预算，从而有效地组织销售以及其他现金流入，合理安排购货等现金之处。这就是所谓的现金流量同步。

3. 闲置现金投资管理

企业在筹资和经营时，会取得大量的现金，这些现金在用于资本投资或其他业务活动之前，通常会闲置一段时间。这些现金可用于短期证券投资以获取利息收入或资本利得，如果管理得当，可为企业增加相当可观的净收益。

企业现金管理的目的首先是保证日常生产经营业务的现金需求，其次才是使这些现金获得最大收益。这两个目的要求企业把闲置资金投入到流动性高、风险性低、交易期限短的金融工具中，以期获得较多的收入。在货币市场上，财务人员通常使用的金融工具主要有国库券、可转让大额存单、回购协议等。

7.3 应收账款管理

应收账款是企业因对外赊销产品、材料、供应劳务等而应向购货或接受劳务的单位收取的款项。

7.3.1 应收账款的功能

应收账款的功能是指它在企业生产经营中所具有的作用。应收账款的主要功能有以下两点。

1. 促进销售

企业销售产品时可以采取两种基本方式，即现销方式与赊销方式。现销方式最大的优点是应计现金流入量与实际现金流入量完全吻合，既能避免呆、坏账损失，又能及时地将收回的款项投入再增值过程，因而是企业最期望的一种销售结算方式。然而，在竞争激烈的市场经济条件下，完全依赖现销方式往往是不现实的。由于赊销方式下，企业在销售产品的同时，向买方提供了可以在一定期限内无偿使用的资金，即商业信用资金，其数额等同于商品的售价，这对于购买方而言具有极大的吸引力。因此，赊销是一种重要的促销手段，对于企业销售产品、开拓并占领市场具有重要意义。在企业产品销售不畅、市场萎缩、竞争不力的情况下，或者在企业销售新产品、开拓新市场时，为适应市场竞争的需要，适时地采取各种有效的赊销方式，就显得尤为必要。

2. 减少存货

赊销可以加速产品销售的实现，加快产成品向销售收入的转化速度，从而对降低存货中的产成品数额有着积极的影响。这有利于缩短产成品的库存时间，降低产成品存货的管理费用、仓储费用和保险费用等各方面的支出。因此，当产成品存货较多时，企业可以采用较为优惠的信用条件进行赊销，尽快地实现产成品存货向销售收入的转化，变持有产成品存货为持有应收账款，以节约各项存货支出。

7.3.2 应收账款的成本

企业在采取赊销方式促进销售的同时，会因持有应收账款而付出一定的代价，这种代价，即为应收账款的成本。其内容包括以下几项。

1. 机会成本

应收账款的机会成本是指因资金投放在应收账款上而丧失的其他收入，如投资于有价证券便会有利息收入。这一成本的大小通常与企业维持赊销业务所需要的资金数量(即应收账款投资额)、资金成本率有关。其计算公式为：

$$应收账款机会成本 = 维持赊销业务所需要的资金 \times 资金成本率$$

式中，资金成本率一般可按有价证券利息率计算。维持赊销业务所需要的资金数量可按下列步骤计算。

(1)计算应收账款平均余额

$$应收账款平均余额 = \frac{年赊销额}{360} \times 平均收账天数$$

即：

$$应收账款平均余额 = 平均每日赊销额 \times 平均收账天数$$

(2)计算维持赊销业务所需要的资金

$$维持赊销业务所需要的资金 = 应收账款平均余额 \times \frac{变动成本}{销售收入}$$

即：

$$维持赊销业务所需要的资金 = 应收账款平均余额 \times 变动成本率$$

在上述分析中，假设企业的成本水平保持不变(即单位变动成本不变，固定成本总额不变)，因此随着赊销业务的扩大，只有变动成本随之上升。

【例 7-3】应收账款机会成本计算

假设某企业预测的年度赊销额为 3 000 000 元，应收账款平均收账天数为 60 天，变动成本率为 60%；资金成本率为 10%，则应收账款机会成本可计算如下：

$$应收账款平均余额 = \frac{3\ 000\ 000}{360} \times 60 = 500\ 000(元)$$

$$维持赊销业务所需要的资金 = 500\ 000 \times 60\% = 300\ 000(元)$$

$$应收账款的机会成本 = 300\ 000 \times 10\% = 30\ 000(元)$$

上述计算表明，企业投放 300 000 元的资金可维持 3 000 000 元的赊销业务，相当于垫支资金的 10 倍之多。这一较高的倍数在很大程度上取决于应收账款的收账速度。在正常情况下，应收账款收账天数越少，一定数量资金所维持的赊销额就越大；应收账款收账天数越多，维持相同赊销额所需要的资金数量就越大。而应收账款机会成本在很大程度上取决于企业维持赊销业务所需要资金的多少。

2. 管理成本

应收账款的管理成本是指企业对应收账款进行管理而耗费的开支，主要包括对客户的资信调查费用、收账费用和其他费用。

3. 坏账成本

应收账款是基于商业信用而产生的，存在无法收回的可能性，由此而给应收账款持有企业带来的损失，即为坏账成本。这一成本一般与应收账款数量同方向变动，即应收账款越多，坏账成本也越多。基于此，为规避发生坏账成本给企业生产经营活动的稳定性带来不利影响，企业应合理提取坏账准备。

7.3.3 信用政策

信用政策即应收账款的管理政策，是指企业为对应收账款投资进行规划与控制而确立的基本原则与行为规范，包括信用标准、信用条件和收账政策3部分内容。

1. 信用标准

信用标准是客户获得企业商业信用所应具备的最低条件，通常以预期的坏账损失率表示。如果企业把信用标准定得过高，将使用许多客户因信用品质达不到所设的标准而被企业拒之门外，其结果尽管有利于降低违约风险及收账费用，但不利于企业市场竞争能力的提高和销售收入的扩大。相反，如果企业把信用标准定得过低，提高了市场竞争力和占有率，但同时也会导致坏账损失风险加大和收账费用增加。

(1)影响信用标准的因素分析

企业在信用标准的确定上，面临着两难的选择。其实，这也是风险、收益、成本的对称性关系在企业信用标准制定方面的客观反映。因此，必须对影响信用标准的因素进行定性分析。企业在制定或选择信用标准时，应考虑3个基本因素：其一，同行业竞争对手的情况。面对竞争对手，企业首先应考虑是如何在竞争中处于优势地位，保持并不断扩大市场占有率。如果对手实力很强，企业欲取得或保持优势地位，就需采取较低(相对于竞争对手)的信用标准；反之，其信用标准可以相应严格一些。其二，企业承担违约风险的能力。企业承担违约风险能力的强弱，对信用标准的选择也有着重要的影响。当企业具有较强的违约风险承担能力时，就可以以较低的信用标准提高竞争力，争取客户，扩大销售；反之，如果企业承担违约风险的能力比较脆弱，就只能选择严格的信用标准以尽可能地降低违约风险的程度。其三，客户的资信程度。客户资信程度的高低通常决定于5个方面，即客户的信用品质(character)、偿付能力(capacity)、资本(capital)、抵押品(collateral)、经济状况(conditions)等，简称“5C”系统。

①信用品质　信用品质是指客户履约或赖账的可能性，这是决定是否给予客户信用的首要因素，主要通过了解客户以往的付款履约记录进行评价。

②偿付能力　客户偿付能力的高低，取决于资产特别是流动资产的数量、质量(变现能力)及其与流动负债的比率关系。一般而言，企业流动资产的数量越多，流动比率越大，表明其偿付债务的物质保证越雄厚，反之，则偿债能力越差。当然，对客户偿付能力的判断，还需要注意对其资产质量，即变现能力以及负债的流动性进行分析。资产的变现能力越大，企业的偿债能力就越强；相反，负债的流动性越大，企业的偿债能力也就越小。

③资本　资本反映了客户的经济实力与财务状况的优劣，是客户偿付债务的最终保证。

④抵押品 即客户提供的可作为资信安全保证的资产。能够作为信用担保的抵押财产，必须为客户实际所有，并且应具有较高的市场性，即变现能力。对于不知底细或信用状况有争议的客户，只要能够提供足够的高质量的抵押财产(最好经过投保)，就可以向它们提供相应的商业信用。

⑤经济状况 经济状况是指不利经济环境对客户偿付能力的影响及客户是否具有较强的应变能力。

上述各种信息资料主要通过下列渠道取得：商业代理机构或资信调查机构所提供的客户信息资料及信用等级标准资料；委托往来银行信用部门向与客户有关联业务的银行索取信用资料；与同一客户有信用关系的其他企业相互交换该客户的信用资料；客户的财务报告资料；企业自身的经验与其他可取得的资料等。

(2)确立信用标准的定量分析

对信用标准进行定量分析，旨在解决两个问题：一是确定客户拒付账款的风险，即坏账损失率；二是具体确定客户的信用等级，以作为给予或拒绝信用的依据。这主要通过以下 3 个步骤来完成。

①设定信用等级的评价标准。即根据对客户信用资料的调查分析，确定评价信用优劣的数量标准，以一组具有代表性、能够说明付款能力和财务状况的若干比率(如流动比率、速动比率、应收账款平均收账天数、存货周转率、产权比率或资产负债率、赊购付款履约情况等)作为信用风险指标，根据数年内最坏年景的情况，分别找出信用好和信用差两类顾客的上述比率的平均值，依此作为比较其他顾客的信用标准。

【例 7-4】信用标准的确定

按照上述方法确定的某行业的信用标准见表 7-3。

表 7-3 信用标准一览表

指 标	信用标准	
	信用好	信用差
流动比率	2.5:1	1.6:1
速动比率	1.1:1	0.8:1
现金比率	0.4:1	0.2:1
产权比率	1.8:1	4:1
已获利息倍数	3.2:1	1.6:1
有形净值负债率	1.5:1	2.9:1
应收账款平均收账天数(天)	26	40
存货周转率(次)	6	4
总资产报酬率(%)	35	20
赊购付款履约情况	及时	拖欠

②利用既有或潜在客户的财务报表数据，计算各自的指标值，并与上述标准比较。比较的方法是：若某客户的某项指标值等于或低于差的信用标准，则该客户的拒付风险系数（即坏账损失率）增加10个百分点；若客户的某项指标值介于好与差的信用标准之间，则该客户的拒付风险系数（坏账损失率）增加5个百分点；当客户的某项指标值等于或高于好的信用标准时，则视该客户的这一指标无拒付风险。最后，将客户的各项指标的拒付风险系数累加，即作为该客户发生坏账损失的总比率。

【例7-5】拒付风险系数的确定

甲客户的各项指标值及累计风险系数见表7-4。

在表7-4中，甲客户的流动比率、速动比率、产权比率、已获利息倍数、存货周转率、总资产报酬率、赊购付款履约情况等指标均等于或高于好的信用标准值，因此，这些指标产生拒付风险的系数为0；而现金比率、有形净值负债率、应收账款平均收赊账天数三项指标值则介于信用好与信用差标准值之间，各自发生拒付风险的系数为5%，累计15%。这样即可认为该客户预期可能发生的坏账损失率为15%。

表7-4 客户信用状况评价表

指标	指标值	拒付风险系数（%）
流动比率	2.6∶1	0
速动比率	1.2∶1	0
现金比率	0.3∶1	5
产权比率	1.7∶1	0
已获利息倍数	3.2∶1	0
有形净值负债率	2.3∶1	5
应收账款平均收账天数（天）	36	5
存货周转率（次）	7	0
总资产报酬率（%）	35	0
赊购付款履约情况	及时	0
累计拒付风险系数		15

当然，企业为了能够更详尽地对客户的拒付风险做出准确的判断，也可以设置并分析更多的指标数值，如增为20项，各项最高的坏账损失率为5%，介于信用好与信用差之间的，每项增加2.5%的风险系数。

③进行风险排队，并确定各有关客户的信用等级。依据上述风险系数的分析数据，按照客户累计风险系数由小到大进行排序。然后，结合企业承受违约风险的能力及市场竞争的需要，具体划分客户的信用等级，如累计拒付风险系数在5%以内的为A级客户，在5%～10%之间的为B级客户等。对于不同信用等级的客户，分别采取不同的信用对策，包括拒绝或接受客户信用定单，以及给予不同的信用优惠条件或附加某些限制条款等。

对信用标准进行定量分析，有利于企业提高应收账款投资决策的效果。但由于实际情况错综复杂，不同企业的同一指标往往存在着很大差异，难以按照统一的标准进行衡量。

因此，要求企业财务决策者必须在更加深刻地考察各指标内在质量的基础上，结合以往的经验，对各项指标进行具体的分析、判断。

2. 信用条件

信用标准是企业评价客户等级，决定给予或拒绝客户信用的依据。一旦企业决定给予客户信用优惠时，就需要考虑具体的信用条件。因此，所谓信用条件就是指企业接受客户信用定单时所提出的付款要求，主要包括信用期限、折扣期限及现金折扣率等。信用条件的基本表现方式如“2/10，*N*/45”，意思是：若客户能够在发票开出后的10天内付款，可以享受2%的现金折扣；如果放弃折扣优惠，则全部款项必须在45天内付清。在此，45天为信用期限，10天为折扣期限，2%为现金折扣率。

(1)信用期限

信用期限是指企业允许客户从购货到支付货款的时间间隔。企业产品销售量与信用期限之间存在着一定的依存关系。通常延长信用期限，可以在一定程度上扩大销售量，从而增加毛利。但不适当地延长信用期限，会给企业带来不良后果；一是使平均收账期延长，占用在应收账款上的资金相应增加，引起机会成本增加；二是引起坏账损失和收账费用的增加。因此，企业是否给客户延长信用期限，应视延长信用期限增加的边际收入是否大于增加的边际成本而定。

(2)现金折扣和折扣期限

延长信用期限会增加应收账款占用的时间和金额。许多企业为了加速资金周转，及时收回贷款，减少坏账损失，往往在延长信用期限的同时，采用一定的优惠措施。即在规定的时间内提前偿付货款的客户可按销售收入的一定比率享受折扣。如上例(2/10，*N*/45)表示赊销期限为45天，若客户在10天内付款，则可享受2%的折扣。现金折扣实际上是对现金收入的扣减，企业决定是否提供以及提供多大程度的现金折扣，着重考虑的是提供折扣后所得的收益是否大于现金折扣的成本。

企业究竟应当核定多长的现金折扣期限，以及给予客户多大程度的现金折扣优惠，必须将信用期限及加速收款所得到的收益与付出的现金折扣成本结合起来考察。同延长信用期限一样，采取现金折扣方式在有利于刺激销售的同时，也需要付出一定的成本代价，即给予现金折扣造成的损失。如果加速收款带来的机会收益能够绰绰有余地补偿现金折扣成本，企业就可以采取现金折扣或进一步改变当前的折扣方针，如果加速收款的机会收益不能补偿现金折扣成本的话，现金优惠条件便被认为是不恰当的。

除上述表述的信用条件外，企业还可以根据需要，采取阶段性的现金折扣期与不同的现金折扣率，如“3/10，2/20，*N*/45”等。意思是：给予客户45天的信用期限，客户若能在开票后的10天内付款，便可以得到3%的现金折扣；超过10天而能在20天内付款时，也可以得到2%的现金折扣；否则，只能全额支付账面款项。

3. 信用条件备选方案的评价

虽然企业在信用管理政策中，已对可接受的信用风险水平作了规定，当企业的生产经营环境发生变化时，就需要对信用管理政策中的某些规定进行修改和调整，并对改变条件的各种备选方案进行认真的评价。

【例7-6】信用条件决策

某企业预测的2002年度赊销额为3 600万元，其信用条件是：N/30，变动成本率为60%，资金成本率(或有价证券利息率)为10%。假设企业收账政策不变，固定成本总额不变，该企业准备了3个信用条件的备选方案：

A：维持N/30的信用条件；

B：将信用条件放宽到N/60；

C：将信用条件放宽到N/90。

为各种备选方案估计的赊销水平、坏账百分比和收账费用等有关数据见表7-5。

表7-5 信用条件备选方案表

万元

项目 \ 信用条件 \ 方案	A	B	C
	N/30	N/60	N/90
年赊销额	3 600	3 960	4 200
应收账款平均收账天数(天)	30	60	90
应收账款平均余额	3 600 ÷ 360 × 30 = 300	3 960 ÷ 360 × 60 = 660	4 200 ÷ 360 × 90 = 1 050
维持赊销业务所需资金	300 × 60% = 180	660 × 60% = 396	1 050 × 60% = 630
坏账损失/年赊销额	2%	3%	6%
坏账损失	3 600 × 2% = 72	3 960 × 3% = 118.8	4 200 × 6% = 252
收账费用	36	60	144

根据以上资料，可计算如下指标，见表7-6。

表7-6 信用条件备选方案表

万元

项目 \ 信用条件 \ 方案	A	B	C
	N/30	N/60	N/90
年赊销额	3 600	3 960	4 200
变动成本	2 160	2 376	2 520
信用成本前收益	1 440	1 584	1 680
应收账款机会成本	180 × 10% = 18	396 × 10% = 39.6	630 × 10% = 63
坏账损失	72	118.8	252
收账费用	36	60	1440
小计	126	218.4	459
信用成本后收益	1 314	1 365.6	1 221

根据表7-6中的资料可知，在这三种方案中，B方案(N/60)的获利最大，它比A方案(N/30)增加收益51.6万元；比C方案(N/90)的收益要多144.6万元。因此，在其他条件不变的情况下，应选择B方案。

4. 收账政策

收账政策是指企业针对客户违反信用条件，拖欠甚至拒付账款所采取的收账策略与措施。

在企业向客户提供商业信用时，必须考虑3个问题：其一，客户是否会拖欠或拒付账款，程度如何；其二，怎样最大限度地防止客户拖欠账款；其三，一旦账款遭到拖欠甚至拒付，企业应采取怎样的对策。前两个问题主要靠信用调查和严格信用审批制度；第三个问题则必须通过制定完善的收账方针，采取有效的收账措施予以解决。

从理论上讲，履约付款是客户不容置疑的责任与义务，债权企业有权通过法律途径要求客户履约付款。但如果企业对所有客户拖欠或拒付账款的行为均付诸法律解决，往往并不是最有效的办法，因为企业解决与客户账款纠纷的目的，主要不是争论谁是谁非，而在于怎样最有成效地将账款收回。

通常的步骤是当账款被客户拖欠或拒付时，企业应当首先分析现有的信用标准及信用审批制度是否存在纰漏；然后重新对违约客户的资信等级进行调查、评价。将信用品质恶劣的客户从信用名单中删除，对其所拖欠的款项可先通过信函、电讯或者派员前往等方式进行催收，态度可以渐加强硬，并提出警告。当这些措施无效时，可考虑通过法院裁决。为了提高诉讼效果，可以与其他经常被该客户拖欠或拒付账款的企业联合向法院起诉，以增强该客户信用品质不佳的证据力。对于信用记录一向正常的客户，在去电、去函的基础上，不妨派人与客户直接进行协商，彼此沟通意见，达成谅解妥协，既可密切相互间的关系，又有助于较为理想地解决账款拖欠问题，并且一旦将来彼此关系置换时，也有一个缓冲的余地。当然，如果双方无法取得谅解，也只能付诸法律进行最后裁决。

除上述收账政策外，有些国家还兴起了一种新的收账代理业务，即企业可以委托收账代理机构催收账款。但由于委托手续费往往较高，许多企业，尤其是那些资产较小、经济效益差的企业很难采用。

企业对拖欠的应收账款，无论采用何种方式进行催收，都需要付出一定的代价，即收账费用，如收款所花的邮电通信费、派专人收款的差旅费和不得已时的法律诉讼费等。通常，企业为了扩大销售，增强竞争能力，往往对客户的逾期未付款项规定一个允许的拖欠期限，超过规定的期限，企业就应采取各种形式进行催收。如果企业制定的收款政策过宽，会导致逾期未付款项的客户拖延时间更长，对企业不利；收账政策过严，催收过急，又可能伤害无意拖欠的客户，影响企业未来的销售和利润。因此，企业在制定收账政策时，要权衡利弊，掌握好宽度界限。

一般而言，企业加强收账管理，及早收回货款，可以减少坏账损失，减少应收账款上的资金占用，但会增加收账费用。因此，制定收账政策就是要在增加收账费用与减少坏账损失，减少应收账款机会成本之间进行权衡，若前者小于后者，则说明制定的收账政策是可取的。

【例7-7】收账政策的确定

已知某企业应收账款原有的收账政策和拟改变的收账政策，见表7-7。

表 7-7 收账政策备选方案资料

项　目	现行收账政策	拟改变的收账政策
年收账费用(万元)	90	150
应收账款平均收账天数(天)	60	30
坏账损失占赊销额的百分比(%)	3	2
赊销额(万元)	7 200	7 200
变动成本率(%)	60	60

假设资金利润率为 10%，根据表 7-7 中的资料，计算两种方案的收账总成本见表 7- 8。

表 7-8 的计算结果表明，拟改变的收账政策较现行收账政策减少的坏账损失和减少的应收账款机会成本之和为 108 万元[即(216 - 144) + (72 - 36)]，大于增加的收账费用 60 万元(即 150 - 90)，因此，改变收账政策的方案是可以接受的。

表 7- 8 收账政策分析评价表 万元

项　目	现行收账政策	拟改变的收账政策
赊销额	7 200	7 200
应收账款平均收账天数(天)	60	30
应收账款平均余额	7 200 ÷ 360 × 60 = 1 200	7 200 ÷ 360 × 30 = 600
应收账款占用的资金	1 200 × 60% = 720	600 × 60% = 360
收账成本		
应收账款机会成本	720 × 10% = 72	360 × 10% = 36
坏账损失	7 200 × 3% = 216	7 200 × 2% = 144
年收账费用	90	150
收账总成本	378	330

影响企业信用标准、信用条件及收账政策的因素很多，如销售额、赊销期限、收账期限、现金折扣、坏账损失、过剩生产能力、信用部门成本、机会成本、存货投资等的变化。这就使得信用政策的制定更为复杂，一般来说，理想的信用政策就是企业采取或松或紧的信用政策时所带来的收益最大的政策。

7. 3. 4 应收账款日常管理

对于已经发生的应收账款，企业还应进一步强化日常管理工作，采取有力的措施进行分析、控制，及时发现问题，提前采取对策。这些措施主要包括应收账款追踪分析、应收账款账龄分析、应收账款收现率分析和建立收账款坏账准备制度。

1. 应收账款追踪分析

应收账款一旦发生，赊销企业就必须考虑如何按期足额收回的问题。要达到这一目的，赊销企业就有必要在收账之前，对该项应收账款的运行过程进行追踪分析。既然应收账款是存货变现过程的中间环节，对应收账款实施追踪分析的重点应放在赊销商品的销售与变现方面。客户以赊购方式购入商品后，迫于获利和付款信誉的动力与压力，必然期望迅速地实现销售并收回账款。如果这一期望能够顺利地实现，而客户又具有良好的信用品质，则赊销企业如期足额地收回客户欠款一般不会有多大的问题。然而，市场供求关系所具有的瞬变性，使得客户所赊购的商品不能顺利地销售与变现，经常出现的情形有两种：积压或赊销。但无论属于其中的哪种情形，对客户而言，都意味着与应付账款相对的现金支付能力匮乏。在这种情况下，客户能否严格履行赊销企业的信用条件，取决于两个因素：其一，客户的信用品质；其二，客户现金的持有量与调剂程度(即现金用途的约束性、其他短期债务偿还对现金的要求等)。如果客户的信用品质良好，持有一定的现金余额，且现金支出的约束性较小，可调剂程度较大，客户大多是不愿以损失市场信誉为代价而拖欠赊销企业账款的。如果客户信用品质不佳，或者现金匮乏，或者现金的可调剂程度低下，那么，赊销企业的账款遭受拖欠也就在所难免。

2. 应收账款账龄分析

应收账款账龄分析就是考察研究应收账款的账龄结构。所谓应收账款的账龄结构，是指各账龄应收账款的余额占应收账款总计余额的比例。

企业已发生的应收账款时间长短不一，有的尚未超过信用期，有的则已逾期拖欠。一般来讲逾期拖欠时间越长，账款催收的难度越大，成为坏账的可能性也就越高。因此，进行账龄分析，密切注意应收账款的回收情况，是提高应收账款收现效率的重要环节。

3. 应收账款收现保证率分析

由于企业当期现金支付需要量与当期应收账款收现额之间存在着非对称性矛盾，并呈现出预付性与滞后性的差异特征(如企业必须用现金支付与赊销收入有关的增值税和所得税，弥补应收账款资金占用等)，这就决定了企业必须对应收账款收现水平制定一个必要的控制标准，即应收账款收现保证率。

应收账款收现保证率是为适应企业现金收支匹配关系的需要，所确定出的有效收现的账款应占全部应收账款的百分比，是二者应当保持的最低比例。公式为：

$$\text{应收账款收现保证率}=\frac{\text{当期必要现金支付总额}-\text{当期其他稳定可靠的现金流入总额}}{\text{当期应收账款总计金额}}$$

式中的其他稳定可靠现金流入总额是指从应收账款收现以外的途径可以取得的各种稳定可靠的现金流入数额，包括短期有价证券变现净额、可随时取得的银行贷款额等。

应收账款收现保证率指标反映了企业既定会计期间预期现金付数量扣除各种可靠、稳定性来源后的差额，必须通过应收款项有效收现予以弥补的最低保证程度，其意义在于：应收款项未来是否可能发生坏账损失对企业并非最为重要，更为关键的是实际收现的账款能否满足同期必需的现金支付要求，特别是满足具有刚性约束的纳税债务及偿付不得展期或调换的到期债务的需要。

企业应定期计算应收账款实际收现率，看其是否达到了既定的控制标准，如果发现实际收现率低于应收账款收现保证率，应查明原因，采取相应措施，确保企业有足够的现金满足同期必需的现金支付要求。

7.4 存货管理

存货是指企业在日常生产经营过程中为生产或销售而储备的物资。企业持有充足的存货，不仅有利于生产过程的顺利进行，节约采购费用与生产时间，而且能够迅速地满足客户各种定货的需要，从而为企业的生产与销售提供较大的机动性，避免因存货不足带来的机会损失。然而，存货的增加必然要占用更多的资金，将使企业付出更大的持有成本(即存货的机会成本)，而且存货的存储与管理费用也会增加，影响企业获利能力的提高。因此，如何在存货的功能(收益)与成本之间进行利弊权衡，在充分发挥存货功能的同时降低成本、增加收益，实现它们的最佳组合，成为存货管理的基本目标。

7.4.1 存货的功能与成本

1. 存货的功能

存货功能是指存货在企业生产经营过程中所具有的作用，主要表现在以下几方面。

(1)防止停工待料

适量的原材料存货和在产品、半成品存货是企业生产正常进行的前提和保障。就企业外部而言，供货方的生产和销售往往会因某些原因而暂停或推迟，从而影响企业材料的及时采购、入库和投产。就企业内部而言，有适量的半成品储备，能使各生产环节的生产调度更加合理，各生产工序步调更为协调，联系更为紧密，不至于因等待半成品而影响生产。可见，适量的存货能有效防止停工待料事件的发生，维持生产的连续性。

(2)适应市场变化

存货储备能增强企业在生产和销售方面的机动性以及适应市场变化的能力，企业有了足够的库存产成品，能有效地供应市场，满足顾客的需要。相反，若某种畅销产品库存不足，将会坐失目前的或未来的推销良机，并有可能因此而失去顾客。在通货膨胀时，适当地存储原材料存货，能使企业获得因市场物价上涨而带来的好处。

(3)降低进货成本

很多企业为扩大销售规模，对购货方提供较优厚的商业折扣待遇，即购货达到一定数量时，便在价格上给予相应的折扣优惠。企业采取批量集中进货，可获得较多的商业折扣。此外，通过增加每次购货数量，减少购货次数，可以降低采购费用支出。即便在推崇以零存货为管理目标的今天，仍有不少企业采取大批量购货方式，原因就在于这种方式有助于降低购货成本，只要购货成本的降低额大于因存货增加而导致的存储等各项费用的增加额，便是可行的。

(4)维持均衡生产

对于那些所生产产品属于季节性产品，生产所需材料的供应具有季节性的企业。为实行均衡生产，降低生产成本，就必须适当储备一定的半成品存货或保持一定的原材料存货。否则，这些企业若按照季节变动组织生产活动，难免会产生忙时超负荷运转，闲时生产能力得不到充分利用的情形，这也会导致生产成本的提高。其他企业在生产过程中，同样会因为各种原因导致生产水平的高低变化，拥有合理的存货可以缓冲这种变化对企业生产活动及获利能力的影响。

2. 存货成本

为充分发挥存货的固有功能，企业必须储备一定的存货，但也会由此而发生各项支出，这就是存货成本。存货成本包括以下内容。

(1)进货成本

进货成本是指存货的取得成本，主要由存货进价和进货费用两方面构成。其中，存货进价又称购置成本，是指存货本身的价值，等于采购单价与采购数量的乘积。在一定时期进货总量既定的条件下，无论企业采购次数如何变动，存货的进价成本通常是保持相对稳定的(假设物价不变且无采购数量折扣)，因而属于决策无关成本。进货费用又称订货成本，是指企业为组织进货而开支的费用，如与材料采购有关的办公费、差旅费、邮资、电话电报费、运输费、检验费、入库搬运费等支出。进货费用有一部分与订货次数有关，如差旅费、邮资、电话电报费等费用与进货次数成正比例变动，这类变动性进货费用属于决策的相关成本；另一部分与订货次数无关，如专设采购机构的基本开支等，这类固定性进货费用则属于决策的无关成本。

(2)存储成本

企业为持有存货而发生的费用即为存货的存储成本，主要包括：存货资金占用费(以贷款购买存货的利息成本)或机会成本(以现金购买存货而同时损失的证券投资收益等)、仓储费用、保险费用、存货残损和变质损失等。与进货费用一样，存储成本可以按照与存储数额的关系分为变动性存储成本和固定性存储成本两类。其中，固定性存储成本与存货存储数额的多少没有直接的联系，如仓库折旧费、仓库职工的固定月工资等，这类成本属于决策的无关成本；而变动性存储成本则随着存货存储数额的增减成正比例变动关系，如存货资金的应计利息、存货残损和变质损失、存货的保险费用等，这类成本属于决策的相关成本。

(3)缺货成本

缺货成本是因存货不足而给企业造成的损失，包括由于材料供应中断造成的停工损失、成品供应中断导致延误发货的信誉损失及丧失销售机会的损失等。如果生产企业能够以替代材料解决库存材料供应中断之急的话，缺货成本便表现为替代材料紧急采购的额外开支。缺货成本能否作为决策的相关成本，应视企业是否允许出现存货短缺的不同情形而定。若允许缺货，则缺货成本便与存货数量反向相关，即属于决策相关成本，反之，若企业不允许发生缺货情形，此时缺货成本为0，也就无须加以考虑。

7.4.2 存货经济批量模型

经济进货批量是指能够使一定时期存货的相关总成本达到最低点的进货数量。通过上述对存货成本分析可知，决定存货经济进货批量的成本因素主要包括变动性进货费用(简称进货费用)、变动性存储成本(简称存储成本)以及允许缺货时的缺货成本。不同的成本项目与进货批量呈现着不同的变动关系。减少进货批量，增加进货次数，在影响存储成本降低的同时，也会导致进货费用与缺货成本的提高；相反，增加进货批量，减少进货次数，尽管有利于降低进货费用与缺货成本，但同时会影响存储成本的提高。因此，如何协调各项成本间的关系，使其总和保持最低水平，是企业组织进货过程需解决的主要问题。

1. 经济进货批量基本模式

经济进货批量基本模式以如下假设为前提：①企业一定时期的进货总量可以较为准确地予以预测；②存货的耗用或者销售比较均衡；③存货的价格稳定，且不存在数量折扣，进货日期完全由企业自行决定，并且每当存货量降为0时，下一批存货均能马上一次到位；④存储条件及所需现金不受限制；⑤不允许出现缺货情形；⑥所需存货市场供应充足，不会因买不到所需存货而影响其他方面。

由于企业不允许缺货，即每当存货数量降至0时，下一批订货便会随即全部购入，故不存在缺货成本。此时与存货订购批量、批次直接相关的就只有进货费用和存储成本两项。则有：

$$\text{存货相关总成本} = \text{相关进货费用} + \text{相关存储成本}$$
$$= \frac{\text{存货全年计划进货总量}}{\text{每次进货批量}} \times \text{每次进货费用} + \frac{\text{每次进货批量}}{2} \times \text{单位存货年储成本}$$

存货相关总成本与相关进货费用与相关存储成本的关系，如图7-4所示。

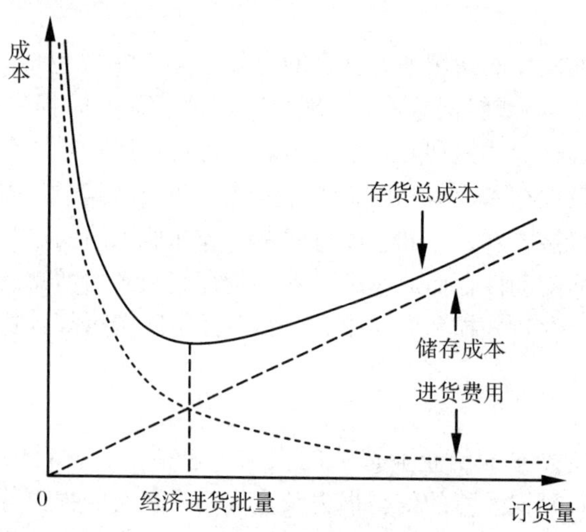

图7-4 存货相关成本与相关进货费用和相关存储成本的关系

从图7-4可以看出，当相关进货费用与相关存储成本相等时，存货相关总成本最低，此时的进货批量就是经济进货批量。

假设：Q 为经济进货批量；A 为某种存货年度计划进货总量；B 为平均每次进货费用；C 为单位存货年度单位存储成本；P 为进货单价，则：

$$\text{经济进货批量}(Q) = \sqrt{2AB/C}$$
$$\text{经济进货批量的存货相关总成本}(TC) = \sqrt{2ABC}$$
$$\text{经济进货批量平均占用资金}(W) = PQ/2 = P\sqrt{AB/2C}$$
$$\text{年度最佳进货批次}(N) = A/Q = \sqrt{AC/2B}$$

【例 7-8】经济进货批量基本模式

某企业每年需耗用甲材料 360 000kg，该材料的单位采购成本 100 元，单位年存储成本 4 元，平均每次进货费用 200 元，则：

$$Q=\sqrt{2AB/C}=\sqrt{2\times360\ 000\times200/4}=6\ 000(\text{kg})$$

$$TC=\sqrt{2ABC}=\sqrt{2\times360\ 000\times200\times4}=24\ 000(\text{元})$$

$$W=PQ/2=100\times6\ 000/2=300\ 000(\text{元})$$

$$N=A/Q=360\ 000/6\ 000=60(\text{次})$$

上述计算表明，当进货批量为 6 000kg 时，进货费用与存储成本总额最低。

需要指出的是，实际工作中，通常还存在着有数量优惠(即商业折扣或称价格折扣)以及允许一定程度的缺货等情形，企业必须同时结合价格折扣及缺货成本等不同的情况具体分析，灵活运用经济进货批量模式。

2. 实行数量折扣的经济进货批量模式

为了鼓励客户购买更多的商品，销售企业通常会给予不同程度的价格优惠，即实行商业折扣或称价格折扣。购买越多，所获得的价格优惠越大。此时，进货企业对经济进货批量的确定，除了考虑进货费用与存储成本外，还应考虑存货的进价成本，因为此时的存货进价成本已经与进货数量的大小有了直接的联系，属于决策的相关成本。

在经济进货批量基本模式其他各种假设条件均具备的前提下，存在数量折扣时的存货相关总成本可按下式计算：

存货相关总成本 = 存货进价 + 相关进货费用 + 相关存储成本

实行数量折扣的经济进货批量具体确定步骤如下：

第一步，按照基本经济进货批量模式确定经济进货批量；

第二步，计算按经济进货批量进货时的存货相关总成本；

第三步，计算按给予数量折扣的进货批量进货时的存货相关总成本。

如果给与数量折扣的进货批量是一个范围。如进货数量在 1 000 ~ 1 999kg 可享受 2% 的价格优惠，此时，按给予数量折扣的最低进货批量，即按 1 000kg 计算存货相关总成本。

因为在给予数量折扣的进货批量范围内，无论进货量是多少，存货进价成本总额都是相同的，而相关总成本的变动规律是：进货批量越小，相关总成本就越低。

第四步，比较不同进货批量的存货相关总成本，最低存货相关总成本对应的进货批量就是实行数量折扣的最佳经济进货批量。

【例 7-9】实行数量折扣的经济进货批量模式

某企业甲材料的年需要量为 16 000kg，每千克标准价为 20 元。销售企业规定：客户每批购买量不足 1 000kg 的，按照标准价格计算；每批购买量 1 000kg 以上，2 000kg以下的，价格优惠 2%；每批购买量 2 000kg 以上的，价格优惠 3%。已知每批进货费用 600 元，单位材料的年存储成本 30 元。

则按经济进货批量基本模式确定的经济进货批量为：

$$Q=\sqrt{2\times16\ 000\times600/30}=800(\text{kg})$$

每次进货800kg时的存货相关总成本为：

存货相关总成本 $=16\ 000\times20+16\ 000/800\times600+800/2\times30=344\ 000$(元)

每次进货1 000kg时的存货相关总成本为：

存货相关总成本 $=16\ 000\times20\times(1-2\%)+16\ 000/1\ 000\times600+1\ 000/2\times30=338\ 200$(元)

每次进货2 000kg时的存货相关总成本为：

存货相关总成本 $=16\ 000\times20\times(1-3\%)+16\ 000/2\ 000\times600+2\ 000/2\times30=345\ 200$(元)

通过比较发现，每次进货为1 000kg时的存货相关总成本最低，所以此时最佳经济进货批量为1 000kg。

3. 允许缺货时的经济进货模式

允许缺货的情况下，企业对经济进货批量的确定，就不仅要考虑进货费用与存储费用，而且还必须对可能的缺货成本加以考虑，即能够使三项成本总和最低的批量便是经济进货批量。

设缺货量为S，单位缺货成本为R，其他符号同上。则有：

$$Q=\sqrt{(2AB/C)\times(C+R)/R}$$

式中 A——一定时期存货需要总量；

B——平均每次进货费用；

C——一定时期单位存货存储成本；

R——一定时期单位存货缺货成本。

【例7-10】允许缺货时的经济进货模式

某企业甲材料年需要量32 000kg，每次进货费用60元，单位存储成本4元，单位缺货成本8元。

允许缺货情况下的经济进货批量 $=\sqrt{\dfrac{2\times32\ 000\times60}{4}\times\dfrac{4+8}{8}}=1\ 200$(元)

平均缺货量 $=1\ 200\times\dfrac{4}{4+8}=400(\text{kg})$

7.4.3 存货日常管理

存货日常管理的目标是在保证企业生产经营正常进行的前提下尽量减少库存，防止积压。实践中形成的行之有效的管理方法有存货存储期控制、存货ABC分类管理、存货定额控制、存货供应时点控制等多种方法。本书仅介绍前两种方法。

1. 存货存储期控制

无论是商品流通企业还是生产制造企业，其商品产品一旦入库，便面临着如何尽快销售出去的问题。即使不考虑未来市场供求关系的不确定性，仅是存货存储本身就要求企业付出一定的资金占用费(如利息成本或机会成本)和仓储管理费。因此，尽力缩短存货存储时间，加速存货周转，是节约资金占用、降低成本费用、提高企业获利水平的重要保证。

企业进行存货投资所发生的费用支出，按照与存储时间的关系可以分为固定存储费与变动存储费两类。前者包括进货费用、管理费用；其金额多少与存货存储期的长短没有直接关系；后者包括存货资金占用费(贷款购置存货的利息或现金购置存货的机会成本)、存货仓储管理费、仓储损耗(为计算方便，如果仓储损耗较小，亦将其并入固定存储费)等，其金额随存货期的变动成正比例变动。

基于上述分析，可以将本量利的平衡关系式调整为：

$$利润=毛利-固定存储费-销售税金及附加-每日变动存储费\times存储天数$$

上式稍作变形便可得出存货保本存储天数(利润为0)和存货保利存储天数(利润为目标利润)的计算公式：

$$存货保本存储天数=\frac{毛利-固定储存费-销售税金及附加}{每日变动储存费}$$

$$存货保利存储天数=\frac{毛利-固定储存费-销售税金及附加-目标利润}{每日变动储存费}$$

可见，存货的存储成本之所以会不断增加，主要是由于变动存储费随着存货存储期的延长而不断增加的结果，所以，利润与费用之间此增彼减的关系实际上是利润与变动存储费之间此增彼减的关系。这样，随着存货存储期的延长，利润将日渐减少。当毛利扣除固定存储费和销售税金及附加后的差额，被变动存储费抵销到恰好等于企业目标利润时，表明存货已经到了保利期。当它完全被变动存储费抵销时，便意味着存货已经到了保本期。无疑，存货如果能够在保利期内售出，所获得的利润便会超过目标值。反之将难以实现既定的利润目标。倘若存货不能在保本期内售出的话，企业便会蒙受损失。现举例说明如下。

【例7-11】存货存储期控制

商品流通企业购进甲商品2 000件，单位进价(不含增值税)100元，单位售价120元(不含增值税)，经销商批商品的一次费用为20 000元，若货款均来自银行贷款，年利率10.8%，该批存货的月保管费用率0.3%，销售税金及附加1 600元。

要求：

①计算该批存货的保本存储期。

②若企业要求获得3%的投资利润率，计算保利期。

③若该批存货实际存储了200天，问能否实现3%的目标投资利润率，差额多少？

④若该批存货亏损了4 000元，求实际存储天数。

计算如下：

①每日变动存储费 = 购进批量 × 购进单价 × 日变动存储率

$$=2\ 000\times100\times(10.8\%/360+0.3\%/30)$$
$$=80(元)$$

保本存储天数=(毛利-固定存储费-销售税金及附加)/每日变动存储费

$$=\frac{(120-100)\times2\ 000-20\ 000-1\ 600}{80}$$
$$=230(天)$$

②目标利润=投资额×投资利润率

$$=2\ 000\times100\times3\%$$
$$=6\ 000(元)$$

保利存储天数=(毛利-固定存储费-销售税金及附加-目标利润)/每日变动存储费

$$=\frac{(120-100)\times2\ 000-20\ 000-1\ 600-6\ 000}{80}$$
$$=155(天)$$

③批进批出经销该商品实际获利额=每日变动存储费×(保本存储天数-实际存储天数)

$$=80\times(230-200)$$
$$=2\ 400(元)$$

Δ利润=实际利润-目标利润

$$=2\ 400-6\ 000$$
$$=-3\ 600(元)$$

Δ利润率=实际利润率-目标利润率

$$=\frac{2\ 400}{100\times2\ 000}\times100\%-3\%$$
$$=-1.8\%$$

④因为：该批存货获利额=每日变动存储费×(保本存储天数-实际存储天数)

故：实际存储天数=保本存储天数-$\frac{该批存货获利额}{每日变动储存额}$

$$=230-\frac{-4\ 000}{80}$$
$$=280(天)$$

可见，通过对存货存储期的分析与控制，可以及时地将企业存货的信息传输给经营决策部门，如有多少存货已过保本期或保利期，金额多大，比例多高，这样，决策者就可以针对不同情况，采取相应的措施。

一般而言，凡是已过保本期的商品大多属于积压呆滞的存货，对此企业应当积极推销，压缩库存，将损失降至最低限度；对超过保利期但未过保本期的存货，应当首先检查销售状况，查明原因，是人为所致，还是市场行情已经逆转，有无沦为过期积压存货的可能，若有，需尽早采取措施；至于那些尚未超过保利期的存货，企业亦应密切监督、控制，以防发生过期损失。从财务管理方面，需要分析哪些存货基本能在保利期内销售出去，哪些存货介于保利期与保本期之间售出，哪些存货直至保本期已过才能售出或根本就没有市场需求。

通过分析，财务部门应当通过调整资金供应政策，促使经营部门调整产品结构和投资方向，推动企业存货结构的优化，提高存货的投资效率。

上述通过保本、保利存储期对存货的损益情况进行的分析，是在批进批出的前提条件之上的，在企业存货经销的实际工作中，批进批出只是一种偶然现象；普遍的情形是存货大批量购进、小批量售出或批进零售，此时若仍然按照批进批出的假设测算批进零售存货经销的损益情况。必然与实际产生很大的出入。为此，有必要提出一种批进零售的存货控制模式。

【例 7-12】批进零售的存货控制模式

企业购进 H 型存货 2 000 件，购进单价 1 000 元(不含增值税)。该款项均来自银行贷款，月利率 12‰，企业月存货保管费用 13 500 元，存货购销的固定存储费 200 000元。据市场调研反馈信息表明，该存货日均销量约 12 件，需 167 天左右的时间方能全部售出，单位售价(不含增值税)1 250 元。销售税金及附加 125 000 元。

每日变动存储费 = 购进批量 × 购进单价 × 每日利率 + 每日保管费用

$$=2\ 000\times 1\ 000\times\frac{12‰}{30}+\frac{13\ 500}{30}$$

$$=1\ 250(\text{元})$$

H 型存货的平均保本存储天数 =(毛利 - 固定存储费 - 销售税金及附加) ÷ 每日变动存储费

$$=[(1\ 250-1\ 000)\times 2\ 000-200\ 000-125\ 000]\div 1\ 250$$

$$=140(\text{天})$$

H 型存货平均实际存储天数 $=\frac{1}{2}\times$(购进批量 ÷ 日均销量 +1)

$$=\frac{1}{2}\times(\text{实际零散售完天数}+1)$$

$$=\frac{1}{2}\times(167+1)$$

$$=84(\text{天})$$

经销 H 型存货预计可获利润 = 该批存货的每日变动存储费 ×(平均保存储天数 - 平均实际存储天数)

$$=1\ 250\times(140-84)$$

$$=70\ 000(\text{元})$$

通过上述举例，可以归纳出如下基本公式：

批进零售经销某批存货预计可获利或亏损额

$$=\text{该批存货的每日变动存储费}\times(\text{平均保本存储天数}-\frac{\text{实际零散售完天数}+1}{2})$$

$$=\text{购进批量}\times\text{购进单价}\times\text{变动存储费率}\times(\text{平均保本存储天数}-\frac{\text{购进批量}\div\text{日均销售}+1}{2})$$

$$=\text{购进批量}\times\text{单位存货的变动存储费}\times(\text{平均保本存储天数}-\frac{\text{购进批量}\div\text{日均销售}+1}{2})$$

此外，企业对上述公式还可以根据需要作其他具体分解。此处不再一一列示。

2. 存货 *ABC* 分类管理

企业的最优存货水平是不会自动实现的，必须在营运中采用一系列有效的控制措施，才能使存货保持在最优决策所选定的水平上。工商企业中存货品种繁多，单位价值相差悬殊，如果都要求计算经济进货批量按一个模式严格控制，是不可能的。只有根据不同的存货施以不同的控制方法才能取得事半功倍的效果。要对存货实行有效的控制，还需要建立相应的灵敏的存货信息系统，以便为管理部门实施有效的控制，并适时提供必要的信息。

ABC 分类管理是对存货按其主要程度、消耗数量和资金占用量进行 ABC 分类，明确管理的重点和方向，节省资金，加速资金周转的存货控制方法。其基本分类原理就是企业将全部存货按照一定的标准，划分为 A、B、C 三类，分别实行分品种重点管理、分类别一般控制和按总额灵活掌握的存货管理方法。

企业存货品种繁多，尤其是大中型企业的存货往往多达上万种甚至数十万种。实际上，不同的存货对企业财务目标的实现具有不同的作用。有的存货尽管品种数量很少，但金额巨大，如果管理不善，将给企业造成极大的损失。相反，有的存货虽然品种数量繁多，但金额微小，即使管理当中出现一些问题，也不致于对企业产生较大的影响。

因此，无论是从能力还是经济角度；企业均不可能也没有必要对所有存货不分巨细地严加管理。ABC 分类管理正是基于这一考虑而提出的，其目的在于使企业分清主次，突出重点，以提高存货资金管理的整体效果。

(1) 存货 ABC 分类的标准

分类的标准主要有两个：一是金额标准，二是品种数量标准。其中金额标准是最基本的，品种数量标准仅作为参考。

A 类存货的特点是金额巨大，但品种数量较少；B 类存货金额一般，品种数量相对较多；C 类存货品种数量繁多，但价值金额却很小。例如，一个拥有上万种商品的百货公司，家用电器、高档皮货、家具、摩托车、大型健身器械等商品的品种数量并不很多，但价值额却相当大；大众化的服装、鞋帽、床上用品、布匹、文具用具等商品品种数量比较多，但价值额相对 A 类商品要小得多；至于各种小百货，如针线、纽扣、化妆品、日常卫生用品及其他日杂用品等品种数量非常多，但所占金额却很小。一般而言，三类存货的金额例重大致为 A∶B∶C＝0.7∶0.2∶0.1，而品种数量比例大致为 A∶B∶C＝0.1∶0.2∶0.7。可见，由于 A 类存货占用着企业绝大多数的资金，只要能够控制好 A 类存货，基本上也就不会出现较大的问题。同时，由于 A 类存货品种数量较少，企业完全有能力按照每一个品种进行管理。B 类存货金额相对较少，企业不必像对待 A 类存货那样花费太多的精力，同时，由于 B 类存货的品种数量远远多于 A 类存货，企业通常没有能力对每一具体品种进行控制，因此可以通过划分类别的方式进行管理。C 类存货尽管品种数量繁多，但其占用金额却很小，对此，企业只要把握一个总金额也就完全可以了。不过，在此需要提醒的是，由于 C 类存货大多与消费者的日常生活息息相关，虽然这类存货的直接经济效益对企业并不重要，但如果企业能够在服务态度、花色品种、存货质量、价格方面加以重视的话，其间接经济效益将是无法估量的。相反，企业一旦忽视了这些方面的问题，其间接的经济损失同样也是无法估量的。

(2)A、B、C 三类存货的具体划分

具体过程可以分 3 个步骤(有条件的可通过计算机进行)：

①列示企业全部存货的明细表，并计算出每种存货的价值总额及占全部存货金额的百分比。

②按照金额标志由大到小进行排序并累加金额百分比。

③当金额百分比累加到 70% 左右时，以上存货视为 A 类存货；百分比介于 70% ~ 90% 之间的存货为 B 类存货，其余则为 C 类存货。

【例 7-13】存货 ABC 分类管理

某公司共有 20 种材料，总金额为 200 000 元，按金额多少的顺序排列并按上述原则将其划分成 A、B、C 三类，见表 7-9。

表 7-9　ABC 分类表

<table>
<tr><th>材料编号</th><th>金额(元)</th><th>金额比例(%)</th><th>累计金额比例(%)</th><th>类别</th><th>各类存货数量比例(%)</th><th>各类存货金额比例(%)</th></tr>
<tr><td>1</td><td>80 000</td><td>40</td><td>40</td><td>A</td><td rowspan="2">10</td><td rowspan="2">70</td></tr>
<tr><td>2</td><td>60 000</td><td>30</td><td>70</td><td>A</td></tr>
<tr><td>3</td><td>15 000</td><td>7.5</td><td>77.5</td><td>B</td><td rowspan="4">20</td><td rowspan="4">20</td></tr>
<tr><td>4</td><td>12 000</td><td>6</td><td>83.5</td><td>B</td></tr>
<tr><td>5</td><td>8 000</td><td>4</td><td>87.5</td><td>B</td></tr>
<tr><td>6</td><td>5 000</td><td>2.5</td><td>90</td><td>B</td></tr>
<tr><td>7</td><td>3 000</td><td>1.5</td><td>91.5</td><td>C</td><td rowspan="14">70</td><td rowspan="14">10</td></tr>
<tr><td>8</td><td>2 500</td><td>1.25</td><td>92.75</td><td>C</td></tr>
<tr><td>9</td><td>2 200</td><td>1.1</td><td>93.85</td><td>C</td></tr>
<tr><td>10</td><td>2 100</td><td>1.05</td><td>94.9</td><td>C</td></tr>
<tr><td>11</td><td>2 000</td><td>1</td><td>95.9</td><td>C</td></tr>
<tr><td>12</td><td>1 800</td><td>0.9</td><td>96.8</td><td>C</td></tr>
<tr><td>13</td><td>1 350</td><td>0.675</td><td>97.475</td><td>C</td></tr>
<tr><td>14</td><td>1 300</td><td>0.65</td><td>98.125</td><td>C</td></tr>
<tr><td>15</td><td>1 050</td><td>0.525</td><td>98.65</td><td>C</td></tr>
<tr><td>16</td><td>700</td><td>0.35</td><td>99</td><td>C</td></tr>
<tr><td>17</td><td>600</td><td>0.3</td><td>99.3</td><td>C</td></tr>
<tr><td>18</td><td>550</td><td>0.275</td><td>99.575</td><td>C</td></tr>
<tr><td>19</td><td>450</td><td>0.225</td><td>99.8</td><td>C</td></tr>
<tr><td>20</td><td>400</td><td>0.2</td><td>100</td><td>C</td></tr>
<tr><td>合计</td><td>200 000</td><td>100</td><td>—</td><td></td><td>100</td><td>100</td></tr>
</table>

各类存货金额百分比用图形表示如图 7-5 所示。

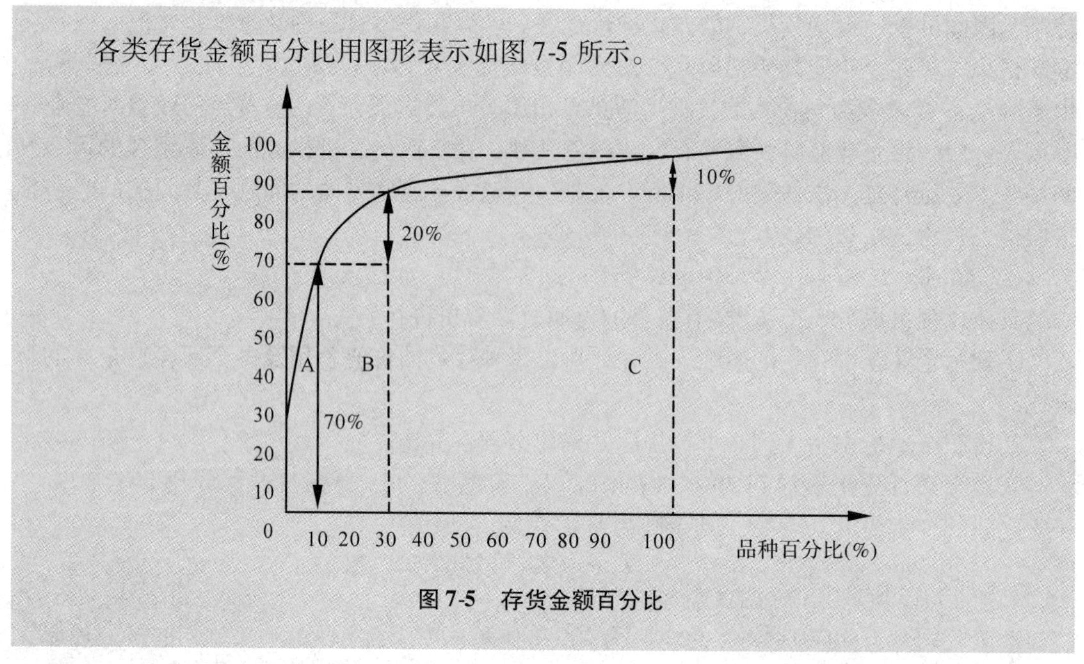

图 7-5 存货金额百分比

(3) ABC 分类法在存货管理中的运用

通过对存货进行 ABC 分类，可以使企业分清主次，采取相应的对策进行有效的管理、控制。企业在组织经济进货批量、存储期分析时，对 A 类存货，由于其在资金控制与降低成本中有举足轻重的地位，所以应以保证生产需要的前提下尽量减少库存，制定严格的管理办法与采购方式，因而对 A 类存货信息的正确性与及时性要求最高。在存货管理中应对 A 类存货按品种设置"永续盘存卡"，按存货品种及时反映到收入、发出、结存状态，严格控制这类存货的库存动态。当库存余额到达预先确定的订货点时，应及时向负责采购部门发出"信号"，按预先确定的订购批量采购，并对 A 类存货的采购、存储、耗用中出现与预计相背离的偏差，及时研究并尽快纠正。

如果企业存货中的有 1 000 种，每年只需计算 100 种 A 类存货的经济进货批量，就能将存货金额的 70% 置于有效的严格控制之下，事半功倍的效果是很明显的。对 B 类存货的控制应采取略宽于 A 类的方式进行管理，对存货信息的要求也不如 A 类那样高，采用定量控制法可满足要求。定量控制法的一般做法是：每季或每半年核定一次最高存储量和保险储备量，调整一次经济订购批量和再订货点，同时检查存货并纠正偏差，当某类存货降低到订货点时，即发出"信号"补充到最高存储量，但应按经济进货批量采购，并尽量多采取与其他存货联合进货的方式降低存货成本。定量控制法是一种不定期的采购，但每次采购量是一样的，是按经济进货批量采购。

对 B 类存货的控制略宽于 A 类还表现在它的存货记录没有 A 类的严格，可定期逐笔登记。检查存货和纠正偏差不必逐项具体分析对比，只需定期概括地进行检查分析即可。

对于存货中的品种繁多而单位价值较低的 C 类存货可采取一些简便的办法提供存货的信息，也可实行一些简化的方式对存货进行控制。通常采用定期控制法，要求定期盘存现存存货数量并与规定的存货水平相比较，及时补充此项不足的差额，不断维持预定的存货水平。定期控制法是一种采购定期，但采购量不一定固定不变。

定期控制法是按照预先规定的日期查明实际库存，根据要求的存货水平和实际存货量差额进行采购。因此，对存货信息的及时性和准确性没有 A、B 两类存货的要求高，只要能定期提供实际库存的信息就能满足对 C 类存货实行控制的要求，因此可以不必对 C 类存货详细地反映记录其收发、结存情况，可凭经验确定每次订购批量，对保险储备量也可规定较宽。

小结

1. 营运资金又称循环资本，是指一个企业维持日常经营所需的资金，通常指流动资产减去流动负债后的差额。用公式表示为：营运资金 = 流动资产 - 流动负债

2. 现金的成本包括现金持有成本、现金短缺成本、现金转换成本。

3. 最佳现金持有量的确定有如下两种模式。

(1)成本分析模式：最佳现金持有量是持有现金而产生的机会成本与短缺成本之和最小时的现金持有量。

(2)存货模式：机会成本和固定转换成本随着现金持有量的变动而呈现出相反的变动趋势，从而能够使得现金的机会成本与固定转换成本之和保持最低现金持有量，即为最佳现金持有量。

4. 应收账款的成本包括机会成本、管理成本、坏账成本。

5. 信用政策是指企业对应收账款投资进行规划与控制而确立的基本原则和行为规范，包括信用标准、信用条件和收账政策三个内容。

6. 存货成本包括进货成本、存储成本、缺货成本。

7. 经济进货批量基本模式是指能够使一定时期存货的相关总成本达到最低点的进货数量。当相关进货费用与相关存储成本相等时，存货相关总成本最低，此时的进货批量就是经济进货批量。

8. ABC 分类管理是对存货按其重要程度、消耗数量和资金占用量进行 ABC 分类，明确管理的重点和方向，节省资金，加速资金周转的存货控制方法。其基本分类原理是企业将全部存货按照一定的标准，划分为 A、B、C 三类，分别实行分品种重点管理、分类别一般控制和按总额灵活掌握的存货管理方法。

复习思考题

1. 什么是营运资金，比较保守型、激进型、中庸型营运资金的投资政策与筹资政策。
2. 最佳现金持有量确定的模式包括哪些？怎样确定最佳现金持有量？
3. 信用政策的内容包括哪些？信用条件决策的步骤有哪些？
4. 建立经济进货批量模型的基本假设有哪些？
5. 怎样理解信用期限与现金折扣的双重作用？

练习题

一、单项选择题

1. 利用邮政信箱法和银行业务集中法进行现金回收管理的共同优点是(　　)。

A. 可以缩短票据邮寄时间　　B. 可以降低现金管理成本

C. 可以减少收账人员　　D. 可以缩短发票结算时间

2. 某企业每月现金需要量为 250 000 元，现金与有价证券的每次转换金额和转换成本分别为 50 000

元和40元，其每月现金的转换成本为(　　)。

A. 200元　　B. 1 250元

C. 40元　　D. 5 000元

3. 各种持有现金的动机中，属于应付未来现金流入和流出随机波动的动机是(　　)。

A. 交易动机　　B. 预防动机

C. 投机动机　　D. 长期投资动机

4. 对现金折扣的表述，正确的是(　　)。

A. 又叫商业折扣　　B. 折扣率越低，企业付出的代价越高

C. 目的是为了加快账款的回收　　D. 为了增加利润，应当取消现金折扣

5. 对信用期限的叙述，正确的是(　　)。

A. 信用期限越长，企业坏账风险越小

B. 信用期限越长，表明客户享受的信用条件越优越

C. 延长信用期限，不利于销售收入的扩大

D. 信用期限越长，应收账款的机会成本越低

6. 某公司测算，若采用银行业务集中法，增设收账中心，可使公司应收账款平均余额由现在的500万元减至400万元，每年增加相关费用10万元，该公司年综合资金成本率为12%，则(　　)。

A. 该公司应采用银行业务集中法　　B. 该公司不应采用银行业务集中法

C. 难以确定　　D. 不应采用银行业务集中法而应采用邮政信箱法

7. 下列选项中，(　　)同现金持有量成正比例关系。

A. 固定性转换成本　　B. 机会成本

C. 现金的短缺成本　　D. 管理费用

8. 基本经济进货批量模式所依据的假设不包括(　　)。

A. 所需存货市场供应充足　　B. 存货价格稳定

C. 仓储条件不受限制　　D. 允许缺货

9. 大华公司2001年应收账款总额为1 000万元，当年必要现金支付总额为800万元，应收账款收现以外的其他稳定可靠的现金流入总额为500万元，则该公司2001年的应收账款收现保证率为(　　)。

A. 70%　　B. 30%

C. 25%　　D. 50%

10. 下列项目属于存货存储成本的是(　　)。

A. 进货差旅费　　B. 存货存储利息成本

C. 由于材料中断造成的停工损失　　D. 入库检验费

二、多项选择题

1. 利用成本分析模式确定最佳现金持有量时，不予考虑的因素是(　　)。

A. 持有现金的机会成本　　B. 现金短缺成本

C. 现金与有价证券的转换成本　　D. 现金管理费用

2. 确定信用标准所要解决的问题有(　　)。

A. 确定提供信用企业的坏账损失率　　B. 确定取得信用企业的坏账损失率

C. 确定取得信用企业的信用等级　　D. 确定提供信用企业的信用等级

3. 企业持有现金总额通常小于交易、预防、投机三种动机各自所需现金持有量的简单相加，其原因有(　　)。

A. 现金可在各动机中调剂使用

B. 企业存在可随时借入的信贷资金

C. 满足各种动机所需现金的存在形态可以多样化

D. 现金与有价证券可以互相转换

4. 存货的取得成本通常包括(　　)。

A. 订货成本　　B. 存储成本

C. 购置成本　　D. 缺货成本

5. 在其他情况不变的情况下，缩短应收账款周转天数，则有利于(　　)。

A. 提高流动比率　　B. 缩短现金周转期

C. 企业减少资金占用　　D. 企业扩大销售规模

6. 提供比较优惠的信用条件，可增加销售量，但也会付出一定代价，主要有(　　)。

A. 应收账款机会成本　　B. 坏账损失

C. 收账费用　　D. 现金折扣成本

7. 企业预防性现金数额大小(　　)。

A. 与企业现金流量的可预测性成反向变动　　B. 与企业借款能力成反向变动

C. 与企业业务交易量成反向变动　　D. 与企业偿债能力成同向变动

8. 为了提高现金使用效率，企业应当(　　)。

A. 加速收款并尽可能推迟付款　　B. 尽可能使用汇票付款

C. 使用现金浮游量　　D. 用现金支付工人工资

9. 信用政策主要包括(　　)。

A. 信用标准　　B. 信用条件

C. 收账政策　　D. 商业折扣

10. 应收账款周转率提高意味着(　　)。

A. 销售成本降低　　B. 短期偿债能力增强

C. 收账费用水平较低　　D. 赊账业务减少

三、判断题

1. 一般来讲，当某种存货品种数量比例达到70%左右时，可将其划分为A类存货，进行重点管理和控制。(　　)

2. 采用银行业务集中法或邮政信箱法可以缩短收现时间的原因是这两种方法可以使企业加速票据邮寄时间、票据停留时间和票据结算时间。(　　)

3. 赊销是扩大销售的有力手段之一，企业应尽可能放宽信用条件，增加赊销量。(　　)

4. 一般说来，在企业生产和销售计划已经确定的情况下，平均存货量大小取决于每次进货数量。(　　)

5. 若现金持有量超过总成本线最低点时，表明机会成本上升的代价大于短缺成本下降的好处。(　　)

6. 经济进货批量越大，进货间隔越长。(　　)

7. 通过编制应收账款账龄分析表，并加以分析可以了解各顾客的欠款金额、欠款期限和偿还欠款的可能时间。(　　)

8. 企业加速营运资金周转，能够以原有的流动资金数量完成更多的生产、销售任务，做到增产少增资或增产不增资，这是流动资金的绝对节约。(　　)

9. 存货保利存储天数同目标利润正相关，即目标利润越大，存货保利存储天数越多；反之，目标利润越小，存货保利存储天数越少。(　　)

10. 能够使企业的进货成本、存储成本和缺货成本之和最低的进货批量，便是经济进货批量。
( )

四、计算题

1. 已知：某公司现金收支平稳，预计全年(按360天计算)现金需要量为250 000元，现金与有价证券的转换成本为每次500元，有价证券年利率为10%。

要求：

(1)计算最佳现金持有量。

(2)计算最佳现金持有量下的全年现金管理总成本、全年现金转换成本和全年现金持有机会成本。

(3)计算最佳现金持有量下的全年有价证券交易次数和有价证券交易间隔期。

2. 某企业预测2005年度销售收入净额为4 500万元，现销与赊销比例为1∶4，应收账款平均收账天数为60天，变动成本率为50%，企业的资金成本率为10%。一年按360天计算。

要求：

(1)计算2005年度赊销额。

(2)计算2005年度应收账款的平均余额。

(3)计算2005年度维持赊销业务所需要的资金额。

(4)计算2005年度应收账款的机会成本额。

(5)若2005年应收账款需要控制在400万元，在其他因素不变的条件下，应收账款平均收账天数应调整为多少天？

3. 星辰公司赊销期为30天，年赊销量为40万件，售价为1元/件，单位变动成本为0.7元，现有两种现金折扣方案，第一种为“2/10，N/30”；第二种为“1/20，N/30”。两种方案都有1/2的客户享受现金折扣，公司的坏账损失为未享受现金折扣赊销余额的3%，资金成本率为10%。

要求：

(1)计算星辰公司应选择哪种折扣方案。

(2)若第二种折扣方案只有1/3顾客享受，与第一、第二种折扣相比，该公司应选择哪一种方案？

4. 某批发公司购进商品3 000件，单位进价70元(不含增值税)，单位售价100元(不含税)，经销商品的一次性费用25 000元。若货款来自银行贷款，年利率9%，该批存货的月保管费用率2%，销售税金及附加为10 000元。

要求：

(1)计算该批存货保本存储期。

(2)计算在投资利润率为4%时的保利存储期。

(3)计算实际存储期为200天时的实际利润。

(4)若该批存货平均每天销售30件，计算经销该批货物的预计利润。

五、案例分析

1. 信用条件决策

(1)案例资料

思美时装公司近年来采取较宽松的信用政策，因而销售量有所增加，但坏账损失也随之上升。近3年损益状况见表7-10。公司变动成本率为65%，资金成本率(有价证券利息率)为20%。公司收账政策不变，固定成本总额不变。

表 7-10 信用条件方案表 万元

项 目	第一年(N/30)	第二年(N/60)	第三年(N/90)
年赊销额	2 400	2 640	2 800
坏账损失	48	79.2	140
收账费用	24	40	56

公司采用按年赊销额百分比法估计坏账损失。

(2)思考与讨论的问题

①公司采用宽松的信用政策是否成功?

②如果第三年，为了加速应收账款的收回，决定将赊销条件改为“2/10，1/20，N/60”，估计约有60%的客户(按赊销额计算)会利用2%的折扣；15%的客户利用1%的折扣。坏账损失降为2%，收账费用降为30万元。信用条件变化后收益情况会如何?

2. 富达自行车有限公司最佳现金持有量的确定

(1)案例资料

富达自行车有限公司2002年投资2879万元，引进年产40万辆铝合金车架生产线已竣工调试，该公司产品质量优良，价格合理，市场上颇受欢迎，销售很好，达产后新增销售收入1.2亿元，利税2400万元。因此，公司迅速发展壮大，货币资金持有量不断增加，现金是企业流动性最强的资产，可以用来满足生产经营开支的各种需要，拥有足够的现金对于降低企业的风险，增强企业资产的流动性和债务的可清偿性具有重要的意义。但是，现金属于非盈利资产，持有量过多，它所提供的流动性边际效益会随之下降，进而导致企业的收益水平降低。公司财务经理为了尽量减少企业闲置的现金数量，提高资金收益率，考虑确定最佳现金持有量，于是分派资金科对四种不同现金持有量的成本作了测算，具体数据如表7-11所示:

表 7-11 现金持有方案 元

项目＼方案	A	B	C	D
现金持有量	25 000	50 000	75 000	100 000
管理成本	20 000	20 000	20 000	20 000
短缺成本	10 000	6 000	2 000	0

财务经理根据上述数据，结合企业的资本收益率12%，利用成本分析模式，确定出企业最佳现金持有余额为75 000元。

(2)思考与讨论的问题

①不同现金持有量的机会成本。

②财务经理为什么确定75 000元为企业最佳现金持有余额?

推荐阅读书目

1. 财务管理．李艳萍主编．经济科学出版社、中国铁道出版社，2006.

2. 企业财务管理．彭亚黎主编．武汉大学出版社，2012.

3. 财务成本管理．中国注册会计师协会编．中国财政经济出版社，2014.

第 8 章　收益及分配管理

学习目标

通过本章学习，掌握企业收益的构成、收益计划及收益控制的重点；掌握收益分配原则、分配的程序及分配政策；掌握股票股利与股票分割的区别及影响。

某上市公司自 1995 年以来经营状况和收益状况一直处于相对稳定状态，且在收益分配上，每年均发放了一定比例的现金股利[(0.2～0.5)元/股]，然而 2000 年由于环境因素的影响，公司获利水平大幅下降，总资产报酬率从上年的 15% 下降至 4.5%，且现金流量也明显趋于恶化。对此，为制订 2000 年的股利分配方案，公司于 2001 年初召开了董事会，会上，董事长首先作了如下发言："公司自 1995 年上市以来，在广大员工及在座各位的共同努力下，公司的经营状况、获利状况均呈现了稳定增长态势，为此，公司为优化市场形象，增强投资者投资于我公司股票的信心，每年均支付了一定的现金股利。然而，2000 年度因环境因素的影响，公司经营状况及获利状况很不理想，且该趋势预计近期内不能获得根本性改观……今天会议的重要议题是就 2000 年度的分配进行讨论，形成预案，以供股东大会决议。下面就 2000 年股利分配问题请各位充分发表意见和建议。"以下是两位董事的发言：

董事张兵：我认为公司 2000 年度应分配一定比例的现金股利，理由在于：第一，公司长期以来均分配了现金股利，且呈逐年递增趋势，若 2000 年停止分配股利，难免会影响公司的市场形象和理财环境。第二，根据测算，公司若按上年分配水平(0.5 元/股)支付现金股利，约需现金 2 500 万元，而我公司目前的资产负债率仅为 40%，尚有约 20% 的举债空间，按目前的总资产(约 50 000 万元)测算，可增加举债约 10 000 万元，因此，公司的现金流量不会存在问题。

董事刘强：我认为公司 2000 年度应暂停支付现金股利，理由在于：第一，公司 2000 年经营及获利状况的不利变化主要是因环境因素而决定的，这些环境因素能否在短期内有明显改观尚难以预测。而一旦环境不能改观，公司将可能陷于较长时间的经营困境，因此，为保护公司的资本实力，公司不宜分配现金股利。第二，公司尽管有较大的负债融资空间，但由于资产报酬率下降，使得举债的财务风险较大，因此，在没有较好的投资机会时，我建议不宜盲目增加负债，对于举债发放现金股利的建议，我认为是"打肿脸充胖子"，不宜采纳。第三，我不主张分配现金股利主要是基于公司的现金存量不多，且现金流量状况不佳。但鉴于公司目前尚有近8 000万元的未分配利润，我建议可实行股票股利，这样一方面有利于稳定公司市场形象，另一方面又能节约现金支出。

董事张兵：我不赞成分配股票股利，因为分配股票股利后，股本总额将会增加，若2001年获利状况不能改观，则会导致每股收益大幅度下降，这对公司市场形象的影响将会弊大于利。

探讨：

(1)假如你是该公司董事，你会赞同或提出何种建议？为什么？

(2)你认为公司股利政策是否会影响公司股票价值？为什么？

8.1 收益管理

企业的收益有广义和狭义两种概念。广义的收益是指企业的营业利润、营业外收支净额，实质上为会计上的利润总额。狭义的收益则仅仅指营业利润。本章所指企业收益采用广义收益概念。

8.1.1 企业收益的构成

企业的收益是指企业在一定时期内所创造的经营成果的最终体现。一般来说，企业的收益总额由营业利润和营业外收支净额组成。其计算公式为：

收益 = 利润总额 = 营业利润 ± 营业外收支净额

1. 营业利润

营业利润是企业一段时间内从事各种经营活动所取得的利润，也是企业一定时期获得利润中最主要、最稳定的来源，营业利润永远是商业经济活动中的行为目标，没有足够的利润企业就无法继续生存，没有足够的利润，企业就无法继续扩大发展。根据企业会计准则的规定，营业利润计算公式为：

营业利润 = 营业收入 - 营业成本 - 营业税金及附加 - 销售费用 - 管理费用 - 财务费用 - 资产减值损失 + 公允价值变动收益(- 公允价值变动损失) + 投资收益(- 投资损失)

其中：

营业收入是指企业在从事销售商品，提供劳务和让渡资产使用权等日常经营业务过程中所形成的经济利益的总流入，分为主营业务收入和其他业务收入。

营业成本也称运营成本，是指企业所销售商品或者提供劳务的成本。营业成本应当与所销售商品或者所提供劳务而取得的收入进行配比。

营业税金及附加反映企业日常主要经营活动应负担的税金及附加，包括营业税、消费税、城市维护建设税、资源税、土地增值税和教育费附加等。

销售费用、管理费用及财务费用俗称企业“三大”期间费用，是指企业本期发生的、不能直接或间接归入营业成本，而是直接计入当期损益的各项费用。销售费用指企业在销售过程中所发生的费用。但企业内部销售部门属于行政管理部门，所发生的经费开支，不包括在销售费用之内，而应列入管理费用；管理费用是指企业管理和组织生产经营活动所发生的各项费用；财务费用是指企业为进行资金筹集等理财活动而发生的各项费用。

资产减值损失是指因资产的账面价值高于其可收回金额而造成的损失，新会计准则规定资产减值范围主要是固定资产、无形资产以及除特别规定外的其他资产减值的处理。

公允价值变动收益或损失是指资产或负债因公允价值变动所形成的收益或损失。

投资收益是对外投资所取得的利润、股利和债券利息等收入减去投资损失后的净收益；投资损失是指企业发生的不良股权或者债权投资造成的损失，包括长期投资损失和短期投资损失。对清查出的不良投资，企业要逐项进行原因分析，对有合法证据证明不能收回的，认定为损失。

2. 营业外收支净额

营业外收支净额是指企业生产经营活动以外的或与企业生产经营活动没有直接关系的各种营业外收入扣除营业外支出后的差额。其计算公式为：

营业外收支净额 = 营业外收入 - 营业外支出

营业外收入是相对营业收入而言的，它与企业整体经营有联系但又与企业生产经营活动没有直接关系的收入，因此也应视为企业利润的一部分。营业外收入主要包括：固定资产盘盈和出售的净收入、罚款收入、教育费附加返还款、物资及现金的溢余等。

营业外支出是相对经营性耗费支出而言的，它是与企业整体经营活动有联系但与企业的生产经营活动没有直接联系的支出，因此也应视为企业利润的扣减部分。营业外支出主要包括：固定资产盘亏、报废、毁损和出售等的净损失；企业非大修理期间的停工损失；各种自然灾害等原因造成的非常损失；公益性、救济性的捐赠支出和因企业未履行合同、协议而向他人支付的赔偿金、违约罚款等。

以上计算的是企业的收益总额，它是一项综合反映企业在一定时期内全部财务成果的重要指标，是企业一定时期全部收入抵偿全部支出后的余额，是企业最终的财务成果，一定程度上可以评价企业的经济效益水平，衡量企业经营管理的质量并据此进行利润分配。

8.1.2 收益计划

收益计划是企业财务计划的重要组成部分，是在收益预测的基础上编制而成的，也是一定时期企业生产经营的目标。因此，企业收益计划对企业生产经营活动具有重大影响。

因为收益包括营业利润和营业外收支净额，所以在编制收益计划时，应先编制营业利润计划、营业外收支计划，在此基础上再编制收益计划，如例8-1。

【例8-1】某企业计划期间预测××年产品销售收入3 500万元，产品销售成本1 900万元，为销售产品而支付的销售费用为150万元，应上缴的销售税金及附加为190万元，其他销售收入预计为1 220万元，其他销售成本为840万元，企业对外投资，预计投资收益为340万元，投资损失为65万元，根据国家有关规定以及企业过去情况预测营业外收入为 23 万元，营业外支出为 13 万元，计划期管理费用预计为 150 万元，财务费用预计 30 万元，销售费用预计 170 万元。根据以上资料编制计划期收益计划。

表 8-1 某企业××年度收益计划 万元

序 号	项 目	本年计划
1	产品销售收入	3 500
2	减：产品销售成本	1 900
3	产品销售费用	150
4	产品销售税金及附加	190
5	产品销售利润	1 260
6	其他销售收入	1 220
7	减：其他销售成本	840
8	其他销售利润	380
9	减：管理费用	150
10	财务费用	30
11	销售费用	170
12	销售利润	1 290
13	投资收益	340
14	减：投资损失	65
15	投资净收益	275
16	营业外收入	23
17	减：营业外支出	13
18	利润总额	1 575

企业确定收益计划后，就要组织生产经营活动，尽量扩大收入，控制成本和费用，努力实现企业的收益计划。如果在计划执行过程中，某些因素变化导致计划不切实际，就应当及时调整和修改计划。

8.1.3 收益控制

收益控制就是根据收益计划的要求，对影响收益计划实现的各种因素进行管理，以便增加企业收入，压缩各种费用支出。收益是一项综合指标，它集中体现了企业的生产经营活动的财务成果。为了实现收益计划，必须全面完成各项生产经营计划，提高企业总体经济效益。

一般来说，收益控制主要从以下几个方面进行：

①企业必须充分挖掘潜力，降低成本，压缩各项费用支出，提高产品质量，以增强产品的市场竞争力。

②企业要面向市场，了解市场的需求变化，努力开发新产品，以满足市场的需求。企业只有根据市场的变化，不断实现产品的更新换代，才能保证在激烈的市场竞争中立于不败之地。

③企业必须经常收集各种市场信息，积极调整生产经营策略，调整计划中不切实际之处，以保证企业经营目标的圆满实现。

④加强企业的各方面管理，建立责任制，将责、权、利结合起来，充分调动全体职工的积极性，以保证各项生产经营计划的实现。

⑤充分利用企业的闲置资金进行对外投资。在资本市场日益发达的情况下，企业要充分预测各种投资的风险和收益，根据企业自身的财务情况，选择最佳投资组合，以增加投资收益，减少投资损失。

⑥企业必须加强管理，充分利用各类资产，严格控制各种营业外支出，尽量减少各类损失。

8.2 收益分配

分配活动是财务活动的重要一环，广义的分配是对收入和利润进行分派的过程。狭义的分配指对企业利润的分配。本节主要阐述企业利润的分配。利润包括利润总额、净利润，由于税法具有强制性和严肃性，缴纳税款是企业必须履行的义务。从这个意义上看，财务管理中的分配，应当集中在对企业净利润分配上来。

企业通过经营活动取得收入后，要按照补偿成本、缴纳所得税、提取公积金、向投资者分配利润等顺序进行收益分配。对于企业来说，收益分配不仅是资产保值、保证简单再生产的手段，同时也是资产增值、实现扩大再生产的工具。收益分配可以满足国家政治职能与组织经济职能的需要，是处理所有者、经营者等各方面物质利益关系的基本手段。因此，对于维护企业与各相关利益主体的财务管理、提升企业价值具有重要意义。

8.2.1 收益分配的一般原则

1. 依法分配，履行企业的社会责任

企业的利润分配必须依法进行，这是正确处理各方面利益关系的关键。为规范企业的利润分配行为，国家制定和颁布了若干法规。这些法规规定了企业利润分配的基本要求、一般程序和重大比例，企业应认真执行，不得违反。

2. 坚持全局观念，兼顾各方面利益

利润分配是利用价值形式对社会产品的分配，直接关系到有关各方的切身利益。因此利润分配要坚持全局观念，兼顾各方利益。除依法纳税外，投资者作为资本投入者、企业所有者，依法享有利润分配权。企业的净利润归投资者所有，是企业的基本制度，也是企业所有者投资于企业的根本动力所在。但企业的利润离不开全体职工的辛勤工作，职工作为利润的直接创造者，除了获得工资及资金等劳动报酬外，还应当以适当方式参与净利润的分配，提取公益金用于职工集体福利设施的购建开支。可见，企业进行利润分配时，应统筹兼顾，合理安排，维护投资者、企业与职工的合法权益。

3. 投资与收益对等

企业分配收益应当体现“谁投资谁受益”受益大小与投资比例相适应的原则，这是正确处理投资者利益关系的关键。投资者因其投资行为而享有收益权，并且其投资收益应同其投资比例对等。这就要求企业在向投资者分配利益时，应按照平等一致的原则，按照各方投入资本所占比例来进行分配，而不允许任何一方随意多占的现象出现。只有如此才能从根本上保护投资者的利益，鼓励投资者投资的积极性。

4. 处理好企业内部积累与分配的比例关系

企业进行利润分配，应正确处理长远利益和近期利益的辩证关系，将二者有机结合起来，坚持分配与积累并重的原则。企业未来要发展就需要在按规定提取法定盈余公积金以外，适当留存一部分利润作为积累。这部分留存收益暂时不予分配但仍归企业所有者所有。这部分留存收益既为企业增强了担风险的能力，也为企业提高了经营的安全性和稳定性，有利于增加企业所有者的回报。通过正确处理利润分配与积累的关系，还可以利用留存部分利润供未来分配以丰补歉，平衡各年利润分配数额，稳定投资报酬率的作用。实践证明，投资者青睐能提供稳定回报的企业。因而企业在进行利润分配时应当正确处理内部积累与分配的比例关系。

8.2.2 收益分配的程序

根据我国《公司法》及相关法律制度的规定，公司净利润的分配应按照下列顺序进行。

(1)弥补以前年度亏损

企业在提取法定公积金之前，应先用当年利润弥补亏损。企业年度亏损可以用以下年度的税前利润弥补，下一年度不足弥补的，可以在五年之内用税前利润连续弥补，连续五年未弥补的亏损则用税后利润弥补。其中，税后利润弥补亏损可以用当年实现的净利润，也可以用盈余公积金转入。

(2)提取法定盈余公积金

根据《公司法》的规定，法定盈余公积金的提取比例为当年税后利润(弥补亏损后)的10%。当年法定盈余公积金的累积额已达注册资本的50%时，可以不再提取。法定盈余公积金提取后，根据企业的需要，可用于弥补亏损或转增资本，但企业用盈余公积金转增资本后，法定盈余公积金的余额不得低于转增前公司注册资本的25%。提取法定盈余公积金的目的是为了增加企业内部积累，以利于企业扩大再生产。

(3)提取任意盈余公积金

根据《公司法》的规定，公司从税后利润中提取法定公积金后，经股东会或股东大会决议，还可以从税后利润中提取任意盈余公积金。这是为了满足企业经营管理的需要，控制向投资者分配利润的水平，以及调整各年度利润分配的波动。

(4)向股东(投资者)分配股利(利润)

根据《公司法》的规定，公司弥补亏损和提取公积金后所余税后利润，可以向股东(投资者)分配股利(利润)。其中，有限责任公司股东按照实缴的出资比例分取红利，全体股东约定不按照出资比例分取红利的除外；股份有限公司按照股东持有的股份比例分配，但股份有限公司章程规定不按照持股比例分配的除外。

下面举例说明股份有限公司利润分配的程序。

【例8-2】实达股份有限公司2013年有关资料如下：

(1)2013年度实现利润总额为3 000万元，所得税率25%；(2)公司前3年累计亏损为1 000万元；(3)经董事会决定，本年提取法定盈余公积金150万元；(4)宣告发放现金股利500万元。

假定不考虑其他因素，根据上述资料，将实达股份有限公司2013年度利润分配程序列出，见表8-2：

表8-2 实达股份有限公司利润分配表(2013年度) 万元

项　目	本年实际
一、利润总额	3 000
加：年初未分配利润	-1 000
二、可分配利润	2 000
减：应交所得税	500
提取法定盈余公积金	150
应付现金股利	500
三、未分配利润	850

8.2.3 收益分配政策

收益分配政策是指在法律允许的范围内，可供企业管理当局选择的，有关净利润分配事项的方针及政策，股份公司的收益分配政策也称股利政策。股利政策是股份有限公司财务管理的一项重要内容。

股利政策不仅是对投资收益的分配，而且关系到公司的投资、融资以及股票价格等各个方面。股利政策理论，简称股利理论，是关于公司发放股利是否对公司的生产经营、信誉、公司的价值等产生影响的理论。目前主要形成以下几种不同的股利理论。

1. 股利政策的基本理论

(1)股利相关论

股利相关理论认为，企业的股利政策会影响股票价格和公司价值。主要观点有以下几种。

①“在手之鸟”理论　该理论认为，在股利收入与股票价格上涨产生的资本利得收益之间，投资者更倾向于前者。因为股利是现实的有把握的收益，是“抓在手中的鸟”，而股票价格的上涨与下跌具有较大的不确定性，与股利收入相比风险更大。因此，投资者更愿意购买能支付较高股利的公司股票。假设某公司交完所得税后，税后净利润100万，100万归股东所有，投资者偏好于持有现金，“在手之鸟”理论认为，根据投资者的这种偏好，公司如果有可供分配的利润尽可能给公司派发股利。派发股利后必须导致公司股票价格上涨，股票价格反映股票价值，股票价值上涨，企业价值变大，财务管理的目标就是追求企业价值的最大化。

根据这种理论，公司需要定期向股东支付较高的股利。公司分配的股利越多，公司的市场价值也就越大。

②股利分配的信号传递理论　该理论认为，在信息不对称的情况下，公司可以通过股利政策向市场传递有关公司未来获利能力的信息，从而会影响公司的股价。一般来讲，预期未来获利能力强的公司，往往愿意通过相对较高的股利支付水平吸引更多的投资者。对于市场上的投资者来讲，股利政策的差异或许是反映公司预期获利能力的有价值的信号。如果公司连续保持较为稳定的股利支付水平，那么投资者会对公司未来的盈利能力与现金

流量抱有乐观的预期。如果公司的股利支付水平突然发生变动，那么股票市价也会对这种变动做出反应。

③股利分配的代理理论　该理论认为，股利政策有助于减缓管理者与股东之间，以及股东与债权人之间的代理冲突。高股利支付率政策有助于降价企业的代理成本，但同时也增加了企业的债权代理成本。因此最优的股利政策应使两种成本之和最小化。

④所得税差异理论　该理论认为，由于普遍存在的税率和纳税时间的差异，资本利得收入比股利收入更有助于实现收益最大化目标，公司应当采用低股利政策。一般来说，对资本利得收入征收的税率低于对股利收入征收的税率；再者，即使两者没有税率上的差异，由于投资者对资本利得收入的纳税时间选择更具有弹性，投资者仍可以享受延迟纳税带来的收益差异。

(2)股利无关论

股利无关论认为，在一定的假设条件限制下，股利政策不会对公司的价值或股票的价格产生任何影响，投资者不关心公司股利的分配。公司市场价值的高低，是由公司所选择的投资决策的获利能力和风险组合所决定，而与公司的利润分配政策无关。

由于公司对股东的分红只是盈利减去投资之后的差额部分，且分红只能采取派现或股票回购等方式，因此，一旦投资政策已定，那么，在完全的资本市场上，股利政策的改变就仅仅意味着收益在现金股利与资本利得之间分配上的变化。如果投资者按理性行事的话，这种改变不会影响公司的市场价值以及股东的财富。该理论是建立在完全资本市场理论之上的，假定条件包括：第一，市场具有强式效率；第二，不存在任何公司或个人所得税；第三，不存在任何筹资费用；第四，公司的投资决策与股利决策彼此独立。

2. 影响股利政策的因素

一般来说，在制定股利政策时，应考虑法律、公司、股东和其他4个因素的影响。

(1)法律因素

为了保护债权人和股东的利益，有关法规对企业股利分配通常予以一定的限制。例如《公司法》《证券法》等都对企业的股利分配进行一定的限制。这些限制主要体现为以下几个方面。

①资本保全的约束　资本保全是企业财务管理应遵循的一项重要原则。它要求企业发放股利或投资分红不得来源于原始股本，而只能来源于企业当期利润或留存收益，用以维护债权人利益。

②资本积累约束　规定公司必须按照一定的比例和基数提取各种公积金，股利只能从企业的可供分配利润中支付。此处可供分配利润包含公司当期的净利润按照规定提取各种公积金后的余额和以前累积的未分配利润。另外，在进行利润分配时，一般应当贯彻“无利不分”的原则，即当企业出现年度亏损时，一般不进行利润分配。

③超额累积利润约束　由于资本利得与股利收入的税率不一致，如果公司为了避税而使得盈余的保留大大超过了公司目前及未来的投资需要时，将被加征额外的税款。

④偿债能力的约束　要求企业分配股利时，必须保持充分的偿债能力。对于股份公司而言，当其支付现金股利后会影响企业偿还债务和正常经营时，企业发放现金股利的数额就要受到限制。

(2)公司因素

股份公司内部的各种因素(长期发展与短期经营)对其股利政策产生重要的影响，如现金流量(资产流动状况)、企业举债能力、未来投资机会、筹资成本、盈余稳定状况等。

①企业举债能力 如果一个企业举债能力强，制定高股利政策。而对于一个举债能力较弱的企业而言，宜保留较多的盈余，因而往往采取较紧的利润分配政策。

②未来投资机会 如果未来面临的投资机会比较多的企业，应该多留存少分配。这有利于企业今后的发展，对长远的股利分配是有好处的。股利政策在很大程度上受投资机会的影响。一般来说，企业的投资机会较多，就往往会采用低股利、高保留盈余政策；反之，如果投资机会较少，企业可能采用高股利政策。因此，对于那些前景看好、发展较快的企业，往往很少采用高现金股利政策，可能采用低现金股利政策，也可能采用股票股利等其他的方式发放股利。如果未来面临的投资机会比较少的企业，应该少留存多分配。

③资产流动状况 资产流动性较强的企业，现金来源较充足，股利支付能力也就较强。从资产流动状况考虑，企业为了保持资产的一定流动性，企业应该少分配多留存。

④筹资成本 当一个企业需要筹集权益资金时，应该少分配多留存。筹集权益资金的方式有：吸收投资者的直接投资、发行普通股、发行优先股、利用留存收益。四种方式中留存收益的资金成本最低。

⑤其他因素 比如，企业有意地多发股利使股价上涨，使已发行的可转换债券尽快地实现转换，从而达到调整资本结构的目的；再如，通过支付较高股利，刺激企业股价上扬，从而达到兼并、反收购目的等。

(3)股东因素

股东出于对自身利益的考虑，可能对企业的股利分配提出限制、稳定或提高股利发放率等不同意见。主要为以下几方面原因。

①控制权考虑 股东偏好于少分配多留存，以防止发行新股稀释企业的控制权。因此，企业的老股东往往主张限制股利的支付，而愿意较多地保留盈余，以防止控制权旁落他人。尤其是那些经常持有较大比例股票的小企业，管理当局担心控制权的稀释，就更不愿意出售股票。这些企业的股东往往都限制股利的支付，而宁可多保留收益，增加内部筹资的能力。

②避税考虑 规避所得税(股利收入的所得税高于交易的资本利得税)，大股东希望少发现金股利，较多地保留盈余，以便从股价上涨中获利。

③稳定收入考虑 有些股东依靠定期的股利维持生活，要求企业支付稳定的股利，反对企业留存较多的利润。

④规避风险考虑 一些股东认为增加留存收益引起股价上涨而获得的资本利得是有风险的，目前所得股利是确定的。因此，他们往往要求较多地支付股利。一般，小股东主张多发现金股利。

(4)其他因素

①债务契约 一般来说，股利支付水平越高，留存收益越少，企业的破产风险加大，就越有可能损害到债权人的利益。因此，为了保证自己的利益不受侵害，债权人通常都会在债务契约、租赁合同中加入关于借款企业股利政策的限制条款。

②通货膨胀　通货膨胀会带来货币购买力水平下降，导致固定资产重置资金不足，此时，企业往往不得不考虑留用一定的利润，以便弥补由于购买力下降而造成的固定资产重置资金缺口。因此，在通货膨胀时期，企业一般会采取偏紧的利润分配政策。

3. 股利政策的类型

对于股份公司来说，制定一个正确的、合理的股利政策是非常重要的。股利政策核心问题是确定分配与留利的比例，即股利支付比率问题。企业在确定股利政策时，应综合考虑各种影响因素。企业常用的股利政策归纳起来主要有 4 种类型。

(1)剩余股利政策

剩余股利政策就是在企业有着良好的投资机会时，根据一定的目标资本结构，测算出投资所需的权益资本，先从盈余当中留用，然后将剩余的盈余作为股利予以分配。即在企业确定的最佳资本结构下，税后净利润首先要满足投资的需求，然后若有剩余才用于分配股利，是一种投资优先的股利政策。剩余股利政策的依据是股利无关理论。实行剩余股利政策，一般应按以下步骤来决定股利的分配额：

①根据选定的最佳投资方案，确定投资所需的资金数额。

②按照企业的目标资本结构，确定投资需要增加股东股权资本的数额，即需要增加的留存收益的数额。

③税后净利润首先用于满足投资需要增加的股东股权资本的数额，即投资方案所需的自有资金数额。

④满足投资需要后的剩余部分用于向股东分配股利。

采用剩余股利政策的理由是企业有良好的投资机会，为保持理想的资本结构，降低综合资金成本。

剩余股利政策的优点是：充分利用留存收益这一筹资成本最低的资金来源，保持理想的资本结构，使综合资本成本最低，实现企业价值的长期最大化，适用于公司初创阶段。

剩余股利政策的缺陷是：若是完全遵照执行剩余股利政策，将使股利发放额每年随投资机会和盈利水平的波动而波动，不利于投资者安排收入与支出，也不利于公司树立良好的形象。

【例 8-3】某企业 2013 年度净利润为 800 万元，2002 年度投资计划所需资金 700 万元，企业目标资金结构为自有资金占 60%，借入资金 40%。计算 2013 年可向投资者发放股利数额。

解：

①投资所需的资金数额为 700 万元；

②按照目标资金结构的需求，确定投资方案所需增加的留存收益数额为：

$700\times60\%=420$(万元)；

③税后净利 800 万首先用于满足留存收益数额为 420 万元；

④向投资者发放股利数额为$(800-420)=380$(万元)。

剩余 380 万元部分用于向投资者分红(发放股利)，即按剩余股利政策的要求，该公司 2013 年度可向投资者发放股利数额为 380 万元。

(2) 固定或稳定增长的股利政策

固定或稳定增长的股利政策是指公司将每年派发的股利额固定在某一特定水平或是在此基础上维持某一固定比率逐年稳定增长。公司只有在确信未来应该不会发生逆转时才会宣布实施固定或稳定增长的股利政策。在这一政策下，应首先确定股利分配额，而且该分配额一般不随资金需求的波动而波动。

固定或稳定增长股利政策的优点为：

①稳定的股利向市场传递公司正常发展的信息，说明公司经营业绩比较稳定，经营风险小，有利于公司树立良好的形象，增强投资者对公司的信心，稳定股票的价格。

②有利于投资者有规律地安排股利收入和支出，应合希望每期能有固定收入的投资者的需要。

③稳定的股利政策可能会不符合剩余股利理论，但为了将股利维持在稳定的水平上，即使推迟某些投资方案或暂时偏离目标资本结构，也可能要比降低股利或降低股利增长率更为有利。

该股利政策的缺点在于公司股利支付与公司盈余脱节，造成投资风险与收益不对称；当公司盈利较低时仍要支付较高的股利，容易引起公司资金短缺、财务状况恶化。

固定或稳定增长的股利政策通常适用于经营比较稳定或正处于成长期的企业，且很难被长期采用。

(3) 固定股利支付率股利政策

固定股利支付率股利政策是指企业每年都从净利润中按固定的股利支付率发放股利，这是一种变动的股利政策。

采用此政策的理由是只有维持固定的股利支付率，才算真正公平地对待每一位股东；使股利与公司盈余紧密地配合，以体现多盈多分，少盈少分，无盈不分的原则。

固定股利支付率政策的优点为：

①使股利与企业盈余紧密结合，以体现多盈多分、少盈少分、不盈不分的原则；

②由于公司的盈利能力在年度间是经常变动的，因此每年的股利也应随着公司收益的变动而变动，保持股利与利润间的一定比例关系，体现了投资风险与投资收益的对等。

固定股利支付率政策缺点是在这种政策下各年的股利变动较大，极易造成公司不稳定的感觉，对稳定股票价格不利。即由于股利波动容易使外界产生公司经营不稳定的印象，公司财务压力较大，不利于股票价格的稳定与上涨。

由于公司每年面临的投资机会、筹资渠道都不同，而这些都可以影响到公司的股利分派，所以，一成不变地奉行固定股利支付率政策的公司在实际中并不多见，固定股利支付率政策只是比较适用于那些处于稳定发展且财务状况也较稳定的公司。

【例8-4】某公司目前发行在外的股数为1 000万股，该公司的产品销路稳定，拟投资1 200万元，扩大生产能力50%。该公司想要维持目前50%的负债比率，并想继续执行10%的固定股利支付率政策。该公司在2013年的税后利润为500万元。要求：该公司2014年为扩充上述生产能力必须从外部筹措多少权益资本？

解：保留利润：500×(1－10%)＝450(万元)

项目所需权益融资需要：1 200×(1－50%)＝600(万元)

外部权益融资：600－450＝150(万元)

(4)低正常股利加额外股利政策

低正常股利加额外股利政策是指企业每期都支付稳定的较低的正常股利额，当企业盈利较多时，再根据实际情况发放额外股利，这是一种介于稳定股利政策与变动股利政策之间的折中的股利政策。

低正常股利加额外股利政策的优点为：①赋予公司较大的灵活性，使公司在股利发放上留有余地，并具有较大的财务弹性。公司可根据每年的具体情况，选择不同的股利发放水平，以稳定和提高股价，进而实现公司价值的最大化。②使那些依靠股利度日的股东每年至少可以得到虽然较低但比较稳定的股利收入，从而吸引住这部分股东。

低正常股利加额外股利政策的缺点为：①由于年份之间公司盈利的波动使得额外股利不断变化，造成分派的股利不同，容易给投资者收益不稳定的感觉。②当公司在较长时间持续发放额外股利后，可能会被股东误认为"正常股利"，一旦取消，传递出的信号可能会使股东认为这是公司财务状况恶化的表现，进而导致股价下跌。

低正常股利加额外股利政策适用于公司高速成长阶段。

【例 8-5】某企业 2013 年实现的税后净利为 1 000 万元，法定公积金、公益金的提取比率为 15%，若 2014 年的投资计划所需资金 800 万元，公司的目标资金结构为自有资金占 60%。

①若公司采用剩余股利政策，则 2013 年末可发放多少股利?

②若公司发行在外的股数为 1 000 万股，计算每股利润及每股股利?

③若 2014 年公司决定将公司的股利政策改为低正常股利加额外股利政策，设股利的逐年增长率为 2%，投资者要求的必要报酬率为 12%，计算该股票的价值。

解：①提取公积金、公益金数额：1 000×15%＝150(万元)

可供分配利润：1 000－150＝850(万元)

投资所需自有资金：800×60%＝480(万元)

向投资者分配额：850－480＝370(万元)

②每股利润：1 000÷1 000＝1(元/股)

每股股利：370÷1 000＝0.37(元/股)

③股票的价值：0.37×(1＋2%)÷(12%－2%)＝3.77(元)

4. 股利分配方案的确定

股利分配方案的确定，主要考虑确定以下 4 个方面的内容：第一，选择股利政策类型；第二，确定股利支付水平的高低；第三，确定股利支付形式，即确定合适的股利分配形式；第四，确定股利发放的日期。

对于股份公司而言，股利分配方案的确定与变更决策权都在董事会。要完成股利政策的制定与决策，通常需要经过 3 个阶段：一是企业的财务部门；二是董事会；三是股东大会。

财务部门为董事会提供制定股利政策与方案的各种财务数据；董事会拟定企业的股利政策的草案与具体的分配方案；股东大会主要是检查企业财务报告，审核批准董事会制定的股利政策与分配方案等的预案。

(1) 选择股利政策类型

通常，企业选择政策类型需要考虑以下因素：

①企业所处的成长与发展阶段；

②企业支付能力的稳定情况；

③企业获利能力的稳定情况；

④目前的投资机会；

⑤投资者的态度；

⑥企业的信誉状况。

企业处于不同的发展阶段与其所适应的股利政策总结见表 8-3。

表 8-3 企业股利政策总结表

公司发展阶段	适应的股利政策
初创阶段	剩余股利政策
高速成长阶段	低正常股利加额外股利政策
稳定成长阶段	固定股利支付率政策
成熟阶段	固定股利政策
衰退阶段	剩余股利政策

(2) 确定股利支付水平

股利支付水平通常用股利支付率来衡量。股利支付率是当年发放股利与当年净利润之比，或每股股利除以每股收益。一般来说，企业发放股利越多，股利的分配率超高，因而对股东和投资者的吸引力越大，从而为企业建立良好的信誉。但股利分配率过高也会对企业产生不利的方面。如使企业的留存收益减少；使企业增加对外大量举债的可能性，从而增加企业的资本成本，最终影响企业的未来收益和股东权益。

对股东派发股利与否及比率高低，取决于企业下列因素：企业所处的成长周期及当前的投资机会；企业的筹资能力及筹资成本；企业的控制权结构；顾客效应；股利信号传递功能；贷款协议及法律限制；通货膨胀等。

(3) 确定股利支付形式

确定股利支付形式即确定合适的股利分配形式。股利是公司分发给股东的投资报酬。公司分派的股利，一般情况下就是对累积盈余的分配。企业股利发放的具体形式多种多样，通常有现金股利、财产股利、负债股利、股票股利等。

①现金股利 现金股利是企业以现金的形式分配给普通股股东的股利。这是最常见的股利发放形式，许多现金充足的企业往往采用这一形式发放普通股的股利。发放现金股利的多少主要取决于企业的股利政策和经营业绩。一般上市公司出于考虑投资者的偏好、代理成本

和传递企业的未来信息等原因发放现金股利。发放现金股利时企业除需要有足够的可供分配的保留盈余外，还需要有足够的现金，尤其是支付日的现金状况。当企业的现金吃紧时，企业为了保证应付意外情况，通常不愿意承受大的财务风险而运用现金支付巨额的股利。

②财产股利　财产股利，是以现金以外的其他资产支付的股利，主要是以公司所拥有的其他公司的有价证券，如债券、股票等，作为股利支付给股东。财产股利以其他公司的证券支付最为常见，因为这些财产的公允市价容易确定，而且易于按股东持股比例分配。这种分配形式通常是当企业的现金存量不足以支付现金股利或出于其他原因，企业才会考虑的发放股利的方式。

③负债股利　负债股利是企业通过负债来发放股利，通常负债股利都是以应付票据、应付公司债券和临时借据来分派已宣告分派的股利。发放负债股利的主要原因，是宣告分派股利后，企业财务状况突然发生变化，为了顾全信誉保证如期发放股利所采用的一种权宜之计。负债股利与董事会宣告分派股利后尚未支付而形成的应付股利是不同的概念，必须注意区分。

④股票股利　股票股利是企业以股票的方式给股东发放股利，这种方式通常按现有普通股股东的持股比例发放普通股，是普通股股利发放的一种常见方式。当企业注册资本未足额投入时，企业可以以股东认购的股票作为股利支付，也可以是增发的新股。企业有时还进行其他形式的股利发放，如无偿增资配股、将现金股利和股票股利组合在一起发放等。发放股票股利又称为送股或送红股。股票股利对公司来说，并没有现金流出企业，也不会导致公司的财产减少，而只是将公司的留存收益转化为股本。但股票权利会增加流通在外的股票数量，同时降低股票的每股价值。它不改变公司股东权益总额，但会改变股东权益的构成。

【例8-6】某企业在发放股票股利前，股东权益情况见表8-4。

表8-4　发放股票股利前的股东权益情况　　元

项　目	金　额
普通股股本(面值1元，已发行200 000股)	200 000
资本公积金	400 000
盈余公积金	400 000
未分配利润	2 000 000
股东权益合计	3 000 000

假定企业宣布发放10%的股票股利，即发放20 000股普通股股票，现有股东每持100股，可得10股新发股票。如该股票当时市价20元，发放股票股利以市价计算。则：

未分配利润划出的资金为：20×200 000×10% =400 000(元)

普通股股本增加为：1×200 000×10% =20 000(元)

资本公积金增加为：400 000 -20 000 =380 000(元)

发放股票股利后，企业股东权益各项目见表8-5。

表8-5 发放股票股利后的股东权益情况 元

项目	金额
普通股股本(面值1元，已发行22 000股)	220 000
盈余公积金	400 000
资本公积金	780 000
未分配利润	1 600 000
股东权益合计	3 000 000

可见，发放股票股利，不会对企业股东权益总额产生影响，只会发生资金在各股东权益项目之间的再分配。上例中以市价计算股票股利价格的做法，是很多西方国家所通行的。我国股票股利价格是以股票面值计算的。发放股票股利后，如果盈利总额不变，会由于普通股股数增加而引起每股盈余和每股市价的下降，但股东所持股票的市场价值总额仍保持不变。

【例8-7】假定上述企业本年盈利440 000元，某股东持有20 000股普通股，发放股票股利对该股东的影响如表8-6所示。

表8-6 发放股票股利后对股东的影响 元

项目	发放前	发放后
每股盈余	440 000 ÷ 200 000 = 2.2	2.2 ÷ (1 + 10%) = 2
每股市价	20	20 ÷ (1 + 10%) = 18.18
持股比例	20 000 ÷ 200 000 = 10%	22 000 ÷ 220 000 = 10%
所持股总价值	20 × 20 000 = 400 000	8.18 × 22 000 = 400 000

发放股票股利后每股盈余和每股市价的计算公式为：

$$\text{发放股票股利后的每股盈余} = EPS_0 \div (1 + D)$$

$$\text{发放股票股利后的每股市价} = M \div (1 + D)$$

式中 EPS_0——发放股票股利前的每股盈余；

M——发放股票股利前的每股市价；

D——股票股利发放率。

【例8-8】某企业年终利润分配前的有关资料见表8-7。

表8-7 利润分配概况

项目	金额(万元)	项目	金额(万元)
年初未分配利润	1 000	盈余公积金	400
本年税后利润	2 000	所有者权益合计	4 000
普通股股本(500万股，每股1元)	500	每股市价(元)	40
资本公积金	100		

该企业决定：本年按规定比例15%提取盈余公积金(含公益金)，发放股票股利10%，并且按发放股票股利的股数，派发现金股利，每股0.1元。

要求：假设股票的每股市价与每股净资产成正比例，计算利润分配后的盈余公积金、股本、股票股利、资本公积金、现金股利、未分配利润数额和预计的普通股每股市价。

解：由于本年可供分配的利润 = 1 000 + 2 000 > 0，可按本年税后利润计提盈余公积金(含公益金)。

盈余公积金余额 = 400 + 2 000 × 15% = 400 + 300 = 700(万元)

股本余额 = 500 × (1 + 10%) = 550(万元)

股票股利 = 40 × 500 × 10% = 2 000(万元)

资本公积金余额 = 100 + (40 − 1) × 500 × 10% = 2 050(万元)

现金股利 = 500 × (1 + 10%) × 0.1 = 55(万元)

未分配利润余额 = 1 000 + (2 000 − 300 − 2 000 − 55) = 645(万元)

利润分配后所有者权益合计 = 645 + 2 050 + 700 + 550 = 3 945(万元)

或 = 4 000 − 55 = 3 945(万元)

利润分配前每股净资产 = 4 000 ÷ 500 = 8(元)

利润分配后每股净资产 = 3 945 ÷ 550 = 7.17(元)

利润分配后预计每股市价 = 40 × 7.17 ÷ 8 = 35.85(元)

尽管股票股利不直接增加股东的财富，也不增加企业的价值，但对股东和企业都有好处。对于股东的意义在于：

①如果企业在发放股票股利后同时发放现金股利，股东会因为持股数的增加而得到更多的现金。

②有时企业发行股票股利后，股价并不成同比例下降，这样便增加了股东的财富。因为股票股利通常为成长中的企业所采用，投资者可能会认为，企业的盈余将会有大幅度增长，并能抵销增发股票所带来的消极影响，从而使股价稳定不变或略有上升。

③在股东需要现金时，可以将分得的股票股利出售，从中获得纳税上的好处。

对于企业的意义在于：

①能达到节约现金的目的。企业采用股票股利或股票股利与现金股利相互配合的政策，既能使股东满意，又能使企业留存一定现金，便于进行再投资，有利于企业长期发展。

②在盈余和现金股利不变的情况下，发放股票股利可以降低每股价值，从而吸引更多的投资者。

③稳定股价，提高投资者信心。发放股票股利往往会向社会传递企业继续发展的信息，在一定程度上起到稳定股价的作用。但有时使用不慎，也会被投资者认为是资金周转不灵的前兆而失去投资的信心。

此外，还有清算股利。清算股利实质上不是一般的股利分派，而是企业返还原股东投入资本的部分或全部。公司宣布分派清算股利，可能是因为缩减经营规模而压缩资本数额，也可能使公司解散结束经营。因此，清算股利是股东缴入资本的返还。

(4)股利支付程序

公司股利的发放必须遵守相关的要求，按照日程安排来进行。一般情况下，先由董事会提出分配预案，然后提交股东大会决议通过才能进行分配。股东大会决议通过分配预案后，要向股东宣布发放股利的方案，并确定股权登记日、除息日和股利发放日。

①股利宣布日 即股东大会决议通过，由董事会将股利支付情况予以公告的日期称为股利宣布日。宣布股利发放通知的内容包括：股利发放的数目、股利发放的形式，同时宣布股权登记日、除息日和股利支付日以及股东分红资格等。

②股权登记日 即有权领取本次股利的股东资格登记截止日期。证券交易所一般在营业结束的当天即可打印出股东名册。例如，2013 年 5 月 30 日收盘后，证券交易所中央清算登记系统将那天所有登记在册的某公司股东列成清单，凡列入清单的股东才有权领取该公司的股利。

③除息日 除息日即除去股息的日期，即指领取股利的权利与股票相互分离的日期。在除息日前，股利权从属于股票，持有股票者即享有领取股利的权利；从除息日开始，股利权与股票相分离，新购入股票的人不能分享股利。通常在除息日之前进行交易的股票，其价格高于在除息日之后进行交易的股票价格，其原因就主要在于前种股票的价格包含应得的股利收入在内。如某公司 2013 年 12 月 26 日对外宣告，该公司给股东派发现金股利，每 10 股派发现金股利税前 2 元，除息日 2014 年 3 月 3 日，股利发放日 2014 年 3 月 9 日。除息日意味着 3 月 3 日之前谁持有股票谁有资格领取股利，拥有股票等于拥有领取股利的权利，所以除息日之前股票价格高，因为股票价格里包含股利。从除息日开始，股票价格不包含股利。

④股利发放日 股利发放日是将股利正式发放给股东的日期。在这一天，企业将股利支票寄给有资格获得股利的股东，也可通过中央清算登记系统直接将股利打入股东的现金账户。

【例 8-9】旭日公司于 2013 年 12 月 15 日举行的股东大会决议通过股利分配方案，并于当日由董事会对外发布公告，宣告股利分配方案为：当年每股派发 2.4 元现金股利，公司于 2014 年 2 月 6 日将股利支付给 2014 年 1 月 15 日在册的公司股东。

此例中：

2013 年 12 月 15 日 股利宣告日

2014 年 1 月 12 日 除息日(证券业的一般规定)

2014 年 1 月 15 日 股权登记日

2014 年 1 月 16 日 除息日(现行制度)

2014 年 2 月 6 日 股利支付日

8.3 股票分割和股票回购

8.3.1 股票分割

股票分割又称拆股，是指企业管理者将面额较高的股票分割或分拆成面额较低的股票行为。例如，将原来的每股股份分成3股，则每股的面额缩小为原来的1/3，但股本总额不变。

股票分割后，可以使发行在外的股数增加，而每股面额降低，每股股份所代表的账面价值降低，从而使每股收益下降，但股票分割对公司的资本结构不会产生任何影响，一般只会使发行在外的股票总数增加，资产负债表中股东权益各账户(包括股本、资本公积金、留存收益)的余额都保持不变，股东权益的总额也保持不变。

【例8-10】某企业以每股5元的价格发行了10万股普通股，每股面值为1元，本年盈余为22万元，资本公积金余额为50万元，未分配利润余额为140万元。

①若企业宣布发放10%的股票股利，即发放1万股普通股股票，股票当时的每股市价为10元，则从未分配利润中转出的资金为10万元。股票股利对企业股东权益构成、每股账面价值、每股收益的影响见表8-8。

表8-8 发放股票股利对每股收益的影响

所有者权益项目	发放股票股利前	发放股票股利后
普通股股数	10万股	11万股
普通股	10万元	11万元
资本公积金	50万元	59万元
未分配利润	140万元	130万元
所有者权益合计	200万元	200万元
每股账面价值	200万元/10万股=20元	200万元/11万股=18.18元
每股收益	22万元/10万股=2.2元	22万元/11万股=2元

对某一个股东来说，其所持股份数增长10%，但企业总股数也增加10%，其股份占企业总股份的比例不变，因此，其股份数所代表的账面价值也不变，即其股东财富没有发生变化。但是，如果企业在发放股票股利后又发放现金股利，则股东因股数增加而得到更多现金；若股票市价在发放股票股利后没有成比例下降，则股东的总股票市价上升。另外，股东在需要现金时可以出售股票股利，在资本利得税率低于现金股利的所得税税率的国家，股东还可以获得纳税上的好处。

对于企业来说，可使股东分享企业盈余而无需支付现金，可以节约大量现金支出用于再投资项目，有利于企业长期发展；可以降低每股股价，吸引更多的投资者；可以向市场传递企业有较好投资机会与发展前景的信息，提高投资者的信心。

②若将股票面额一分为二，则所有者权益项目的变化见表8-9。

表 8-9 实施股票分割对每股收益的影响

所有者权益项目	股票分割前	股票分割后
普通股股数	10 万股(每股面额为 1 元)	20 万股(每股面额为 0.5 元)
普通股	10 万元	10 万元
资本公积金	50 万元	50 万元
未分配利润	140 万元	140 万元
所有者权益合计	200 万元	200 万元
每股账面价值	200 万元/10 万股 = 20 元	200 万元/20 万股 = 10 元
每股收益	22 万元/10 万股 = 2.2 元	22 万元/20 万股 = 1.1 元

由表 8-8、表 8-9 对比可知，股票分割与发放股票股利的相同之处在于两者都使发行在外的股数增加，从而使每股收益下降，每股股份所代表的账面价值下降，但股东权益总额不变。不同之处在于股票分割不会改变股东权益各个项目的金额，只是降低了每股股票的面额；而股票股利不改变每股股票面额，但会改变股东权益各个项目的金额与比例。

总之，采用股票分割可使企业股票每股市价降低，促进股票流通和交易；能有助于企业并购政策的实施，增加对被并购方的吸引力；也可能增加股东的现金股利，使股东感到满意；还可以向股票市场和广大投资者传递企业业绩良好、利润高的信息，从而提高投资者对企业的信心。

8.3.2 股票回购

股票回购是指股份公司出资将其发行流通在外的股票以一定价格购回予以注销或作为库存股的一种资本运作方式。

起初，股票回购产生于企业规避政府对现金股利的管制，后来，为了有效规避现金股利的税收，股票回购进一步受到企业的青睐。

与现金股利相比，股票回购对投资者可产生节税效应，也可增加投资的灵活性。对于需要现金的股东来说，可以出卖股票，而不需要现金的股东可以继续持有股票。股票回购可以减少流通在外的股票数量，相应提高每股收益，降低市盈率，从而推动股价上升或将股价维持在一个合理水平上。从企业管理层来说，回购股票属于非常股利政策，不会对企业产生未来的派现压力，还有利于企业实现其长期的股利政策目标，防止派发剩余现金造成的短期效应。

我国《公司法》规定，公司不得随意收购本公司的股份。但是，有下列情形之一者除外：

①减少公司注册资本；

②与持有本公司股份的其他公司合并；

③将股份奖励给本公司职工；

④股东因对股东大会做出的公司合并、分立决议持异议，要求公司收购其股份的。

1. 股票回购的动机

在证券市场上，股票回购的动机多种多样，主要有以下几点。

(1)改变公司的资本结构

企业若认为权益资本在资本结构中所占比例过大，则可通过举借外债回购股票。无论是用现金还是用负债回购股份，都会改变企业的资本结构。在现金回购方式下，假定企业中长期负债规模不变，则伴随股票回购而来的是企业财务杠杆率提高，股权资本在企业资本结构中的比例下降；在用增加债务回购股份的情况下，一方面是企业中长期负债增加，另一方面是股权资本比例下降，企业财务杠杆率提高。企业资本结构中权益资本比例的下降和企业财务杠杆率的提高，可能会导致以下的结果：一是企业加权平均资本成本的变化，二是企业财务风险可能随债务比例增大到一定点之后而增大。

增加中长期负债在企业资本结构中的比例或降低普通股权益资本的比例，通常可以降低企业整体资本成本。但是，过度举债也会导致企业财务状况恶化，增加企业财务风险，最终会导致企业整体资本成本上升。所以，企业必须根据加权平均资本成本最低原则和保持各种资金来源间的最佳比例，来优化其资本结构。由此来看，优化企业资本结构应是企业决策是否购回其已发行股份的重要依据。

(2)满足企业兼并与收购的需要

利用库存股票交换被兼并企业的股票，减少或消除因企业兼并而带来的每股收益的稀释效应。股票回购还有助于企业管理者避开竞争对手收购的威胁。股票回购导致股价上升和企业流通在外的股票数量减少，从而使收购方要获得控制企业的法定股份比例变得更为困难；股票回购后，企业流通在外的股份少了，可以防止股票浮动筹码落入进攻企业手中。不过，由于回购的股票无表决权，回购后进攻企业的持股比例也会有所上升，因此，企业必须将回购的股票再卖给稳定的股东，才能起到反收购的作用；同时，在反收购战中，目标企业通常在股价已上升后实施股票回购，使得目标企业的流动资金减少，财务状况恶化，减弱了企业被收购的吸引力。

(3)传递公司信息

由于信息不对称和预期差异，证券市场上的公司股票价格可能被低估，而过低的股价将会对公司产生负面影响。一般情况下，投资者会认为股票回购意味着公司认为其股票价值被低估而采取的应对措施。

(4)基于控制权的考虑

控股股东为了保证其控制权，往往采取直接或间接的方式回购股票，从而巩固既有的控制权。另外，股票回购使流通在外的股份数变少，股价上升，从而可以有效地防止敌意收购。

2. 股票回购的负面影响

股票回购也有着不容忽视的缺点。股票回购可能对上市企业经营造成的负面影响具体如下：

①股票回购需要大量资金支付回购的成本，容易造成资金短缺，资产流动性变差，影响企业的发展后劲。上市企业进行股票回购首先必须以资金实力为前提，如果企业负债率较高，再举债进行回购，将使企业资产的流动性恶化，巨大的偿债压力则将进一步影响企

业正常的生产经营和发展后劲。

②股票回购无异于股东退股和公司资本的减少，也可能会使公司的发起人股东更注重创业利润的实现，从而不仅在一定程度上削弱了对债权人利益的保护，而且忽视了公司的长远发展，损害了公司的根本利益。

③股票回购容易导致内幕操纵股价。股份企业拥有本企业最准确、最及时的信息，如果允许上市企业回购本企业股票，容易导致其利用内幕消息进行炒作，使大批普通投资者蒙受损失，甚至有可能出现借回购之名、行炒作本企业股票的违规之实。

3. 关于股票回购的结论

①由于资本利得税较低和其推迟纳税的作用，作为给股东分派收益，回购股票比支付股利有很大的税收上的优势。

②由于信号作用，企业对于股利的支付不应有很大的变化，这将降低投资者对企业的信心，对权益成本和股价都有不利的影响。但是，不同时间的现金流量、投资机会都是在变化的，企业可按较低的股利分配率以额外的现金回购股票。

③对于那些正在整顿并期望在短期内大幅度提高其负债比率以及那些想要处置其拍卖资产所得现金的企业来说，回购之举尤为有效。

小结

1. 企业的收益是指企业在一定时期内所创作的经营成果的最终体现。一般来说，企业的收益总额由营业利润和营业外收支净额组成。

2. 收益分配的原则包括依法分配，履行企业的社会责任；坚持全局观念，兼顾各方面利益；投资与收益对等；处理好企业内部积累与分配的比例关系。

3. 收益分配的程序包括弥补以前年度亏损、提取法定盈余公积金、提取任意盈余公积金及向股东（投资者）分配股利（利润）。

4. 股利政策的基本理论包括：股利相关论（“在手之鸟”理论、股利分配的信号传递理论、股利分配的代理理论、所得税差异理论）与股利无关论。

5. 影响股利政策的因素，一般来说，应考虑法律、公司、股东和其他4个因素。

6. 股利政策的类型包括：①剩余股利政策，其适用于公司初创阶段；②固定或稳定增长的股利政策，其通常适用于经营比较稳定或正处于成长期的企业，且很难被长期采用；③固定股利支付率股利政策，其比较适用于那些处于稳定发展且财务状况也较稳定的公司；④低正常股利加额外股利政策，其适用于公司高速成长阶段。

7. 企业股利发放的具体形式多种多样，通常有现金股利、财产股利、负债股利、股票股利等。

8. 公司股利的发放必须遵守相关的要求，按照日程安排来进行。一般情况下，先由董事会提出分配预案，然后提交股东大会决议通过才能进行分配。股东大会决议通过分配预案后，要向股东宣布发放股利的方案，并确定股权登记日、除息日和股利发放日。

9. 股票分割与发放股票股利的相同之处在于两者都使发行在外的股数增加，从而每股收益下降，每股股份所代表的账面价值下降，但股东权益总额不变。不同之处在于股票分割不会改变股东权益各个项目的金额，只是降低了每股股票的面额；而股票股利不改变每股股票面额，但会改变股东权益各个项目的金额与比例。

10. 在证券市场上，股票回购的动机主要有：改变公司的资本结构；满足企业兼并与收购的需要；传递公司信息以及基于控制权的考虑。

复习思考题

1. 税收因素是如何影响股利分配政策的？
2. 股票回购的作用有哪些？
3. 怎样理解利息与所得税的经济实质？
4. 目前我国股份公司分派股利的形式一般有哪些？
5. 怎样理解股票分割及发放股票股利的影响差异？

练习题

一、单项选择题

1. 极易造成股利的支付与企业盈余相脱节的股利政策是(　　)。

A. 固定股利政策　　B. 剩余股利政策
C. 固定股利支付率政策　　D. 正常股利加额外股利政策

2. 公司为了稀释流通在外的本公司股票价格，对股东支付股利的形式采用(　　)。

A. 现金股利　　B. 财产股利　　C. 负债股利　　D. 股票股利

3. 体现“多盈多分”“少盈少分”的股利政策是(　　)。

A. 剩余股利政策　　B. 固定股利政策
C. 固定股利支付率政策　　D. 低正常股利加额外股利政策

4. 以下项目中不属于利润分配的项目是(　　)。

A. 盈余公积金　　B. 公益金　　C. 股利　　D. 所得税

5. 制定股利政策时，应考虑的股东因素是(　　)。

A. 资本保全　　B. 筹资成本　　C. 通货膨胀　　D. 股权稀释

6. 若要保持目标资本结构，应采用的股利政策是(　　)。

A. 剩余股利政策　　B. 固定股利政策
C. 固定股利支付率政策　　D. 低正常股利加额外股利政策

7. 只有在(　　)这一天登记在册的股东，才有资格领取本期股利。

A. 股利宣告日　　B. 股权登记日　　C. 除息日　　D. 股利发放日

8. 企业在(　　)情况下，才能按本年税后利润计提法定公积金。

A. 存在年初累计亏损　　B. 本年税后利润与计划相同
C. 本年税后利润与上年相同　　D. 不存在年初累计亏损

9. 某公司提取了公积金、公益金的税后利润为 50 万元，公司的目标资本结构为 1∶1，假定该公司第二年投资计划所需资金 60 万元，当年流通在外普通股 10 万股，若采用剩余股利政策，该年度股东可获每股股利为(　　)。

A. 1 元　　B. 2 元　　C. 3 元　　D. 5 元

10. 某公司现有发行在外的普通股 100 万股，每股面值 1 元，资本公积 300 万元，未分配利润 800 万元，股票市价 20 元，若按 10% 的比例发放股票股利并按市价折算，公司资本公积的报表列示将为(　　)。

A. 190 万元　　B. 290 万元　　C. 490 万元　　D. 300 万元

11. 企业出售固定资产的净收益应计入(　　)。

A. 营业收入　　B. 投资收益　　C. 营业外收入　　D. 实收资本

二、多项选择题

1. 影响利润分配政策的股东因素有( )。
A. 控制权考虑 B. 资本保全约束 C. 避税考虑 D. 规避风险
2. 企业发放股票股利其意义在于( )。
A. 企业盈利的资本化 B. 可节约企业的现金
C. 股票价格不至于太高 D. 会使企业财产价值增加
3. 现行法律法规对公司股利分配方面的限制有( )。
A. 资本保全 B. 不允许股权稀释
C. 保持资产的流动性 D. 按比例提取法定盈余公积金和公益金
4. 发放股票股利后，不会( )。
A. 改变股东的股权比例 B. 引起每股盈余和每股市价发生变化
C. 增加企业的资产 D. 引起股东权益各项目的结构发生变化
5. 下列各项目中，属于税后利润分配项目的有( )。
A. 法定公积金 B. 法定公益金 C. 资本公积金 D. 股利支出

三、判断题

1. 固定股利支付率政策，能使股利与公司盈余紧密结合，以体现多盈多分、少盈少分的原则。( )
2. 成长中的企业，一般采用低股利政策；处于经营收缩期的企业，则可能采用高股利政策。( )
3. 由于发放股票股利后，增加了市场流通的股票股数，从而使每位股东所持股票的市场价值总额增加。( )
4. 一个新股东要想取得本期股利，必须在除权日之前购入股票，否则即使持有股票也无权领取股利。( )
5. 股东为防止控制权稀释，往往希望公司提高股利支付率。( )
6. 企业不能用资本发放股利，但可以在没有累计盈余的情况下提取盈余公积金。( )
7. 只要公司拥有足够现金，就可以发放现金股利。( )
8. 按照利润分配的积累优先原则，企业税后利润分配，不论什么条件下均应优先提取法定公积金。( )
9. 股份公司的股利分配政策遵循“无利不分”的原则，公司当年无盈利就不能支付股利。( )
10. 某公司给股东派发10万股股票股利，每股市价5元，每股面值1元，派发股票股利后，未分配利润减少50万元，股本增加10万元，资本公积金增加40万元。( )

四、案例分析

1. 基本案情

四川长虹电器股份有限责任公司，是我国家喻户晓的国有大型企业。它从一个当年自有4 800万元净资产的西部国有中型企业，发展成为今天拥有130多个亿的全球第四大彩电生产企业，成为中国彩电的龙头老大，独家荣获“中国最大彩电基地”“中国彩电大王”殊荣，连续荣获“金桥奖”等。“长虹商标”更是中国的驰名商标。对于这样一个大型企业是十分值得各方给予关注的。对它各个时期的股利政策进行分析，可以得到很多启示。

2. 分析要点及要求

(1)长虹公司在历年进行股利分配时，采用了哪些股利支付形式?

(2)长虹公司在高速发展时期采用的是什么股利政策?

(3)当前中国上市公司十分乐于采用配股方式进行利润分配，长虹公司也频频采用。与传统的股利分配方式相比，配股分配方式的优越性有哪些？其缺点又何在？

推荐阅读书目

1. 财务管理 . 李艳萍主编 . 经济科学出版社、中国铁道出版社，2006.

2. 中级财务管理 . 财政部会计资格评价中心编 . 中国财政经济出版社，2014.

第9章　财务预算

学习目标

通过本章学习，要求掌握现金预算的编制过程以及弹性预算、零基预算和滚动预算等方法的特征和操作技巧；理解财务预算的编制程序和方法；了解财务预算的概念、内容和作用；了解固定预算、增量预算和定期预算的含义和内容。

瑞森公司的财务预算

瑞森公司的财务副总经理李军主要负责在2012年编制该企业2013年的全面预算。由于他是第一次接手该项工作，所以有许多问题不甚明确。2012年底已经迫近，李军只能先行进入工作状态，一面进行全面预算的编制，一面对操作中的错误予以纠正。以下是他进行预算组织工作的详细记录。

(1) 12月10日

为全公司各生产部门和职能部门下达编制全面预算的任务，预算的编制顺序为“两下两上”，即先由基层单位编制初稿，上交公司统一汇总、协调，然后再返还基层单位修改，修改后再次上交总公司以调整、确认。

(2)12月11日

发专门文件说明预算的本质是财务计划，是预先的决策。

(3)12月12日

专门指定生产部门先将生产计划编制出来，提前上交，因为生产部门的生产计划是全部预算的开端。

(4)12月15日

设计预算编制程序如下：① 成立预算委员会，由公司董事长任主任；②确定全面预算只包括短期预算；③由预算委员会提出具体生产任务和其他任务；④由各部门负责人自拟分项预算；⑤上报分项预算给公司预算委员会，汇总形成全面预算；⑥由董事会对预算进行审查；⑦将预算下达给各部门实施。

(5)12月20日

截止到该日，已上交的营业预算有：销售预算、生产预算、直接人工预算、直接材料采购预算、制造费用预算、营业费用预算、预计损益表。李军认为营业预算已经基本上交完毕。资本支出预算也刚刚交来，被归入营业预算中。其主要内容是关于下一经营期购买厂房和土地的问题。

(6)12 月 21 日

收到的现金预算中有以下几项内容：现金收入、现金支出、现金结余。李军把现金预算归入销售预算内，因为销售是企业现金的主要来源。

(7) 12 月 22 日

交来的预计资产负债表被李军退回，认为它不在预算之列。

(8)12 月 25 日

李军强行要求所有与生产成本相关的预算都以零基预算的方式进行。基层单位负责人反映该企业为方便业绩考核，前任财务经理对生产成本一直实施滚动预算。况且重新搜集成本资料支出过大，时限过长。

(9)12 月 28 日

生产经理的基本职责有两方面：生产控制和成本控制。公司要求生产经理作固定预算，生产经理强烈反对，认为只有弹性预算才能把生产控制和成本控制分开，便于考核业绩。

(10) 12 月 31 日

预计出下一期股利的支付政策和方案，并把它列入专门决策预算。

阅读上述资料，分析讨论以下问题：

(1) 李军在预算组织工作中存在哪些错误？请你为他加以纠正，并告之纠正的原因。

(2) 什么是零基预算、滚动预算、弹性预算、固定预算？结合本案例谈谈这些预算方法的优缺点及其适用范围。

(3) 在编制预算过程中应注意哪些问题？

9.1 预算概述

为实现既定目标，保证决策所确定的最优方案在实际中得到贯彻、执行，企业就需要编制预算。预算是计划工作的成果，它既是决策的具体化，又是控制生产经营活动的依据。预算在传统上被看成是控制支出的工具，但新的观念是将其看成“使企业的资源获得最佳生产率和获利率的一种方法”。

9.1.1 全面预算的含义、特点与作用

1. 全面预算的含义

任何一个企业，不论规模大小，它所掌握的人力、物力和财力的资源总是有一定限度的。企业的全部资源，主要是为了能满足生产和销售一定量的产品，供应一定量的劳务，并达到自己确定的目标利润所必需的数量。为了以较少的资源，取得尽可能大的经济效益；为了提高企业的素质和它的适应能力与应变能力，就必须事先做好规划工作。

西方企业的规划，通常包括两个部分：一部分是“计划”，用文字加以说明的；另一部分是“预算”，用数字和表格加以反映的。预算与计划密不可分，计划是预算的文字说明，

预算是计划的数量说明。

全面预算是把企业全部经济活动过程的正式计划用数量和表格形式反映出来，是企业总体规划的数量说明。全面预算是以利润为最终目标，并把确定下来的目标利润作为编制全面预算的前提条件。由于企业之间的竞争异常剧烈，要求企业必须十分关心用户的要求和市场上的供需情况，精心研究市场动态，了解消费者的需要，探讨怎样才能使产品适销对路。研究在什么样的产量水平上，能够把产品全部销售出去，并能使其成本最低，利润最大。因此，为了达到和完成预定的目标利润，企业的所有职能部门必须相互配合，并需均衡地开展工作。

2. 全面预算的特点

(1)全面预算是以经济效益为出发点的

全面预算是将企业管理的职能整合为企业管理的整体化，预期管理的定位使预算目标更加明确、合理、有效。因此，效益永远是全面预算的出发点，一切有悖于效益原则的管理模式都是无效或不可取的。

(2)全面预算是以价值形式为定量描述的

企业全面预算的主线索是预算，以价值为主的定量描述全面地加强生产经营活动的控制，使之按序运行；简言之，预算就是用货币为单位表示的量化指标，用价值形态来反映企业未来某一特定时期的有关生产经营活动、现金收支、资金需求、成本控制、财务状况等各方面的详细计划。

(3)全面预算是以市场为导向的

企业是为市场提供产品或服务的，一切经营活动必须以市场为导向，注重市场的反映与评价。市场导向功能确定了预算管理方法，预算的本质在于减少企业经营风险，利用市场规律与市场特点为企业创利增收，使企业市场经营活动有序化。

(4)全面预算是以全员参与为保障的

全面预算管理涉及企业的方方面面，只有全体员工积极参与预算编制工作，人人当家理财，人人肩上有责任，让每一个参与者学会算账，建立“成本”“效益”意识，关心成本控制结果，预算管理理念才能被接受，才能有可靠的基础，才能有利于预算目标的实现。

(5)全面预算是以财务管理为中心的

全面预算的编制、执行、控制、考核等一系列环节，以及众多信息的采集、传递都离不开财务管理工作，财务管理部门有着不可替代的作用，既注重预算事先的预测，又注重预算执行的过程控制，还关注预算执行结果的考核。

3. 全面预算的作用

企业全面预算是各级各部门工作的奋斗目标、协调工具、控制标准、考核依据，在经营管理中发挥重大作用。全面预算作为企业管理当局对未来生产经营活动的总体规划，其作用主要表现在以下几个方面。

(1)明确各部门的工作目标和任务

全面预算的过程就是将企业的总体目标分解、落实到各个部门的过程，从而使各部门都明确了自己的工作目标和任务。企业的总目标只有在各部门的共同努力下才能得以实现，这样可避免各部门忽视企业总体利益、片面追求部门利益的现象。

(2)协调各部门的工作

预算的编制使部门的经理人员都了解本部门与企业总体关系、本部门与其他企业间的关系。在努力实现企业总体目标的前提下，各部门便能够自觉地调整好自己的工作，配合其他部门共同完成企业的总体目标，同时部门间也有了交换意见的基础。

(3)控制各部门的经济活动

各部门在执行任务过程中，要经常将工作成果与预算相对比，随时发现差异并分析查找原因，尽量使本部门的经济活动符合预算的要求。

(4)考核各部门的成绩

企业将定期地按照预算的要求，对各部门的工作进行考核，因为只有当所有部门都按照预算的要求完成自己的任务时，企业才能实现总体目标。对个别部门而言，完不成计划会影响企业总体目标的实现；超额完成计划，同样也可能造成积压和浪费，从而影响企业的整体利益。

9.1.2 全面预算体系

全面预算是在预测、决策的基础上，根据所确定的战略经营目标而编制的，也是在既定的战略经营目标下所要采取的各种行动决策方案的具体化、数量化的财务计划。因此，全面预算的各项内容必须以科学的预测、决策活动为前提，始终围绕战略经营目标的要求而编制、执行和实施，这是预算的总纲和核心，并以此形成全面预算的内容体系。

全面预算管理涵盖了企业经营活动的各个方面，包括业务预算(销售、生产等)、专门决策预算(包括固定资产购置、改扩建及资本运作可行性研究、项目关停、撤并、资产处置及人员安排等)和财务预算(现金流量、损益及资产负债)。业务预算、专门决策预算和财务预算之间的关系，见图9-1。

1. 明确经营目标

由于全面预算的编制是适应目标管理的需要，把整个企业和各个职能部门在计划期间的工作分别定出奋斗目标，并将制定目标所依据的主要设想和意图，以及达到该目标所拟采取的方法和措施都详细列举出来。这样，全面预算就有助于使全体职工心中有数，了解本部门的经济活动与整个企业经营目标之间的关系；明确今后自己的工作在业务量、收入、成本各方面应达到的水平和努力方向，促使每个职工想方设法，从各自的角度去完成企业的战略目标。

2. 协调各方关系

通过编制全面预算促使各职能部门向着共同的、总的战略目标前进；它们的经济活动必须密切配合，相互协调，统筹兼顾，全面安排，做好综合平衡。

3. 控制经营活动

全面预算是控制企业日常经济活动的主要依据，可以通过实际成果同预算目标对比，及时揭露实际脱离预算的差异数，并分析差异的原因，以便消除薄弱环节，采取有效措施，保证目标更好地完成。

4. 考核评价业绩

在执行全面预算过程中，实际偏离预算的差异，可以作为评定各部门、各单位和全体职工的工作成绩的重要标准。

总之，编制全面预算是沟通企业内部情况的最重要的过程，它有助于使全体职工明确奋斗目标，把各个职能部门的工作协调起来，均衡地为达成企业的总目标而奋斗；同时也是控制日常经济活动的依据，评定工作实绩的标准。

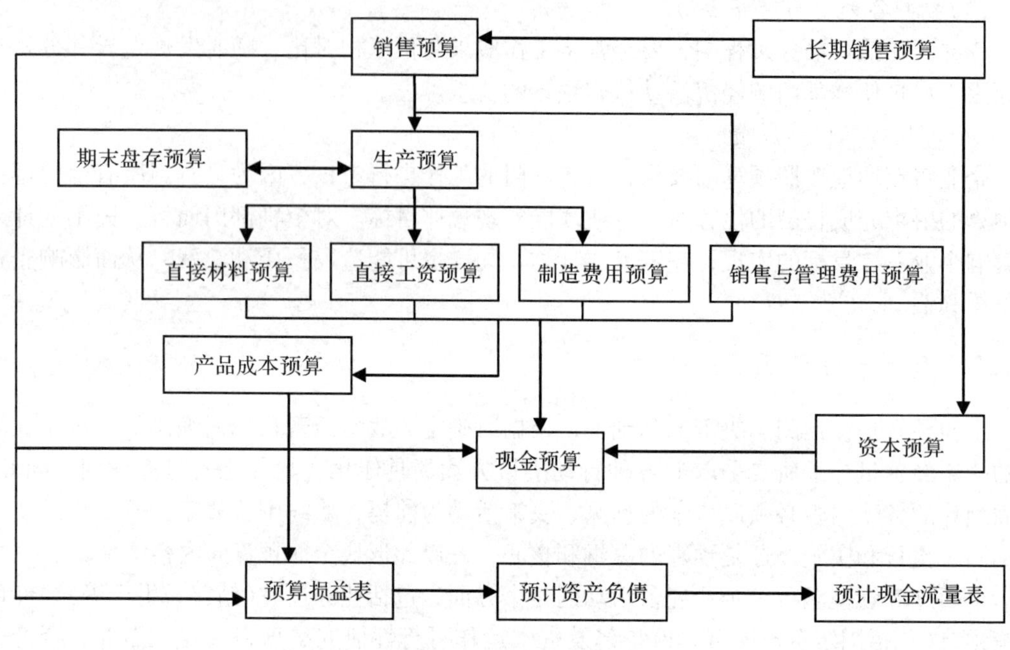

图 9-1 全面预算体系

9.1.3 全面预算编制原则

为了充分发挥全面预算在企业经营活动中的积极作用，保证未来经营活动的正常进行和经营目标的实现，编制全面经营预算应遵循一定的原则。

1. 内外结合原则

全面预算的编制是在预测、决策的基础上进行的。为保障企业经营目标的实现，必须按照国家的宏观指导，市场供需的客观要求，充分发挥本企业的优势。因此，企业的外部环境与内部环境的结合是编制全面预算的关键原则。

2. 全员参与原则

企业目标确定后，应先由全体职员详细讨论，让职员根据各自的特长其所在岗位的客观条件，发挥其主观能动性，以主人翁的姿态完成优化目标，提出各自的建议和措施，最终汇编整理出包含每个员工建议的合理部分的预算。这是编制具有竞争潜力的全面预算的根本原则。

3. 全面完整原则

凡是会影响目标实现的业务、事项，均应以货币或其他计量形式具体地加以反映，尽量避免由于预算缺乏周详的考虑而影响目标的实现。有关预算指标之间要相互衔接，勾稽关系要明确，以保证整个预算的综合平衡。

4. 弹性编制原则

在编制全面预算时，既要考虑全面系统地反映企业部门的预算目标，保证目标的实现，又要考虑可能发生的各种情况，采用弹性预算等编制方法，可以充分发挥预算的控制作用，是全面预算的各种指标，既不消极地保持收支平衡，又不脱离实际的可行性。

9.1.4 全面预算编制程序

全面预算的编制是一个系统性、整体性很强的工作，因此，应当按照全面预算的规律有序地进行。编制全面预算一般应遵循以下基本程序。

1. 确定预算目标

预算目标给预算编制明确了一个总的方向，预算编制过程中始终都要围绕这个目标来进行。任何预算编制主体，都应在充分理解预算目标的基础上，明确核心内容是什么，对自身来说都有哪些具体要求，应采取何种有效措施来实现其目标，各个分目标在总目标的位置和作用是什么，各分目标之间存在何种关系等，从而为正确编制预算做好充分的思想准备。

2. 分解预算目标

全面预算的编制涉及整个企业的各个部门甚至每个员工，这是充分调动一切积极因素、发挥创造性、挖掘各种潜力的好机会，企业全体的参与，是保证预算正确顺利编制并实施的重要条件。因此，必须对预算目标进行层层分解和下达，以便使各职能部门和职员都能及时明确各自的努力方向及应采取的措施。目标分解的原则是能够对其控制和管理，也是部门预算编制的前提条件。

3. 拟定和下达预算编制方针

预算目标只是为预算编制明确了方向，如何编制，还应根据具体情况和要求制定出编制基准和大纲，即预算编制的方针政策。预算编制可以指明各种预算编制时应该遵循什么原则，采取何种编制方法，如何协调和处理各种关系，编制过程中应注意什么问题等。这是预算编制目标的进一步具体化，也是编制预算的基本指导思想。

4. 充分搜集和整理有关资料

充分占有资料，掌握足够的信息，是摸清事物规律，减少行动的盲目性，提高办事成功率的必要前提。对预算编制来说，由于是立足于未来，不确定因素将大量存在，更需要充分搜集历史的、现在的和未来发展要求的各种与预算编制有关的有用信息，并围绕预算目标和内容，对其进行系统加工整理，寻找出规律性，分清主次关系，并进行必要的筛选，为编制预算做好充分的资料准备。

5. 各部门编制和测试预算方案

编制预算是一项严肃而复杂的工作，对未来的生产经营产生着直接影响。因此，在编制预算时必须严肃认真地进行。先拟定各种预算草案，并围绕各自的预算目标，反复测试论证，明确各种变量的变化对预算值的影响程度和可能出现的种种效应，分析预算草案的可行程度，以及未来执行中可能出现的问题，最后形成初步预算方案，提交预算委员会等进行审查。

6. 对初步预算方案进行协调和平衡

初步预算方案是由各部门分别编制的。在预算编制过程中将涉及和处理许多经济关系，并且可能发生种种经济利益上的冲突和矛盾。而整个预算又是一个有机结合的集合体，任何一种关系处理不好，都将给预算的编制和执行带来困难。因此，对各部门提交的预算方案，预算委员会应从整体观念出发，逐个审查，并寻找出可能存在的矛盾和问题，确定出合理的解决办法和协调措施，然后提出修正意见在反馈给各预算编制单位进行修正，求得平衡一致。

7. 归集汇总并审议评价预算方案

根据预算委员会反馈的初步预算修正要求，进一步做出认真修正后，再提交预算委员会由其围绕预算整体目标进行归集汇总，并从全面预算的整体要求出发，再次进行全面审查、测算和分析，对可能存在的问题再次提出解决和修正办法并做出修改，最后由预算委员委员会审议评价，形成正式预算文件下达执行。

9.2 预算的编制方法

9.2.1 固定预算与弹性预算

固定预算与弹性预算主要用于产品成本、费用和利润的编制，两者之间存在静态与动态之别。

1. 固定预算

固定预算又称静态预算，是指在编制预算时，只根据预算期内正常的、可实现的某一固定业务量(生产量、销售量)水平作为唯一基础来编制预算的一种方法。

这种方法的优点是简便易行，缺点是：第一，过于机械呆板。在该种方法下，不管未来预算期内实际业务量水平是否发生波动，都只按事先预计的某一个确定的业务量水平作为编制预算的基础。第二，可比性差。当实际业务量与编制预算所依据的预计业务量发生较大差异时，有关预算指标的实际数与预算数之间就会因业务量基础不同而失去可比性。因此，固定预算方法适合业务或财务活动比较稳定的企业和非营利性组织，而且多用于生产预算、成本和费用预算、利润预算等。

2. 弹性预算

(1)弹性预算的含义

弹性预算又称动态预算，是指在成本性态分析的基础上，以业务量、成本和利润之间的依存关系为依据，以预算期可预见的各种业务量水平为基础编制系列预算的方法。与固定预算方法相比，弹性预算方法具有预算范围宽和可比性强的优点。

(2)弹性预算的优点

与固定预算方法相比，弹性预算方法具有以下两个显著的特点。

①预算范围宽　弹性预算方法能够反映预算期内与一定相关范围内的可预见的多种业务量水平相对应的不同预算额，从而扩大了预算的适用范围，便于预算指标的调整。因为弹性预算不再是只适应一个业务量水平的一个预算，而是能够随业务量水平的变动作机动调整的一组预算。

②可比性强　在弹性预算方法下，如果预算期实际业务量与计划业务量不一致，可以

将实际指标与实际业务量相应的预算额进行对比，从而能够使预算执行情况的评价与考核建立在更加客观和可比的基础上，便于更好地发挥预算的控制作用。

(3) 弹性预算方法的适用范围

由于未来业务量的变动会影响到成本、费用、利润等各个方面，因此，弹性预算方法从理论上讲适用于编制全面预算中所有与业务量有关的各种预算。但从实用角度看，主要用于编制弹性成本费用预算和弹性利润预算等。在实务中，由于收入、利润可按概率的方法进行风险分析预算，直接材料、直接人工可按标准成本制度进行标准预算，只有制造费用、销售费用和管理费用等间接费用应用弹性预算方法的频率较高，以至于有人将弹性预算方法误认为只是编制费用预算的一种方法。

(4) 弹性成本预算的编制

①弹性成本预算的编制程序　弹性成本预算主要是针对制造费用、销售费用及管理费用等项目编制的弹性预算。至于直接材料、直接人工等直接成本可采用标准成本进行控制，故通常无需编制弹性预算。

a. 选择业务量的计量单位。编制弹性预算，要选用一个最能代表本部门生产经营活动水平的业务量作为计量标准。例如，以手工操作为主的车间，就应选人工工时；制造单一产品或零件的部门，可选实物数量；制造多种产品或零部件的部门，可选人工工时或机器工时；修理部门可选用直接修理工时等。弹性成本预算的基本公式为：

$$\text{成本的弹性预算} = \text{固定成本预算数} + \sum(\text{单位变动成本预算数} \times \text{预计业务量})$$

b. 确定适用的业务量范围。弹性预算的业务量范围，应视企业或部门的业务量变化情况而定，一般来说，可定在正常生产能力的70%～110%，或以历史上最高和最低业务量为其上下限。

c. 按照成本性态分析的方法，将编制弹性预算的成本划分为固定成本和变动成本两类，确定该项成本中的固定成本总额和单位变动成本。

d. 根据某项成本中的固定成本和单位变动成本数计算确定其在相关范围内多种业务量水平下的预算额。

②弹性成本预算的具体编制方法　编制弹性成本预算可以选择公式法和列表法两种具体方法。

a. 公式法。是指通过确定成本公式 $y = a + bx$ 中的 a 和 b 来编制弹性预算的方法。

【例9-1】某企业按公式法编制的制造费用弹性预算见表9-1。其中较大的混合成本项目已经被分解。

表9-1　某企业预算期制造费用弹性预算

直接人工工时变动范围：70 000～120 000小时　　元

项　目	a	b
管理人员工资	15 000	—
保险费	5 000	—
设备租金	8 000	—
维修费	6 000	0.25

（续）

项 目	a	b
水电费	500	0.15
辅助材料	4 000	0.3
辅助工工资	—	0.45
检验员工资	—	0.35
合计	38 500	1.5

根据表9-1，可利用$y=38\ 500+1.5x$，计算出人工工时在70 000～120 000小时范围内，任一业务量基础上的制造费用预算总额。

这种方法的优点是在一定范围内不受业务量波动影响，编制预算的工作量较小；缺点是在进行预算控制和考核时，不能直接查出特定业务量下的总成本预算额，而且按细目分解成本比较麻烦，同时又有一定误差。

在实际工作中可以将公式法与列表法结合起来应用。

b. 列表法，是指通过列表的方式，在相关范围内每隔一定业务量范围计算相关数值预算，来编制弹性成本预算的方法。

【例9-2】某企业按列表法编制的制造费用弹性预算见表9-2。

表9-2 某企业预算期制造费用弹性预算

元

直接人工工时(小时)	70 000	80 000	90 000	100 000	110 000	120 000
占正常生产能力百分比(%)	70	80	90	100	110	120
变动成本项目合计	56 000	64 000	72 000	80 000	88 000	96 000
辅助工人工资	31 500	36 000	40 500	45 000	49 500	54 000
检验员工资	24 500	28 000	31 500	35 000	38 500	42 000
混合成本项目合计	59 500	66 500	73 500	80 500	87 500	94 500
维修费	23 500	26 000	28 500	31 000	33 500	36 000
水电费	11 000	12 500	14 000	15 500	17 000	18 500
辅助材料	25 000	28 000	31 000	34 000	37 000	40 000
固定成本项目合计	28 000	28 000	28 000	28 000	28 000	28 000
管理人员工资	15 000	15 000	15 000	15 000	15 000	15 000
保险费	5 000	5 000	5 000	5 000	5 000	5 000
设备租金	8 000	8 000	8 000	8 000	8 000	8 000
合 计	143 500	158 500	173 500	188 500	203 500	218 500

列表法的主要优点是可以直接从表中查得各种业务量下的成本预算，便于预算的控制与考核，可以在一定程度上弥补公式法的不足。但这种方法工作量较大，且不能包括所有业务量条件下的费用预算，故适用面较窄。

(5)弹性利润预算的编制

编制弹性利润预算，可以选择因素法和百分比法两种方法。

①因素法 这种方法是根据受业务量变动影响的有关收入、成本等因素与利润的关系，列表反映在业务量条件下利润水平的预算方法。

【例9-3】预计某企业预算年度某产品的销售量在7 000～12 000件之间变动；销售单价为100元；单位变动成本为86元；固定成本总额为80 000元。

要求：根据上述资料以1 000件为销售量的间隔单位编制该产品的弹性利润预算。

解：依题意编制的弹性利润预算见表9-3。

表9-3 某企业弹性利润预算 元

销售量(件)	7 000	8 000	9 000	10 000	11 000	12 000
单价	100	100	100	100	100	100
单位变动成本	86	86	86	86	86	86
销售收入	700 000	800 000	900 000	1 000 000	1 100 000	1 200 000
减：变动成本	602 000	688 000	774 000	860 000	946 000	1 032 000
边际贡献	98 000	112 000	126 000	140 000	154 000	168 000
减：固定成本	80 000	80 000	80 000	80 000	80 000	80 000
营业利润	18 000	32 000	46 000	60 000	74 000	88 000

这种方法适于单一品种经营或采用分算法处理固定成本的多品种经营的企业。

②百分比法 这种方法又称销售额百分比法，是指不同销售额的百分比来编制弹性利润预算的方法。这种方法适用于多品种经营的企业。

【例9-4】预计某企业预算年度的销售业务量达到100%时的销售收入为1 000 000元，变动成本为860 000元，固定成本为80 000元。

要求：根据上述资料以10%的间隔为该企业按百分比法编制弹性利润预算。

解：根据题意编制的弹性利润预算见表9-4所示。

表9-4 某企业弹性利润预算 元

销售收入百分比(1)	80%	90%	100%	110%	120%
销售收入(2)=1 000 000×(1)	800 000	900 000	1 000 000	1 100 000	1 200 000
变动成本(3)=860 000×(1)	688 000	774 000	860 000	946 000	1 032 000
边际贡献(4)=(2)-(3)	112 000	126 000	140 000	154 000	168 000
固定成本(5)	80 000	80 000	80 000	80 000	80 000
营业利润(6)=(4)-(5)	32 000	46 000	60 000	74 000	88 000

【例9-5】某企业编制弹性利润预算，预算销售收入为100万元，变动成本为60万元，固定成本为30万元，利润总额为10万元。如果预算销售收入达到110万元，计算确定预算利润总额。

解：销售收入百分比 $=110\div100\times100\%=110\%$

预算利润总额 $=110-60\times110\%-30=14$(万元)

9.2.2 增量预算与零基预算

增量预算法和零基预算法主要用于销售费用预算和管理费用预算的编制，两者的差别在于编制预算的基础不同。

1. 增量预算法

增量预算法又称调整预算法，是指以基期成本费用水平为基础，结合预算期业务量水平及有关影响成本因素的未来变动情况，通过调整有关原有费用项目而编制预算的一种方法。

增量预算法的假设前提有：一是现有的业务活动是企业必需的；二是原有的各项开支都是合理的；三是以现有业务活动和各项活动的开支水平，确定预算期各项活动的预算数。前提条件的不适用，如预算期的情况发生变化，预算数额受到基期不合理因素的干扰，可能导致预算的不准确，不利于调动各部门达成预算目标的积极性。

增量预算法的缺点：第一，受原有费用项目限制，可能导致保护落后；第二，滋长预算中的"平均主义"和"简单化"；第三，不利于企业未来发展。

【例9-6】某企业上年的制造费用为50 000元，考虑到本年生产任务增大10%，按增量预算编制计划年度的制造费用。

解：计划年度制造费用预算 $=50\ 000(1+10\%)=55\ 000$ 元

2. 零基预算法

(1)零基预算的含义

零基预算是在20世纪60年代末由美国德州仪器公司的彼得·派尔首先提出的一种编制方法。被西方发达资本主义国家公认为企业管理中的一种新的有效方法。

零基预算，全称是"以零为基础的计划和预算编制法"，即在编制费用支出预算时，不考虑历史的费用支出水平，一切以0为始点，从根本上研究各项费用支出的必要性及数额。

(2)零基预算的特点

①零基预算编制预算时是从0开始。

②零基预算对所有的费用开支比较讲究其必要性和成本效益。

③零基预算从业务角度来考虑问题，对每一项费用都要进行分析，按主次来确定其费用水平。

④零基预算不是根据预算增加与否来拓展业务，而是根据该业务的重要与否来决定，并相应增加预算数。

(3)零基预算的优点

传统的增量预算编制方法是以上期的预算为基础，结合预算期费用可能发生变化的数据，加以适当的调整。但是，如果上期预算不尽合理，就会影响到本期预算，造成预算的浪费或不足。零基预算则可弥补这一缺陷。零基预算的优点是对传统预算编制方法的挑战，一切从0开始，可以排除前期的不良影响，节约费用支出，提高资金的使用效果。

(4)零基预算的编制方法

零基预算的具体做法，基本上分为3步：

①根据企业预算期利润目标、销售目标和生产指标等，分析预算期各项费用项目，并预测费用水平。

②拟订预算期各项费用的预算方案，权衡轻重缓急，划分费用支出等级并排列先后顺序。对每一项费用进行必要性和成本收益分析。以其成本或费用与业务量进行比较，亦可与收益比较，以便对各项费用预算进行事先控制，一般考虑下面几个方面：a. 该项业务是否有必要，能否避免；b. 如该项业务确属不可避免，是否由其他部门附带完成，不必专设一个部门；c. 如必须专设部门完成，则要想方设法节约开支，提高效率，然后将每项业务按重要性排列成序，确定费用大小。

③根据企业预算期预算的费用控制总额目标，按照费用开支等级及顺序，分解落实相应的费用控制目标，编制相应的费用预算。

【例9-7】某公司在计划期内可动用的资金9 800万元，采用零基预算法编制3月的费用预算。

公司组成的预算委员会预计3月需发生的费用：办公费1 560万元，差旅费2 600万元，房租3 250万元，销售佣金1 040万元，销售人员工资650万元，广告费1 300万元，合计10 400万元。

对上述费用进行成本效益分析，并按重要性排列成序。

解：第一类：办公费、差旅费、房租、销售人员工资等属约束性固定成本，无法节省，在预算期内必须全额保证。

第二类：销售佣金属变动销售费用，随着销售业务量的变化而变化。在预算期内费用估计为1 040万元。

第三类：广告费属于酌量性固定成本，可根据公司的财务状况适当调整。

公司在计划期内可动用的资金9 800万元，根据上面的分析，具体预算见表9-5。

表9-5 企业预算表

项 目	资金分配情况(万元)	备 注
办公费	1 560	保 证
差旅费	2 600	保 证
房租	3 250	保 证
销售人员工资	650	保 证
销售佣金	1 040	保 证
广告费	700	压 缩

表9-5中，由于可动用的资金为9 800万元，而预计的费用10 400万元，广告费属酌量性固定成本。因此，该项目压缩700万元。

9.2.3 定期预算与滚动预算

定期预算法和滚动预算法是根据预算期间的固定性和滚动性而区分的两种预算编制方法。

1. 定期预算法

定期预算法，是指在编制预算时以不变的会计期间(如日历年度)作为预算期的一种编制预算的方法。

采用定期预算法的优点是能够使预算期间与会计年度相配合，便于考核和评价预算的执行结果；缺点是具有盲目性(远期指导性差)、滞后性(灵活性差)和间断性(连续性差)。

2. 滚动预算

(1)滚动预算的含义

滚动预算(连续预算或永续预算)，是指在编制预算时，将预算期与会计年度脱离开，随着预算的执行，不断延伸补充预算，逐期向后滚动，使预算期永远保持为12个月的一种方法。每过一个月，都要根据新的情况进行调整，在原来预算期末再加一个月的预算，从而使总预算经常保持12个月的预算期。

(2)滚动预算的优点

与传统的定期预算相比，按滚动预算方法编制的预算具有以下优点。

①滚动预算符合人们的认识规律 企业的生产经营活动是复杂多变的，在编制预算时，虽然人们对预算期内影响企业经营活动的各方面因素进行了预测和分析，形成了一定的共识。但是，随着时间的推移，它将会产生各种难以预料的变化，这无疑会影响预算的准确性，甚至会导致某些预算不合时宜。再说人们对未来客观事物的认识也有一个由粗到细，由简单到具体的过程，而滚动预算能帮助我们克服预算的盲目性，避免预算与实际有较大的出入。

②滚动预算有助于提高预算的准确性 滚动预算的预算期间具有动态固定特性，说它具有固定特性是因为滚动预算始终要保持一个固定的预算期间，通常为1年或者长于1年的一个经营周期；说它具有动态特征，是因为每经过1个月，就根据已经掌握了新的情况对后几个月的预算进行调整和修正，并在原来的预算期末随即补充1个月的预算。由此可见，滚动预算是在预算实施过程中，不断地修正、调整和延续预算。随着时间的推移，原来的预算就逐渐变具体，同时，又补充新的预算，如此反复，不断滚动。预算的准确性也就不断地得到了提高。

③遵循了生产经营活动的变动规律，保持预算的完整性和持续性，从动态预算中把握企业的未来 首先，能使各级管理人始终保持对未来12个月甚至更长远的生产经营活动作周详的考虑和全盘的规划，保证企业的各项工作有条不紊地进行；其次，便于外界(银行信贷部门、税务机关和投资者等)对企业经营状况的了解；最后，由于预算不断调整与修正，使预算与实际情况更相适应，有利于充分发挥预算的指导和控制作用。但在实际中，采用滚动预算，必须有与之相适应的外部条件，如材料供应时间等。此外，不足之处还有预算的自动延伸，工作耗时多，工作量较大，代价太大。所以，也可以采用按季度滚动来编制预算，而在执行预算的那个季度里，再按月份分旬具体地编制预算，这样可以适当简化预算的编制

工作。总之，预算的编制是按月份滚动还是按季度滚动，应视实际需要而定。

(3)滚动预算的编制方法

滚动预算的编制，可采取长计划、短安排的方式进行，也就是在编制预算时，先按年度分季，并将其中第一季度按月划分，建立各月的明细预算，以便监督预算的执行。其他三季可以粗略一些。到第一季结束后再将第二季的预算数按月细分，依次类推。

滚动预算案其预算编制和滚动的时间单位不同可分为逐月滚动、逐季滚动和混合滚动3种方式。

①逐月滚动方式　逐月滚动方式是指在预算编制过程中，以月份为预算编制和滚动单位，每个月调整一次预算的方法。例如，在2012年1~12月的预算执行过程中，需要在1月末根据当月预算的执行情况，修订2~12月的预算，同时补充2013年1月的预算；2月末根据当月预算的执行情况，修订2012年3月至2013年1月的预算，同时补充2013年2月的预算……依次类推。预算过程如图9-2逐月滚动预算示意图所示。逐月滚动编制的预算比较精确，但工作量太大。

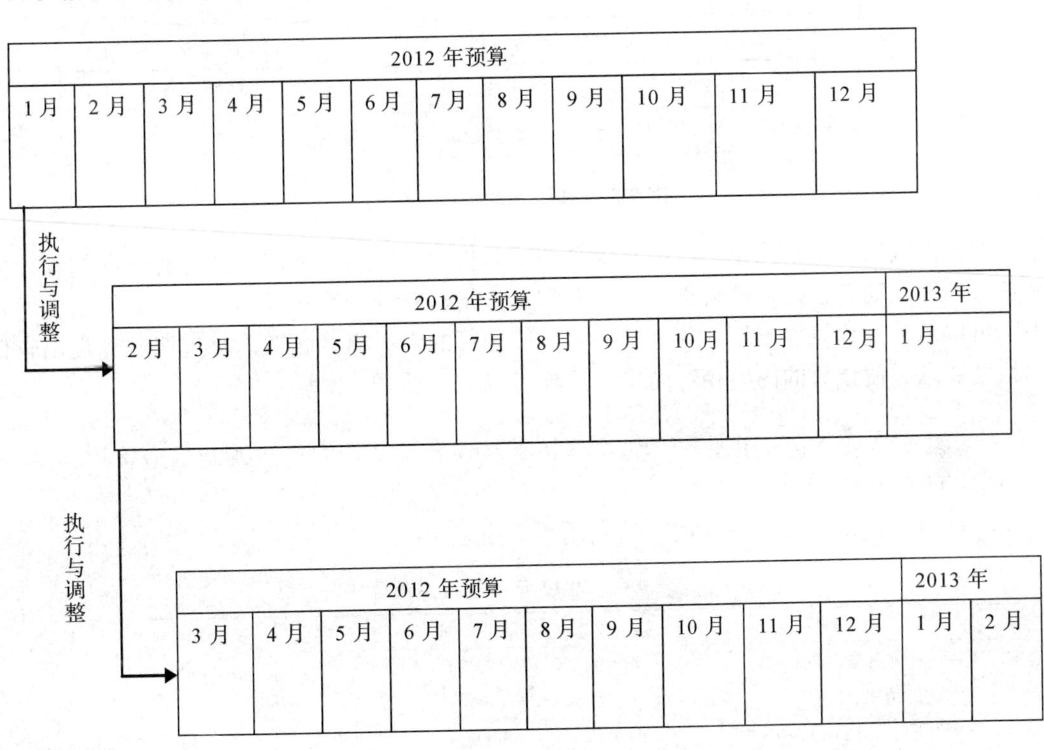

图9-2　逐月滚动预算示意图

②逐季滚动方式　逐季滚动式是指在预算编制过程中，以季度为预算的编制和滚动单位，每个季度调整一次预算的方法。

如在2012年第一至四季度的预算执行过程中，需要在第一季度末根据当季预算的执行情况，修订第二至四季度的预算，同时补充2013年第一季度的预算；第二季度末根据当季预算的执行情况，修订第三、四季度和2013年第一季度的预算，同时补充2013年第二季度的预算……依次类推。逐季滚动编制的预算比逐月滚动的工作量小，但预算精度较差。逐季流动预算示意图见图9-3。

③混合滚动方式 混合滚动方式是指在预算编制过程中，同时使用月份和季度作为预算的编制与滚动单位的方法。它是滚动预算的一种变通方式。

图9-3 逐季滚动预算示意图

这种方式的理论根据是：人们对未来的了解程度分近期和远期，具有对近期的预计把握较大，对远期的预计把握较小。为了做到长计划短安排、远略近详，在预算编制的过程中，可以对近期预算提出较高的精度要求，使预算的内容相对详细；对远期预算提出较低的精度要求，使预算的内容相对简单。这样可以减少预算工作量。

【例9-8】某企业采用逐季滚动预算和零基预算相结合的方法编制制造费用预算，根据以下资料进行分析。

资料一：2013年分季度的制造费用预算见表9-6。

表9-6 2013年制造费用预算

元

项 目	第一季度	第二季度	第三季度	第四季度	合计
直接人工预算总工时（小时）	11 400	12 060	12 360	12 600	48 420
变动制造费用	91 200	—	—	—	387 360
其中：间接人工费用	50 160	53 064	54 384	55 440	213 048
固定制造费用	56 000	56 000	56 000	56 000	224 000
其中：设备租金	48 500	48 500	48 500	48 500	19 400
生产准备与车间管理费	—	—	—	—	—

资料二：2013年第二季度至2014年第一季度滚动预算期间，将发生如下变动：
①直接人工预算总工时为50 000小时；
②间接人工费用预算工时分配率将提高10%；
③2013年第一季度末重新签订设备租赁合同，新租赁合同中设备年租金将降低20%。

资料三：2013 年第二季度至 2014 年第一季度，企业管理层决定将固定制造费用总额控制在 185 200 元以内，固定制造费用由设备租金、生产准备费用和车间管理费组成，其中设备租金属于约束性固定成本，生产准备费和车间管理费属于酌量性固定成本，根据历史资料分析，生产准备费的成本效益远高于车间管理费。为满足生产经营需要，车间管理费总额预算额控制区间为 12 000 ~ 15 000 元。

要求：根据上述资料，分析计算以下指标。

解：①间接人工费用预算工时分配率 = (213 048 ÷ 48 420) × (1 + 10%) = 4.48(元/小时)

②间接人工费用总预算额 = 50 000 × 4.48 = 242 000(元)

③设备租金总预算额 = 194 000 × (1 − 20%) = 155 200(元)

④车间管理费用总预算额 = 12 000(元)

⑤生产准备费总预算额 = 185 200 − 155 200 − 12 000 = 18 000(元)

9.3 预算的编制

全面预算实质上是一整套预计财务报表和其他附表，它们主要是用来规划计划期间企业的全部经济活动及其成果。

9.3.1 业务预算

业务预算是反映企业在计划期间日常发生的各种具有实质性的基本活动的预算，它主要包括：销售预算、生产预算、直接材料采购预算、直接人工预算、制造费用预算、单位生产成本预算、推销及管理费用预算，等等。

1. 销售预算

销售预算是编制全面预算的起点。

销售预算编制的根据，主要是：①科学的销售预测；②产品的销售单价；③产品销售的收款条件。

销售预算的编制，通常应分别按产品的名称、数量、单价、金额等资料来编制。

在实际工作中，在销售预算的正表下面，往往还附有计划期间的“预计现金收入计算表”，其中包括前期应收销货账款的收回，以及本期销售货款的收入。

【例 9-9】某公司在计划年度(2013 年)只生产和销售一种产品，每季的商品销售在当季收到货款的 40%，其余部分在下季收讫。基期(2012 年年末)的应收账款余额为 24 000元。该公司 2013 年的分季销售预算，见表 9-7。

表 9-7 某公司销售预算（2013 年度）

产品名称： 元

项目		第 1 季度	第 2 季度	第 3 季度	第 4 季度	合计
预计销售量(件)		1 000	1 500	2 000	1 500	6 000
单位售价		75	75	75	75	75
销售额		75 000	112 500	150 000	112 500	450 000
预计现金收入	期初应收账款	24 000				24 000
	第 1 季度销售收入	30 000	45 000			75 000
	第 2 季度销售收入		45 000	67 500		112 500
	第 3 季度销售收入			60 000	90 000	150 000
	第 4 季度销售收入				45 000	45 000
	现金收入合计	54 000	90 000	127 500	135 000	406 500

2. 生产预算

编制销售预算以后，就可以根据企业每季度的销售量按产品名称、数量分别编制生产预算。

生产预算编制的根据，主要是：①销售预算的每季度预计销售量；②计划期间每季的期初、期末存货量。

生产预算的编制方法，主要应根据以下公式计算出每季度的预计生产量。

预计生产量 = 预计销售量 + 预计期末库存量 − 预计期初存货量

【例 9-10】某公司在计划年度(2013 年)生产预算见表 9-8。

表 9-8 某公司生产预算(2013 年度)

件

项目	第 1 季度	第 2 季度	第 3 季度	第 4 季度	合计
预计销售量	1 000	1 500	2 000	1 500	6 000
加：预计期末存货	150	200	150	110	110
预计需要量合计	1 150	1 700	2 150	1 610	6 610
减：期初存货	100	150	200	150	100
预计生产量	1 050	1 550	1 950	1 460	6 010

3. 直接材料采购预算

完成生产预算后，就可以根据生产预算编制直接材料采购预算。

直接材料采购预算编制的根据，主要是：①生产预算的每季度预计生产量；②单位产品的材料消耗定额；③计划期间的期初、期末存料量；④材料的计划单价；⑤采购材料的付款条件；等等。

直接材料采购预算的编制方法，主要应按材料类别分别根据下列公式计算出预计购料量，随后再考虑计划单价。

预计采购量 = 预计生产量 × 单位产品消耗定额 + 预计期末材料库存 − 期初材料存货

预计材料采购金额 = 预计采购量 × 预计材料采购单价

在实际工作中，直接材料采购预算下面往往还附有计划期间的“预计现金支出计算表”，其中包括前期应付购料款的偿还，以及本期购料款的支付。

【例 9-11】某公司在计划年度(2013 年)，单位产品的材料消耗定额为 2kg，计划单价为 5 元/千克。每季度购料款当季付 50%，其余在下季度付讫。各季度的期末存料按下一季度生产需要量的 20% 计算；各季度期初存料与上季度末存料相等。期初应付购料款为 6 000 元。直接材料采购预算见表 9-9。

表 9-9 某公司直接材料采购预算(2013 年度)

项目		第一季度	第二季度	第三季度	第四季度	合计
预计生产量(件)		1 050	1 550	1 950	1 460	6 010
单位产品所需要直接材料(千克/件)		2	2	2	2	2
预计生产需要量(千克)		2 100	3 100	3 900	2 920	12 020
加：期末材料库存量(kg)		620	780	584	460	460
预计需要量(kg)		2 720	3 880	4 484	3 380	12 480
减：期初材料库存量(kg)		420	620	780	584	420
预计材料采购量(kg)		2 300	3 260	3 704	2 796	12 060
材料采购单价(元)		5	5	5	5	5
预计直接材料采购金额(元)		11 500	16 300	18 520	13 980	60 300
应付账款预算	期初应付账款(元)	6 000				6 000
	第 1 季度采购金额(元)	5 750	5 750			11 500
	第 2 季度采购金额(元)		8 150	8 150		16 300
	第 3 季度采购金额(元)			9 260	9 260	18 520
	第 4 季度采购金额(元)				6 990	6 990
	现金支出合计(元)	11 750	13 900	17 410	16 250	59 310

4. 直接人工预算

直接人工预算也是以生产预算为基础进行编制的。

直接人工预算编制的根据，主要是：①生产预算中每季度预计生产量；②单位产品的工时定额；③单位工时的工资率。

直接人工预算的方法，应根据以下计算公式进行编制。

预计直接人工成本 = 预计生产量 × 单位产品工时定额 × 单位工时工资率

【例 9-12】某公司在计划年度(2013 年)直接人工预算如表 9-10 所示。

表 9-10 某公司直接人工预算(2013 年度)

项目	第一季度	第二季度	第三季度	第四季度	合计
预计生产量(件)	1 050	1 550	1 950	1 460	6 010
单位产品工时定额(小时/件)	5	5	5	5	5
需用直接人工总时数(小时)	5 250	7 750	9 750	7 300	30 050
单位工时的工资率(元/小时)	4	4	4	4	4
预计直接人工成本总额(元)	21 000	31 000	39 000	29 200	120 200

5. 制造费用预算

制造费用预算列示所有间接制造项目的预期成本，它包括生产成本中除直接材料、直接人工以外的一切费用明细项目。而这些费用项目，必须按成本习性划分为变动制造费用和固定性制造费用两类。

制造费用预算编制的根据，主要是：①计划期的一定业务量产预算中每季度预计生产量；②上级管理部门下达的成本降低率；③计划期间各费用明细项目的具体情况；等等。

制造费用预算编制方法，对于变动费用项目，在一般情况下，应以计划期的一定业务量为基础，来规划它们的具体预算数字；对于固定费用项目，则根据基期的实际开支水平，再结合上级下达的成本降低率，进行折算填入预算表内。在制造费用预算正表下面还附有“预计现金支出计算表”。

【例9-13】某公司在计划年度(2013年)制造费用预算见表9-11。

表9-11 某公司制造费用预算(2013年度)

成本明细项目		金额(元)	费用分配率计算
变动费用	间接人工	12 000	变动费用分配率 $=\frac{变动费用预算合计}{工时总额}=\frac{60\ 100}{30\ 050}=2$(元/小时)
	间接材料	18 000	
	维护费	8 000	
	水电费	15 000	
	其他	7 100	
	合计	60 100	
固定费用	维护费	14 000	固定制造费用分配率 $=\frac{固定费用预算合计}{工时总额}=\frac{60\ 000}{30\ 050}=1.99667$ (元/工时)
	折旧费	15 000	
	管理费	25 000	
	保险费	4 000	
	财产税	2 000	
	合计	60 000	
预计现金支出计算表		变动费用支出总额	60 100(元)
		固定费用支出总额	60 000(元)
		减：折旧费	15 000元
		固定费用现金支出总额	45 000元
		制造费用全年现金支出总额	105 100(元)
		制造费用每季度现金支出总额	105 100 ÷ 4 = 26 275(元)

6. 单位生产成本预算

编好以上五种业务预算以后，单位产品的预期生产成本就可以计算出来了。

单位生产成本预算编制的根据，主要是：①直接材料的价格标准与用量标准；②直接人工的价格标准与用量标准；③制造费用的价格标准与用量标准；④计划期的期末存货量；等等。

单位生产成本预算编制的方法，对于直接材料、直接人工、制造费用三大项目的价格标准与用量标准分别相乘，然后加以总计即可以填入预算表内。

在实际工作中，往往在正表下面还需要附有“期末存货预算”，可根据生产预算中的期末存货数乘上产品的标准成本。

【例9-14】某公司在计划年度(2013年)单位生产成本预算见表9-12。

表9-12 某公司单位生产成本预算

(2013年度)

项 目	用 量	价 格	合 计
单位产品成本：			
直接材料(表9-8)	2千克	5元/千克	10元
直接人工(表9-9)	5小时	4元/小时	20元
变动制造费用(预算表9-10)	5小时	2元/小时	10元
单位变动生产成本	—	—	40元
期末存货预算	期末存货数量(生产预算)		110件
	单位变动生产成本(或标准成本)		40元
	期末存货金额		4 400元

7. 销售及管理费用预算

销售及管理费用预算应包括制造业务以外的在计划年度预计将发生的各种费用明细项目。

销售及管理费用预算编制的根据，主要是：①计划期的一定业务量(适用于变动费用明细项目)；②上级管理部门下达的成本降低率(适用于固定费用明细项目)；③计划期间各费用明细项目的具体情况；等等。

销售及管理费用预算编制的方法，大体上与制造费用预算相同；在实际工作上，在销售及管理费用预算正表下面应附有“预计现金支出计算表”。

【例9-15】某公司在计划年度(2013年)单位生产成本预算如表9-13所示。

表9-13 某公司销售及管理费用预算(2013年度) 元

费用项目		金 额
变动费用	销售佣金	12 000
	办公费	2 500
	运输费	15 500
	合计	30 000
固定费用	广告费	9 000
	管理人员薪金	25 000
	保险费	6 000
	财产税	2 000
	合计	42 000
预计现金支出计算表	销售及管理费用全年现金支出总额30 000 + 42 000 = 72 000	
	销售及管理费用每季现金支出总额72 000元 ÷ 4 = 18 000	

9.3.2 专门决策预算

专门决策预算是指企业不经常发生的长期投资决策项目或一次性专门业务所编制的预算。专门决策预算大体上可分为以下两类。

1. 资本支出预算

资本支出预算是根据审核批准的各个长期投资决策项目所编制的预算，其中需详细列出该项目在寿命期内各个年度的现金流出量与现金流入量的明细资料。它的格式和内容的繁简，各个企业不尽相同，可按需要自行设计。

【例9-16】某公司董事会批准在计划期间(2013年)的第2季度以自有资金购置固定设备一台的投资项目，需支付16 000元，预计可使用5年，期满残值为500元。购入后每年可为公司增加净利2 300元，该设备按直线法计提折旧。根据上述资料编制专门决策预算，见表9-14。

表9-14 某公司专门决策预算(2013年度)

(资本支出预算)

资本支出项目	购置期间	原投资额	估计使用年限	期满残值	资金来源	资金成本	购入后每年NCF	回收期
购置固定设备1台	第二季度	16 000元	5年	500元	自有	16%	5 400元	2.96年

2. 一次性专门业务预算

企业财务部门为了满足正常的业务经营和资本支出的需要，为了提高资金使用效果，往往需要对库存现金制定出最低和最高的限额，就会发生以下一次性的专门业务。

(1)筹措资金

计划期间预计库存现金低于限额，即出现资金短缺情况，应及时设法筹措资金。筹措的手段一般包括：向银行贷款、发行股票或债券、出售企业本身原来的证券，等等。

(2)投放资金

计划期间预计库存现金高于限额，即出现现金多余情况，应及时设法投放和运用资金，其途径可包括：在市场买进证券、收回本公司发行的股票或证券、归还银行贷款本息，等等。

(3)其他财务决策

根据董事会决定在计划期间发放股息、红利；根据税法规定在计划期间缴纳所得税等。

以上这些一次性专门业务，都需要编制预算，以便控制与监督。但由于这类预算的具体情况各不相同，没有统一的预算表格，可按需要自行设计。

【例9-17】某公司财务部门根据计划期间现金收支情况(参见表9-17“某公司现金预算”)，预计1月初需向银行借款28 000元，4月初需向银行款21 000元；9月末归还贷款20 000元及其利息，12月末归还贷款29 000元及其利息(年利率10%)。根据税法规定，计划期间3月末、6月末、9月末和12月末预付所得税4 000元，全年16 000元。董事会决定计划期间3月末、6月末、9月末和12月末支付股利2 000元，全年共8 000元。根据以上资料编制相关的专门决策预算，见表9-15和表9-16。

表9-15 某公司专门决策预算(2013年度)

(一次性专门业务预算)

专门业务名称	资金		日期				本金(元)	利率(%)	利息
	来源	去向	1月初	4月初	9月初	12月底			
筹措资金	银行		28 000	21 000			49 000	10	
归还借款		银行			20 000	29 000	49 000	10	1 500元 2 375元

⋆归还借款20 000元，计算9个月利息。$20\ 000\times\frac{100}{10}\times\frac{9}{12}=1\ 500$(元)

☆归还借款29 000元的利息。8 000元计算12个月利息；21 000元计算9个月利息。

$$8\ 000\times\frac{10}{100}\times1+21\ 000\times\frac{10}{100}\times\frac{9}{12}=2\ 375(\text{元})$$

表9-16 某公司专门决策预算(2013年度)

(一次性专门业务预算) 元

专门业务名称	支付对象	日期				合计
		3月末	6月末	9月末	12月末	
预付所得税	税局	4 000	4 000	4 000	4 000	16 000
预付股利	股东	2 000	2 000	2 000	2 000	8 000

9.3.3 财务预算

财务预算是企业在计划期内反映有关现金收支、经营成果和财务状况的预算，主要包括“现金预算”“预计收益表”和“预计资产负债表”三种。

1. 现金预算

现金预算是用来反映企业在计划期间预计的现金收支的详细情况而编制的预算。编制现金预算的主要目的，在于加强计划期间对现金流量的预算控制；对企业在计划期内何时需要多少经营资金，做到心中有数。

现金预算编制的根据，主要是：①业务预算中的表9-7、表9-9、表9-10、表9-11、表9-13；②专门决策预算中的表9-14、表9-15、表9-16。

现金预算编制的方法，主要是把它分成以下4个部分。

(1)现金收入

包括计划期间的期初现金余额和本期预计可能发生的现金收入。它主要来源是销售收入和应收账款的收回，可从销售预算(表9-7)的附表中获得该项资料。

(2)现金支出

包括计划期内预计可能发生的一切现金支出。可从表9-9、表9-10、表9-11、表9-13、表9-14、表9-16中获得，表示支付购料款、支付直接人工、制造费用以及销售管理费用、购置固定资产、预付所得税及股利等项支出。

(3)现金余缺与资金融通

现金收入大于现金支出，即出现现金剩余，可用来进行短期投放，或归还借款；现金收入小于现金支出，即出现现金缺额，则需要向银行借款，或采用其他方式筹措资金，可从专门决策预算中(表9-15)获得该项资料。

(4)期末现金余额

根据计划期的现金收入总额、现金支出总额、资金投放总额或归还总额、资金筹措总额得出期末现金余额。

现金预算编制的具体程序如下：

步骤1，预计各期现金余缺。

某期现金余缺 = 该期现金收入 - 该期现金支出

步骤2，预计资金筹集及运用。

某期资金筹集及运用 = 该期借款 + 该期发行债券 + 该期发行普通股 - 该期支付借款利息 - 该期支付债券利息 - 该期归还借款 - 该期购买有价证券

步骤3，预计期末现金余额。

期末现金余额 = 该期现金余缺 - 该期现金的筹集与运用

【例9-18】某公司是按年度分季编制现金预算的。该公司按规定计划期间现金的最低库存余额为10 000元。编制的现金预算见表9-17。

表9-17 某公司现金预算(2013年度) 元

项 目	资料来源	第一季度	第二季度	第三季度	第四季度	合 计
期初现金金额	表9-7	12 000	10 975	10 800	10 115	12 000
加：现金收入						
现金销售收入						
收回应收账款		54 000	90 000	127 500	135 000	406 500
可用现金合计		66 000	100 975	138 300	145 115	418 500
减：现金支出						
材料采购	表9-9	11 750	13 900	17 410	16 250	59 310
直接人工	表9-10	21 000	31 000	39 000	29 200	120 200
制造费用	表9-11	26 275	26 275	26 275	26 275	105 100
销售及管理费用	表9-13	18 000	18 000	18 000	18 000	72 000
购置固定设备	表9-14		16 000			16 000
支付所得税	表9-16	4 000	4 000	4 000	4 000	16 000
支付股利	表9-16	2 000	2 000	2 000	2 000	8 000
现金支出总额		83 025	111 175	106 685	95 725	396 610
现金盈余或短缺		(17 025)	(10 200)	31 615	49 390	21 890

（续）

项 目	资料来源	第一季度	第二季度	第三季度	第四季度	合 计
融资：						
借款★		28 000	21 000			49 000
偿还借款				(20 000)	(29 000)	(49 000)
支付借款利息				(1 500)	(2 375)	(3 875)
融资金额合计		28 000	21 000	(21 500)	(31 375)	(3 875)
期末现金余额		10 975	10 800	10 115	18 015	18 015

★向银行借款除抵补现金不足数外，还要保证期末最低现金余额10 000元。

2. 预计收益表

预计收益表是用货币金额来反映企业在计划期间全部经营活动及其最终财务成果而编制的预算，是控制企业经营活动和财务收支的主要依据。

预计收益表编制的根据主要是：①业务预算中的表9-7、表9-11、表9-12、表9-13；②专门决策预算中的表9-15、表9-16；③现金预算表9-17；等等。

预计收益表编制的方法按贡献式编列。

预计利润表编制的具体程序如下：

步骤1，预计预算期贡献毛益。

贡献毛益 = 销售收入 - 变动生产成本 - 变动性销售费用 - 销售税金及附加

步骤2，预计预算期利润总额。

利润总额 = 贡献毛益 - 固定性制造费用 - 固定性销售费用 - 管理费用 - 财务费用

步骤3，预计预算期净利润。

预计预算期净利润 = 预算期利润总额 - 预算期所得税

【例9-19】某公司是按年度编制预计收益表。编制的预计收益表见表9-18。

表9-18 某公司预计收益表预算(2013年度) 元

项 目	资料来源	金 额
预计销售收入	表9-7	450 000(即75×6 000)
减：变动成本		
变动生产成本	表9-12	240 000(即40×6 000)
变动销售及管理成本	表9-13	30 000
贡献毛益		180 000
减：期间成本		
固定制造费用	表9-11	60 000
固定销售及管理费用	表9-13	42 000
营业净利		78 000
减：利息费用	表9-15，表9-16	3 875

（续）

项　目	资料来源	金　额
税前利润	表9-16，表9-17	74 125
减：所得税		16 000
净利润		58 125

3. 预计资产负债表

预计资产负债表是以货币形式总括反映企业预算期末财务状况的一种财务预算。预计资产负债表中除上年期末数已知外，其余项目均需在前述各项日常业务预算和特种决策预算的基础上分析填列。

预计资产负债表编制的根据，主要是：①基期末(期初)的资产负债表；②业务预算中的表9-7、表9-9、表9-14、表9-12；③专门决策预算中的表9-14、表9-16；④财务预算中的表9-17；等等。

预计资产负债表编制的方法，是以基期末(期初)的资产负债表为基础，根据计划期间各项预算的有关资料做必要的调整。

预计资产负债表编制的具体程序如下：

步骤1，根据上期资产负债表各项目的期末数填列预算期的期初数。

步骤2，根据现金预算计算填列预算期“货币资金”“交易性金融资产”“短期借款”“应付股利”“ 长期借款”“实收资本”等项目的期末数。

步骤3，根据经营现金收入预算计算填列预算期”应收账款”项目的期末数。

步骤4，根据期末存货预算计算填列预算期“存货”项目的期末数。

步骤5，根据资本支出预算计算填列预算期“固定资产原值”项目的期末数。

步骤6，根据制造费用预算和管理费用预算计算填列预算期“累计折旧”项目的期末数。

步骤7，根据管理费用预算计算填列预算期“无形及其他非流动资产”项目的期末数。

步骤8，根据现金预算和预计利润表计算填列预算期“未交所得税” 项目的期末数。

步骤9，根据直接材料采购现金支出预算填列预算期“应付账款”项目的期末数。

步骤10，根据直接人工现金支出预算计算填列预算期“应付职工薪酬”项目的期末数。

步骤11，根据预计利润表计算填列预算期“未分配利润”项目的期末数。

步骤12，汇总计算各有关资产、负债及所有者权益项目的合计数，并进行试算平衡。

【例9-20】某公司2012年年末的资产负债表如表9-19所示，2013年编制的预计资产负债表见表9-20。

表9-19　某公司预计资产负债表预算

（2012年12月31日）

元

资　产	年末数	负债及所有者权益	年末数
流动资产		流动负债	
现金	12 000	应付账款	6 000

（续）

资　产	年末数	负债及所有者权益	年末数
应收账款	24 000		
原材料存货(420kg)	2 100		
产成品存货(100 件)	4 000	长期负债	
流动资产合计	42 100		
固定资产		负债合计	6 000
固定资产原价	100 000	所有者权益	
减：累计折旧	40 000	实收资本	40 000
		未分配利润	56 100
固定资产合计	60 000	所有者权益合计	96 100
资产合计	102 100	负债与权益合计	102 100

根据2012年年末的资产负债表和2013年各项预算中的有关资料进行调整。编制出2013年的预计资产负债表，表9-20。

表9-20　某公司预计资产负债表预算

（2013年12月31日）

项　目	年末数	负债及所有者权益	年末数
流动资产		流动负债	
现金	18 015(1)	应付账款	6 990(7)
应收账款	67 500(2)		
原材料库存	2 300(3)		
产成品存货	4 400(4)	长期负债	
流动资产合计	92 215		
固定资产		负债合计	
固定资产原价	116 000(5)	所有者权益	
减：累计折旧	55 000(6)	实收资本	40 000
		未分配利润	106 225(8)
固定资产合计	61 000	所有者权益合计	146 225
资产合计	153 215	负债与权益合计	153 215

表9-20各项目根据有关资料进行调整说明如下：

(1)表9-17现金预算表，期末现金余额。

(2)表9-7，第四季度销售货款的60%，112 500×60%=67 500元。

(3)表9-9，第四季度期末存料为460千克，5×460=2 300元。

(4)表9-12，期末存货金额=40×110=4 400元。

(5)表9-17和表9-19，2013年购置新设备16 000元，2012年末固定资产原价为100 000元。

(6)表9-11和表9-19，2013年计提折旧15 000元，2012年年末累计折旧为40 000元。

(7)表9-9，第四季度采购材料款的50%，13 980×50%=6 990元。

(8)表9-19、表9-18和表9-17，2012年年末未分配利润为56 100元，2013年净利润为58 125元，2013年支付股利为8 000元。56 100+58 125-8 000=106 225元。

案例

长期以来，预算一直是管理当局最普遍采用的计划工具。但是人们对预算的传统观点正在提出疑问，许多管理得很好的组织，包括3M公司和埃默森电气公司(Emerson Electric)等，正在放松对其组织单位的预算控制。

对预算的抱怨主要是，预算的着眼点过于狭窄，缺乏灵活性，阻碍部门间的合作，以及鼓励那些仅仅为了使数字"看起来不错"的短期行为。

预算假定每一件重要的事情都能够定量化并转化为一定的金额，但是许多重要的活动并不能用预算来表示。例如，预算可以说明企业花在顾客服务上的费用是多少，但不能说明顾客认为这种服务的价值是多少。一个组织可能把一个主要的费用目标纳入预算当作一件重要的事情，但是开支没有超出预算并不意味这开支的合理。

季度和年度的预算通常阻碍管理者灵活地调度资源，预算不是作为指导方针而是变成硬性的约束，从而限制了灵活性。某个管理者可能产生了一个极好的主意并且要求立即行动，但是也许什么事情都没发生，原因是"它没有列入预算"。一旦预算编制大功告成，它也就失去了自己的活力。

因为组织中的所有关键部门一般都有自己的预算，所以各部门的管理者趋向于使自己部门的利益最大化，哪怕整体组织将为此付出代价。进入20世纪90年代，当组织试图培育内部单位之间的合作和寻求打破结构上的障碍时，预算趋向于只是增加部门间的冲突。例如，预算使制造部门变得更关心如何使生产长期稳定，从而使制造成本最小化，而不是迅速响应顾客小批量的特殊订货的需求。

最后，预算引起的一些古怪行为简直成了奇闻。例如，用掉还是丢掉的心理，可以解释为什么管理者热衷于在预算截止期之前花掉所有剩余的额度，因为下一年度预算资金的分配是根据上一年度的支出规模确定的。再有，希望达到预算目标的心理，可以解释为什么管理者会冻结第四季度的开支，结果因此付出的代价可能远超过节省的开支。承认预算的缺点并不意味着组织就将抛弃预算，在大多数情况下，预算还是利大于弊。尽管如此，前进中的管理当局认识到一味强调符合预算要求会压抑新思想，阻碍冒险精神和灵活性。因此，管理当局正在重新估价预算的重要性，适当放宽对它的约束，并将各单位的预算联系在一起以鼓励合作。

资料来源：[美]斯蒂芬·P. 罗宾斯著，黄卫伟等译：《管理学》，202页，北京，中国人民大学出版社、Prentice Hall出版公司，1997。

阅读以上案例，了解预算发展的趋势，评价该文的观点，并与教材中介绍的几种预算编制方法相比较。

小结

财务预算是财务管理的一项重要内容。预算是指用货币形式表现的，用于控制企业未来经济活动的计划，是企业经营决策所确定目标的货币表现。

财务预算是企业全面预算的一部分，它和其他预算联系在一起，形成一个数字相互衔接的整体。财务预算在企业全面预算体系中占有举足轻重的地位。

财务预算的编制方法包括固定预算与弹性预算，增量预算与零基预算，定期预算与滚动预算。不同的编制方法有不同的优缺点和适用范围，企业应当选用其中的一种或多种。

现金预算是以日常业务预算和特种决策预算为基础编制的反映现金收支情况的预算，是财务预算的核心内容。现金预算的编制基础是收付实现制，包括现金收入、现金支出、现金的多余和不足、融资等四部分内容。

预计财务报表是以各“分预算”为依据编制的，编制预计利润表、预计资产负债表、预计现金流量表，可以对企业预算期内的经营成果、期末财务状况和现金流量状况进行预计。

复习思考题

1. 什么是全面预算？为什么要编制全面预算？
2. 全面预算包括哪些主要内容？
3. 全面预算编制的原则是什么？
4. 全面预算编制的程序有哪些？
5. 什么是弹性预算、零基预算和滚动预算？

练习题

1. 红运公司2013年的生产经营计划是仅生产和销售甲产品，有关数据资料在各预算表中，要求编制销售预算、生产预算、直接材料采购预算、直接人工预算。红运公司销售预算（当期销售收回现金50%，余款下期收回）。

红运公司销售预算

（2013年度）

产品名称： 元

项　目		第一季度	第二季度	第三季度	第四季度	合　计
预计销售量（件）		100	200	200	100	
单位售价		50	50	50	50	50
销售额						
预计现金收入	期初应收账款	2 000				
	第一季度销售收入					
	第二季度销售收入					
	第三季度销售收入					
	第四季度销售收入					
	现金收入合计					

红运公司生产预算

（2013年度） 件

项　目	第一季度	第二季度	第三季度	第四季度	合　计
预计销售量					
加：预计期末存货	20	20	20	20	
预计需要量合计					
减：期初存货	10				
预计生产量					

红运公司直接材料采购预算

（2013 年度）

项 目		第一季度	第二季度	第三季度	第四季度	合 计
预计生产量（件）						
单位产品所需要直接材料（千克/件）		2	2	2	2	2
预计生产需要量（kg）						
加：期末材料库存量（kg）		60	60	60	60	
预计需要量（kg）						
减：期初材料库存量（kg）		40				
预计材料采购量（kg）						
材料采购单价（元）		5	5	5	5	
预计直接材料采购金额（元）						
应付账款预算	期初应付账款（元）	500				
	第一季度采购金额（元）					
	第二季度采购金额（元）					
	第三季度采购金额（元）					
	第四季度采购金额（元）					
	现金支出合计（元）					

红运公司直接人工预算

（2013 年度）

项 目	第一季度	第二季度	第三季度	第四季度	合 计
预计生产量（件）					
单位产品工时定额（小时/件）	10	10	10	10	10
需用直接人工总时数（小时）					
单位工时的工资率（元/小时）	1	1	1	1	1
预计直接人工成本总额（元）					

2. 某公司在计划期年可动用的资金为43 000元，要求采用零基预算法编制下年度的费用预算。公司组成的预算委员会预计下年度需发生的费用为：（1）广告费20 000元；（2）培训费18 000元；（3）房租9 000元；（4）差旅费3 000元；（5）办公费5 000元。

元

费用项目	成本金额	收益金额
广告费	1	20
培训费	1	30

第10章　财务控制

学习目标

通过本章学习，要求掌握成本中心、利润中心和投资中心基本内容和考核指标；理解财务控制、责任中心和内部转移价格含义；了解财务控制的含义与作用、财务控制应具备的条件及内部转移价格的几种类型。

米力波尔公司财务危机案例

米力波尔公司是美国高科技产业中一家顶尖的公司，专门从事物质分离业务，从开始创业的1960年到1979年这短短的20年间，公司取得卓越的业绩，销售额从不到100万美元增加到1.95亿美元，盈利从不到10万美元增加到1 960万美元。然而，在1980年，米力波尔公司的盈利开始下降，随后两年又出现了严重的亏损，公司处于一片混乱之中。米力波尔公司遭遇的挫折有部分原因是由于它的主导市场变得严重低迷，但真正的祸根是其内部因素。由于公司成功得太容易，子公司增加过快，董事会自然地对自己的实力有一定的高估。他们一心追求业绩，却忽略了财务制度的完善，使公司无法掌握资金的流动。

米力波尔公司一位高级主管在其回忆录中，对公司当时的财务管理情况作了如下描述："各子公司不受控制地采购超过他们实际需要的原料和零备件"，"各子公司的拨款也无法控制，每个经理的申请都得到最大限度的满足"，"公司董事会上很少研究讨论财务问题，没有专门分管财务的董事，而财务经理又完全是门外汉"，"公司财务信息系统漏洞百出，各子公司无法及时提供反映他们最新现金状况的会计资料，总公司又缺乏对子公司的财务指导和控制"，"公司审计人员效率低下"。

总之，财务管理制度的不健全、财务管理的混乱，是公司衰退的根本原因，它直接导致了米力波尔公司经营状况的恶化。为扭转这种局面，公司领导层采取了一系列措施来加强对公司的财务控制。

(1)总公司和子公司都引入计算机财会信息管理系统，实行联网操作，以便迅速地得到各子公司的财务信息，总公司也在此基础上对各子公司的财会工作得以很好的控制。

(2)实行严格的现金管理制度。公司定期编制严格的现金收支预算。目的在于利用现有资金产生出最大限度的效益。总公司给各子公司都分配一定的现金额度，并要求各子公司每天上午9：30将其全天现金需要量上报，以便严格控制当天现金流量。除此以外，总公司还严格按照现金需要量对各子公司拨款，以加快现金流转速度。

(3)公司制定了全面系统的比率考核指标，作为检验各子公司财务状况的标准。这些比率考核指标包括变现能力比率、债务与产权比率、资源运用效率比率、流动资金周转率、财务收益率、资本利润率等。每年年终，总公司根据各子公司的指标完成情况给予不同的奖励或惩罚。

(4)公司推行一种全新的零基点预算法。它是以既无成本亦无收益的零点作为起始，然后根据公司各部门的职能范围，将该部门的业务开展程度划分为若干层次。以最必不可少的业务量及因此所需费用作为第一增量。接着按照业务轻重缓急程度，依次列出第二、第三增量，在此基础上，逐级上报，最后编制出整个公司的预算。这种零基点预算要对各项增量的成本收益都做出具体分析，工作量有所增加，但是，它能更好地发挥出各级人员的创造性，而且可以为公司领导层提供几种可供选择的公司全年度财务预算。

(5)公司董事会委派一名董事专门负责财务管理事务，并完善了财务机构的建制，撤换了公司财务经理，赋予财务部门更大的自主权。

(6)董事会定期召开会议，审核各子公司提供的财务资料，包括一份与预算值对比之后盈利或亏损状况的报告，以及原材料采购、间接费用、销售额、直接劳动力成本、毛利润等有关情况和资金平衡表以及对未来3个月的财务情况预测及主要财务比率的计算值。

米力波尔公司自从加强财务管理后，很快扭转了公司盈利下降、亏损持续增加的局面。从1983年起，公司盈利开始回升，到1984年，米力波尔公司创造出了破纪录性的成绩——盈利比上年提升了48%，销售额比上年提升了24%，并从此步入一条稳健发展的轨道。

10.1 财务控制概述

本节主要讲授财务控制的含义、原则和种类等。

10.1.1 财务控制的含义与作用

财务控制是指按照一定的程序和方法，确保企业及其内部机构和人员全面落实及实现财务预算的过程。财务控制作为企业财务管理工作的重要环节，其特征是：以价值形式为控制手段，以不同岗位、部门和层次的不同经济业务为综合控制对象，以控制日常现金流量为主要目的。

财务预测、决策和预算可以为财务控制指明方向、提供依据和规划措施；财务控制可以确保有关财务目标和规划得以落实。

财务控制在企业的经济控制系统中，能起到保证、促进、监督和协调的作用，是最具有连续性、系统性和综合性的控制子系统。

10.1.2 财务控制的种类

财务控制可以按以下不同的标志分类。

1. 按照财务控制的内容分类

分为一般控制和应用控制。

一般控制，是指对企业财务活动赖以进行的内部环境所实施的总体控制，又称基础控制或环境控制，如组织控制、人员控制等。这类控制的特征是并不直接地作用于企业的财务活动，而是通过应用控制对企业财务活动产生影响。

应用控制，是指直接作用于企业财务活动的具体控制，亦称业务控制，如对业务过程中的批准与授权等。其特征在于它们构成了业务处理程序的一部分，并都具有防止和纠正一种或几种错弊的作用。

2. 按照财务控制的功能分类

可分为预防性控制、侦察性控制、纠正性控制、指导性控制和补偿性控制。

预防性控制，是指为防范风险、错弊和非法行为的发生，或尽量减少其发生机会所进行的一种控制。

侦察性控制，是指为及时识别已存在的财务危机和已发生的错弊和非法行为或增强识别风险和发现错弊机会的能力所进行的各项控制。

纠正性控制，是对那些由侦察性控制查出来的问题的控制。通过实际执行的结果与设计标准的比较，对发现的差异予以适当的纠正。

指导性控制，是为了实现有利结果而采取的控制。

补偿性控制，是针对某些环节的不足或缺陷而采取的控制措施。

3. 按照财务控制的时间分类

可分为事前控制、事中控制和事后控制。

事前控制，是指为防止财务资源在质和量上发生偏差，而在行为发生之前所实施的控制，如产品设计成本控制。

事中控制，是指财务收支活动发生过程中所进行的控制，如预算执行过程中的控制。

事后控制，是指对财务收支活动的结果所进行的考核及其相应的奖罚，如业绩考核评价的控制。

4. 按照财务控制的主体分类

可分为出资者的财务控制、经营者的财务控制和财务部门本身的财务控制。

出资者的财务控制，是为了实现其资本保全和资本增值目标而对经营者的财务收支活动进行的控制，如成本开支范围控制。

经营者的财务控制，是为了实现财务预算目标而对企业及各责任中心的财务收支活动进行的控制，这种控制是通过经营者制定财务决策目标，并促使这些目标得到贯彻执行来实现。如财务决策目标控制。

财务部门本身的财务控制，是指财务部门为了有效地组织现金流动，通过编制现金预算，执行现金预算，对企业日常财务活动所进行的控制，如现金预算控制。

5. 按照财务控制的依据分类

可分为预算控制和制度控制。

预算控制，以财务预算为依据，对预算执行主体的财务收支活动进行监督、约束的一种控制形式。它具有一定的激励性特征。

制度控制，通过制定企业内部规章制度，并以此为依据约束企业和各责任中心财务收支活动的一种控制形式。它具有一定的防护性特征。

6. 按照财务控制的对象分类

可分为收支控制和现金控制。

收支控制以降低成本、减少支出和实现利润最大化为目的。

现金控制以确保现金流入与流出的基本平衡，避免现金短缺或沉淀为目的。

7. 按照财务控制的手段分类

可分为缺乏弹性的定额控制（绝对控制）和具有弹性的定率控制。

定额控制，是指对企业和责任中心采取绝对额指标进行控制。对激励性指标确定最低控制标准，对约束性指标确定最高控制标准。

定率控制，是指对企业和责任中心采用相对比率指标进行控制。定率控制具有投入与产出对比、开源与节流并重的特征。

10.1.3 财务控制的方式

财务控制的方式是指对财务活动实施控制的方法和形式，主要包括职务分离控制、授权批准控制、会计系统控制、财产保护控制、预算控制、运营分析控制、绩效考评控制等。

1. 职务分离控制

职务分离控制是通过对不相容职务进行分离所实施的控制。所谓不相容职务，是指由一人负责多项职务，容易产生错误或舞弊，财务控制制度又难以发现，则其所兼任的职务从财务控制的角度来说是不相容的。不相容职务分离的目的主要是预防和及时发现职工在履行职责过程中产生的错误或舞弊。其基于这样一种假设：两个人无意识地犯同一个错误的可能性很小，而一个人舞弊的可能性要大于两个人。为预防和及时发现错误或舞弊行为，任何经济业务处理的全过程，不能完全都由某一个岗位或某一个人来包办，必须分派给不同的人来完成。一般来说，企业财务控制中，应加以分离的不相容职务主要有：①授权进行某项业务的职务与执行该项业务的职务要分离；②执行某项业务的职务与审核该项业务的职务要分离；③执行某项业务的职务与记录该项业务的职务要分离。

2. 授权批准控制

授权批准控制指对单位内部部门或职员处理经济业务的权限控制。单位内部某个部门或某个职员在处理经济业务时，必须经过授权批准才能进行，否则就无权审批。授权批准控制可以保证单位既定方针的执行和限制滥用职权。

授权批准通常包括一般授权和特定授权两种形式。一般授权是对办理一般经济业务时权力等级和批准条件的规定，通常在单位的规章制度中予以明确，例如企业对各职能部门的授权。而该类授权要适当，过大则风险不易控制，过小则会影响办事效率。特定授权是对特定经济业务处理的权力等级和批准条件的规定，比如，当某项经济业务的数额超过某部门的批准权限时，只有经过特定授权批准才能处理。

财务管理实施授权批准控制的基本要求是：①要明确一般授权与特定授权的界限和责任，各级管理层必须在授权范围内行使职权和承担责任，经办人员必须在授权范围内办理业务；②明确每类经济业务的授权批准程序；③要建立必要的检查制度，以保证经授权后所处理的经济业务的工作质量。

3. 会计系统控制

会计系统控制是指通过会计的核算和监督系统所进行的控制，主要包括会计凭证控制、复式记账控制、会计账簿控制、会计报表控制及其财务成果控制。

企业应当按照会计法和国家统一的会计控制规范，对会计主体发生的各项经济业务进行记录、归集、分类和编报，完善会计业务的处理流程，充分发挥会计系统的控制职能。

会计系统控制主要包括：①建立健全内部会计管理规范和监督制度，明确权责，相互制约；②统一企业内部会计政策；③统一企业内部会计科目；④规范会计凭证、账簿和财务报告的处理程序和方法。

4. 财产保护控制

财产保护控制要求企业建立财产日常管理制度和定期清查制度，采取财产记录、实物保管、定期盘点、账实核对等措施，确保财产安全。企业应当严格限制未经授权的人员接触和处置财产。

财产保护控制主要包括：①财产记录和实物保管，关键是要妥善保管涉及资产的各种文件资料，避免记录受损、被盗、被毁。②定期盘点和账实核对。③限制接近（接近控制），主要是指严格限制未经授权的人员对资产的接触，只有经过授权批准的人员才能接触该资产。限制接近包括限制对资产本身的接触和通过文件批准方式对资产使用或分配的间接接触。

5. 预算控制

预算控制是指以财务预算为依据，对预算执行主体的财务收支活动进行监督的一种控制形式。

财务预算主要包括现金收支预算、信贷预算、长期资本支出预算和长期资金筹措预算等，是企业的综合性预算。其以价值形式将企业经营的总体目标，分解为企业经营各环节的一系列的财务预算指标，使总体目标具体化。预算控制要求企业加强预算编制、执行、分析、考核等环节的管理，明确预算项目，建立预算标准，规范预算的编制、审定、下达和执行，及时分析和控制预算差异。在经营过程中，充分利用预算指标对企业的财务收支活动进行监督和控制、对各职能部门预算执行情况进行考核评价，并作为奖罚的依据。财务预算各项具体预算指标的完成，是总体目标实现的保证。

预算控制需做好以下工作：①确立预算目标；②划分预算责任部门；③建立预算指标体系；④预算指标落实到相关责任部门或责任人；⑤监督预算执行过程；⑥分析调整预算差异；⑦考核预算执行结果。

6. 运营分析控制

运营分析控制要求企业建立运营情况分析制度，经理层应当综合运用生产、购销、投资、筹资、财务等方面的信息，通过因素分析、对比分析、趋势分析等方法，定期开展运营情况分析，发现存在的问题，及时查明原因并加以改进。

7. 绩效考评控制

绩效考评控制是指企业通过考核评价的形式规范企业各级管理者及员工的经济目标和经济行为。绩效考评系统主要包括考评指标和考评程序的制定、考评方法的选择、考评结果的分析和纠正偏差与奖励措施等关键环节。

绩效考评控制系统从考评对象来分，应分为经营者绩效考评控制和员工绩效考评控制两大系统。经营者绩效考评包括企业绩效考评和经营者个人绩效考评。在这个评价系统中，考评的主体是股东或股东大会和董事会，评价客体是经营者，一般是指董事长和总经理或CEO。由于经营者特殊的工作性质，决定了企业本身的业绩是其工作业绩的重要反映，故经营者评价系统有两个评价内容，即企业业绩和经营者个人业绩。员工绩效考评控制是由各级管理者按照一定的标准和方法对其下属及员工的工作完成情况进行考评。

10.1.4 财务控制原则

财务控制应遵循以下基本原则：

①经济原则　即实施财务控制的手段应当是必要的，只有当财务控制所取得的收益大于其代价时，这种财务控制措施才是必要的、可行的。

②目的性原则　财务控制作为一种财务管理职能，必须具有目的性，为企业的理财目标服务。

③充分性原则　即财务控制的手段必须是充分的，要能足够保证目标的实现。

④及时性原则　即能及时发现偏差，并能及时采取措施加以纠正。

⑤认同原则　财务控制的目标、标准和措施必须为相关人士所认同。

⑥客观性原则　即管理者对绩效的评价工作应当客观公正。

⑦灵活性原则　由于种种原因控制应当含有足够灵活的要素，以便在出现任何失常情况下，都能保持对运行过程的控制。

⑧适应性原则　即财务控制应能反映组织结构，同职位相适应，并反映所制定的有待实施的计划。

⑨协调性原则　财务控制的各种手段在功能、作用、方向和范围方面应相互配合，在单位内部形成合力，产生协同效应。

⑩简明性原则　控制目标应当明确，控制措施与规章制度应当简明易懂，易为执行者理解和接受。

10.2 责任中心

财务控制实施包括建立责任中心并设立考核指标、编制责任预算、编制责任报告、完成业绩考核。本节主要介绍成本中心、利润中心和投资中心的特点及其考核指标。

10.2.1 责任中心的含义与特征

责任中心是指承担一定经济责任，并享有一定权利和利益的企业内部责任单位。建立责任中心是实行责任预算和责任会计的基础。

责任中心的特征是：

①责任中心是一个责、权、利相结合的实体。

②责任中心有条件承担经济责任，即责任中心具有履行经济责任中各条款的行为能力并能对其后果承担责任。

③责任中心所承担的责任和权力皆可控。

④责任中心具有相对独立的经营业务和财务收支活动。

⑤责任中心能够进行责任会计核算。

凡是可以划清管理范围，明确经济责任，能够单独进行业绩考核的内部单位，无论大小都可成为责任中心，按其责任权限范围及业务活动的特点不同，可分为成本中心、利润中心和投资中心三大类。

10.2.2 成本中心

成本中心是指只对成本或费用负责的责任中心。成本中心往往没有收入，其职责是用一定的成本去完成规定的具体任务，一般包括产品生产部门、提供劳务的部门和有一定费用控制指标的企业管理部门。

成本中心是责任中心中应用最为广泛的一种责任中心形式。只要有成本费用发生的地方，都可以建立成本中心，上至企业，下至车间、工段、班组，甚至个人都可以划分为成本中心。成本中心的规模不一，一个成本中心可以由若干个更小的成本中心组成，因而在企业可以形成一个逐级控制，并层层负责的成本中心体系。

1. 成本中心的类型

成本中心分为技术性成本中心和酌量性成本中心。

技术性成本中心是指以实际产出量为基础，并按标准成本进行成本控制的标准成本中心。技术性成本可以通过弹性预算予以控制。

酌量性成本中心是指以直接控制经营管理费用为主的费用中心。这种费用发生主要是为企业提供一定的专业服务，一般不能产生用货币计量的成果。酌量性成本的控制应着重于预算总额的审批上。

2. 成本中心的特点

成本中心相对于利润中心和投资中心有其自身的特点，主要表现在以下几点。

(1)成本中心只考核成本费用

成本中心一般不具备经营权和销售权，其经济活动的结果不会形成可以用货币计量的收入，只以货币形式计量投入，不以货币形式计量产出。

(2)成本中心只对可控成本承担责任

凡是责任中心能够控制的各种耗费，称为可控成本；凡是责任中心不能控制的各种耗费，称为不可控成本。可控成本应同时具备以下 4 个条件：

① 可以预计 即成本中心能够事先知道将发生哪些成本以及在何时发生。

②可以计量 即成本中心能够对发生的成本进行计量。

③可以施加影响 即成本中心能够通过自身的行为来调节成本。

④可以落实责任　即成本中心将有关成本的控制责任分解落实，并进行考核评价。

对企业来说，几乎所有成本都是可控的，而对于企业下属各层次，各部门乃至个人来说，则都有各自的可控成本。某项成本如果对某一责任中心来说是不可控的，对另一个责任中心则可能是可控的。某些从短期看属不可控的成本，从较长的期间看，又可能成为可控成本。一般来说，成本中心的变动成本大多是可控成本，而固定成本大多是不可控成本；直接成本大多是可控成本，间接成本大多是不可控成本。但这也并不是绝对的。

(3)成本中心只对责任成本进行考核和控制

责任中心所发生的各项可控成本之和即是该中心的责任成本。对成本费用进行控制，应以各成本中心的预算责任成本为依据，确保实际责任成本不会超过预算责任成本；对成本中心进行考核，应通过各成本中心的实际责任成本与预算责任成本进行比较，确定其他成本控制的绩效，并采取相应的奖惩措施。

3. 成本中心考核指标

由于成本中心只对成本负责，对其评价和考核的主要内容是责任成本，即通过各责任成本中心的实际成本与预算责任成本的比较，以此评价各成本中心责任预算的执行情况。成本中心考核指标主要采用相对指标和比较指标，包括成本(费用)变动额和变动率两个指标，计算公式是：

成本(费用)变动额 = 实际责任成本(或费用) - 预算责任成本(或费用)

成本(费用)变动率 = 成本(费用)变动额 ÷ 预算责任成本(费用) × 100%

在进行成本中心指标考核时，如果预算产量与实际产量不一致时，应按弹性预算的方法先行调整预算指标，然后再按上述指标进行计算。

【例10-1】某企业一成本中心，生产某种产品，预算产量为2 000件，单位成本100元；实际产量2 500件，单位成本95元。

要求：计算该成本中心的成本变动额和变动率。

解：成本变动额 = 95 × 2 500 - 100 × 2 500 = -12 500(元)

成本变动率 = -12 500 ÷ (100 × 2 500) × 100% = -5%

计算结果表明，该成本中心的成本降低额为12 500元，降低率为5%。

10.2.3　利润中心

利润中心是指既对成本负责又对收入和利润负责的区域，它有独立或相对独立的收入和生产经营决策权。它是处于比成本中心高一层次的责任中心，其权利和责任都相对较大。利润中心通常是那些具有产品或劳务生产经营决策权的部门。

1. 利润中心类型

利润中心分为自然利润中心和人为利润中心。

自然利润中心是指能直接面对市场对外销售产品或提供劳务而取得收入的利润中心，它一般具有产品销售权、价格制定权、材料采购权、生产决策权，具有很大的独立性，如企业本身和公司的事业部。

人为利润中心是不能直接对外销售产品或提供劳务，只能在企业内部各责任中心之间按内部转移价格相互提供产品或劳务而形成的利润中心，这类责任中心一般也具有部分经营管理权，能够自主决定本利润中心的产品品种、产品质量、作业方法、人员调配、资金使用等。

由于人为利润中心必备的两个前提条件是该中心能向其他责任中心提供产品(含劳务)和具有合理的内部转移价格，因此，只要制定出合理的内部转移价格，就可以将企业大多数生产半成品或提供劳务的成本中心转化成人为利润中心。

2. 利润中心的成本计算

利润中心对利润负责，必然要考核和计算成本，以便正确计算利润，作为对利润中心业绩评价与考核的可靠依据。对利润中心的成本计算，通常有两种方式可供选择。

①在无法实现共同成本合理分摊的情况下，人为利润中心只计算可控成本，不分担不可控成本，亦即不分摊共同成本。按这种方式计算出的盈利相当于“边际贡献总额”。企业各利润中心的“边际贡献总额”之和，减去未分配的共同成本，经过调整后才是企业的利润总额。

②在共同成本易于合理分摊或不存在共同成本分摊的情况下，自然利润中心不仅计算可控成本，也计算不可控成本。这种利润中心在计算时，如果采用变动成本法，应先计算出边际贡献，再减去固定资本，才是税前利润；如果采用完全成本法，利润中心可以直接计算出税前利润。

3. 利润中心考核指标

由于利润中心既是对其发生的成本负责，又对其发生的收入和实现的利润负责。所以，利润中心业绩评价和考核的重点是边际贡献和利润，但对于不同范围的利润中心来说，其指标的表现形式也不相同。例如，某公司采用事业部制，其考核指标可采用以下几种形式：

①利润中心不计算共同成本或不可控成本，只计算可控成本时，采用的指标是边际贡献总额。这种方式主要适合于共同成本难以合理分摊的情况。人为利润中心适合采用这种方式。考核指标计算公式如下：

利润中心边际贡献总额 = 该利润中心销售收入总额 － 该利润中心可控成本总额（变动成本总额)

一般而言，可控成本总额就等于变动成本总额。

②利润中心既计算可控成本，也计算共同成本或不可控成本时，采用如下考核指标(采用变动成本法计算成本)：

利润中心边际贡献总额 = 该利润中心销售收入总额 － 该利润中心变动成本总额

利润中心负责人可控利润总额 = 该利润中心边际贡献总额 － 该利润中心负责人可控固定成本

利润中心可控利润总额 = 该利润中心负责人可控利润总额 － 该利润中心负责人不可控固定成本

公司利润总额 = 各利润中心可控利润总额之和 － 公司不可分摊的各种管理费用、财务费用等

这种情况下，共同成本易于分割，自然利润中心一般采用这种方式。

【例10-2】某企业的某部门(利润中心)的有关资料如下：

部门销售收入200万元；

部门销售产品的变动生产成本和变动性销售费用148万元；

部门可控固定成本12万元；

部门不可控固定成本16万元；

分配的公司管理费用10万元。

解：该部门的各级利润考核指标分别是：

利润中心边际贡献总额 = 200 - 148 = 52(万元)

利润中心负责人可控利润总额 = 52 - 12 = 40(万元)

利润中心可控利润总额 = 40 - 16 = 24(万元)

公司利润总额 = 24 - 10 = 14(万元)

10.2.4 投资中心

1. 投资中心的含义

投资中心是指既要对成本、收入和利润负责，又要对投资效果负责的责任中心。投资中心必然也是利润中心，但利润中心不一定都是投资中心。

投资中心与利润中心的主要区别是：

①权利不同 利润中心没有投资决策权，需要在企业确定投资方向后组织具体的经营，而投资中心则不仅在产品生产和销售上享有较大的自主权，而且具有投资决策权，能够相对独立地运用其所掌握的资金，有权购置或处理固定资产，扩大或削减现有的生产能力。

②考核办法不同 考核利润中心业绩时，不考虑投资多少或占用资产的多少，即不进行投入产出的比较；相反，考核投资中心业绩时，必须将所获得的利润与所占用的资产进行比较。

投资中心是最高层次的责任中心，它具有最大的决策权，也承担最大的责任。一般而言，大型集团所属的子公司、分公司、事业部往往都是投资中心。投资中心拥有投资决策权和经营决策权，同时各投资中心在资产和权益方面应划分清楚，以便准确地算出各投资中心的经济效益，对其进行正确的评价和考核。

2. 投资中心的考核指标

投资中心评价与考核的内容是利润及投资效果，反映投资效果的指标主要是投资报酬率和剩余收益。

(1)投资报酬率

投资报酬率又称投资利润率，是投资中心所获得的利润占投资额(或经营资产)的比率，可用于评价和考核由投资中心掌握、作用的全部净资产的盈利能力。其计算公式为：

投资报酬率 = 利润(息税前利润) ÷ 投资额(总资产平均占用额) ×100%

投资报酬率 =(销售收入 ÷ 投资额) ×(成本费用 ÷ 销售收入) ×(利润 ÷ 成本费用)

= 资本周转率 × 销售成本率 × 成本费用利润率

以上公式中投资额是指投资中心的总资产扣除负债后的余额，即投资中心的净资产。所以，该指标也可以称为净资产利润率，它主要说明投资中心运用公司的每一元资产对整体利润贡献的大小，或投资中心对所有者权益的贡献程度。投资报酬率是个相对数正指标，数值越大越好。目前，有许多企业采用投资报酬率作为评价投资中心业绩的指标。该指标的优点是：投资报酬率能反映投资中心的综合盈利能力，且由于剔除了因投资额不同而导致的利润差异的不可比因素，因而具有横向可比性，有利于判断各投资中心经营业绩的优劣。这一评价指标的不足之处是缺乏全局观念，该投资中心可能只考虑自己的利益而接受它，而不顾企业整体利益是否受到损害。

【例 10-3】假设某个部门现有资产 200 万元，年净利润 44 万元，投资报酬率为 22%。部门经理目前面临一个投资报酬率为 17% 的投资机会，投资额为 50 万元，每年净利 8.5 万元。企业投资报酬率为 15%。尽管对整个企业来说，由于该项目投资报酬率高于企业投资报酬率应当利用这个投资机会，但是它却使这个部门的投资报酬率由过去的 22% 下降到 21%。投资报酬率 = (44 + 8.5) ÷ (200 + 50) × 100% = 21%。

同样道理，当情况与此相反，假设该部门现有一项资产价值 50 万元，每年获利 8.5 万元，投资报酬率 17%，该部门经理却愿意放弃该项资产，以提高部门的投资报酬率。投资报酬率 = (44 − 8.5) ÷ (200 − 50) × 100% = 23.67%。当使用投资报酬率作为业绩评价标准时，部门经理可以通过加大公式分子或减少公式的分母来提高这个比率。这样做，会失去不是最有利但可以扩大企业总净利的项目。从引导部门经理采取与企业总体利益一致的决策来看，投资报酬率并不是一个很好的指标。

因此为了使投资中心的局部目标与企业的总体目标保持一致，弥补投资报酬率这一指标的不足，还可以采用剩余收益指标来评价、考核投资中心的业绩。

(2)剩余收益

剩余收益是指投资中心获得的利润扣减其投资额或净资产占用额按规定或预期最低投资报酬率计算的最低投资报酬后的余额。其计算公式为：

剩余收益 = 利润 − 投资额(或净资产占用额) × 预期最低投资报酬率

　　　　= 投资额 ×(投资利润率 − 预期最低投资报酬率)

以剩余收益作为投资中心经营业绩评价指标，各投资中心只要投资利润率大于规定或预期最低投资报酬率，即剩余收益大于 0，该项投资项目就是可行的。剩余收益是个绝对数正指标，这个指标越大，说明投资效果越好。剩余收益指标具有两个特点：①体现投入产出关系。因为减少投资同样可以达到增加剩余收益的目的。②避免本位主义。剩余收益指标避免了投资中心的狭隘本位倾向，即单纯追求投资利润而放弃一些有利可图的投资项目。

【例 10-4】某企业有若干个投资中心，平均投资报酬率为 15%，其中甲投资中心的投资报酬率为 20%，该中心的经营资产平均余额为 150 万元。预算期甲投资中心有一追加投资的机会，投资额为 100 万元，预计利润为 16 万元。投资报酬率为 16%。

要求：①假定预算期甲投资中心接受了上述投资项目，分别用投资报酬率和剩余收益指标来评价考核甲投资中心追加投资后的工作业绩。

②分别从整个企业和甲投资中心的角度，说明是否应当接受这一追加投资项目。

解：① 甲投资中心接受投资后的评价指标分别为：

投资报酬率 $=(150\times20\%+16)\div(150+100)\times100\%=18.40\%$

剩余收益 $=16-100\times15\%=1$(万元)

从投资报酬率指标看，甲投资中心接受投资后的投资报酬率为18.40%，低于该中心原有的投资报酬率20%，追加投资使甲投资中心的投资报酬率指标降低了。从剩余收益指标看，甲投资中心接受投资后可增加剩余收益1万元，大于0，表明追加投资使甲投资中心有利可图。

②如果从整个企业的角度看，该追加投资项目的投资报酬率为16%，高于企业的投资报酬率15%；剩余收益为1万元，大于0。

结论是：无论从哪个指标看，企业都应当接受该项追加投资。如果从甲投资中心看，该追加投资项目的投资报酬率为16%，低于该中心的投资报酬率20%，若仅用这个指标来考核投资中心的业绩，则甲投资中心不会接受这项追加投资(因为这将导致甲投资中心的投资报酬率指标由20%降低为18.40%)；但若以剩余收益指标来考核投资中心的业绩，则甲投资中心会因为剩余收益增加了1万元，而愿意接受该项追加投资。

通过上例可以看出，利用剩余收益指标考核投资中心的工作业绩，能使个别投资中心的局部利益与企业整体利益达到一致，避免投资中心本位主义倾向。需要注意的是，以剩余收益作为评价指标，所采用的投资报酬率的高低对剩余收益的影响很大，通常应以整个企业的平均投资报酬率作为最低报酬率。

10.3 责任结算与核算

本节主要介绍内部转移价格、内部结算方式和责任成本的内部结转。

10.3.1 内部转移价格

主要讲述内部转移价格的含义、制定原则和主要类型。

1. 内部转移价格的含义

内部转移价格是指企业内部各责任中心之间进行内部结算和内部责任结转时所使用的计价标准。

如内部转移价格与外部市场价格有相似之处，采用内部转移价格进行内部结算，可以使企业内部的两个责任中心处于类似于市场交易的买卖两极。例如，上道工序加工完成的产品转移到下道工序继续加工；辅助生产部门为基本生产车间提供劳务等，都是一个责任中心向另一个责任中心“出售”产品或提供劳务，都必须采用内部转移价格进行结算。又如，某工厂生产车间与材料采购部门是两个成本中心，若生产车间所耗用的原材料由于质量不符合原定标准，而发生的超过消耗定额的不利差异，也应由生产车间以内部转移价格结转给采购部门。

内部转移价格与外部价格又有不同之处，如企业内部供求双方的关系不是一种完全的市场竞争关系，而是模拟市场竞争关系；内部结算价格也不完全按市场供求状况决定，只是模拟市场价格；在其他条件不变的情况下，内部结算价格的变化只会改变有关责任中心的内部利润，而不会改变企业利润总额。

2. 内部转移价格的制定原则

(1) 全局性原则

制定内部转移价格必须强调企业的整体利润高于各责任中心的利润，在利益彼此冲突的情况下，企业和各责任中心应本着企业利润最大化的要求，制定内部转移价格。

(2) 公平性原则

内部转移价格应充分体现各责任中心的经营努力或经营业绩，防止某些责任中心因价格优势而获得额外的利益。

(3) 自主性原则

在确保企业利益的前提下，应通过各责任中心的自主竞争或讨价还价来确定内部转移价格，真正在企业内部实现市场模拟。

(4) 重要性原则

即内部转移价格的制定应当体现“大宗细，零星简”的要求，对原材料、半成品、产成品等重要物资的内部转移价格制定从细，对其他零星物资内部转移价格制定从简。

3. 内部转移价格类型

(1) 市场价格

市场价格是根据产品或劳务的市场供应价格作为计价基础的价格。以市场价格作为内部转移价格的责任中心，应该是独立核算的利润中心。以市场价格作为内部转移价格时，应注意以下两个问题：一是在中间产品有外部市场，可向外部出售或从外部购进时，市场价格作为内部转移价格，但并不等于直接将市场价格用于内部结算，而应在此基础上，对外部价格作一些必要的调整，剔除销售费、广告费及运输费等内容。二是以市场价格为依据制订内部转移价格，一般假设中间产品有完全竞争的市场，或中间产品提供部门无闲置生产能力。

在采用市场价格作为内部转移价格时，企业内部的各责任中心一般应遵守以下的基本原则：

①如果供应方愿意对内销售，且售价不高于市价时，使用方有购买的义务，不得拒绝“购进”；

②如果供应方售价高于市价，使用方有转向外界市场购入的自由；

③若供应方宁愿对外界市场销售，则应有不对内销售的权利。

然而，以市场价格作为内部转移价格的计价基础，也有其自身的局限性。这是因为企业内部相互转让的产品或提供的劳务，往往是本企业专门生产的，具有特定的规格，或需经过进一步加工才能出售的中间产品，因而往往没有相应的市价作为依据。

(2)协商价格

协商价格，也称为议价，它是指企业内部各责任中心以正常的市场价格为基础，通过定期共同协商所确定出的一个双方都愿意接受的价格。采取协商价格的前提是责任中心相互转移的产品应有在非竞争性市场买卖可能性，在这种市场内买卖双方有权自行决定是否买卖这种中间产品。协商价格的上限是市价，下限是单位变动成本，具体价格应由买卖双方在其上下限范围内协商议定，当产品或劳务没有适当的市价时，也只能采用议价方式来确定。

采用协商价格也存在一定的缺陷：一是在双方协商过程中，不可避免地要花费很多人力、物力和时间，二是当双方的负责人协商相持不下时，往往需要企业高层领导进行裁定。这样就丧失了分权管理的初衷，也很难发挥激励责任单位的作用。

(3)双重价格

双重价格是指针对责任中心各方面分别采用不同的内部转移价格所制订的价格。由买卖双方分别采用不同的内部转移价格作为计价的基础。如对产品(半成品)的供应部门，可按协商的市场价格计价，而对使用部门，则按供应部门的单位变动成本计价，其差额由会计部门进行调整。采用双重价格是因为内部转移价格主要是为了对企业内部各责任中心的业绩进行评价、考核，既可较好地满足买卖双方不同的需要，也便于激励双方在生产经营上充分发挥其主动性和积极性。

双重价格通常有两种形式：①双重市场价格，即当某种产品或劳务在市场上出现几种不同价格时，买方采用最低的市价，卖方则采用最高的市价。②双重转移价格，即卖方按市价或协议价作为计价基础，而买方则按卖方的单位变动成本作为计价基础。

采用双重价格的前提条件是：内部转移的产品或劳务有外部市场，供应方有剩余生产能力，而且其单位变动成本要低于市价。

(4)成本价格

成本价格是以产品或劳务的成本为基础而制订的内部转移价格。由于成本的概念不同，以“成本”作为内部转移价格也有多种不同形式：

①标准成本价格　标准成本价格是指以各中间产品或劳务标准成本作为内部转移价格。这种方法适用于成本中心产品(半成品)或劳务的转移，其最大优点是能将管理和核算工作结合起来，可以促进企业各责任中心改善生产经营，降低成本。

②标准成本加成价格　标准成本加成价格是指根据产品(半成品)或劳务的标准成本加上一定的合理利润(按成本加成率计算)作为计价基础。其最大优点是当转移产品(半成品)或劳务涉及利润中心或投资中心时，可以将标准成本加利润作为转移价格，以分清双方责任。

③标准变动成本价格　标准变动成本价格是以产品(半成品)或劳务的标准变动成本作为内部转移价格。它符合成本习性，能够明确揭示成本与产量的关系，便于考核各责任中心的业绩，也利于经营决策。

10.3.2 内部结算方式

内部结算是指企业各责任中心清偿因相互提供产品或劳务所发生的、按内部转移价格计算的债权、债务。通常采取以下结算方式。

1. 内部支票结算方式

该方式是指由付款一方签发内部支票通知内部银行从其账户中支付款项的结算方式。这种方式包括签发、收受和银行转账3个环节。内部支票结算方式主要适用于收、付款双方直接见面进行经济往来的业务结算。

2. 转账通知单方式

该方式是指由收款一方根据有关原始凭证或业务活动证明签发转账通知单，通知内部银行将转账通知单转给付款一方，让其付款的一种结算方式。这种结算方式适用于经常性的质量与价格较稳定的往来业务结算。

3. 内部货币结算方式

该方式是使用内部银行发行的限于企业内部流通的货币进行内部往来结算的一种方式。这一结算方式比银行支票结算方式更为直观，可强化各责任中心的价值观念、核算观念、经济责任观念，适用于小额零星往来业务。

10.3.3 责任成本的内部结转

责任成本的内部结转(责任转账)是指在生产经营过程中，对于因不同原因造成的各种经济损失，由承担损失的责任中心对实际发生或发现损失的责任中心进行损失赔偿的账务处理过程。责任转账的目的是为了划清各责任中心的成本责任，使不应承担损失的责任中心在经济上得到合理补偿。进行责任转账的依据是各种准确的原始记录和合理的费用定额。

责任转账的方式可采取内部货币结算方式和内部银行转账方式。

案例

胜利公司下设甲、乙两个投资中心，目前甲中心的息税前利润为10万元，总资产平均占用额为200万元；乙中心的息税前利润为45万元，总资产平均占用额为300万元。现有两个追加投资的方案可供选择：第一，若甲中心追加投入100万元经营资产，每年将增加8万元的息税前利润；第二，若乙中心追加投入200万元经营资产，每年将增加29万元息税前利润。公司预期的总资产息税前利润率为10%，假定资金供应有保证，剩余资金无法用于其他方面，暂不考虑剩余资金的机会成本。

分析要求：

①计算目前甲中心、乙中心和总公司的总资产息税前利润率和剩余收益指标；

②计算甲中心追加投资后各中心及总公司的总资产息税前利润率和剩余收益指标；

③计算乙中心追加投资后各中心及总公司的总资产息税前利润率和剩余收益指标；

④根据总资产息税前利润率指标，分别从甲中心、乙中心和总公司的角度评价上述追加投资方案的可行性，并据此评价该指标；

⑤根据剩余收益指标，分别从甲中心、乙中心和总公司的角度评价上述追加投资方案的可行性，并据此评价该指标。

案例分析如下：

①计算目前的总资产息税前利润率和剩余收益。

甲中心的总资产息税前利润率 = 10 ÷ 200 × 100% = 5%

乙中心的总资产息税前利润率 = 45 ÷ 300 × 100% = 15%

总公司的总资产息税前利润率 = (10 + 45) ÷ (200 + 300) × 100% = 11%

甲中心的剩余收益 = 10 - 200 × 10% = -10(万元)

乙中心的剩余收益 = 45 - 300 × 10% = 15(万元)

总公司的剩余收益 = 55 - 500 × 10% = 5(万元)

②甲中心总资产息税前利润率 = (10 + 8) ÷ (200 + 100) × 100% = 6%(增加 1 个百分点)

乙中心总资产息税前利润率 = 45 ÷ 300 × 100% = 15%

总公司总资产息税前利润率 = (55 + 8) ÷ (500 + 100) × 100% = 10.5%(下降 0.5 个百分点)

甲中心的剩余收益 = 18 - 300 × 10% = -12(万元)(减少 2 万元)

乙中心的剩余收益 = 45 - 300 × 10% = 15(万元)

总公司的剩余收益 = 63 - 600 × 10% = 3(万元)(减少 2 万元)

③甲中心总资产息税前利润率 = 10 ÷ 200 × 100% = 5%

乙中心总资产息税前利润率 = (45 + 29) ÷ (300 + 200) × 100% = 14.8%(下降 0.2 个百分点)

总公司总资产息税前利润率 = (55 + 29) ÷ (500 + 200) × 100% = 12%(增加 1 个百分点)

甲中心的剩余收益 = 10 - 200 × 10% = -10(万元)

乙中心的剩余收益 = 74 - 500 × 10% = 24(万元)(增加 9 万元)

总公司的剩余收益 = 84 - 700 × 10% = 14(万元)(增加 9 万元)

④如果甲中心追加投资，将使其总资产息税前利润率增加 1 个百分点，该中心必定认为投资方案有可行性；但从总公司的角度看，总资产息税前利润率降低了 0.5 个百分点，最终结论是甲中心追加投资的方案不具有可行性。

如果乙中心追加投资，将使其总资产息税前利润率降低 0.2 个百分点，该中心必定认为投资方案不具有可行性；但从总公司的角度看，总资产息税前利润增长了 1 个百分点，最终结论是乙中心追加投资方案具有可行性。

由此可见，采用总资产息税前利润率作为投资中心投资效果考核指标，将导致下级投资中心与总公司的利益发生矛盾。

⑤如果甲中心追加投资，将使其剩余收益降低 2 万元，同时使总公司的剩余收益也降低 2 万元，这样无论从甲中心还是从总公司的角度看，最终结论都是甲中心追加投资的方案不具有可行性。

如果乙中心追加投资，将使其剩余收益增加 9 万元，同时使总公司的剩余收益也增加 9 万元，这样无论从乙中心还是从总公司的角度看，最终结论都是乙公司追加投资的方案具有可行性。

由此可见，采用剩余收益作为投资中心投资效果考核指标，将使下级投资中心与总公司的利益取得一致。

小结

企业财务控制是指利用有关信息和特定手段，对企业财务活动实施影响或调节，以保证其财务预算实现的全过程。财务控制作为企业财务管理工作的重要环节，具有价值控制、综合控制的特征。

责任中心是指具有一定的管理权限，并承担相应经济责任的企业内部责任单位。责任中心按其责任权限范围及业务活动的特点不同，可分为成本中心、利润中心和投资中心三大类。

成本中心是指只对成本负责的责任中心。它是指不形成收入、只负责产品生产的生产部门、提供劳务的部门和有一定费用控制指标的企业管理部门。由成本中心承担责任的成本就是责任成本，它是该中心的全部可控成本之和。正确判断成本的可控性是成本中心承担责任成本的前提。成本中心考核指标包括成本(费用)变动额和变动率两个指标。

利润中心是既能控制成本，又能控制收入的责任中心，它是处于比成本中心高一层次的责任中心。利润中心通常是那些具有产品或劳务生产经营决策权的部门。利润中心分为自然利润中心和人为利润中心两种。利润中心业绩评价和考核的重点是边际贡献和利润，但对于不同范围的利润中心来说，其指标的表现形式也不相同。

投资中心是指既要对成本、利润负责，又要对投资效果负责的责任中心，它是比利润中心更高层次的责任中心。投资中心评价与考核的内容是利润及投资效果，反映投资效果的指标主要是投资报酬率和剩余收益。

内部转移价格是指企业内部各责任中心之间转移中间产品或相互提供劳务，而发生内部结算和进行内部责任结转所使用的计价标准。内部转移价格主要有市场价格、协商价格、双重价格和以“成本”作为内部转移价格四种。

复习思考题

1. 什么是财务控制？其主要特征是什么？
2. 什么是责任中心？其特征是什么？
3. 简述投资中心与利润中心的区别。
4. 什么是内部转移价格？有几种类型？

练习题

一、单项选择题

1. 各责任中心相互提供的产品采用协商定价的方式确定内部转移价格时，其协商定价的最大范围应该是(　　)。

A. 在单位成本和市价之间

B. 在单位变动成本和市价之间

C. 在单位成本加上合理利润以上，市价以下

D. 在单位变动成本加上合理利润以上，市价以下

2. 为便于考核各责任中心的责任业绩，下列各项中不宜作为内部转移价格的是(　　)。

A. 标准成本　　B. 实际成本　　C. 标准变动成本　　D. 标准成本加成

3. 标准成本中心的成本控制对象是(　　)。

A. 约束性成本　　B. 全部成本　　C. 技术性成本　　D. 酌量性成本

4. 企业在利用激励性指标对责任中心进行定额控制时，所选择的控制标准是(　　)。

A. 最高控制标准　　B. 最低控制标准　　C. 平均控制标准　　D. 弹性控制标准

5. 对成本中心而言，下列各项中，不属于该类中心特点的是(　　)。
A. 只考核成本中心的责任成本　　B. 只对成本中心的可控制成本负责
C. 只对责任成本进行控制　　D. 只对直接成本进行控制

6. 在投资中心的主要考核指标中，能使个别投资中心的利益与整个企业的利益统一起来的指标是(　　)。
A. 投资利润率　　B. 可控成本　　C. 利润总额　　D. 剩余收益

7. 在采用定额控制方式实施财务控制时，对约束性指标应选择的控制标准是(　　)。
A. 弹性控制标准　　B. 平均控制标准　　C. 最高控制标准　　D. 最低控制标准

8. 某企业甲责任中心将A产品转让给乙责任中心时，厂内银行按A产品的单位市场售价向甲支付价款，同时按A产品的单位变动成本从乙收取价款。据此可以为该项内部交易采用的内部转移价格是(　　)。
A. 市场价格　　B. 协商价格　　C. 成本转移价格　　D. 双重转移价格

9. 进行责任成本内部结转的实质，就是将责任成本按照经济损失的责任归属结转给(　　)。
A. 发生损失的责任中心　　B. 发现损失的责任中心
C. 承担损失的责任中心　　D. 下游的责任中心

10. 在下列各项中，不属于责任成本基本特征的是(　　)。
A. 可以预计　　B. 可以计量　　C. 可以控制　　D. 可以对外报告

二、多项选择题

1. 相对剩余收益指标而言，投资利润率指标的缺点有(　　)。
A. 无法反映投资中心的综合盈利能力
B. 可能造成投资中心的近期目标与整个企业的长期目标的相背离
C. 不便于投资项目建成投产后与原定目标的比较
D. 不便于各投资中心经营业绩的横向比较

2. 下列各项中，需要利用内部转移价格在有关责任中心之间进行责任结转的有(　　)。
A. 因供应部门外购材料的质量问题造成的生产车间超定额耗用成本
B. 因上一车间加工缺陷造成的下一车间超定额耗用成本
C. 因生产车间生产质量问题造成的销售部门降价损失
D. 因生产车间自身加工不当造成的超定额耗用成本

3. 甲利润中心常年向乙利润中心提供劳务，在其他条件不变的情况下，如果提高劳务的内部转移价格，可能出现的结果有(　　)。
A. 甲利润中心内部利润增加　　B. 乙利润中心内部利润减少
C. 企业利润总额增加　　D. 企业利润总额不变

三、判断题

1. 对一个企业而言，变动成本和直接成本大多是可控成本，而固定成本和间接成本大多是不可控成本。(　　)

2. 为了便于评价、考核各责任中心的业绩，对一责任中心提供给另一责任中心的产品，其供应方和使用方所采用的转移价格可以不同。(　　)

3. 某项会导致个别投资中心的投资利润率提高的投资，不一定会使整个企业的投资利润率提高；但某项会导致个别的投资中心的剩余收益增加的投资，则一定会使整个企业的剩余收益增加。(　　)

4. 引起个别投资中心的投资利润率提高的投资，不一定会使整个企业的剩余收益增加。(　　)

5. 责任成本的内部结转是指由承担损失的责任中心对实际发生或发现损失的其他责任中心进行损失

赔偿的账务处理过程；对本部门因其自身原因造成的损失，不需要进行责任结转。 ( )

四、计算分析题

已知东方集团下设三个投资中心，有关资料如下：

指　标	集团公司	A 投资中心	B 投资中心	C 投资中心
净利润(万元)	34 650	10 400	15 800	8 450
净资产平均占用额(万元)	31 5000	94 500	145 000	75 500
规定的最低投资报酬率		10%		

要求：

(1)计算该集团公司和各投资中心的投资利润率，并据此评价各投资中心的业绩。

(2)计算各投资中心的剩余收益，并据此评价各投资中心的业绩。

(3)综合评价各投资中心的业绩。

第 11 章　财务分析

学习目标

通过本章学习，了解财务分析的含义及目的；掌握财务分析方法；掌握企业进行偿债能力分析、营运能力分析、获利能力分析、发展能力分析等内容；掌握企业财务状况的趋势分析；掌握企业财务状况的综合分析；能够熟练运用财务分析方法，对某个企业一定时期的偿债能力、营运能力、盈利能力进行分析，并对企业的财务状况和经营业绩进行综合评价。

红秀集团偿债能力分析

红秀集团自从 1996 年上市以来，一直到 1998 年历年的每股收益分别为 0. 38 元、0. 31 元、0. 39 元，净资产收益率保持在 10% 以上(2012 年为 11%)，其间还进行了一次分红，一次资本公积金转增股份，一次配股。1998 年资产总额为 62 690 万元，负债总额为 15 760 万元，利息费用总额 950 万元。但是，1999 年上半年红秀集团突然像霜打的叶——蔫了，中报显示，尽管上年末还有 4 690 万元的净利润，但这年上半年却一下子高台跳水变成净亏损 20 792 万元。此时，公司资产为51 200 万元，负债 36 740 万元，利息费用总额 1 400 万元。

据 1999 年中报披露，由于红秀集团公司没有偿还能力，董事会一笔核销其 134 710 056. 20元巨额欠款，由此造成上半年出现巨额亏损。此时，红秀集团公司以往来账的形式所欠其股份公司的债务已达 21 660 万元。至 1999 年中期审计截止日，公司应收款项中发生诉讼案件涉及金额已达 872 万元，公司所得税税率为 30%。

(1)根据以上资料，请分析红秀集团 1998、1999 年的长期偿债能力，重点分析资产负债率、股东权益比率、权益乘数、负债股权比率及利息保障倍数等指标。

(2)结合 1999 年发生的事项，分析其对公司偿债能力的影响。

问题探讨：你认为公司长期偿债能力对盈利能力会产生什么影响？二者之间关系何在？

11.1 财务分析概述

11.1.1 财务分析的意义

财务分析是指利用财务报表及其他有关资料，运用科学方法对企业财务状况和经营成果进行评价和剖析，以利于企业经营管理者、投资者、债权人及国家财税机关掌握企业财务活动情况和进行经营决策的一项管理工作。它反映企业在运营过程中的利弊得失、发展趋势，从而为改进企业财务管理和优化经济决策提供重要的财务信息。财务分析既是已完成的财务活动的总结，又是财务预测的前提，在管理的循环中起着承上启下的作用。财务分析的主要目的是确定企业财务状况的好坏、盈利水平的高低和偿债能力的大小。

一般来说，投资者最关心的是企业的获利能力，从而做出对该公司是否进行投资的决策；债权人最关心的是企业的偿债能力，从而做出对该企业是否继续进行贷款的决策。在一个企业中，盈利能力和偿债能力是密切相连的。如果企业获利能力强，一般可按期偿还债务；如果获利能力弱，甚至连年亏损，势必造成偿债的困难。此外，企业管理当局还要考虑资产流动状况及财务结构，从而评价企业的经营管理及其发展前景。财务分析是一项科学、复杂、细致的管理工作，开展财务分析具有以下重要意义。

1. 有利于企业管理者进行决策和改善经营管理

财务分析是评价财务状况、衡量经营业的重要依据。通过对企业财务报表等核算进行分析，可以了解企业偿还能力、营运能力和发展能力，便于企业管理当局及其他报表使用人了解企业财务状况和经营成果，并通过分析将影响财务状况和经营成果的主观因素与客观因素、微观因素与宏观因素区分开来，以划清经济责任，合理评价经营者的工作业绩，并据此奖优罚劣，以促使经营者不断改进工作。

2. 有利于投资者做出投资决策和债权人制定信用政策

财务分析是合理实施投资决策的重要步骤，通过对财务会计报表的分析，可以了解企业获利的高低、偿债能力的强弱及营运能力的大小，可以了解投资后的收益水平和风险程度，从而为投资决策提供必要的信息。

3. 有利于企业挖掘潜力、改进工作、实现理财目标

企业理财的根本目标是努力实现企业价值最大化。通过财务指标的计算和分析，了解企业的盈利能力和资产周转状况，不断挖掘企业改善财务状况、扩大财务成果的内部潜力，充分认识未被利用的人力资源和物质资源，寻找利用不当的部分及原因，发现进一步提高利用效率的可能性，以便从各个方面揭露矛盾、找出差距、寻找措施，促进企业生产经营活动按照企业价值最大化的目标实现良性运行。

11.1.2 财务分析信息的需求者及其要求

财务分析因信息需求者不同，其要求和内容也不尽相同。企业在组织财务报表分析时，必须考虑到有关方面的要求。

1. 企业所有者

所有者或股东，作为投资人，必然高度关心其资本的保值和增值状况，即对企业投资的回报率极为关注。对于一般投资者来讲，更关心企业提高股息、红利的发放。而对拥有企业控制权的投资者，考虑更多的是如何提高竞争实力，扩大市场占有率，降低财务风险和纳税支出，追求长期利益的持续、稳定增长。

2. 企业债权人

因为债权人不能参与企业剩余收益分享，这就决定了他必然最为关注其债权的安全性。因此，债权人要求企业提供反映是否有足够的支付能力，以保证其债务本息能够及时、足额地得以偿还的财务信息。

3. 企业经营决策者

企业经营管理人员为改善财务决策及控制、为满足不同利益主体的需要、协调各方面的利益关系而进行财务报表分析，涉及的内容最广泛，几乎包括外部使用人和内部职工关心的所有问题。必须对企业经营理财的各个方面，包括营运能力、偿债能力、盈利能力及社会贡献能力的全部信息予以详细的了解和掌握，以便及时发现问题，采取对策，规划和调整市场定位目标、策略，以进一步挖掘潜力，为经济效益的持续发展增长奠定基础。

4. 政府经济管理机构

政府通过财务分析，重点了解企业纳税情况、遵守政府法规和市场秩序情况、职工收入和就业情况，以及企业发挥的社会效益情况等。政府对国有企业投资的目的，除关注投资产生的经济效应外，还必然对投资的社会效益予以考虑。在谋求资本保全的前提下，期望能够同时带来稳定增长的财政收入。因此，政府考核企业的经营状况，不仅需要了解企业资金占用的使用效率，预测财政收入增长情况，有效组织和调整社会资源的配置，而且还要借助财务分析，检查企业是否存在违法违纪、浪费国有资产的问题，最后通过综合分析，对企业发展的后劲以及对社会的贡献程度进行分析考察。

11.1.3 财务分析的内容

尽管不同利益主体进行财务分析有着各自的侧重点，但就企业总体来看，财务分析的内容可归纳为4个方面：偿债能力分析、营运能力分析、盈利能力分析和发展能力分析。其中偿债能力分析是财务目标实现的稳健保证，营运能力分析是财务目标实现的物质基础，盈利能力是以上两者共同作用的结果，同时也对两者的增强起着推动作用。企业营运能力好，盈利能力较强，就可以提高偿债能力和发展能力。四者相辅相承，共同构成企业财务分析的基本内容。

11.1.4 财务分析的方法

开展财务分析需要运用一定的方法。财务分析的方法很多，主要有比率分析法、比较分析法、趋势分析法和因素分析法。

1. 比率分析法(method of ratio analysis)

比率分析法是把某些彼此存在关联的项目加以对比，计算出比率，并据此确定经济活动变动程度的分析方法。比率是一个相对数，采用这种方法，能够把某些条件下的不可比指标变为可比的指标，以利于进行分析。比率指标主要有以下3类。

(1)构成比率

构成比率又称为结构比率，它是某项经济指标的各个组成部分与总体的比率，反映部分与总体的关系。其计算公式为：

构成比率＝某个组成部分数额÷总体数额

利用构成比率，可以考察总体中某个部分的形成和安排是否合理，以便协调各项财务活动。

(2)效率比率

效率比率是某项经济活动中所费与所得的比率，反映投入与产出的关系。利用效率比率指标，可以进行得失比较，考察经营成果，评价经济效益。例如，将利润项目与销售成本、销售收入、资本等项目加以对比，可计算出成本利润率、销售利润率以及资本利润率等利润率指标，可以从不同角度观察比较企业获利能力的高低及其增减变化情况。

(3)相关比率

相关比率是以某个项目和与其有关但又不同的项目加以对比所得的比率，反映有关经济活动的相互关系。利用相关比率指标，可以考察有联系的相关业务安排得是否合理，以保证企业运营活动能够顺畅进行。例如，将流动资产与流动负债加以对比，计算出流动比率，据此判断企业短期偿债能力。

比率分析法的优点是计算简便，计算结果容易判断，而且可以使某些指标在不同规模企业之间进行比较，甚至也能在一定程度上超越行业间的差别进行比较。采用这一方法应该注意以下几点：

①对比项目的相关性　计算比率项目的子项和母项必须具有相关性，把不相关的项目进行对比是没有意义的。在构成比率指标中，部分指标必须是总体指标的这个大系统中的一个小系统；在效率比率指标中，投入和产出必须有因果关系；在相关比率指标中，两个对比指标也要有内在联系，才能评价有关经济活动之间是否协调平衡，安排是否合理。

②对比口径一致性　计算比率的子项和母项必须在计算时间、范围等方面保持口径一致。

③衡量标准的科学性　运用比率分析，选用一定的标准与之对比，以便对企业的财务状况做出评价。通常而言，科学合理的对比标准有：预定目标，如预算指标、设计指标、定额指标、理论指标等；历史标准，如上期实际、同期实际、历史先进水平，以及有典型意义的时期实际水平等；行业标准，如主管部门或行业协会颁布的技术标准、国内外同类企业的先进水平、国内外同类企业的平均水平等；公认标准。

2. 趋势分析法(method of trend analysis)

趋势分析法是将两期或连续数期财务报表相同指标进行对比，确定其增减的方向、数额和幅度，来说明企业财务状况和经营成果变动趋势的一种方法。采用这种方法，可以分析引起变化的主要原因、变动的性质，并预测企业未来的发展前景。

趋势分析法的具体应用主要有以下3种方式。

(1)重要财务指标的比较

重要财务指标的比较，是将不同时期的财务报告中的相同指标或比率进行比较，直接观察其增减变动情况及变动幅度，考察其发展趋势，预测其发展前景。

对不同时期财务指标的比较，可以有两种方法：

①定基动态比率　它是以某一时期的数值为固定的基期数值而计算出来的动态比率。

其计算公式为：

$$定基动态比率 = 分析期数值 \div 固定基期数值$$

②环比动态比率　它是以每一分析期的前期数值为基期数值而计算出来的动态比率。其计算公式为：

$$环比动态比率 = 分析期数值 \div 前期数值$$

(2)会计报表金额的比较

会计报表的比较是将连续数期的会计报表的金额并列起来，比较其相同指标的增减变动金额和幅度，据此判断企业财务状况和经营成果发展变化的一种方法。会计报表的比较，具体包括资产负债表比较、利润表比较、现金流量表比较等。比较时，既要计算出表中有关项目增减变动的绝对额，又要计算出其增减变动的百分比。

(3)会计报表项目构成的比较

这是在会计报表比较的基础上发展而来的。它是以会计报表中的某个总体指标作为100%，再计算出其各组成项目占该总体指标的百分比，从而来比较各个项目百分比的增减变动，以此来判断有关财务活动的变化趋势。这种方法比前述两种方法更能准确地分析企业财务活动的发展趋势。它既可用于同一企业不同时期财务状况的纵向比较，又可用于不同企业之间的横向比较。同时，这种方法能消除不同时期(不同企业)之间业务规模差异的影响，有利于分析企业的耗费水平和盈利水平。

在采用趋势分析法时，必须注意以下问题：①用于进行对比的各个时期的指标，在计算口径上必须一致；②剔除偶发性项目的影响，使作为分析的数据能反映正常的经营状况；③应用例外原则，对某项有显著变动的指标作重点分析，研究其产生的原因，以便采取对策，趋利避害。

3. 比较分析法(method of compare analysis)

比较分析法是最基本的分析方法，在财务报表分析中得到了广泛的应用。比较分析法是指通过主要项目或指标数值变化的对比，确定出差异，分析和判断企业财务状况和经营成果的一种方法。

按比较对象的不同主要有以下3种形式：

(1)绝对数比较分析

绝对数比较分析一般通过编制比较财务报表，将比较各期的报表项目的数额予以并列，直接观察每一项目的增减变化情况。

(2)绝对数增减变动分析

为使比较情况进一步明朗化，在比较财务报表中增添绝对数字“增减金额”一栏，计算比较对象各项目之间的增减变动差额。

(3)百分比增减变动分析

为消除项目绝对规模因素的影响，在计算增减变动额的同时计算变动百分比，并列示于比较财务报表中，使报表使用者一目了然。其计算公式如下：

$$增减变动百分比 = (分析标准项目金额 - 分析项目金额) \div 分析项目金额 \times 100\%$$

比较分析法可分为纵向比较分析法和横向比较分析法两种。纵向比较分析法又称趋势分析法；横向比较分析法，是将本企业的财务状况与国内外先进企业的同期财务状况进行比较，确定其存在的差异及其程度，以此来揭示企业财务状况中所存在的问题的分析方法。应用比较分析法对同一性质指标进行数量比较时，要注意所用指标的可比性，必须在指标内容、时间长度、计算口径、计价基础等方面一致。

4. 因素分析法(method of factor analysis)

因素分析法又称因素替换法、连环替代法，它是用来确定几个相互联系的因素对分析对象——综合财务指标的影响程度的一种分析方法。采用这种分析方法的出发点在于，当有若干因素对分析对象发生影响作用时，假定其他各个因素都无变化，顺序确定每一个因素单独变化所产生的影响。

假如，某项财务指标 N 是由 A、B、C 三因素的乘积构成，其实际数据与计划数据以及有关因素关系由下式构成。

计划数据：$N_0 = A_0 \times B_0 \times C_0$

实际数据：$N_1 = A_1 \times B_1 \times C_1$

实际数据与计划数据的总差异为 $N_1 - N_0$，什么原因导致的差异，要对差异进行因素分析。

首先，分析 A 因素变动对财务指标 N 的影响。假设 B、C 不变，A 由 A_0 变为 A_1，则影响程度为

$$(A_1 - A_0) \times B_0 \times C_0$$

其次，在分析 A 的基础上，分析 B 因素变动对财务指标 N 的影响。B 由 B_0 变为 B_1，则影响程度为

$$A_1 \times (B_1 - B_0) \times C_0$$

最后，在分析 A、B 因素的基础上分析 C 因素变动对财务指标 N 的影响，C 由 C_0 变为 C_1，则影响程度为

$$A_1 \times B_1 \times (C_1 - C_0)$$

以上三因素的影响合计数刚好等于总差异，即：

$$(A_1 - A_0) \times B_0 \times C_0 + A_1 \times (B_1 - B_0) \times C_0 + A_1 \times B_1 \times (C_1 - C_0) = N_1 - N_0$$

【例 11-1】胜利公司 2013 年 6 月甲原材料的实际数是 9 240 元，而其计划数是 8 000元，实际比计划多 1 240 元。由于原材料费用是由产品产量、单位产品材料消耗量和原材料单价三个因素的乘积构成的，然后逐个分析它们对材料费用总额的影响程度。现假定三个因素的数值见表 11-1。

表 11－1 胜利公司相关资料

项 目	单 位	计划数	实际数
产品产量	件	200	220
单位产品材料消耗量	kg	8	7
材料单价	元	5	6
材料费用总额	元	8 000	9 240

根据表中资料，材料费用总额实际数较计划数增加 1 240 元，这是分析对象。什么原因导致的差异，要对差异进行因素分析。运用连环替代法，可以计算各因素变动对材料费用总额的影响程度如下：

材料费用计划总额：$200 \times 8 \times 5 = 8\,000$(元) (1)

第一次取代：220 ×8 ×5 =8 800(元)　(2)
第二次取代：220 ×7 ×5 =7 700(元)　(3)
第三次取代：220 ×7 ×6 =9 240(元)　(4)
(实际指标)
(2) -(1) =8 800 -8 000 =800(元)　产量增加的影响
(3) -(2) =7 700 -8 800 = -1 100(元)　材料节约的影响
(4) -(3) =9 240 -7 700 =1 540(元)　价格提高的影响
800 -1 100 +1 540 =1 240(元)　全部因素的影响

因素分析法既可以全面分析各因素对某一经济指标的影响，又可以单独分析某个因素对某一经济指标的影响，在财务分析中应用颇为广泛，但在应用这一方法时必须注意以下几个问题。

(1)因素分解的关联性

即确定构成经济指标的因素，必须是客观上存在着的因果关系，要能够反映形成该项指标差异的内在构成原因，否则就失去了其存在价值。

(2)因素替代的顺序性

替代因素时，必须按照各因素的依存关系，排列成一定的顺序并依次替代，不可随意加以颠倒，否则就会得出不同的计算结果。一般而言，确定正确的排列因素替代程序的原则是，按分析对象的性质，从诸因素相互依存的关系出发，并使分析结果有助于分清责任。

(3)顺序替代的连环性

连环替代法在计算每一个因素变动的影响时，都是在前一次计算的基础上进行，并采用连环比较的方法确定因素变化影响结果。因为只有保持计算程序上的连环性，才能使各个因素影响之和等于分析指标变动的差异，以全面说明分析指标变动的原因。

(4)分析结果的假定性

连环替代法计算的各因素变动的影响数，会因替代计算顺序的不同而有差别，因而计算结果不免带有假定性，即它不可能使每个因素计算的结果，都达到绝对的准确。它只是在某种假定前提下的影响结果，离开了这种假定前提条件，也就不会是这种影响结果。为此，分析时财务人员应力求使这种假定是合乎逻辑的假定，是具有实际意义的假定。这样，计算结果的假定性，才不至于妨碍分析的有效性。

11.2 财务能力分析

总结和评价企业财务状况与经营成果的比率指标包括偿债能力指标、营运能力指标、盈利能力指标和发展能力指标。现将后面举例时需用到的胜利公司的资产负债表和利润表列举如下(见表11-2、表11-3)。

表 11-2 胜利公司资产负债表

（2013 年 12 月 31 日） 万元

资　产	年初数	年末数	负债及所有者权益	年初数	年末数
流动资产：			流动负债：		
货币资金	800	900	短期借债	2 000	2 300
短期投资	1 000	500	应付账款	1 000	1 200
应收账款	1 200	1 300	预收账款	300	400
预付账款	40	70	其他应付款	100	100
存货	4 000	5 200	流动负债合计	3 400	4 000
待摊费用	60	80	长期负债	2 000	2 500
流动资产合计	7 100	8 050	所有者权益：		
长期投资	400	400	实收资本	12 000	12 000
固定增产净值	12 000	14 000	盈余公积金	1 600	1 600
无形资产	500	550	未分配利润	1 000	2 900
			所有者权益合计	14 600	16 500
资产总计	20 000	23 000	负债及所有者权益合计	20 000	23 000

表 11-3 胜利公司利润表

（2013 年度） 万元

项　目	上年实际	本年实际
一、主营业务收入	18 000	20 000
减：主营业务成本	10 700	12 200
主营业务税金及附加	1 080	1 200
二、主营业务利润	6 220	6 600
加：其他业务利润	600	1 000
减：营业费用	1 620	1 900
管理费用	800	1 000
财务费用	200	300
三、营业利润	4 200	4 400
加：投资收益	300	300
营业外收入	100	150
减：营业外支出	600	650
四、利润总额	4 000	4 200
减：所得税（税率为 40%）	1 600	1 680
五、净利润	2 400	2 520

11.2.1 偿债能力分析

偿债能力是指企业偿还到期债务(包括本息)的能力。进行偿债能力分析既可以使债权资本所有者了解企业的变现能力和债务的物质保障程度提供财务信息，又可为企业经营者了解和掌握企业举债适度和筹资风险等提供财务信息。偿债能力分析包括短期偿债能力分析和长期偿债能力分析。

1. 短期偿债能力分析

短期偿债能力分析是指企业流动资产对流动负债及时足额偿还的保证程度，是衡量企业当前财务能力，特别是流动资产变现能力的重要标志。

企业短期偿债能力的衡量指标主要有流动比率、速动比率和现金流动负债比率三项。

(1)流动比率

流动比率(current ratio)是流动资产与流动负债的比率，它表明企业每一元流动负债有多少流动资产作为偿还的保证，反映企业用可在短期内转变为现金的流动资产偿还到期流动负债的能力。其计算公式为：

流动比率 = 流动资产 ÷ 流动负债

一般情况下，流动比率越高，反映企业短期偿债能力越强，债权人的权益越有保证。按照西方企业的长期经验，一般认为 2∶1 的比例比较适宜。它表明企业财务状况稳定可靠，除了满足日常生产经营的流动资金需要外，还有足够的财力偿付到期短期债务。如果比例过低，则表示企业可能捉襟见肘，难以如期偿还债务。但是，流动比率也不能过高，过高则表明流动资产占用较多，会影响资金的使用效率和企业筹资成本，进而影响获利能力。究竟保持多高水平的比率，主要视企业对待风险和收益的态度予以确定。

运用流动比率时，必须注意以下几个问题：

①虽然流动比率越高，企业偿还短期债务的流动资产保证程度越强，但这并不等于说企业已有足够的现金或存款用来偿债。流动比率高也可能是存货积压、应收账款增多且收账期延长以及待摊费用和待处理财产损失增加所致，而真正可用来偿债的现金和存款却严重短缺。所以，企业应在分析流动比率的基础上，进一步对现金流量加以考察。

②从短期债权人的角度看，自然希望流动比率越高越好。但从企业经营角度看，过高的流动比率通常意味着企业闲置现金的持有量过多，必然造成企业机会成本的增加和获利能力的降低。因此，企业应尽可能将流动比率维持在不使货币资金闲置的水平。

③流动比率是否合理，不同的企业以及同一企业不同时期的评价标准是不同的，因此，不应用统一的标准来评价各企业流动比率合理与否。

④在分析流动比率时应当剔除一些虚假因素的影响。

【例 11-2】根据表 11-2 的资料，该公司 2013 年流动比率为：

年初流动比率 = 7 100 ÷ 3 400 = 2. 088

年末流动比率 = 8 050 ÷ 4 000 = 2. 013

该企业 2013 年年初、年末流动比率均超过一般公认标准，反映该公司具有较强的短期偿债能力。

(2)速动比率

速动比率(quick ratio)是企业速动资产与流动负债的比率，所谓速动资产，是指流动资产减去变现能力较差且不稳定的存货、待摊费用、待处理流动资产损失等后的余额。由于剔除了存货等变现能力较弱且不稳定的资产，因此速动比率较之流动比率更加准确、可靠地评价企业资产的流动性及其偿还短期负债的能力。其计算公式为：

速动比率 = 速动资产 ÷ 流动负债

西方传统经验认为速动比率为 1 时是安全标准。因为如果速动比率 <1，必使企业面临很大的偿债风险；如果速动比率 >1，尽管债务偿还的安全性很高，但却会因企业资金及应收账款资金占用过多而大大增加企业的机会成本。

【例 11-3】根据表 11-2 的材料，该企业 2013 年的速动比率为：

年初速动比率 = (800 + 1 000 + 12 000 + 40) ÷ 3 400 = 0.894

年末速动比率 = (900 + 500 + 1 300 + 70) ÷ 4 000 = 0.693

分析表明该企业 2013 年年末的速动比率比年初有所降低，虽然该企业流动比率超过一般公认标准，但由于流动资产中存货所占比例过大，导致企业速动比率未达到一般公认标准，企业的短期偿债能力并不理想，需采取措施加以扭转。

在分析时需注意的是：尽管速动比率较之流动比率更能反映出流动负债偿还能力的安全性和稳定性，但并不能认为速动比率较低的企业的流动负债到期绝不能偿还。实际上，如果企业存货流转顺畅，实现能力较强，即使速动比率较低，只要流动比率高，企业仍然有望偿还到期的债务本息。

(3)现金流动负债比率

现金流动负债比率(cash current debt ratio)是企业一定时期的现金净流量同流动负债的比率，它可以从现金流量角度来反映企业当期偿付短期负债的能力。其计算公式为：

现金流动负债比率 = 年经营现金净流量 ÷ 年末流动负债 × 100%

式中，年经营现金净流量指一定时期内，由企业经营活动所产生的现金及其等价物的流入量与流出量的差额。

该指标是从现金流入和流出的动态角度对企业的实际偿债能力进行考察。由于有利润的年份不一定有足够的现金来偿还债务，所以利用以收付实现制为基础的现金流动负债比率指标，能充分体现企业经营活动所产生的现金净流量在多大程度上来保证当期流动负债的偿还，直观地反映出企业偿还流动负债的实际能力。用该指标评价企业偿债能力更为谨慎。该指标较大，表明企业经营活动产生的现金净流量较多，能够保障企业按时偿还到期债务。但也不是越大越好，太大则表示企业流动资金利用不充分，收益能力不强。

【例 11-4】根据表 11-2 资料，假定该企业 2012 年度和 2013 年度的经营现金净流量分别为 3 000 万元和 5 000 万元，则该企业的现金流动负债比率为：

2012 年度的现金流动负债比率为 = 3 000 ÷ 3 400 = 0.88

2013 年度的现金流动负债比率为 = 5 000 ÷ 4 000 = 1.25

该企业 2013 年度的现金流动负债比率比 2012 年明显提高，表明该企业的短期偿债能力增强。

2. 长期偿债能力分析

长期偿债能力，指企业偿还长期负债的能力。其分析指标主要有以下几种。

(1) 资产负债率

资产负债率(debt ratio)又称负债比率，是企业负债总额与资产总额的比率。它表明企业资产总额中，债权人提供资金所占的比例，以及企业资产对债权人权益的保障程度。其计算公式为：

资产负债率 = 负债总额 ÷ 资产总额

这一比率越小表明企业的长期偿债能力越强。如果此项比率较大，从企业所有者来说，利用较少量的自由资金投资，形成较多的生产经营用资产，不仅扩大了生产经营规模，而且在经营状况良好的情况下，还可以利用财务杠杆作用，得到较多的投资利润。但如果这一比率过大，则表明企业债务负担重，企业资金实力不强，不仅对债权人不利，而且企业有濒临倒闭的危险。

【例 11-5】根据表 11-2 资料，该企业 2013 年的资产负债率为：

年初资产负债率 = 5 400 ÷ 20 000 = 0. 270

年末资产负债率 = 6 500 ÷ 23 000 = 0. 283

该企业年初、年末的资产负债率均不高，说明该企业长期偿债能力较强，这样有助于增强债权人对企业出借资金的信心。

(2) 产权比率

产权比率(total debt/equity)是指负债总额与所有者权益的比率，是企业财务结构的稳健与否的重要标志，也称资本负债率。它反映企业所有者权益对债权人权益的保障程度。其计算公式为：

产权比率 = 负债总额 ÷ 所有者权益

该指标越低，表明企业长期偿债能力越强，债权人权益的保障程度越高，承担的风险越小，但企业不能充分地发挥负债的财务杠杆效应。所以，企业在评价产权比率适度与否时，应从提高获利能力与增强偿债能力两个方面综合进行，即在保障债务偿还安全的前提下，应尽可能提高产权比率。

【例 11-6】根据表 11-2 的资料，该企业 2013 年的产权比率为：

年初产权比率 = 5 400 ÷ 14 600 = 0. 370

年末产权比率 = 6 500 ÷ 16 500 = 0. 394

该企业 2013 年年初、年末的产权比率都不高，同资产负债率的计算结果可相互印证，表明企业的长期偿债能力较强，债权人的保障程度较高。

产权比率与资产负债率对评价偿债能力的作用基本相同，主要区别是：资产负债率侧重于分析债务偿付安全性的物质保障程度，产权比率则侧重于揭示财务结构的稳健程度以及自有资金对偿债风险的承受能力。

(3)利息保障倍数

利息保障倍数(number of times interest earned)也称已获利息倍数，是指企业息税前利润与利息支出的比率，它可以反映获利能力对债务偿付的保障程度。其计算公式为：

利息保障倍数 = 息税前利润 ÷ 利息支出

息税前利润是指包括利息支出和所得税前的正常业务经营利润，不包括非正常项目。这是由于由负债与资本支持的项目一般属于正常业务经营范围，因此计算已获利息倍数时就应当以正常业务经营的息税前利润为基础。为了更加准确地反映利息的保障程度，利息支出应包括企业在生产经营过程中实际支出的借款利息、债券利息等。

该指标不仅反映了企业获利能力的大小，而且反映了获利能力对偿还到期债务的保证程度，它既是企业举债经营的前提依据，也是衡量企业长期偿债能力大小的重要标志。由此可以得出这样的启示：若要维持正常偿债能力，从长期看，已获利息倍数应当大于1，且比值越高，企业长期偿债能力一般也就越强。如果已获利息倍数过小，企业将面临亏损、偿债的安全性与稳定性下降的风险。究竟企业已获利息倍数应是利息的多少倍，才算偿付能力强，这要根据往年经验结合行业特点来判断。

【例11-7】根据表11-3的资料，假定表中财务费用全部为利息费用，该企业已获利息倍数为：

2012年利息保障倍数为：(4 000 + 200) ÷ 200 = 21(倍)

2013年利息保障倍数为：(4 200 + 300) ÷ 300 = 15(倍)

从以上倍数来看，应当说企业2012年和2013年的已获利息倍数都高，有较强的偿付负债利息的能力。进一步还需结合企业往年的情况和行业的特点进行判断。

11.2.2 营运能力分析

营运能力是指公司经营管理中利用资金运营的能力，主要表现为资产管理及资产利用的效率，一般通过公司资产周转速度来衡量。常用的财务比率包括：应收账款周转率、存货周转率、流动资产周转率、固定资产周转率、总资产周转率等。营运能力分析可以评价企业资产营运的效率，发现资产营运中存在的问题，也是偿债能力分析的补充和盈利能力分析的基础。通过对企业营运能力的分析，可以为经营管理者提供企业实际营运状况的财务信息，为改善企业财务状况、增强企业营运能力、促进企业发展提供支持。

资产营运能力的强弱关键取决于周转速度，一般来说，周转速度越快，资产的使用效率越高，则资产营运能力越强；反之，营运能力就越差。所谓周转率即企业在一定时期内的周转额与平均占用额的比率，它反映企业资金在一定时期内的周转次数，周转次数越多，周转速度越快，表明营运能力越强。这一指标的反指标是周转期，它是周转次数的倒数与计算期天数的乘积，反映资产周转一次所需要的天数。周转期越短，表明周转速度越快，资产营运能力越强。其计算公式为：

周转率(周转次数)=周转额÷资产平均占用额

周转期(周转天数)=计算期天数÷周转次数

1. 应收账款周转率

应收账款周转率(accounts receivable turnover)是一定时期内商品或产品主营业务收入净额与平均应收账款余额的比值，是反映应收账款周转速度的指标。其计算公式为：

应收账款周转率(次)=主营业务收入净额÷平均应收账款余额

其中：

主营业务收入净额=主营业务收入-销售折扣与折让

平均应收账款余额=(应收账款年初数+应收账款年末数)÷2

应收账款周转天数=计算期天数÷应收账款周转率

应收账款周转率反映了企业应收账款变现速度的快慢及管理效率的高低，周转率高表明：①收账迅速，账龄较短；②资产流动性强，短期偿债能力强；③可以减少收账费用和坏账损失，从而相对增加企业流动资产的投资效益。同时借助应收账款周转期与企业信用期限的比较，还可以评价购买单位的信用程度，以及企业原定的信用条件是否适当。

利用上述公式计算应收账款周转率时，需要注意以下几个问题：

①公式中的应收账款包括会计核算中的“应收账款”和“应收票据”等全部赊销账款在内，且其金额应为扣除坏账准备后的净额；

②如果应收账款余额的波动性较大，应尽可能使用更详尽的计算资料，如按每月的应收账款余额来计算其平均占用额；

③公式中分子、分母的数据应注意时间的对应性。

【例 11-8】根据表 11-2 的资料计算 2012 年和 2013 年两年的应收账款周转率，见表 11-4。以上计算结果表明，该企业 2013 年应收账款周转率比 2012 年有所改善，周转次数由 15.7 次提高为 16 次，周转天数由 23 天缩短为 22.5 天。这不仅说明企业的营运能力有所增强，而且对流动资产的变现能力和周转速度也会起到促进作用。

表 11-4 应收账款周转率计算表

项 目	2011 年	2012 年	2013 年
销售收入净额(万元)		18 000	20 000
应收账款年末余额(万元)	1 100	1 200	1 300
平均应收账款余额(万元)		1 150	1 250
应收账款周转次数(次)		15.7	16
应收账款周转天数(天)		23.0	22.5

2. 存货周转率

存货周转率(inventory turnover)是一定时期内企业主营业务成本与存货平均资金占用额的比率，是反映企业流动资产流动性的一个指标，也是衡量企业生产经营各环节中存货运营效率的一个综合指标，包括存货周转次数和存货周转天数。计算公式为：

存货周转率(次数)=主营业务成本÷平均存货

平均存货=(存货年初数+存货年末数)÷2

存货周转天数=计算期天数÷存货周转率

式中，主营业务成本也可用销货成本代替。

存货周转率是从存货变现角度来分析企业的销售能力及存货适量程度的。存货周转速度的快慢，不仅反映出企业采购、储存、生产、销售各环节管理工作的好坏，而且对企业的偿债能力及获利能力产生决定性的影响。一般来讲存货周转率越高越好，存货周转率越高，表明其变现的速度越快，周转额越大，资金占用水平越低。因此，通过存货周转分析，有利于找出存货管理存在的问题，尽可能降低资金占用水平。首先，存货既不能储存过少，否则可能造成生产中断或销售紧张；又不能储存过多，否则可能形成呆滞、积压。一定要保证结构合理、质量可靠。其次，存货是流动资产的重要组成部分，其质量和流动性对企业流动比率具有举足轻重的影响，并进而影响企业的短期偿债能力。故一定要加强存货管理，以提高其变现能力和盈利能力。

在计算存货周转率时应注意以下几个问题：①存货计价方法对存货周转率具有较大的影响，因此，在分析企业不同时期或不同企业周转率时，应注意存货计价方法的口径是否一致；②公式中分子、分母的数据应注意时间上的对应性。

【例11-9】胜利公司2011年年存货年末余额为3 800万元，可计算该公司2012年、2013年的存货周转率，见表11-5。

表11-5 存货周转率计算表

项 目	2011年	2012年	2013年
主营业务成本(万元)		12 320	14 100
存货年末余额(万元)	3 800	4 000	5 200
存货平均余额(万元)		3 900	4 600
存货周转次数(次)		3.16	3.06
存货周转天数(天)		113.6	117.6

3. 流动资产周转率

流动资产周转率是流动资产在一定时期内所完成的周转额(主营业务收入)与流动资产的平均占用额之间的比率，是反映企业流动资产周转速度的指标。其计算公式为：

流动资产周转率(次数)=主营业务收入净额÷平均流动资产总额

流动资产周转期(天数)=计算期天数÷流动资产周转率

平均流动资产总额应按分析期的不同分别加以确定，并应保持分子的主营业务收入净额与分母的平均流动资产总额在时间上的一致性。

在一定时期内流动资产周转次数越多，说明以相同的流动资产完成的周转额越多，流动资产利用效果越好。流动资产周转率用周转天数表示时，周转一次所用天数越少，表明流动资产在经历生产和销售各阶段时所占用的时间越短。生产经营任何一个环节上的工作改善，都会反映到周转天数的缩短上来。

【例 11-10】假设胜利公司 2011 年流动资产年末余额为 6 000 万元，可以计算公司 2012 年、2013 年流动资产周转情况，见表 11-6。

表 11-6 流动资产周转率计算表

项 目	2011 年	2012 年	2013 年
主营业务收入净额(万元)		18 000	20 000
流动资产年末余额(万元)	6 000	7 100	8 050
流动资产平均余额(万元)		6 550	7 575
流动资产周转次数(次)		2.75	2.64
流动资产周转天数(天)		131.0	136.4

由此可见，该公司 2013 年流动资产周转速度比 2012 年延缓了 5.4 天，流动资产占用增加，增加占用的数额可计算如下：

$$(136.4-131.0)\times 20\ 000\div 360=300(\text{万元})$$

4. 固定资产周转率

固定资产周转率是指企业年销售收入净额与固定资产平均净值的比率。它是反映企业固定资产周转情况，从而衡量固定资产利用效率的一项指标。其计算公式为：

$$\text{固定资产周转率}=\text{主营业务收入净额}\div\text{固定资产平均净值}$$

固定资产周转率高，表明企业固定资产利用充分，同时也能表明企业固定资产使用得当，固定资产结构合理，能够充分发挥效率。反之，如果固定资产周转率不高，则表明固定资产使用效率不高，提供的生产成果不多，企业的营运能力不强。

运用固定资产周转率时，需要考虑固定资产因计提折旧的影响，其净值在不断地减少以及因更新重置，其净值突然增加的影响。同时，由于折旧方法的不同，可能影响其可比性。故在分析时，一定要剔除不可比因素。

【例 11-11】假设胜利公司 2011 年年末固定资产净值为 11 800 万元，则该公司 2012 年、2013 年固定资产周转率，见表 11-7。

表 11-7 固定资产周转率计算表

项 目	2011 年	2012 年	2013 年
主营业务收入净额(万元)		18 000	20 000
固定资产年末净值(万元)	11 800	12 000	14 000
固定资产平均净值(万元)		11 900	13 000
固定资产周转次数(次)		1.51	1.54

以上计算结果表明，公司 2013 年固定资产周转率比 2012 年有所加快，其主要原因是固定资产净值的增加程度低于主营业务收入净额增长幅度。这表明企业的营运能力有所提高。

5. 总资产周转率

总资产周转率是企业主管业务收入净额与资产总额的比率，它可用来反映企业全部资产的利用效率。其计算公式为：

总资产周转率 = 主营业务收入净额 ÷ 平均资产总额

平均资产总额应按分析期的不同分别加以确定，并应当与作为分子的主营业务收入净额在时间上保持一致。

总资产周转率高，说明企业全部资产使用效率高；如果这个比率较低，说明使用效率较差，最终会影响企业的盈利能力。企业应采取各项措施来提高企业的资产利用程度，如提高销售收入或处理多余的资产。

【例 11-12】假设胜利公司 2011 年年末全部资产总额为 19 000 万元，则可计算该公司 2012 年和 2013 年总资产周转率，见表 11-8。

表 11-8 总资产周转率计算表

项 目	2011 年	2012 年	2013 年
主营业务收入净额(万元)		18 000	20 000
全部资产年末余额(万元)	19 000	20 000	23 000
全部资产平均余额(万元)		19 500	21 500
全部资产周转次数(次)		0.92	0.93

以上计算表明，公司 2013 年全部资产周转率比 2012 年略有加快。这是因为该公司固定资产平均净值的增长程度(9.24%)虽然低于主营业务收入的增长程度(11.11%)，但流动资产平均余额的增长程度(15.65%)却大大高于主营业务收入的增长程度，所以总资产的利用效果难以大幅度提高。

11.2.3 盈利能力分析

对增值的不断追求是企业资金运动的动力源泉与直接目的。盈利能力是指企业资金增值的能力，即企业获取利润的能力，它通常体现为企业收益数额的大小与水平的高低。分析盈利能力时，应排除非正常因素影响，如证券买卖等，只涉及企业正常的经营状况。这里主要从企业一般盈利能力和股份有限公司盈利能力角度分析。一般可用以下指标进行企业盈利能力的分析。

1. 主营业务利润率

主营业务利润率是企业主营业务利润与主营业务收入净额的比率。其计算公式为：

主营业务利润率 = (主营业务利润 ÷ 主营业务收入净额) ×100%

或

营业利润率 = (营业利润 ÷ 主营业务收入净额) ×100%

从利润表来看，企业的利润包括主营业务利润、营业利润、利润总额和净利润 4 种形式。其中利润总额和净利润包含着非销售利润因素，所以能够更直接反映销售获利能力的指标是主营业务利润率和营业利润率。通过考察主营业务利润占总额比例的升降，可以发现企业经营理财状况的稳定性、面临的危险或可能出现的转机迹象。

【例 11-13】根据表 11-3，可计算主营业务利润率，见表 11-9。

表 11-9 销售利润率计算表

项目	2012 年	2013 年
主营业务利润(万元)	6 220	6 600
营业利润(万元)	4 200	4 400
利润总额(万元)	4 000	4 200
净利润(万元)	2 400	2 520
主营业务收入净额(万元)	18 000	20 000
主营业务利润率(%)	34. 56	33
营业利润率(%)	23. 33	22

从以上分析可以看出：胜利公司主营业务率呈下降趋势。进一步分析可以得到，这种下降趋势主要是由于公司 2013 年成本费用增加所致，因其毛利率比 2012 年有所提高。所幸的是在整个经营过程中，营业利润率下降的幅度不大，可见，企业的经营方向和产品结构仍能适应市场需要。

2. 成本费用利润率

成本费用利润率是指利润与成本费用的比率，它反映企业生产经营过程中发生的耗费与获得的收益之间的关系。其计算公式为：

成本费用利润率 =(利润 ÷ 成本费用) ×100%

同利润一样，成本也可分为几个层次：主营业务成本、营业成本(主营业务成本 + 主营业务税金及附加 + 营业费用 + 管理费用 + 财务费用 + 其他业务成本)。主营业务成本利润率与营业成本利润率反映企业主要成本的利用效果，是企业加强成本管理的着眼点。

【例 11-14】根据表 11-3，可计算主营业务成本利润率如下：

2012 年主营业务成本利润率为：6 220 ÷10 700 ×100% =58. 13%

2013 年主营业务成本利润率为：6 600 ÷12 200 ×100% =54. 10%

从以上计算结果可以看到，该公司主营业务成本利润率指标 2013 年比 2012 年均有所下降。公司应当深入检查导致成本费用上升的因素，改进有关工作，以便扭转效益指标下降的状况。

3. 总资产收益率

总资产收益率(rate of return on total assets)是企业一定时期内获得的报酬总额与企业平均资产总额的比率。它是反映企业资产综合利用效果的指标，也是衡量企业利用债权人和所有者权益总额所取得盈利的重要指标。其计算公式为：

总资产报酬率 =(利润总额 + 利息支出) ÷平均资产总额

平均资产总额为年初资产总额与年末资产总额的平均数。该比率越高，说明该企业资产利用效益越好，整个企业盈利能力越强，经营管理水平越高。

【例 11-15】根据表 11-3、表 11-8 及有关资料，可计算总资产报酬率：

2012 年总资产报酬率为：(4 000 + 200) ÷ [(19 000 + 20 000) ÷ 2] = 0.215

2013 年总资产报酬率为：(4 200 + 300) ÷ [(20 000 + 23 000) ÷ 2] = 0.209

计算结果表明，企业资产综合利用效率 2013 年不如 2012 年，需要对公司资产的使用情况、增产节约工作等情况做进一步分析考察，以便改进管理，提高效益。

4. 净资产收益率

净资产收益率(return on equity，ROE)是指企业一定时期内的净利润与平均净资产的比率。它可以反映投资者投入企业的自有成本获取净收益的能力，即反映投资与报酬的关系，因而是评价企业资本经营效益的核心指标。其计算公式为：

净资产收益率 = (净利润 ÷ 平均净资产) × 100%

①净利润是指企业的税后利润，是未做任何分配的数额，受各种其他人为因素影响较少，能够比较客观、综合地反映企业的经济效益，准确体现投资者投入资本的获利能力。

②平均净资产是企业年初所有者权益同年末所有者权益的平均数，平均净资产 = (所有者权益年初数 + 所有者权益年末数) ÷ 2。

净资产收益率是评价企业自有资本及其积累获取报酬水平的最具综合性和代表性的指标，又称股东权益净利率，反映企业资本运营的综合效益。该指标通用性强，适用范围广，不受行业局限。在我国上市公司业绩排序中，该指标居于首位。通过对该指标的综合对比分析，可以看出企业获利能力在同行业中所处的地位，以及与同类企业的差异水平。一般认为，企业净资产收益率越高，企业自有资本获取收益的能力越强，运营效益越好，对企业投资人、债权人的保证程度越高。

【例 11-16】根据有关资料，假设胜利公司 2011 年末所有者权益合计为 13 000 万元，则该公司 2012 年和 2013 年的净资产收益率为：

2012 年净资产收益率为：

2 400 ÷ [(13 000 + 14 600) ÷ 2] × 100% = 2 400 ÷ 13 800 × 100% = 17.4%

2013 年净资产收益率为：

2 520 ÷ [(14 600 + 16 500) ÷ 2] × 100% = 2 520 ÷ 15 550 × 100% = 16.2%

该公司 2013 年净资产收益率比 2012 年降低了 1 个百分点，这是由于该公司所有者权益的增长快于净利润的增长所引起的，根据前列资料可以求得，该公司所有者权益增长率为：(15 550 − 13 800) ÷ 13 800 × 100% = 12.68%，而其净利润的增长率为：(2 520 − 2 400) ÷ 2 400 × 100% = 5%。

5. 资本保值增值率

资本保值增值率(capital maintenance and appreciation rate)是指企业本年末所有者权益扣除客观增减因素后与年初所有者权益的比率。资本保值增值率表示企业当年资本在企业自身努力下的实际增减变动情况，是评价企业财务效益状况的辅助指标。其计算公式为：

资本保值增值率 = 扣除客观因素后的年末所有者权益 ÷ 年初所有者权益

资本保值增值率是根据“资本保全”原则设计的指标，更加谨慎、稳健地反映了企业资本保全和增值状况。它充分体现了对所有者权益的保护，能够及时、有效地发现侵蚀所有者权益的现象。该指标反映了投资者投入企业资本的保全性和增长性，该指标越高，表明企业的资本保全状况越好，所有者权益增长越快，债权人债务越有保障，企业发展后劲越强。该指标如为负值，表明企业资本受到侵蚀，没有实现资本保全，损害了所有者的权益，也妨碍了企业进一步发展壮大，应予以充分重视。

【例 11-17】根据有关资料，计算胜利公司 2012 年和 2013 年的资本保值增值率为：

2012 年资本保值增值率为：14 600 ÷ 13 000 = 1. 123

2013 年资本保值增值率为：16 500 ÷ 14 600 = 1. 130

6. 社会贡献率

社会贡献率是企业对社会贡献总额与平均资产总额的比值。它反映了企业占用社会经济资源所产生的社会经济效益大小，是社会进行资源配置的基本依据。其计算公式为：

社会贡献率 = 企业社会贡献总额 ÷ 平均资产总额

社会贡献总额包括：工资(含奖金、津贴等工资性收入)、劳保退休统筹及其他社会福利支出、利息支出净额、应交或已交的各项税款、附加及福利等。

【例 11-18】假定胜利公司 2012 年和 2013 年的社会贡献总额分别为 6 200 万元和 5 600万元。根据表 11-2 资料，该企业的社会贡献率为：

2012 年社会贡献率为：6 200 ÷ [(19 000 + 20 000) ÷ 2] = 0. 318

2013 年社会贡献率为：5 600 ÷ [(2 000 + 23 000) ÷ 2] = 0. 26

7. 社会积累率

社会积累率是企业上交的各项财政收入与企业社会贡献总额的比值。其计算公式为：

社会积累率 = 上交国家的财政总额 ÷ 企业社会的贡献总额

上交的财政收入总额包括企业依法向财政交纳的各项税款，如增值税、所得税、产品销售税金及附加、其他税款等。

【例 11-19】假定胜利公司 2012 年和 2013 年缴纳的增值税分别为 1 241 万元和 1 326万元。企业除缴纳增值税、所得税、产品销售税金及附加外，不再缴纳其他税款。根据表 11-3，该企业的社会积累率为：

2012 年社会积累率为：(1 080 + 1 600 + 1 241) ÷ 6 200 = 0. 632

2013 年社会积累率为：(1 200 + 1 680 + 1 326) ÷ 5 600 = 0. 751

股份有限公司盈利能力分析主要从每股净收益、每股股利、市盈率、每股净资产 4 个方面来进行。

8. 每股净收益

每股净收益(earnings per share)，也称每股利润或每股盈余，指上市公司本年净利润与本年普通股总数的比值，反映普通股的获利水平，是衡量上市公司盈利能力的最常用指标。其计算公式为：

每股收益 = 净利润 ÷ 年末普通股总数

为了更好地反映普通股所取得的利润，每股收益也可以用净利润扣除优先股股利后的余额除以发行在外的普通股平均股数来计算。其计算公式为：

每股收益 = (净利润 - 优先股股利) ÷ 发行在外的普通股平均股数

每股收益是上市公司发行在外的普通股所取得的利润，它可以反映公司获利能力大小。每股利润越高，说明公司获利能力越强。

9. 每股股利

每股股利(dividends per share)指上市公司本年发放的普通股现金股利总额与年末普通股总数的比值，其计算公式为：

每股股利 = 普通股现金股利总额 ÷ 年末普通股总数

每股股利是上市公司普通股股东从公司实际分得的每股利润，它反映上市公司当期利润的积累和分配情况。

10. 市盈率

市盈率(price-earning ratio)是上市公司普通股每股市价相当于每股收益的倍数，反映投资者对上市公司每股净利润愿意支付的价格，可以用来估计股票的投资报酬和风险。其计算公式为：

市盈率 = 普通股每股市价 ÷ 普通股每股收益

市盈率是反映上市公司获利能力的一个重要指标，投资者对这个比率十分重视。一般来说，市盈率高，说明投资者对该公司的发展前景看好，愿意出较高的价格购买该公司股票，所以一些成长性较好的股票的市盈率通常要高些。

11. 每股净资产

每股净资产(net asset per share)是上市公司年末净资产与年末普通股总数的比值。其计算公式为：

每股净资产 = 年末股东权益 ÷ 年末普通股总数

11.2.4 发展能力分析(analysis of developmental capability)

发展能力是企业生存的基础上，扩大规模，壮大实力的潜在能力。反映发展能力的指标主要有营业收入增长率、资本积累率、总资产增长率等。

1. 营业收入增长率

营业收入增长率是指本年营业收入增长额同上年营业收入总额的比率。这里，企业营业收入，是企业的主营业务收入。营业收入增长率表示与上年相比，企业营业收入的增减变化情况，是评价企业成长状况和发展能力的重要指标。其计算公式为：

营业收入增长率 = 本年营业收入增长额 ÷ 上年营业收入总额 ×100%

该指标是衡量企业经营状况和市场占有能力、预测企业经营业务拓展趋势的重要标志，也是企业扩张增量和存量资本的重要前提。不断增加的营业收入，是企业生存的基础和发展的条件，世界500强就主要以销售收入的多少进行排序。该指标若大于0，表示企业本年的营业收入有所增长，指标值越高，表示增长速度越快，企业市场前景越好；若指标小于0，则说明企业或是产品不适销对路、质次价高，或是在售后服务等方面存在问题，产品销售不出去，市场份额萎缩。该指标在实际操作时，应结合企业历年的营业收入水平、企业市场占有情况、行业未来发展及其他影响企业发展的潜在因素进行前瞻性预测，或者结合企业前3年的营业收入增长率做出趋势性分析判断。

【例11-20】根据表11-3的资料，可计算该企业2013年度营业收入增长率为：

$$(20\ 000-18\ 000)\div 18\ 000\times 100\%=11.11\%$$

2. 资本积累率

资本积累率是指企业本年所有者权益增长额同年初所有者权益的比率，它可以表示企业当年的积累能力，是评价企业发展潜力的重要指标。其计算公式为：

资本积累率＝本年所有者权益增长额÷年初所有者权益×100%

该指标是企业当年所有者权益总的增长率，反映了企业所有者权益在当年的变动水平。资本积累率体现了企业资本的积累情况，是企业发展强盛的标志，也是企业扩大再生产的源泉，展示了企业发展的活力。资本积累率反映了投资者投入企业资本的保全性和增长性，该指标越高，表明企业的资本积累越多，企业资本保全性越强，应付风险、持续发展的能力越大。该指标如为负值，表明企业受到侵蚀，所有者利益受到损害，应予充分重视。

【例11-21】根据表11-2资料，可计算该企业2013年度资本积累率为：

$$(16\ 500-14\ 600)\div 14\ 600\times 100\%=13.01\%$$

3. 总资产增长率

总资产增长率是企业年总资产增长额与年初资产总额的比率，它可以衡量企业本期资产规模的增长情况，评价企业经营规模总量的扩张程度。其计算公式为：

总资产增长率＝本年总资产增长额÷年初资产总额×100%

该指标是从企业资产总量扩张方面衡量企业的发展能力，表明企业规模增长水平对企业发展后劲的影响。该指标越高，表明企业一个经营周期内资产经营规模扩张的速度越快。但实际操作中，应注意资产规模扩张的质与量的关系，以及企业的后续发展能力，避免资产盲目扩张。

【例11-22】根据表11-2的资料，可计算该企业2013年度总资产增长率为：

$$(23\ 000-20\ 000)\div 2\ 000\times 100\%=15\%$$

4. 三年利润平均增长率

三年利润平均增长率表明企业利润的连续3年增长情况，体现企业的发展潜力。其计算公式为：

$$三年利润平均增长率=\left(\sqrt[3]{\frac{年末利润总和}{三年前年末利润总额}}-1\right)\times 100\%$$

三年前年末利润总额指企业3年前的利润总额数。假如评价企业2005年的效绩状况，则三年前年末利润总额是指2002年利润总额年末数。

利润是企业积累和发展的基础，该指标越高，表明企业积累越多，可持续发展能力越强，发展的潜力越大。利用三年平均利润增长率指标，能够反映企业的利润增长趋势和效益稳定程度，较好体现企业的发展状况和发展能力，避免因少数年份利润不正常而对企业发展潜力错误判断。

5. 三年资本平均增长率

三年资本平均增长率表示企业资本连续3年的积累情况，体现企业的发展水平和发展趋势。其计算公式为：

$$三年资本平均增长率=\left(\sqrt[3]{\frac{年末所有者权益}{三年前年末所有者权益}}-1\right)\times 100\%$$

三年前年末所有者权益指企业3年前的所有者权益年末数。假如评价2013年企业效绩状况，三年前所有者权益年末数是指2010年年末数。

由于一般增长率指标在分析时具有“滞后”性，仅反映当期情况，而利用该指标，能够反映企业资本保值增值的历史发展状况，以及企业稳步发展的趋势。该指标越高，表明企业所有者权益得到的保障程度越大，企业可以长期使用的资金越充足，抗风险和保持连续发展的能力越强。

需要强调的是，上述四类指标不是相互独立的，它们相辅相成，有一定的内在联系。企业周转能力好，获利能力就较强，则可以提高企业的偿债能力和发展能力，反之亦然。

11.3 财务综合分析

财务分析的目的就是要全方位表达和披露公司的经营理财状况，进而对公司经济效益做出正确合理的判断，为公司资金的筹集、投放、运用、分配等一系列财务活动的决策提供有力的支持。而个别财务指标和个别会计报表，均不能全面系统地对公司的财务状况和经营成果做出评价，因此，企业必须在上述财务分析的基础上进行综合分析。

11.3.1 财务综合分析的含义

个别财务指标和个别会计报表，均不能全面系统地对公司的财务状况和经营成果做出评价，而财务报表分析的目的就是要全方位表达和披露公司的经营理财状况，进而对公司经济效益做出正确合理的判断，为公司资金的筹集、投放、运用、分配等一系列财务活动的决策提供有力的支持。在本章第二节中，已经分别对公司的营运能力、偿债能力、盈利能力和发展能力做出分析，但它们只能反映公司经济效益的一个侧面，因此，必须进行多种指标或比率之间的相关分析或者采用适当的标准对公司状况进行综合的评价，才能得出整体意义上的对公司财务状况和经营成果的客观评定。财务综合分析，就是将公司视作一个完整的大系统，并将营运能力、偿债能力、盈利能力和发展能力诸方面各要素分析融合在一个有机的整体中，全方位评价公司财务状况和经营成果和经济活动。

一个健全有效的综合财务分析指标体系必须具备3个基本素质：

①指标要素齐全适当　指标要素的齐全性，意味着所设置的评价指标必须能够涵盖公司获利能力、偿债能力及营运能力诸方面总体考核的要求。

②主辅指标功能协调匹配　所谓主辅指标功能的协调匹配，实质上在于强调两个方面：第一，在确立获利能力、偿债能力、营运能力诸方面评价的主要指标与辅助指标的同时，进一步明晰总体结构中各项指标的主辅地位；第二，不同范畴的主要考核指标所反映的公司经营状况、财务状况的不同侧面与不同层次的信息有机统一，应当能够全面而翔实地揭示出公司经营理财的实绩。

③满足以公司为中心的多方位财务信息需要　满足以公司为中心的多方位财务信息的需要，就要求评价指标体系必须能够提供多层次、多角度的信息资料，既能满足公司内部管理当局实施决策的需要，又能满足外部投资者和政府经济管理机构据以决策和实施宏观调控的要求。

11.3.2　财务综合分析的方法

1. 杜邦财务分析法

杜邦财务分析法，是指利用各个主要财务比率指标之间的内在联系，来综合分析、评价公司财务状况的一种分析方法。杜邦财务分析法的关键是建立完整的、连贯的财务比率体系，运用指标分解的方法建立起各个指标之间的相互联系，通过数据的替换，分析从属指标对总指标的影响。因其最初是由美国杜邦公司创立并成功运用的，所以称为杜邦财务分析法。杜邦财务分析体系的基本结构如图11-1所示。

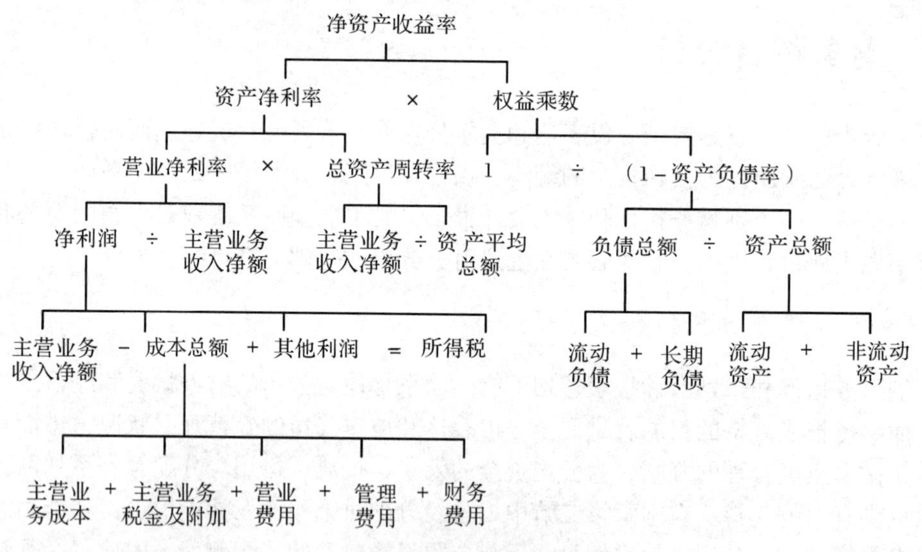

图11-1　杜邦财务分析图

图11-1反映了有关财务指标之间的内在关系，其主要意义有：

①杜邦财务分析体系以净资产收益率为核心，其他各项指标都围绕这一核心，通过研

究彼此间的依存制约关系，而揭示企业的获利能力及其前因后果。财务管理的目标是所有者财富最大化，净资产收益率反映所有者投入资金的获利能力，反映企业筹资、投资、资产运营等活动的效率，提高净资产收益率是实现财务管理目标的基本保证。该指标的高低取决于主营业务净利率、总资产周转率和权益乘数。

②主营业务净利率反映了企业净利润与主营业务收入的关系。提高主营业务净利率是提高企业盈利的关键，主要有两个途径：一是扩大主营业务收入，二是降低成本费用。

③总资产周转率揭示企业资产总额实现主营业务收入的综合能力。企业应当联系主营业务收入分析企业资产的使用是否合理，资产总额中流动资产和非流动资产的结构安排是否适当。此外，还必须对资产的内部结构以及影响资产周转率的各具体因素进行分析。

④权益乘数反映所有者权益与总资产的关系。权益乘数越大，说明企业负债程度较高，能给企业带来较大的财务杠杆利益，但同时也带来了较大的偿债风险。因此，企业既要合理使用全部资产，又要妥善安排资本结构。

通过杜邦财务分析体系自上而下的分析，可以了解企业财务状况全貌以及各项指标的内在关系，财务状况的变动因素及其存在的主要问题，为经营者提供解决企业财务问题的思路；同时也为企业提供了财务目标的分解控制途径。自上而下运用，可以考察企业经营活动中各项财务指标的实际情况，为企业的财务控制和财务考核提供基本的路径和范围，有利于企业财务管理中责、权、利关系的进一步明确，为企业建立有效的内部财务管理体系奠定基础。因此，杜邦财务分析体系是企业财务管理的重要指标体系。

净资产收益率是所有比率中综合性最强、最具有代表性的一个指标。杜邦财务分析体系关系式：

$$\text{净资产收益利率} = \text{总资产净利率} \times \text{权益乘数}$$
$$= \text{主营业务净利率} \times \text{总资产周转率} \times \text{权益乘数}$$

其中：

$$\text{主营业务净利率} = \text{净利润} \div \text{主营业务收入净额}$$
$$\text{总资产周转率} = \text{主营业务收入净额} \div \text{平均资产总额}$$
$$\text{权益乘数} = \text{资产总额} \div \text{所有者权益总额} = 1 \div (1 - \text{资产负债率})$$

从公式中看，决定净资产收益率高低的因素有3个方面：主营业务净利率、资产周转率和权益乘数，这样分解之后，可以把净资产收益率这样一项综合性指标发生升降变化的原因具体化，比只用一项综合性指标更能说明问题。

在具体运用杜邦财务分析体系进行分析时，可以采用前文所述的因素分析法，首先确定主营业务净利率、总资产周转率和权益乘数的基准值，然后顺次代入这三个指标的实际值，分别计算分析这三个指标的变动对净资产收益率的影响方向和程度，还可以使用因素分析法进一步分解各个指标并分析其变动的深层次原因，找出解决的方法。

2. 财务比率综合分析法

单个财务比率只能反映公司某一方面的财务情况，为了进行综合的财务分析，可以编制财务比率汇总表，将反映偿债能力、营运能力和获利能力的比率进行归类，得出各方面的状况。为了获得一个总的认识，可以运用指数计算一个综合指标。

财务比率综合分析法也称沃尔比重评分法。亚历山大·沃尔在其20世纪初出版的《信用晴雨表研究》和《财务报表比率分析》等著作中提出了信用能力指数概念，将流动比率、产权比率、固定资产比率、存货周转率、应收账款周转率、固定资产周转率、自有资金周转率等七项财务比率用线性关系结合起来，并分别给定各自的分数比例，然后通过与标准比率进行比较，确定各项指标得分及总体指标的累计分数，从而对企业的信用水平进行评价。

为简便起见，这里选用10个财务比率计算编制成综合分析表(表11-10)。

表11-10　财务比率综合分析表

指　标	重要性系数 (1)	标准值 (2)	实际值 (3)	关系比率 (4)=(3)÷(2)	综合指数 (5)=(1)×(4)
流动比率	0.15	2	3.17	1.585	0.238
速动比率	0.10	1	2.53	2.53	0.253
负债比率	0.10	40%	33.31%	0.833	0.083
应收账款周转率	0.05	12次	5.73次	0.478	0.024
存货周转率	0.10	15次	2.87次	0.191	0.019
资产周转率	0.15	1.88次	0.70次	0.372	0.056
销售净利率	0.10	4%	9.75%	2.434	0.243
成本费用利润率	0.15	4.52%	16.72%	3.699	0.555
净值报酬率	0.10	15%	11.83%	0.789	0.079
合　计	1.00				1.55

前面已经介绍了许多财务指标，我们可以从中选取一些指标编制成综合分析表。运用指数法编制综合分析表的程序如下：

①选定评价企业财务状况的比率。通常是选择能够说明问题的重要比率，并且偿债能力、周转能力和获利能力三类比率因反映财务状况的侧面不同，故应分别从中选择若干项具有代表性的比率。

②根据各项目比率的重要程度，确定重要性系数。各项比率的系数之和应等于1。重要程序的判断，需根据企业经营财务状况、发展趋势以及企业所有者、债权人和管理人员的态度等具体情况而定。

③确立各项比率的标准值。财务比率的标准值是指各项财务比率在本企业现实条件下最理想的数值，即最优值。

④计算企业在一定时期各项财务比率的实际值。

⑤求出各项财务比率的实际值与标准值的比率，称为关系比率。

⑥求得各项财务比率的综合指数及其合计数。各项比率的综合指标是关系比率和重要性系数的乘积，其合计数可作为综合评价企业财务状况的一个依据。一般而言，综合指数合计数如果为1或接近1，则表明企业的财务状况基本上达到标准要求；如果与1有较大差距，则财务状况偏离标准要求较远。在此基础上，还可进一步分析具体原因。

在表11-10中，各项财务经营综合指数的合计数为1.55。这说明该企业的财务状况良好，但应看到反映企业资金周转状况的存货周转率、应收账款周转率、总资产周转率还不够理想，比率尚可提高。

采用指数法综合分析评价企业财务状况，关键在于求得各项财务比率的重要性系数和标准值。这两项指标的确定带有很大的主观性，应根据历史经验和现实情况，合理地判断确定，才能得出正确的结果。

小结

财务分析是指利用财务报表及其他有关资料，运用科学方法对企业财务状况和经营成果进行评价和剖析，以利于企业经营管理者、投资者、债权人及国家财税机关掌握企业财务活动情况和进行经营决策的一项管理工作。

财务报表分析常用的方法有：比率分析、趋势分析、比较分析和因素分析。

财务比率分析的内容主要包括以下 4 个方面：偿债能力分析、营运能力分析、盈利能力分析和增长能力分析。

企业偿债能力分析包括短期偿债能力分析和长期偿债能力分析。企业短期偿债能力的衡量指标主要有流动比率、速动比率、现金比率和现金流动负债比率。长期偿债能力是指企业偿还长期负债的能力，其分析指标主要有：资产负债率、产权比率和权益乘数、利息保障倍数等。

企业营运能力分析主要包括：流动资产周转情况分析、非流动资产周转率和总资产周转率 3 个方面。

企业盈利能力的一般分析指标主要有销售毛利率、销售净利率、成本费用利润率、总资产收益率和净资产收益率。

财务综合分析就是将企业营运能力、偿债能力和盈利能力等方面的分析纳入到一个有机的分析系统之中，全面的对企业财务状况，经营状况进行解剖和分析，从而对企业经济效益做出较为准确的评价与判断。财务综合分析的方法主要有 2 种：杜邦财务分析体系法和沃尔综合评分法。

复习思考题

1. 什么是财务分析？财务分析的目的是什么？
2. 财务分析的基本方法有哪些？
3. 如何对企业的偿债能力进行分析？
4. 如何对企业的营运能力进行分析？
5. 如何对企业的盈利能力进行分析？
6. 什么是杜邦财务分析体系？试述它的原理。

练习题

一、单项选择题

1. 企业大量增加速动资产可能导致的结果是(　　)。

   A. 减少财务风险　　B. 增加资金的机会成本

   C. 增加财务风险　　D. 提高流动资产的收益率

2. 杜邦财务分析体系的核心指标是(　　)。

   A. 总资产报酬率　　B. 总资产周转率

   C. 净资产收益率　　D. 主营业务净利率

3. 某企业 2002 年年初与年末所有者权益分别为 250 万元和 400 万元，则资本保值增值率为(　　)。

   A. 62.5%　　B. 160%　　C. 60%　　D. 40%

4. 下列各项中，不会影响流动比率的业务是(　　)。

   A. 用现金购买短期债券　　B. 现金购买固定资产

   C. 用存货进行对外长期投资　　D. 从银行取得长期借款

5. 影响速动比率可信性的最主要因素是(　　)。

A. 存货的变现能力　　B. 短期证券的变现能力

C. 产品的变现能力　　D. 应收账款的变现能力

6. 当企业的流动比率小于 1 时，赊购原材料将会(　　)。

A. 增大流动比率　　B. 降低流动比率

C. 降低营运资金　　D. 增大营运资金

7. 某企业 2013 年主营业务收入净额为 36 000 万元，流动资产平均余额为 4 000 万元，固定资产平均余额为 8 000 万元。假定没有其他资产，则该企业 2013 年的总资产周转率为(　　)。

A. 3. 0　　B. 3. 4　　C. 2. 9　　D. 3. 2

8. 某公司年初负债总额为 800 万元(流动负债 220 万元，长期负债 580 万元)，年末负债总额为1 060 万元(流动负债 300 万元，长期负债 760 万元)。年初资产总额 1 680 万元，年末资产总额 2 000 万元。则权益乘数为(　　)。

A. 2. 022　　B. 2. 128　　C. 1. 909　　D. 2. 1

9. 下列选项中，不能导致企业应收账款周转率下降的是(　　)。

A. 客户故意拖延　　B. 客户财务困难

C. 企业的信用政策过宽　　D. 企业主营业务收入增加

10. 下列分析法中，属于财务综合分析方法的是(　　)。

A. 因素分析法　　B. 比率分析法

C. 趋势分析法　　D. 沃尔比重分析法

二、多项选择题

1. 产权比率与资产负债率相比较(　　)。

A. 两个比率对评价偿债能力的作用基本相同

B. 资产负债率侧重于分析债务偿付安全性的物质保险程度

C. 产权比率侧重于揭示财务结构的稳健程度

D. 产权比率则重于揭示自有资金对偿债风险的承受能力

2. 下列各项中，可能直接影响企业净资产收益率指标的措施有(　　)。

A. 提高营业净利率　　B. 提高资产负债率

C. 提高总资产周转率　　D. 提高流动比率

3. 影响速动比率的因素有(　　)。

A. 应收账款　　B. 存货

C. 待摊费用　　D. 应付票据

4. 反映企业盈利状况的财务指标有(　　)。

A. 主营业务利润率　　B. 总资产报酬率

C. 净资产收益率　　D. 资本保值增值率

5. 影响总资产报酬率的因素有(　　)。

A. 净利润　　B. 所得税　　C. 利息　　D. 资产平均总额

6. 影响存货周转率的因素有(　　)。

A. 销售收入　　B. 销售成本　　C. 存货计价方法　　D. 进货批量

7. 分析企业短期偿债能力的比率有(　　)。

A. 流动比率　　B. 负债比率　　C. 速动比率　　D. 权益乘数

8. 关于财务分析有关指标的说法中，正确的有(　　)。

A. 尽管流动比率可以反映企业的短期偿债能力，但有的企业流动比率较高，却没有能力支付到期的应付账款

B. 产权比率揭示了企业负债与资本的对应关系

C. 与资产负债率相比，产权比率侧重于揭示财务结构的稳健程度以及权益资本对偿债风险的承受能力

D. 较之流动比率或速动比率，以现金流动负债比率来衡量企业短期债务的偿还能力更为保险

9. 反映企业营运能力的指标包括(　　)。

A. 净资产收益率　　B. 流动资产周转率

C. 固定资产周转率　　D. 存货周转率

10. 资产负债率，对其正确的评价有(　　)。

A. 从债权人角度看，负债比率越大越好

B. 从债权人角度看，负债比率越小越好

C. 从股东角度看，负债比率越高越好

D. 从股东角度看，当全部资本利润率高于债务利息率时，负债比率越高越好

三、判断题

1. 某公司今年与上年相比，销售收入增长 10%，净利润增长 8%，资产总额增加 12%，负债总额增加 9%。可以判断，该公司净资产收益率比上年下降了。(　　)

2. 如果固定资产净值增加幅度低于销售收入净额增长幅度，则会引起固定资产周转速度加快，表明企业的营运能力有所提高。(　　)

3. 某企业去年的销售净利率为 5.73%，资产周转率为 2.17；今年的销售净利率为 4.88%，资产周转率为 2.88。若两年的资产负债率相同，今年的净资产收益率比去年的变化趋势为上升。(　　)

4. 如果已获利息倍数低于 1，则企业一定无法支付到期利息。(　　)

5. 在总资产利润率不变的情况下，资产负债率越高净资产收益率越低。(　　)

6. 权益乘数的高低取决于企业的资金结构；资产负债率越高，权益乘数越高，财务风险越大。(　　)

7. 市盈率是评价上市公司盈利能力的指标，它反映投资者愿意对公司每股净利润支付的价格。(　　)

8. 本应借记应付账款，却误借记应收账款，这种错误必然会导致流动比率上升。(　　)

9. 采用比率分析法，可以分析引起变化的主要原因、变动性质，并可预测企业未来的发展前景。(　　)

10. 因素分析法既可以全面分析各因素对某一经济指标的影响，又可以单独分析某个因素对某一经济指标的影响。(　　)

四、计算题

1. 凯旋公司总资产期初数 800 万元，期末数 1 000 万元，其中：存货期初数为 180 万元，期末数为 240 万元；期初流动负债为 150 万元，期末流动负债为 225 万元，期初速动比率为 0.75，期末流动比率为 1.6，本期总资产周转次数为 1.2 次(假定该公司流动资产等于速动资产加存货)。

要求：

(1)计算该公司流动资产的期初数与期末数；

(2)计算该公司本期销售收入；

(3)计算该公司本期流动资产平均余额和流动资产周转次数。

2. 某公司 2013 年年末有关资料如下：

(1)货币资产为750万元，固定资产净值为6 100万元，资产总额为16 200万元；

(2)应交税金为50万元，实收资本为7 500万元；

(3)存货周转率为6次，期初存货为1 500万元，本期销售成本为14 700万元；

(4)流动比率为2，产权比率为0.7。

要求：计算下表中未知项目，将该简要资产负债表填列完整。

××公司资产负债表

(2013年12月31日)

项目		金额	项目		金额
货币资产	(1)		应付账款	(6)	
应收账款	(2)		应交税款	(7)	
存货	(3)		长期负债	(8)	
固定资产净值	(4)		实收资本	(9)	
			未分配利润	(10)	
资产合计	(5)		负债和所有者权益合计	(11)	

3. 某公司上年利润总额为1 250万元，销售收入为3 750万元，资产平均占用额为4 687.5万元，所有者权益为2 812.5万元，企业所得税率为25%。

要求：根据以上资料计算(1)销售净利率；(2)总资产周转率；(3)总资产净利率；(4)净资产收益率。

4. 某公司2012年年末资产负债表(简表)如下：

某公司资产负债表 万元

资产		负债及所有者权益	
现金(年初1 528)	620	应付账款	1 032
应收账款(年初2 312)	2 688	应付票据	672
存货(年初1 400)	1 932	其他流动负债	936
固定资产净额(年初2 340)	2 340	长期负债	2 052
		实收资本	2 888
资产总计(年初7 580)	7 580	负债及所有者权益总计	7 580

2012年损益表有关资料如下：销售收入12 860万元，销售成本11 140万元，毛利1 720万元，管理费用1 160万元，利息费用196万元，利润总额364万元，所得税144万元，净利润220万元。

要求：(1)计算并填列该公司财务比率表：

比率名称		本公司	行业平均数
流动比率	(1)		1.98
资产负债率	(2)		62%
利息保障倍数	(3)		3.8
存货周转率	(4)		6次
应收账款周转天数	(5)		35天
固定资产周转率	(6)		13次
总资产周转率	(7)		3次
销售净利率	(8)		1.3%
总资产净利率	(9)		3.4%
净资产收益率	(10)		8.3%

(2)与行业平均财务比率比较，说明该公司经营管理可能存在的问题。

5. 已知费雪公司资产负债表如下：

费雪公司资产负债表

(2012 年 12 月 31 日)　　万元

资　产	年　初	年　末	负债及所有者权益	年　初	年　末
流动资产			流动负债合计	210	300
货币资金	100	90	长期负债合计	490	400
应收账款净额	120	180	负债合计	700	700
存货	184	288			
待摊费用	46	72			
流动资产合计	450	630	所有者权益合计	700	700
固定资产净值	950	770			
总　计	1 400	1 400	总　计	1 400	1 400

该公司 2011 年度销售净利率 16%，总资产周转率 0.5 次，权益乘数为 2.5，净资产收益率为 20%，2012 年度销售收入为 700 万元，净利润为 126 万元。

要求：

(1)计算 2012 年流动比率、速动比率、资产负债率；

(2)计算 2012 年总资产周转率、销售净利率和净资产收益率；

(3)分析销售净利率、总资产周转率和权益乘数变动对净资产收益率影响。

第 12 章　企业并购重组与清算

学习目标

通过本章学习，了解企业并购的含义、目的及类型；熟悉企业并购的动因及影响并购成败的主要因素；熟悉企业并购程序；了解企业重组的含义、目的及模式；掌握企业重组定价方法；了解企业清算的概念、种类及基本程序；了解破产财产与破产债权的界定；了解破产费用和共益债务的界定；掌握破产财产的分配。

申万换股吸收合并宏源方案解读

停牌 9 个月之久的宏源证券(简称宏源)终于公布了申银万国(简称申万)换股吸收合并宏源证券的报告书草案，申万与宏源的合并是目前国内最大的证券公司合并案例，备受业内关注，从并购方案具有很多创新及政策突破，体现了重组方案设计者的智慧。

一、方案简述：一起非典型并购案例

方案第一步，申银万国发行股份换股吸收合并宏源证券，合并完成后申银万国作为存续公司承继及承接宏源证券的全部资产、负债、业务、资质、人员、合同及其他一切权利与义务，宏源证券终止上市并注销法人资格。

方案第二步，申银万国作为存续公司将注册在新疆，转为不持有证券牌照的投资控股公司。存续公司将以全部证券类资产及负债出资在上海设立一家大型综合类、全牌照、全资证券子公司，并由其在新疆设立投行子公司和区域经纪业务子公司。

方案第三步，申银万国的股票(包括为本次换股吸收合并发行的 A 股股票)将申请在深交所上市流通。

申银万国作为非上市公司向宏源证券全体股东发行股票，使宏源证券实现私有化并退市，然后申银万国再向深交所直接申请上市。该种方案类似于 2013 年完成的美的集团换股吸收合并美的电器，美的集团向深交所申请上市并取得了新的证券代码 000333，美的电器(证券代码为 000527)在合并完成后退市。

合并案例中，一般情况下都是由上市公司作为存续主体，而不是以非上市公司作为存续主体，因为非上市公司吸收合并上市公司，则非上市公司需要具备首发上市条件才能申请上市。如最早的2006年上港集团首发上市时吸收合并G上港，实现了上港集团整体上市，上港集团履行了IPO审核程序。类似案例还有上海电气IPO吸收合并上电股份。

美的集团整体上市方案则开创了另外一种方式。美的集团没有按照首发管理办法的程序以IPO方式来吸收合并美的电器，而直接按照《上市公司收购管理办法》和《上市公司重大资产重组管理办法》履行了证监会的审核程序，按照深交所的《上市规则》直接申请上市。

本案例中，较美的集团整体上市案例又有所不同，主要是存续主体申银万国主营业务将发生重大变化。首先注册地址由目前的上海变更为新疆，其次申银万国不再持有证券公司牌照，转化一家金融控股公司。最后，在现有申万和宏源证券业务资产基础上重新设立一家全资子公司，即意味着需要履行证券公司设立程序。

二、合并方案比较分析

1. 不同于方正证券收购民族证券

与申万、宏源合并案同时进行的还有一起证券公司合并案例，即方正证券发行股份收购民族证券的案例。该案例是作为上市公司的方正证券以发行股份方式收购民族证券，民族证券成为方正证券的全资子公司，是一起典型的收购案例，并且该收购案例不构成借壳上市和实际控制人变化。而在申万、宏源合并案中，是非上市的申万发行股份吸收合并上市的宏源证券，对于宏源来说属于被收购和退市。

2. 不属于借壳上市

与广发证券、长江证券等借壳上市案例相比，申万、宏源合并也不属于借壳上市。广发证券借壳S延边路案例中，上市公司S延边路发行股份吸收合并广发证券，广发证券所有资产和业务等进入上市公司，S延边路作为存续主体转化为一家证券公司。长江证券借壳石炼化也是如此，即存续主体石炼化承继长江证券的所有资产负债和业务等并变更为一家证券公司。

三、合并方案的特殊安排

1. 双重现金选择权

合并方案中设置了双重现金选择权，即中央汇金分别对申银万国和宏源证券的异议股东提供现金选择权，异议股东可以变现退出，从而有利于保障合并方案分别获得申万和宏源的股东大会同意。

首先，宏源证券的换股价格以"定价基准日[系指宏源证券审议本次换股吸收合并有申银万国证券股份有限公司换股吸收合并宏源证券股份有限公司报告书(草案)关事宜董事会决议公告日]前20个交易日宏源证券的A股股票交易均价，即8.30元/股(已考虑宏源证券2013年度分红派息事项)为基础，并在此基础上给予20%的换股溢价率确定。因此，宏源证券本次换股价格为9.96元/股。"以股价为基础进行定价是上市公司吸收合并的常用定价方式，给予一定的溢价是为了减少异议股东投反对票，保障股东大会顺利通过。方案中给予异议股东的现金选择权价格是8.12元/股，换股价与现金选择权之间的价差达到20%，一般情况下投资人会考虑选择换股。

其次，申银万国的估值是根据财政部批准的评估报告作为定价依据的，截至2013年12月31日，申银万国经评估的每股净资产为4.96元，扣除现金分红后发行价格为4.86元/股。为了保障申银万国股东大会的顺利通过，中央汇金也向申万异议股东提供每股4.86元的现金选择权。

2. 控股股东增持措施

在本合并方案中，中央汇金的风险在于给宏源证券异议股东的现金选择权，如果在宏源证券股东大会表决前宏源证券股价跌破8.12元/股，则会出现大量投资人行使现金选择权，既会造成合并方案难以获得股东大会表决通过，又会造成中央汇金支付大量大现金收购其他投资人持有的宏源证券股票。

在合并方案公布后，为了保证合并方案顺利实施，宏源证券同时公告了控股股东中国建投拟增持宏源证券总股份的5%股份且增持股份的价格不超过重组换股价，该增持措施有利于让宏源证券股价稳定在换股价之上，并给投资人以信心。

3. 金融控股概念提升存续公司的市值

从方案本身及公布后的相关宣传报道看，存续公司将转换为一家金融控股公司，即未来该公司不仅控股证券公司，并将进一步吸纳银行、保险、信托和租赁等金融业务资源，建立起以资本市场业务为核心的纵向一体化金融服务全产业链。

金融控股概念有利于提升未来存续公司的估值，使投资人有更多想像空间，吸引更多的申万和宏源的投资人选择持有存续上市公司的股票，获得更多股票增值收益。

综上，申万与宏源合并草案在业务结构上有利于两家证券公司的实质性合并，从而实现强强联合，在合并方案符合监管制度方面也做了大量创新，具有较强的借鉴意义。目前该方案尚处于草案阶段，最终结果还需拭目以待。

（资料来源：投行家 阮金阳）

12.1 企业并购

12.1.1 企业并购的含义、目的及类型

1. 企业并购的含义

企业并购有广义和狭义之分。广义的企业并购是指两个或两个以上的企业在平等、互利、协商的基础上，按法定程序变为一个企业的行为。狭义的企业并购也就是我国《公司法》所规定的公司合并，包括吸收合并和新设合并。狭义的并购使并购活动的双方或一方消失，实现资本的集中，并形成一个新的经济实体。广义的并购除了包括狭义的并购外，还包括控股合并。控股合并是为了对目标公司进行控制而进行收购部分股权或资产的活动，这种收购不以取得目标公司的全部股权或资产为目的，主要是通过收购实现对目标公司的控制。控股合并虽然也是实现企业扩张的重要途径，但被收购或接受的公司依然存

在，并未消失，也不需要成立新的经济实体。以下内容是在广义企业并购下，进行的分析和讲解，即企业并购既包括吸收合并和新设合并，也包括控股合并。

(1)吸收合并

吸收合并也称兼并，是指由一家公司通过支付现金或其他资产、发行债务性证券或发行权益性证券等方式吸收另一家或多家公司的全部净资产，吸收方继续存在，被吸收方注销法人资格的一种合并方式。这种吸收合并既是一种经济行为又是一种法律行为。因此，被吸收方公司应该宣告停止经营，并到工商行政管理部门办理公司注销登记手续。吸收方公司也应到工商行政管理部门办理变更登记手续，继续享有法人资格。

(2)新设合并

新设合并也称创立合并，是指两家或多家公司通过交换有表决权股份或其他形式合并形成一家新公司，参与合并的所有公司都将不复存在的一种合并方式。新设合并的方法是由参与合并的多家企业以其净资产换取新设企业的股份。合并后的新公司既要承接参与合并各方的全部资产，也要承担参与合并各方的负债。新设合并后，原合并各方都应当到工商行政管理部门办理注销登记手续，新设立的公司应到工商行政管理部门办理设立登记手续。

(3)控股合并

控股合并是指一家公司通过支付现金、转让非现金资产或发行股票的方式取得对另一家或多家公司的控制权，合并方和被合并方企业仍保持其独立的法人资格并继续经营的一种合并方式。由于合并方和被合并方企业仍分别为独立的法人，因此，控股合并不是法律意义上的合并。一家企业控制另一家企业的标志是有权决定另一家企业的财务和经营政策，并能据以从该企业的经营活动中获取收益，这也决定了合并各方构成了事实上的一个经济整体。一般来说，一家企业取得了另一家家企业半数以上的有表决权的股份后，就取得了另一家企业的控制权。此外，当一家企业持有另一家企业的有表决权的股份达不到半数以上时，也可能对其拥有控制权，如一家企业间接拥有另一家企业半数以上表决权资本，或者一家企业拥有另一家企业表决权资本不足半数以上但是通过拥有的表决权资本和其他方式达到控制。

2. 企业并购的目的

在市场经济条件下，企业或企业集团都在现有发展规模的基础上，不断致力于扩展企业规模，拓展经营业务与市场占有份额，以取得竞争优势和获取更大经济效益。然而，企业规模或业务的扩展途径不外乎有以下两种：一是企业通过自身积累不断实现内部扩张。内部扩张受企业自身积累和经营范围的限制和影响，扩张速度较慢，无法达到企业发展的真正目的。二是通过企业并购不断实现外部扩张。企业的外部扩张由于其扩张速度远远超过通过内部成长扩张的速度，因此，现实中并购已成为公司扩张的一种重要途径，通过企业并购可以整合资源，优化资源配置，快速提升企业竞争力的目的。

3. 企业并购的类型

企业并购可以从不同的角度，按不同分类标准进行不同的分类。

(1)按照并购的法律形式分类

按照并购的法律形式分，企业并购可以分为：吸收合并、新设合并和控股合并三种。

吸收合并、新设合并、控股合并的有关内容见本节以上内容。

(2)按照并购双方所处行业性质不同分类

按照并购双方所处行业性质不同分，企业并购可以分横向并购、纵向并购和混合并购三种。

横向并购又称水平式合并，是指两个或两个以上同行业或相近行业的有关企业的合并，参与合并的企业在生产工艺、产品或劳务等方面相同或相近。例如，一家汽车厂与另一家汽车厂家的合并，两厂的生产工艺相近，合并后可按合并企业的要求进行生产。横向合并的目的是发展规模经济、实现规模效益、优势互补，提高竞争能力。例如，若干家零售商业企业合并组成大型零售商业企业集团等。

纵向并购又称垂直式合并，是指不同行业的企业在生产、销售的连续性过程中互为购买者或销售者的企业之间的合并，如汽车制造厂与车灯厂的合并、加工制造企业合并原材料的企业等。参与纵向合并的企业在生产工艺、产品或劳务等方面虽然不相同或不相近，但却有一定的联系。纵向合并的目的往往是保证生产经营活动的配套，产、供、销各环节的畅通。

混合并购是指与本企业生产经营活动无直接关系的企业的合并。混合合并的目的一般是为了分散经营风险。例如，房地产开发企业购买造船企业的股权、电子生产企业并购酒精生产企业等，这种合并既不是与同行竞争对手的合并，又不是与前后关联企业的合并。

(3)按合并的实现方式分类

按合并的实现方式分，企业并购分为承担债务式并购、现金购买资产式并购、股票交易式并购。

①承担债务式并购　这种并购是指处于资不抵债情况下的企业，以为对方承担全部或部分债务为条件，取得其资产所有权和经营权的一种并购方式。

②现金购买资产式并购　这种并购有两种情况：一是指某企业使用现金购买另一企业的全部资产进行的合并，被合并企业的原法人资格被取消，合并企业拥有被合并企业的全部资产和债务。二是指收购企业出资购买被收购企业的股票，拥有其大部分或全部股本而进行的合并。

③股票交易式并购　此种并购也有两种情况：一是以股票换取资产。即收购企业向被收购企业发行自己企业的股票来交换其资产而进行的合并。此种并购的双方必须签订协议，收购企业同意承担被收购企业的债务责任，被收购企业同意解散原企业，并将持有的收购企业的股票分配给原股东。二是以股票换取股票。此种并购是指收购企业直接向被收购企业的股东发行本企业的股票，以交换被收购企业的股票，达到控制被收购企业的目的。

(4)按并购程序不同分类

按并购程序不同分，企业并购可以分为善意并购和非善意并购。

善意并购是指并购双方通过友好协商达成并购协议而实现的并购。非善意并购也称敌意并购，是指不是在并购双方友好协商基础上的，是强行地在资本市场上通过大量收购目标企业股票的方式实现的并购。

12.1.2 企业并购的动因及影响并购成败的主要因素

1. 并购的动因

企业为了消除或减少竞争，扩大市场份额，确立或巩固企业在行业内的优势地位，形成规模经营，使企业在该行业市场领域里占有垄断地位或组织专业化生产和实现产销一体化而进行各种类型的合并。通过合并可以扩大生产经营规模，节约通用设备，加强生产过程各个环节的配合，有利于协作化生产，缩短生产周期，节约费用。有些合并方式还可分散投资、实现多种经营降低企业风险，达到资源互补、优化组合、扩大市场活动范围的目的。

(1)扩大生产，取得规模经济效益

由于经济的互补性及规模经济，两个或两个以上的企业合并后可提高其生产经营活动的效率，从而取得规模经济的效益。企业通常要达到一定规模时才有利于降低成本，提高经济效益，获取更多的利润。通过企业之间适当的合并，特别是同行业的横向合并，可以扩大企业规模，降低单位产品应分摊的固定费用，使企业各项生产要素得到充分的利用。

(2)实行多角化(多元化)经营，减少经营风险，扩大市场占有率

企业通过经营相关程度较低的不同行业，可以分散经营风险、稳定收入来源、增强企业资产的安全性。通过企业合并，实现多角化经营，通常能减少盈余的剧烈波动，减少经营上的风险。市场经济条件下，企业的生存和发展取决于企业的商品拥有多大的市场。此外，企业生产经营所需的原材料、动力等资源对企业的生产经营也有很大的制约作用，企业合并中的纵向合并，大多是为了取得资源或市场的控制权，对减少经营风险起一定作用。

有时一个企业有许多有利的投资机会，却无法筹措到足够的资金；与此同时，有的企业虽有足够的资金和稳定的财源，却没有可行的投资机会。这样的两家企业合并，可以满足企业的资金需求，迅速提高生产能力与规模。在市场经济中，企业之间的竞争日益激烈，为了避免在竞争中两败俱伤，同行业的企业进行合并既可避免相互竞争的风险，又可扩大市场占有率，增强其竞争能力。

(3)提高财务活动能力

企业合并既可取得规模经济效益，又在财务方面可为企业带来好处：

①提高了财务能力　通常情况下，合并后企业的偿债能力比合并前单个企业的偿债能力要强，而且还可以实现资本在各企业之间的低成本的有效配置。

②抵免税金　有盈利又有足够市场的企业，如果并入有累计亏损的企业，可以在商谈合并条件时处于较为有利的地位，得到比正常合并更多的好处。原亏损企业的亏损额要在本企业盈利中抵补，可以减少企业利润，少交甚至不交所得税。

③产生合并效应　因合并使股票市场对企业股票评价发生改变，导致股价的波动，形成股票投机机会。投资者对投机利益的追求反过来又会刺激企业合并的发生。

(4)取得管理效益

科学技术发展迅猛的当今社会，企业人才的作用越来越大。如果某企业有一支高效率的管理队伍，其管理能力超出管理该企业的需要，但这批人才只能集体实现其效率，企业

不能通过解聘释放能量，那么该企业就可以合并那些由于缺乏管理人才而效率低下的企业，利用这支管理队伍通过提高整体效率水平而获利。

(5)获得特殊资产

合并也可迅速获得土地、专有技术、商标、品牌、专利权等特殊资产，这对企业迅速成长，提高发展速度大有益处。这往往是企业合并的重要动因。这些特殊资产是对企业发展至关重要的。一些有实力、有前途的企业往往会由于狭小的空间难以扩展，或一些经营不善的企业却拥有优秀的品牌，等等。

2. 影响并购成败的主要因素

与西方国家的并购活动相比，我国企业的并购历史不长，虽然取得了很多成果，但并购成功率并不高，而且并购活动受内、外有关部门和人员的影响也较多，中国企业并购成败的影响因素也很多，这里将其划分为外部因素、内部因素和其他辅助因素三大类。

(1)外部因素

企业的外部因素是指企业以外的影响企业并购成败的各项因素，主要的影响因素如国家的有关法律和法规、当地政府的政策、所在行业的发展趋势等。比如国外并购法律中通常会有禁止或限制并购的规定，如禁止或限制涉及国家安全方面的特殊行业或特殊企业进行跨国并购，以防对国家安全构成威胁。法律上有了这样的一些规定，则所在国家的政府也会行使政府的权利对这种跨国并购实施控制和限制，从而直接影响并购企业间并购的成与败。如果法律中没有这方面的禁止和限制性条款，并购各方所在国家政府当然也就不会采取各种措施进行控制和限制，企业并购成功的可能性将会大大提高。企业的外部因素对企业并购成败的影响是至关重要的。当然除了上述主要的影响因素外，企业的竞争对手也是企业并购成败的外部影响因素之一，因为竞争对手的参与会增加交易的难度和成本，如中海油、海尔最终都因强大竞争对手的参与而退出交易，因此企业并购还应在对待竞争对手方式，预以适当考虑采取相应的竞争策略，以提高并购成功率，为实现企业并购目的做好各项准备。

(2)内部因素

企业的内部因素是指企业内部影响企业并购成败的各项因素，主要指体现企业自身的综合实力的各项因素(包括：企业的发展目标、品牌、规模、资金、销售网络、管理水平、经营理念、企业文化、价值观念、经济实力等)和企业并购前的准备工作。企业的各项内部影响因素如果很强，企业并购前的各项工作准备充分，加之企业在并购中还能选择与其企业总体战略和并购战略相一致或相近的企业进行并购，并购成功的可能性将会增大，否则，企业自身能力不强、企业并购前的准备工作不充分，加之选择并购的企业与本企业总体战略和并购战略不相一致也不相近，并购双方的实力差距较大，则并购成功的可能性就会大大降低。因此，企业首先要从企业内部因素入手，提升企业自身的综合实力，做好并购前充分的准备工作，提升并购双方在经营业务上的战略匹配性，才能在企业并购中取得实效，真正实现企业并购的目的。成功案例有联想收购 IBM PC，并购双方都有着吻合的战略诉求。当然也有像海尔并购美国第三大家电企业美泰克时，因双方实力悬殊而给企业并购带来较大的障碍。

(3)其他辅助因素

其他辅助因素是指不能单纯归为内部因素也不能单纯归为外部因素，但对企业并购又有一定影响的相关因素。比如并购双方就并购事项而进行的谈判、沟通等的技巧及相互的妥协、让步和答成的协议等，是并购双方共同努力，协同作战的结果。不能单纯由某一方决定另一方的并购价格、支付方式、并购内容等所有并购事项，所以，该项影响因素也不便于归到内部或外部的影响因素中。再有如优秀的中介机构（中介机构的具体内容见本节以下内容），利用中介机构的辅助协调功能，帮助企业更好地把握并购战略的协同点，协助企业做好并购的各项工作，实现企业并购的目的。例如，联想聘请了麦肯锡、高盛等诸多国际级专业中介机构协助并购 IBM PC。

12.1.3 企业并购程序

企业并购既是一种经济行为，也是一种法律行为，因此，企业并购必须遵循一定的法律程序。

1. 非上市公司的一般并购程序

企业并购应当由并购各方签订并购协议，并编制资产负债表及财产清单。一般企业的并购程序如下。

(1)提出并购意向，进行可行性分析

企业并购前，由双方或一方企业提出企业并购意向。得到确认后，合并双方要交换有关资料，就合并相关事宜进行具体谈判。交换的资料通常包括企业的资产负债表、损益表、财务状况变动表（或现金流量表）、财产目录等。谈判的内容一般包括：企业的并购方式、原有债务清偿办法、并购时间及期限等。如果是吸收合并，需要确定吸收方向被吸收企业的支付方式、价格及时间期限，或者要分配给被吸收企业多少股份。如果是新设合并，则要对双方的存量资产进行评估，将评估后的资产投入到新设企业，协调原企业各方资产在新设企业中所占股份。因此，在企业并购的过程中，资产评估工作十分重要，只有确定了企业财产的实际价值（非账面价值），才能判断并购是否可行，也为确定转让价格或各自占股份提供科学的依据。在协商的过程中，有时要对原有企业的偿付办法，协议专门的条款予以规定。

企业并购的可行性分析通常从技术、经济和管理等方面进行。当并购后取得的收益超过并购付出的成本时，企业并购才是可行的。撇开企业并购的其他原因，单纯从财务角度来分析，企业并购后的收益应当弥补企业并购的成本费用。并购后的收益通常是指企业并购后的存续企业（或新设企业）的利润。并购的成本费用包括为并购而支付的收购费用、手续费用、额外增加的债务以及并购前企业的收益等。企业并购的财务可行性分析主要是通过对并购前后的现金流量的净现值进行比较分析。

(2)签订协议，报有关方面批准

合并各方经充分协商对并购相关具体事宜达成一致意见后，应签订并购协议。并购协议通常包括并购前后企业名称和住所；存续企业或新设企业因并购发行股份的数量和种类；明确并购时的换股比率或支付金额；并购前各方的资本、现有债权、现有债务的处理方法；存续企业或新设企业的章程如何变更或设立；并购日期及其他应载明的事项。

如果并购的某一方是国有企业，合并协议要报主管部门或国家授权的投资部门以及同级国有资产管理部门批准。

此外，企业并购协议通过后，根据《中华人民共和国公司法》第一百七十三条规定：公司应当自做出合并决议之日起 10 日内通知债权人，并于 30 日内在报纸上公告。债权人自接到通知书之日起 30 日内，未接到通知书的自公告之日起 45 日内，可以要求公司清偿债务或者提供相应的担保。如果债权人没有提出异议，可视为承认企业合并。如果是吸收合并的，被吸收方的债务原则上由吸收方承担。如果是新设合并，合并后各方的债务原则上由合并后的新企业承担。

(3)进行合并工商变更登记

《公司法》规定，公司合并或者分立，登记事项发生变更的，应当依法向公司登记机关办理变更登记；公司解散的，应当依法办理公司注销登记；设立新公司的，应当依法办理公司设立登记。如果是吸收合并，企业合并完成后，被吸收的企业应到工商行政管理部门办理企业法人资格的注销手续，缴销营业执照。如果是新设合并，存续或新设企业因经管的性质、范围、场所、注册资本等发生了变化，应在法定的期限内持有关文件到工商行政管理部门办理变更登记手续，并进行公告，以获得法律的承认。通常必须提供的文件主要包括：合并申请书；政府授权部门的批准文件；合并各方股东会同意合并的决议；合并合同；存续或新设企业的章程；经验证的合并前后各方的资产负债表、损益利润表及查账报告等。

2. 上市公司的并购程序

上市公司并购应遵循的法律程序如下。

(1)提出并购意向

公司并购前通过由并购的一方或双方提出并购的意向，并购意向也可以由公司的大股东提出。并购意向经双方确认之后，双方应互换有关资料，并就并购的有关事宜进行谈判。

(2)签订并购协议

签订并购协议主要适用于善意并购。并购各方就并购事宜进行谈判并达成一致意见后，可以由并购各方的法人代表或其代理人签订并购协议。

(3)股东大会通过并购决议

并购协议必须经股东大会通过，而且必须经出席会议的股东所持表决权的 2/3 以上通过才具有法律效力。

(4)通告债权人

股东大会对公司并购决议通过后，并购各方应当在法定期限内通知债权人，债权人可以自接到通知后在法定期限内提出合并异议，如果超过法定期限，债权人未提出异议，即可视为承认公司的并购。

(5)办理合并登记手续

公司并购完成以后，被合并企业应当到工商行政管理部门办理注销企业法人资格的手续，吊销营业执照。存续企业或新设企业应当在法定期限内到工商行政管理部门办理登记手续，并进行公告。

3. 中介机构在企业并购中的作用

企业并购是一个系统而复杂的工作，尤其在我国企业并购程序完善程度不够，加之企业并购过程中涉及的内容较多，如涉及信息收集、确定兼并主体、着手立项、资产评估、融资和法律确认、成交价格的形成及产权交接等多方面的复杂内容。现实中的任何的兼并主体企业，都不可能同时具备上述各项能力。加之，并购方与被并方之间的信息不对称性，也给企业并购带来了很大的阻力，因此，只有依靠相关的中介机构，帮助企业更好地把握并购战略协同点，协助企业做好调查、业务梳理、并购双方间的协调、沟通等工作，保障企业并购得以顺利进行及并购成功。

中介机构是在企业并购过程中为并购双方提供融资、咨询、信息等服务并收取一定费用的第三方当事人。按照中介机构的主体不同，可将中介机构分为金融中介和非金融中介两大类。这两类中介机构在企业并购中所起的作用也各不相同。

(1)金融中介在企业并购中的作用

金融中介主要包括商业银行、投资银行等金融机构。其中，商业银行作为信贷、结算和现金出纳中心。国外的商业银行在企业并购中的作用主要有：为企业并购提供信息咨询；利用商业银行的信息优势为并购企业牵线搭桥等服务；协助参与并购的企业完成资产评估、清理债务、调度并购资产等工作；商业银行作为信贷机构还可以对企业并购提供融资服务；甚至可以协助企业进行杠杆收购实现小企业并购大企业的目标。在我国，由于体制和法律因素的制约，商业银行在中华人民共和国境内向非银行金融机构和企业投资是受限制的，所以，限制了商业银行协助企业实现杠杆收购的作用，而且商业银行为企业并购提供融资的作用也不是很明显。

投资银行业务主要包括企业并购、项目融资、投资咨询和资金管理等。企业并购是投资银行的一项重要业务。国外的投资银行在企业并购中的作用主要有：利用自身掌握的大量产权交易信息和并购技巧及经验协助交易双方策划、安排有关事项；协助买方寻找目标公司，提出收购建议，编制并购公告并提出令人信服的收购计划；参与并购合同的谈判，确定并购条件；向抵御并购的卖方提出反并购措施；为买方担任融资顾问负责设计和组织资金筹措，协助买方实现杠杆收购等。在我国，政府对企业并购中投资银行的融资行为是支持的，在相关的法规条文中有所体现，但从法律层面上看，还不够健全，继而影响了投资银行在我国企业并购中的作用。

(2)非金融中介在企业并购中的作用

非金融中介主要包括会计师事务所和律师事务所等非金融机构。其中，会计师事务所是主要提供审计业务的中介机构。在企业并购中会计师事物所的工作重点在于对并购对象的财务状况进行审计，包括收购审计和税务专案。在国外会计师事务所在企业并购中的作用主要有：对目标公司的营业绩效、资产状况、财务分析等进行审查，以确定其可信性；帮助买方企业在取得的资产和承担负债方面所涉及的税务问题进行的税务专案处理；根据审计结果，帮助并购企业在谈判收购金额时，提供修正和调整的依据等。在我国，由于受体制等因素的制约，中介机构本身的不完善，加之我国企业并购大多属于政府主导行为等，而导致非金融中介机构的资产评估、法律咨询等服务无法充分体现。

律师事务所在企业并购中，要拟订并购战略方案和程序、起草意向协议书、对并购企业有无法律障碍等进行尽职的调查、起草可行性实施方案、起草并购协议书等，为企业并购提供法律保障，保证并购过程中的合法有效。律师事务所在企业并购中的作用主要有：

在并购前协助买方企业做好各项并购准备工作；谈判阶段协助并购双方顺利谈判；在实施并购阶段，协调股东、债权人、金融机构等各关系方依法签订并购合同；如在并购的全程中出现涉及诉讼等方面问题时，律师事务所还应参与诉讼。

12.2 企业重组

12.2.1 企业重组的含义、目的及模式

1. 企业重组的含义

企业重组也称企业改组，企业重组有广义和狭义之分。广义的企业重组，包括企业的所有权、资产、负债、人员、业务等要素的重新组合和配置，亦即通过一定的程序改变企业资本结构的行为。广义的企业重组按其重组目的可以分为扩张重组、收缩重组和破产重组3种。其中：扩张重组是指扩大企业经营规模和资产规模的重组，主要是通过企业并购实现规模的扩张。扩张重组后，企业可以构建新的生产经营模式，使企业在发展中进一步提升企业的竞争优势，可以从整体上和战略上改善企业经营管理现状，企业重组是企业成长的一种重要途径和方式。收缩重组是指对公司现有的经营业务或资产规模进行缩减的重组，主要包括资产剥离、公司分立、股权出售、股份转换等方式。破产重组是指对于濒临破产的企业进行债务重组，以使其恢复正常的经营状况的重组。

狭义的企业重组是指企业以资本保值增值为目标，运用资产重组、债务重组和产权重组方式，优化企业资产结构、负债结构和产权结构，以充分利用现有资源，实现资源优化配置。

企业重组还可以按照是否需要经过法院审批进行分类，可以分为自行重组和法律重组两大类。其中：自行重组是不需要经过法院的审批，由企业经股东大会通过后进行的企业内部资本的重新组合，重组后债权人的利益不会发生变化。法律重组必须经过法院的审批，按相关法律规定的程序进行重组，法院直接参与重组事务，重组后债权人的权力和企业的法律地位可能会发生变化也可能不发生改变。本节主要以扩张重组方式介绍企业重组的其他内容。

2. 企业重组的目的

企业重组的主要目的是实现企业的战略目标，对企业的资源进行重新组合和优化配置的一种活动。企业重组为企业发展提供了新的战略机会，所以，企业重组的根本目的是实现企业的战略目标。

然而，企业又是由各种生产要素组合而成，企业的最佳运行状态应该是在各生产要素的最佳组合模式下的运行。在市场经济条件下，随着社会的进步和科学技术的飞速发展，市场竞争越来越激烈的情况下，影响企业快速、健康发展的各项生产要素及国家政策、市场需求等都在不断变化着，企业要想在这不断变化的环境中始终保持竞争优势并立于不败之地的话，就必须寻求企业资源的优化配置和利用的有效途径，以保持竞争优势。能够担此重任的便是企业生产要素的重新组合即企业重组。企业重组的目的还可以具体化为：

①实现企业扩张、寻求未来发展。企业可以通过横向扩张或纵向整合，实现强强联合或弥补不足，借势发展。

②降低企业运行成本，提高经济效益。企业重组后可以实现并购税收的减少和规模化经营、生产后形成单位产品成本下降，管理成本下降，继而提高企业经济效益。

③通过企业重组，可以重新确立行业地位。

④扩展营销模式，提高产品市场占有率。

⑤资源整合，实现最佳资源配置。

⑥延伸企业产业链，实现多元化的布局，减少企业的经营风险。

⑦实现协同效应，提升原有产品和业务的竞争力。实现协同效应是指重组可产生 $1+1>2$ 或 $4-1>3$ 的效果。

3. 企业重组的模式

企业重组的模式一般有业务重组、资产重组、债务重组、股权重组、人员重组、管理体制重组等模式。

(1)业务重组

业务重组是指对被改组企业的业务进行划分从而决定哪些业务进入股份公司的过程。业务重组是企业重组的基础和前提。选用业务重组模式的关键是正确划分经营性业务和非经营性业务、盈利性业务和非盈利性业务、主营业务和非主营业务，然后将对企业未来的扩张或发展有利的业务如经营性业务和盈利性业务纳入股份公司业务中，而对企业未来的扩张或发展不利的业务如非经营性业务和非盈利性业务等与企业剥离。通过有选择地将有关业务纳入企业或剥离企业，可以使重组后的企业获得成本、质量、服务和速度的大幅改进。

(2)资产重组

资产重组是指对重组企业的资产和负债进行合理划分和结构调整，经过分立、合并等优化组合活动，将企业资产和组织重新组合和设置的过程。资产重组是企业重组的核心。

(3)债务重组

债务重组是指债务人发生财务困难的情况下，债权人按照其与债务人达成的协议或者法院的裁定做出让步的事项。债务重组时，债务人的负债责任或减轻或发生转移或转为股权等。

(4)股权重组

股权重组是指对企业股权进行调整的行为。它与其他重组相互关联，甚至同步进行，比如债务重组时债转股。

(5)人员重组

人员重组是指通过减员增效，优化劳动组合，提高劳动生产效率的行为。

(6)管理体制重组

管理体制重组是指修订管理制度，完善企业管理体制，以适应现代企业制度要求的行为。

12.2.2 企业重组定价方法

1. 企业重组的定价方法

在企业重组中，双方谈判的焦点是重组定价问题。企业重组定价就是对企业价值进行的评估。由于采用不同的价值评估方法也会得出不同的评估结果。因此，企业重组应根据重组企业的实际情况确定适当的价值评估方法。现实工作中的企业价值评估方法主要有成本法、市场比较法和现金流量折现法。

(1)成本法

成本法，也称资产基础法，是指以目标企业的资产价值为基础，对目标企业价值进行评估的方法。由于目标企业的资产价值确定标准不同，成本法又分为：账面价值法、市场价值法和清算价值法。

①账面价值法 账面价值法也称净资产法，是以会计账簿中记录的企业净资产(即资产减负债后的余额)的价值作为企业价值的方法。该方法是一种静态估价法，而且账面净资产的价值还可能与实际价值相偏离，因此该方法在现实应用中有一定的局限性。账面净资产的价值与实际价值偏离的原因主要有：账面资产按历史成本计价，而实际的资产价值受物价变动影响；科技进步导致某些资产快速贬值等。因此，该方法主要适用于一些资产的账面价值与实际的市场价值偏离不大的非上市的公司。

②市场价值法 市场价值法是指在公平竞争的市场上买卖双方自愿达成协议的价值。市场价值法评估的企业价值更真实、公允，是资产评估中的一种广为接受和使用的一种重要方法。

③清算价值法 清算价值法是在企业因各种原因导致无法持续经营、可能破产，必须进行清算情况下的价值估价方法。此时的企业已经陷入财务危机，急需变现。因此，清算价值法主要适用于陷入财务困境中的企业的价值评估。

(2)市场比较法

市场比较法通常是将股票市场上与目标公司经营业绩相似的公司的最近平均实际交易价格作为估算公司价值的参照物，在对参照物进行调整后确定目标公司价值的一种方法。此种方法的前提假设是：在完善的市场中，类似的资产应该具有类似的价值。因此，在难以确定评估对象价值时，参照类似资产的市场价值作为评估依据，经过调整后作为评估对象的价值。

在实际运用中，一般是先寻找有参照价值的公司(应该是多家公司)，有参照价值的公司应该在产品、市场、获利能力、未来业绩成长趋势等方面与目标公司相似。再分别计算每一家公司的(如净利与股价的比率)参考比率值，然后再计算这些参考比率值加权平均比率，最后用计算出的加权平均比率乘以目标企业的可观测变量即可。这里所说的可观测变量可以是净利润、净资产、销售收入等指标。

目标公司的评估价值可用下式表示：

目标公司的评估价值 = 参照公司的平均参考比率 × 目标公司的观测变量值

其中，参照公司的平均参考比率计算，这里只介绍以下两种方法：

①市盈率作为参考比率　先计算每一家参照公司的市盈率，计算公式如下：

市盈率 = 公司股票价格 ÷ 公司每股利润

再将每个参照公司的市盈率进行加权平均，即得出参照公司的平均参考比率。

②市净率作为参考比率　先计算每一家参照公司的市净率，计算公式如下：

市净利率 = 公司股票价格 ÷ 公司每股净资产

再将每个参照公司的市净率进行加权平均，即得出参照公司的平均参考比率。

“目标公司的观测变量值”因为选择的“参照公司的平均参考比率”的计算方法不同，其指标含义也不同，如果选择市盈率作为参考比率的话，则“目标公司的观测变量值”即为目标公司的预计净利润，如果选择市净率作为参考比率的话，则“目标公司的观测变量值”即为目标公司的平均每股净资产。

运用市场比较法估价，通常也可以用正常股市交易情况下的同类公司的交易价格作参考来估算目标公司价值。

【例 12-1】甲公司计划收购 A 公司的全部股份，根据实际情况甲公司选择采用市盈率法对 A 公司进行价值评估。经调查寻找到 3 家符合要求的参照公司，经过对这三家公司的近期市盈率进行平均计算后，得出平均市盈率为 15 倍。甲公司认为 15 倍的市盈率作为评估 A 公司的平均参考比率比较合理。甲公司确定的决策期间为未来 4 年，经测算，A 公司在未来 4 年中预计年均可实现净利润 5 000 万元。

则目标公司 A 的评估价值 = 15 × 5 000 = 75 000(万元)

【例 12-2】乙公司计划收购 B 公司，经调查寻找到 5 家符合要求的参照公司，经过对这五家公司的近期市净率进行平均计算后，得出平均市净率为 3 倍。乙公司认为 3 倍的市净率作为评估 B 公司的平均参考比率比较合理。乙公司确定的决策期间为未来 5 年，经测算，B 公司在未来 5 年的平均每股净资产为 2. 8 元。

则目标公司 B 的评估价值 = 3 × 2. 8 = 8. 4(元)

(3)现金流量折现法

现金流量折现法是资产价值评估的一种重要方法，既可以用于单项资产的价值评估，也可以用于一个公司的价值评估。现金流量折现法的基本原理是：用投资者要求的必要投资报酬率作折现率，对评估资产(或公司)的预期未来现金流量进行折现所计算的现值之和作为评估的资产(或公司)的价值。在此仅就公司价值评估进行介绍。

①现金流量折现的一般模型　在运用现金流量折现法分析重组、并购活动时，目标公司估价可用以下一般模型计算：

$$V_0 = \sum_{t-1}^{n} \frac{CF_t}{(1-k)^t}$$

式中　V_0——目标公司的评估价值；

CF——现金流量；

k——折现率；

t——预测期(或折现期)。

从现金流量折现的一般模型可以看出，影响目标公司评估价值的因素主要包括：现金流量、折现率和预测期。

a. 现金流量。这里的现金流量是指一定期间内目标企业的现金净流量，这种现金流量一般表现为“自由现金流量”。自由现金流量按照计算的范围不同，分为企业自由现金流量和股权自由现金流量。关于自由现金流量内容后面将详细介绍。

b. 折现率。价值评估一般采用资本成本作为折现率。但与此同时，折现率的选择还与现金流量的选择相关联。如果现金流量采用公司自由现金流量，折现率就应当选择公司的加权平均资本成本；如果现金流量采用股权自由现金流量，折现率就应当选择股权资本成本。

c. 预测期(企业存续期)。预测期指的是目标公司现金流量的持续期限。实践中如果对目标公司有明确的计划经营期，则按计划经营期确定预测期；如果对目标公司没有明确的计划经营期，一般以对目标公司的持续追加投资的预计内部报酬率等于资本成本的时点为时间截止点。

②企业自由现金流量折现模型　企业自由现金流量是企业经营活动所创造的，可供管理当局自主支配的那部分现金流量。其中“自由”是指管理当局可以在不影响企业持续增长的情况下，可能将这部分现金流量自由地分派给企业的债权人及股东。计算公式表示如下：

企业自由现金流量 = 息税前利润(1 - 所得税税率) + 折旧 - 资本性支出 - 营运资本增加额

在采用企业自由现金流量评估企业价值时，目标企业价值等于以企业的加权平均资本成本为折现率对目标企业自由现金流量进行贴现所得的价值。评估目标企业价值时，现金流量折现的一般模型根据企业成长性不同，又分为零增长模型、固定增长模型和二阶段增长模型3种。

a. 零增长模型。即当FCFF零增长时：

$$V_0=\frac{\mathrm{FCFF}}{k}$$

FCFF表示目标公司每年的企业自由现金流量。在目标企业持续经营的条件下，FCFF零增长呈现永续年金特征。

b. 固定增长模型。即当FCFF固定增长时：

$$V_0=\frac{\mathrm{FCFF}_1}{k-g}=\frac{\mathrm{FCFF}_0(1+g)}{k-g}$$

式中　FCFF_1——下一年度预计现金流量；

FCFF_0——目标公司上一年度的公司自由现金流量；

g——公司自由现金流量的年增长率。

c. 二阶段增长模型。即有成长性企业分为两个发展阶段。第一阶段公司年增长率不断提高，增长到一定程度时开始进入增长率固定的第二阶段。当然也可以分为更多阶段，在此仅介绍二阶段增长模型。

$$V_0=\sum_{t=1}^{n}\frac{\mathrm{FCFF}_0(1+g_t)^t}{(1+k)^t}+\frac{\mathrm{FCFF}_n(1+g_m)}{(k_m-g_m)(1+k)^n}$$

式中　$FCFF_n$——目标公司预测期第 n 年的公司自由现金流量；

k——第一增长阶段的折现率，采用目标公司第一增长阶段的加权平均资本成本；

k_m——第二增长阶段的折现率，采用目标公司第二增长阶段的加权平均资本成本；

g_t——目标公司在第一增长阶段的第 t 年公司自由现金流量增长率；

g_m——目标公司在第二增长阶段的公司自由现金流量增长率；

n——目标公司第一增长阶段的年限。

③股权自由现金流量的计算及折现模型　股权自由现金流量是企业普通股股东所能获得的现金流量，是企业全部现金流入量扣除成本费用、必要的投资、偿还债权人本金和利息、支付优先股股利后剩余的现金流量。用计算公式表示如下：

股权自由现金流量＝净利润＋折旧－资本性支出－营运资本增加额－债务本金偿还＋新增债务－优先股股利

在采用股权自由现金流量评估公司价值时，目标公司价值等于以公司的股权资本成本作为折现率对股权自由现金流量折现的现值。与企业自由现金流量折现模型一样，除了可用基本模型外，也可以采用零增长模型、固定增长模型和二阶段增长模型。具体模型在此略。

2. 企业重组定价方法的选择

企业重组定价方法的选择需要考虑多种影响因素和各种定价方法的特殊性及适用条件要求。比如需要考虑重组企业的财务情况、重组的动机及重组定价所需要的相关数据资料是否容易获取等各项因素的基础上，结合上述各种定价方法的特点及适用性进行科学、恰当的选择。除此之外，还要考虑到参与重组的各方的利益及对重组所持的态度等因素，以便对重组企业价值做出公允的认定。此外还应注意，重组企业定价方法的选择，不能一概而论，要具体问题具体分析，真正选择既科学、合理，又能尽可能的维护重组各方的利益，还便于实际操作。比如，某集团内部的多家非上市公司进行并购重组时，可以采用账面价值法对参与重组的各方企业进行重组定价。理由如下：①参与并购重组的各方企业重组后将融为一个整体，并购后的整体关注的不是被并购重组企业自身的未来获利能力，而是重组后整个企业整体的获利能力。②账面价值容易获得，也容易被重组各方接受，用账面价值法进行企业重组也会节约获取各方数据的成本费用。再比如，被重组企业因陷入财务危机导致无法持续经营、可能破产，此时，应选用清算价值法进行企业的价值评估。再比如，在完善的市场中，难以确定评估对象价值时，有类似资产的市场价值作为评估依据的情况下，应该选用市场比较法进行企业重组定价。

12.3　企业破产清算

12.3.1　企业清算的概念与种类

1. 企业清算的概念

企业清算是企业解散过程中的必经程序，是在企业解散或宣告破产时，全面清理结算企业的财产、债权、债务，并分配企业剩余财产等一系列工作的总称。任何企业的解散，都必须要进行清算工作。只有通过清算，才能对企业现存的各种财务关系进行了结。清算有简单和复杂之分。如企业成立不久即告解散，只需要进行简单的清算，将收到的资本金扣除开办费和清算费用，余额退还股东即可。但大多数企业都因为经营时间长且存在复杂的经济、法律关系，在企业解散时都要予以了结，所在不能简单了事，而是必须进行全面科学的清算。清算工作主要涉及企业的财务问题，尤其是资产的清查、债权的收回、债务的偿还、剩余财产的分配等企业存续期间的财务活动。企业的清算工作除要遵守国家的法律、行政法规和企业章程外，还要遵守国家有关财务工作的基本规定，符合财务活动的一般规律。

企业出现以下情形之一的，应当进行清算：①营业期限届满或企业章程规定的解散事由出现；②股东大会决议解散；③因企业合并或分立需要解散；④依法被吊销营业执照、责令关闭或者被撤销；⑤依法宣告破产。

2. 企业清算的种类

(1)按清算的意愿不同，企业清算分为自愿清算和强制清算

自愿清算是企业所有权人自愿解散企业而进行的清算。当企业未正式营业，且未向社会发行股票时，其创办人可随时决定解散并清算企业。已进行经营的企业，股东认为需要解散企业时，要经股东大会审议，且由2/3以上表决通过，才可以解散企业进行清算。当企业章程规定的企业解散事由出现，由企业董事会提出，并经股东大会2/3以上表决权表决通过，企业可以解散并清算。强制清算是指类似于因企业破产而导致的清算，指由法院或者政府主管机关以命令的形式，强制要求企业解散或宣告企业解散而进行的清算。

(2)按清算的法律程序不同，企业清算可分为普通清算和特别清算

普通清算是指企业在清算时，企业资产能够抵偿债务，清算事务主要由企业董事会或管理机构自行确定的清算人按法律规定的一般程序进行，法院和债权人不直接干预的清算，特别清算是指不能由企业自行组织，而由法院出面直接干预并进行监督的清算，如企业资产不足以抵偿债务；或者企业无法自行组织清算；或者董事会对企业清算不能形成决议；或者因债权人、投资者及董事会等任何一方申请，由国家有关机构，或由其指定组成的机构进行的清算工作。企业破产的清算，适用特别清算。对普通清算与特别清算，企业并无选择实行的权利。企业解散后，应立即进行普通清算，在普通清算中，当清算遇到明显障碍或清算人一旦发现企业的清算资产不足清偿全部债务，清算人有责任立即向人民法院申请宣告企业破产，清算工作则由普通清算进入特别清算程序。

下面主要介绍破产清算。

12.3.2 企业破产清算的基本程序

根据我国《破产法》规定，企业破产清算的基本程序如下。

1. 提出破产申请

我国《破产法》规定，债务人即企业法人有不能清偿到期债务，并且资产不足以清偿全部债务或者明显缺乏清偿能力的情形的，可以向人民法院提出破产申请，这种由债务人提出的破产申请也叫自愿破产。我国《破产法》第七条还规定："债务人不能清偿到期债务，债权人可以向人民法院提出对债务人进行重整或者破产清算的申请"，这种由债权人向法

院提出的破产申请也叫非自愿破产。债务人或债权人向法院提出破产申请，应当提交破产申请书和有关证据，破产申请书应当载明下列事项：①申请人、被申请人的基本情况；②申请目的；③申请的事实和理由；④人民法院认为应当载明的其他事项。

2. 法院受理破产申请

法院接到破产申请后应进行受理与否的审查。一般来说，法院应当自收到破产申请之日起 15 日内裁定是否受理。有特殊情况需要延长前两款规定的裁定受理期限的，经上一级人民法院批准，可以延长 15 日。债权人提出破产申请的，法院应当自收到申请之日起 5 日内通知债务人。债务人对申请有异议的，应当自收到法院的通知之日起 7 日内向法院提出。法院应当自异议期满之日起 10 日内裁定是否受理。

人民法院裁定不受理破产申请的，应当自裁定做出之日起 5 日内送达申请人并说明理由。申请人对裁定不服的，可以自裁定送达之日起 10 日内向上一级人民法院提起上诉。

3. 指定破产管理人

人民法院裁定受理破产申请的，应当同时指定管理人。管理人可以由有关部门、机构的人员组成的清算组或者依法设立的律师事务所、会计师事务所、破产清算事务所等社会中介机构担任。

人民法院根据债务人的实际情况，可以在征询有关社会中介机构的意见后，指定该机构具备相关专业知识并取得执业资格的人员担任管理人。管理人由人民法院指定。

债权人会议认为管理人不能依法、公正执行职务或者有其他不能胜任职务情形的，可以申请人民法院予以更换。

4. 债权人申请债权

人民法院受理破产申请后，应当确定债权人申报债权的期限。债权申报期限自人民法院发布受理破产申请公告之日起计算，最短不得少于 30 日，最长不得超过 3 个月。未到期的债权，在破产申请受理时视为到期。债权人应当在人民法院确定的债权申报期限内向管理人申报债权。

债权人申报债权时，应当书面说明债权的数额和有无财产担保，并提交有关证据。申报的债权是连带债权的，应当说明。

附条件、附期限的债权和诉讼、仲裁未决的债权，债权人可以申报。

5. 召开债权人会议，选举债权人委员会

依法申报债权的债权人为债权人会议的成员，有权参加债权人会议，享有表决权。债权尚未确定的债权人，除人民法院能够为其行使表决权而临时确定债权额的以外，不得行使表决权。债权人会议设主席一人，由人民法院从有表决权的债权人中指定。

债权人会议主席主持债权人会议。第一次债权人会议由人民法院召集，自债权申报期限届满之日起 15 日内召开。

债权人会议的决议，由出席会议的有表决权的债权人过半数通过，并且其所代表的债权额占无财产担保债权总额的 1/2 以上。债权人会议的决议，对于全体债权人均有约束力。

债权人会议可以决定设立债权人委员会。债权人委员会由债权人会议选任的债权人代表和一名债务人的职工代表或者工会代表组成。债权人委员会成员不得超过 9 人。

债权人委员会行使下列职权：

①监督债务人财产的管理和处分；

②监督破产财产分配；

③提议召开债权人会议；

④债权人会议委托的其他职权。

6. 法院宣告债务人破产

法院对债务人的破产申请进行审理，对符合破产条件的企业下发破产宣告裁定书，正式宣告债务人破产。人民法院依照法规定宣告债务人破产的，应当自裁定做出之日起5日内送达债务人和管理人，自裁定做出之日起10日内通知已知债权人，并予以公告。债务人被宣告破产后，债务人称为破产人，债务人财产称为破产财产，人民法院受理破产申请时对债务人享有的债权称为破产债权。

7. 处置破产财产

管理人应当按照债权人会议通过的或者人民法院依照《破产法》第六十五条第一款规定裁定的破产财产变价方案，适时变价出售破产财产。变价出售破产财产应当通过拍卖进行。但是，债权人会议另有决议的除外。破产企业可以全部或者部分变价出售。企业变价出售时，可以将其中的无形资产和其他财产单独变价出售。按照国家规定不能拍卖或者限制转让的财产，应当按照国家规定的方式处理。破产财产在优先清偿破产费用和共益债务后，依照下列顺序清偿：

①破产人所欠职工的工资和医疗、伤残补助、抚恤费用，所欠的应当划入职工个人账户的基本养老保险、基本医疗保险费用，以及法律、行政法规规定应当支付给职工的补偿金；

②破产人欠缴的除前项规定以外的社会保险费用和破产人所欠税款；

③普通破产债权。

破产财产不足以清偿同一顺序的清偿要求的，按照比例分配。破产企业的董事、监事和高级管理人员的工资按照该企业职工的平均工资计算。破产财产的分配应当以货币分配方式进行。但是，债权人会议另有决议的除外。

8. 分配破产财产

破产财产变价处置后，管理人应当及时拟订破产财产分配方案，提交债权人会议讨论。债权人会议通过破产财产分配方案后，由管理人将该方案提请人民法院裁定认可。破产财产分配方案经人民法院裁定认可后，由管理人执行。

债权人未受领的破产财产分配额，管理人应当提存。债权人自最后分配公告之日起满2个月仍不领取的，视为放弃受领分配的权利，管理人或者人民法院应当将提存的分配额分配给其他债权人。

破产财产分配时，对于诉讼或者仲裁未决的债权，管理人应当将其分配额提存。自破产程序终结之日起满2年仍不能受领分配的，人民法院应当将提存的分配额分配给其他债权人。

9. 终结破产程序

管理人在最后分配完结后，应当及时向人民法院提交破产财产分配报告，并提请人民法院裁定终结破产程序。人民法院应当自收到管理人终结破产程序的请求之日起15日内做出是否终结破产程序的裁定。裁定终结的，应当予以公告。管理人应当自破产程序终结之日起10日内，持人民法院终结破产程序的裁定，向破产人的原登记机关办理注销登记。

12.3.3 破产财产与破产债权的界定

债务人被宣告破产后，债务人称为破产人，债务人财产称为破产财产。人民法院受理破产申请时对债务人享有的债权称为破产债权。

1. 破产财产的界定

根据我国《破产法》和有关司法解释的规定，科学合理地界定破产财产必须满足以下几项条件：首先，必须是破产企业法人可以独立支配的财产。其次，必须是在破产程序终结前属于破产企业的财产。最后，必须是依照破产程序可以清偿债务人的财产。具备上述条件的下列范围的财产属于破产财产：①宣告破产时企业经营管理的全部财产。包括破产企业的固定资产、流动资产以及其他财产权益。破产企业为国有企业的，国家授予其经营管理的财产也属于破产财产。②破产企业在宣告破产后至破产程序终结前所取得的财产。包括破产清算期间收回的债务、企业因破产而收回的投资、联营企业分回的收益及由于破产企业的无效行为而由人民法院追回的财产。如破产企业在清算期间隐匿、私分、无偿转让、非法出售财产的行为是无效的，后经人民法院追回的财产理应属于破产财产。③应当由破产企业行使的其他财产权利，如专利权、著作权等。④超过担保债务数额部分的担保财产属于破产财产。

破产财产确定以后，经过出售变现后，主要用于清偿债务。破产财产变现主要通过公开拍卖的方式出售。

2. 破产债权的界定

破产债权可分为优先破产债权和普通破产债权两类。

在破产宣告前成立的，对破产财产享有优先受偿权，不需要按照破产程序进行受偿的债权，称为优先破产债权。在破产宣告前成立的，对破产财产不享有优先受偿权，只能依法在规定的申报期内申报确认，并且只能按照破产程序从破产财产中得到公平清偿的债权，称为普通破产债权。

普通破产债权的界定和确认应遵循以下标准：①破产宣告前成立的无财产担保的债权，以及放弃优先受偿权的有财产担保的债权。②破产宣告时尚未到期的债权。在宣告破产时这种未到期的债权视为到期，但应扣除未到期利息。③破产宣告前成立的有财产担保但其数额超过担保价款且未受偿部分。④因企业破产而解除经济合同造成对方当事人经济上损害的部分，以损害赔偿额作为普通破产债权。⑤为破产企业提供债务担保，而替破产企业清偿债务所形成的担保债权属于普通破产债权。⑥票据出票人被宣告破产，付款人或者承兑人不知其事实而向持票人付款或者承兑所产生的债权。由此产生的债权如果不能作为破产债权，付款人或承兑人便会受到损失。

12.3.4 破产费用和共益债务的界定

破产费用是指在破产案件中，为破产债权人的共同利益而支出的费用。共益债务是指在破产程序中为全体债权人共同利益所负担的各种债务的总称。我国《破产法》对破产费用和共益债务的有关规定如下：

人民法院受理破产申请后发生的下列费用，为破产费用：①破产案件的诉讼费用；②管理、变价和分配债务人财产的费用；③管理人执行职务的费用、报酬和聘用工作人员的费用。

人民法院受理破产申请后发生的下列债务，为共益债务：①因管理人或者债务人请求对方当事人履行双方均未履行完毕的合同所产生的债务；②债务人财产受无因管理所产生的债务；③因债务人不当得利所产生的债务；④为债务人继续营业而应支付的劳动报酬和社会保险费用以及由此产生的其他债务；⑤管理人或者相关人员执行职务致人损害所产生的债务；⑥债务人财产致人损害所产生的债务。

破产费用和共益债务由债务人财产随时清偿。债务人财产不足以清偿所有破产费用和共益债务的，先行清偿破产费用。债务人财产不足以清偿所有破产费用或者共益债务的，按照比例清偿。债务人财产不足以清偿破产费用的，管理人应当提请人民法院终结破产程序。人民法院应当自收到请求之日起 15 日内裁定终结破产程序，并予以公告。

12.3.5 破产财产的分配

当破产财产和破产债权全部变现和确认，并计算出破产费用和共益债务后，破产管理人即可拟订破产财产分配方案，提交债权人会议讨论。债权人会议通过破产财产分配方案后，由管理人将该方案提请人民法院裁定认可。人民法院裁定认可后的分配方案由管理人执行。根据《破产法》的规定，破产财产在优先清偿破产费用和共益债务后，依照下列顺序清偿：①破产人所欠职工的工资和医疗、伤残补助、抚恤费用，所欠的应当划入职工个人账户的基本养老保险、基本医疗保险费用，以及法律、行政法规规定应当支付给职工的补偿金。②破产人欠缴的除前项规定以外的社会保险费用和破产人所欠税款。③普通破产债权。

破产财产清偿时必须按上述清偿顺序进行，前一顺序的债权未得到清偿的情况下，不得进行后一顺序清偿。破产财产不足以清偿同一顺序的清偿要求的，按照比例分配。

案例

科发生化有限公司（以下简称科发公司）与红光贸易有限公司（以下简称红光公司）为关系企业。科发公司负责某注册商标产品的生产，红光公司负责销售。该注册商标专用权属于红光公司。为了扬长避短，两公司洽谈达成合并意向，约定红光公司并入科发公司。但红光公司董事会将合并意向，向股东会提交讨论时，遇到了困难。该公司有 7 名股东，其中 4 名股东当即明确表示不同意合并，投了反对票，他们代表公司股份的 30%。另有代表公司股份 70% 的 3 名股东表决赞成合并。不同意合并的股东认为同意合并的股东人数未过半数，不足比例，因此股东大会未通过公司合并决议，公司不得与科发公司合并。

思考讨论：

1. 红光公司股东会的表决结果是否通过了合并决议？为什么？
2. 合并的方式有几种？如果红光公司与科发公司合并，采用什么合并方式？
3. 如果进行合并，其程序如何？

4. 一旦合并，红光公司现有的债权、债务如何处理？

（资料来源：http：//wenku. baidu. com/view/e510530316fc700abb68fc2e. html）

案例分析参考：

1. 红光公司股东会表决结果实际上已经通过合并决议。有限责任公司股东会对公司合并问题形成决议，不是以简单多数为有效表决，而是由代表2/3以上表决权的股东通过生效。本案中，代表公司70%股权的股东表决同意合并，所以合并决议已经通过。

2. 公司合并有吸收合并和新设合并两种形式。吸收合并是指两个或两个以上的公司合并时，其中一个或一个以上的公司并入另一个公司，被吸收的公司法人资格消灭，即行解散，而成为吸收公司的一个或若干组成部分。新设合并是指两个或两个以上的公司合并成一个新的公司，原合并各方解散，取消法人资格。本案中，双方在合并意向中已明确红光公司并入科发公司，这说明双方意欲采取吸收合并的方式进行合并。

3. 如果进行合并，要按照以下程序进行：

(1)两个公司的法人代表在协商一致的基础上签订合并协议，并编制资产负债表和财产单。

(2)各公司应当自做出合并决议之日起10日内通知债权人，并于30日内在报上至少公告三次，看公司的债权人对公司合并是否持有异议。公司债权人自接到通知书之日起30日内，未接到通知书的自一次公告之日起90日内，有权要求公司清偿债务。公司应当按照债权人的要求清偿所有债务或提供相应的担保，否则公司不能合并。

(3)到工商行政管理部门办理解散登记和变更登记。因为采取的是吸收合并的方式，红光公司被并入到科发公司，所以红光公司应自行解散，即法人资格消灭，因而应到有关部门办理解散登记。同时，由于红光公司的并入，原来科发公司的注册登记事项可能发生变化，如果发生变化，也应进行变更登记。

4. 公司合并完成后，红光公司现有的债权、债务由合并后存续的科发公司全部享受和承担。

小结

企业并购有广义和狭义之分。广义的企业并购是指企业间的两个或两个以上的企业在平等、互利、协商的基础上，按法定程序变为一个企业的行为。狭义的企业并购也就是我国《公司法》所规定的公司合并，包括吸收合并和新设合并。狭义的并购使并购活动的双方或一方消失，实现资本的集中，并形成一个新的经济实体。广义的并购除了包括狭义的并购外，还包括控股合并。吸收合并也称兼并，是指由一家公司通过支付现金或其他资产、发行债务性证券或发行权益性证券等方式吸收另一家或多家公司的全部净资产，吸收方继续存在，被吸收方注销法人资格的一种合并方式。新设合并也称创立合并，是指两家或多家公司通过交换有表决权股份或其他形式合并形成一家新公司，参与合并的所有公司都将不复存在的一种合并方式。控股合并是指一家公司通过支付现金、转让非现金资产或发行股票的方式取得对另一家或多家公司的控制权，合并方和被合并方企业仍保持其独立的法人资格并继续经营的一种合并方式。企业并购的主要目的是不断实现公司的外部扩张，并通过企业并购整合资源，优化资源配置，快速提升企业竞争力。

企业重组也称企业改组，企业重组有广义和狭义之分。广义的企业重组，包括企业的所有权、资产、负债、人员、业务等要素的重新组合和配置，亦即通过一定的程序改变企业资本结构的行为。广义的企业重组按其重组目的可以分为扩张重组、收缩重组和破产重组3种。扩张重组是指扩大企业经营规模和资产规模的重组，主要是通过企业并购实现规模的扩张。收缩重组是指对公司现有的经营业务或资产规模进行缩减的重组，主要包括资产剥离、公司分立、股权出售、股份转换等方式。破产重组是指对于濒临破产的企业进行债务重组，以使其恢复正常的经营状况的重组。企业重组还可以按照是否需要经过法院审批进行分类，可以分为自行重组和法律重组两大类。自行重组是不需要经过法院的审批，由企业经股东大会通过后进行的企业内部资本的重新组合，重组后债权人的利益不会发生变化。法律重组必须经过法院的审批，按相关法律规定的程序进行重组，法院直接参与重组事务，重组后债权人的权力和企业的法律地位可能会发生变化也可能不发生改变。企业重组的主要目的是为了实现企业的战略目标。企业重组的模式一般有业务重组、资产重组、债务重组、股权重组、人员重组、管理体制重组等模式。

企业清算是企业解散过程中的必经程序，是在企业解散或宣告破产时，全面清理结算企业的财产、债权、债务，并分配企业剩余财产等一系列工作的总称。任何企业的解散，都必须要进行清算工作。只有通过清算，才能对企业现存的各种财务关系进行了结。企业的清算工作除要遵守国家的法律、行政法规和企业章程外，还要遵守国家有关财务工作的基本规定，符合财务活动的一般规律。按清算的意愿不同，企业清算分为自愿清算和强制清算。按清算的法律程序不同，企业清算可分为普通清算和特别清算。企业破产清算的基本程序是：提出破产申请；法院受理破产申请；指定破产管理人；债权人申请债权；召开债权人会议，选举债权人委员会；法院宣告债务人破产；处置破产财产；分配破产财产；终结破产程序。债务人被宣告破产，进行破产财产和破产债权全部变现和确认，计算破产费用和共益债务，破产财产分配方案经人民法院裁定认可，破产财产在优先清偿破产费用和共益债务后，依照下列顺序清偿：①破产人所欠职工的工资和医疗、伤残补助、抚恤费用，所欠的应当划入职工个人账户的基本养老保险、基本医疗保险费用，以及法律、行政法规规定应当支付给职工的补偿金。②破产人欠缴的除前项规定以外的社会保险费用和破产人所欠税款。③普通破产债权。破产财产清偿时，前一顺序的债权未得到清偿的情况下，不得进行后一顺序清偿。破产财产不足以清偿同一顺序的清偿要求的，按照比例分配。

复习思考题

1. 什么是企业并购？
2. 企业并购按其法律形式分，可分为哪几种？各有何特点？
3. 试述企业并购的动因。影响企业并购成败的因素主要有哪些？
4. 简述上市公司并购的程序。
5. 简述中介机构在企业并购中的作用。
6. 什么是企业重组？企业重组的目的什么？
7. 企业重组的模式有哪几种？企业重组的定价方法有哪些？
8. 什么是企业清算和企业破产？简述企业破产清算的基本程序。
9. 什么是破产财产？破产财产如何界定？
10. 简述破产财产在优先清偿破产费用和共益债务后的清偿顺序。

练习题

一、单项选择题

1. 两家或多家公司通过交换有表决权股份或其他形式合并形成一家新公司，参与合并的所有公司都将不复存在的的一种合并方式是(　　)。

A. 吸收合并 B. 新设合并 C. 控股合并 D. 混合合并

2. 在特别清算中，法院(   )。

A. 指导清算组进行清算
B. 和股东共同指定清算组成员，由清算组清算
C. 直接干预并监督清算
D. 与债权人共同进行清算

3. 债权人会议认为破产管理人不能依法、公正执行职务或者有其他不能胜任职务情形的，可以申请(   )予以更换。

A. 人民法院
B. 债权人会议决议
C. 破产企业主要领导
D. 公安局

4. 企业破产清算时的第一次债权人会议由人民法院召集，自债权申报期限届满之日起(   )日内召开。

A. 10 B. 15 C. 30 D. 60

5. 破产财产变现主要通过(   )的方式出售。

A. 批发销售 B. 政府采购 C. 公开拍卖 D. 市场零售

6. 债务重组是债务人发生(   )的情况下，债权人按照其与债务人达成的协议或者法院的裁定做出让步的事项。

A. 扩张重组 B. 缩减重组 C. 破产 D. 财务困难

二、多项选择题

1. 按并购的法律形式分，企业并购可以分为(   )。

A. 吸收合并 B. 新设合并 C. 控股合并 D. 股票交易式合并
E. 公司的经营决策机构

2. 影响并购成败的主要因素包括(   )。

A. 内部因素 B. 外部因素 C. 其他辅助因素 D. 市场因素

3. 下列各项中(   )属于企业重组模式。

A. 业务重组 B. 资产重组 C. 债务重组 D. 股权重组

4. 出现下列(   )情形之一，企业需要进行清算。

A. 股东大会决议解散
B. 企业合并
C. 依法宣告破产
D. 主要领导调离

5. 广义的企业重组按其重组目的可以分为(   )3 种。

A. 扩张重组 B. 收缩重组 C. 破产重组 D. 资产重组

6. 下列项目属于破产费用的有(   )。

A. 支付给企业职工的薪酬费用
B. 破产案件的诉讼费
C. 管理、变价和分配债务人财产的费用
D. 管理人执行职务的费用、报酬和聘用工作人员的费用

三、判断题

1. 吸收合并是指由一家公司吸收另一家或多家公司的全部净资产，吸收方和被吸收方均注销法人资格的一种合并方式。 (   )

2. 横向合并是指两个或两个以上同行业或相近行业的有关企业的合并，参与合并的企业在生产工艺、产品或劳务等方面可以不同。 (   )

3. 控股合并的最终结果是，控制方企业存在，被控制方企业注销法人资格的一种合并。 (   )

4. 资产重组是指对重组企业的资产和负债进行合理划分和结构调整，经过分立、合并等优化组合活

动，将企业资产和组织重新组合和设置的过程。资产重组是企业重组的核心。（ ）

5. 人民法院依照《破产法》规定宣告债务人破产的，应当自裁定做出之日起5日内送达债务人和管理人，自裁定做出之日起10日内通知已知债权人，并予以公告。（ ）

6. 目前我国对目标企业的价值评估，都是采用市场价值法进行企业重组定价的。（ ）

四、案例分析

甲有限公司因经营不善，经与乙有限公司协商，决定并入乙公司，甲公司解散，乙公司存续。甲、乙双方签订了并购协议，并购协议中的要点有：(1)合并协议签订后30日内，向原登记机关申请变更登记；(2)合并协议签订后，公司变更住所，在迁入新住所后10日内申请变更登记；(3)股东会在做出合并决议之后，自做出合并协议之日起90日内通知债权人；(4)债权人自接到通知书之日起6个月内，未接到通知书的自公告之日起一年内，可以要求公司清偿债务或者提供相应的担保。

问题：上述要点有何不妥之处？

参考文献

财政部会计资格评价中心．财务管理[M]．北京：中国财政经济出版社，2014.

郝德鸿．新编财务管理学[M]．北京：中国出版集团现代教育出版社，2012.

何学飞．财务管理[M]．长沙：中南大学出版社，2004.

贾国军．财务管理学[M]．北京：经济管理出版社，2006.

荆新，王化成．财务管理学[M]．北京：中国人民大学出版社，2012.

李艳萍．财务管理[M]．北京：经济科学出版社、中国铁道出版社，2006.

刘娥平．现代企业财务管理[M]．广州：中山大学出版社，2005.

陆正飞．财务管理[M]．大连：东北财经大学出版社，2006.

[美]道格拉斯·R·艾默瑞，约翰·D·芬尼特．公司财务管理[M]．北京：中国人民大学出版社，1999.

[美]詹姆斯·C·范霍恩，小约翰·M·瓦霍维奇．现代企业财务管理[M]．郭洁，译．北京：经济科学出版社，2002.

潘学模，仲修伟．管理会计[M]．成都：西南财经大学出版社，1999.

彭亚黎．企业财务管理[M]．武汉：武汉大学出版社，2012.

石连运，张立发．财务管理学[M]．济南：山东人民出版社，2004.

王建华．MBA 现代财务管理精华读本[M]．合肥：安徽人民出版社，2002.

王遐昌．财务管理学——理论与实务[M]．上海：立信会计出版社，2004.

王辛平．财务管理学[M]．北京：清华大学出版社，2007.

张纯．财务管理学[M]．上海：上海财经大学出版社，2005.

张希玲，杨亦民．财务管理[M]．北京：中国农业大学出版社，2012.

中国注册会计师协会．财务成本管理[M]．北京：中国财政经济出版社，2014.

中国注册会计师协会．经济法[M]．北京：中国财政经济出版社，2014.

附　录

附表 1

1 元复利终值系数表 $(F/P, i, n) = (1+i)^n$

期数	1%	2%	3%	4%	5%	6%	7%	8%	9%	10%
1	1.0100	1.0200	1.0300	1.0400	1.0500	1.0600	1.0700	1.0800	1.0900	1.1000
2	1.0201	1.0404	1.0609	1.0816	1.1025	1.1236	1.1449	1.1664	1.1881	1.2100
3	1.0303	1.0612	1.0927	1.1249	1.1576	1.1910	1.2250	1.2597	1.2950	1.3310
4	1.0406	1.0824	1.1255	1.1699	1.2155	1.2625	1.3108	1.3605	1.4116	1.4641
5	1.0510	1.1041	1.1593	1.2167	1.2763	1.3382	1.4026	1.4693	1.5386	1.6105
6	1.0615	1.1262	1.1941	1.2653	1.3401	1.4185	1.5007	1.5869	1.6771	1.7716
7	1.0721	1.1487	1.2299	1.3159	1.4071	1.5036	1.6058	1.7138	1.8280	1.9487
8	1.0829	1.1717	1.2668	1.3686	1.4775	1.5938	1.7182	1.8509	1.9926	2.1436
9	1.0937	1.1951	1.3048	1.4233	1.5513	1.6895	1.8385	1.9990	2.1719	2.3579
10	1.1046	1.2190	1.3439	1.4802	1.6289	1.7908	1.9672	2.1589	2.3674	2.5937
11	1.1157	1.2434	1.3842	1.5395	1.7103	1.8983	2.1049	2.3316	2.5804	2.8531
12	1.1268	1.2682	1.4258	1.6010	1.7959	2.0122	2.2522	2.5182	2.8127	3.1384
13	1.1381	1.2936	1.4685	1.6651	1.8856	2.1329	2.4098	2.7196	3.0658	3.4523
14	1.1495	1.3195	1.5126	1.7317	1.9799	2.2609	2.5785	2.9372	3.3417	3.7975
15	1.1610	1.3459	1.5580	1.8009	2.0789	2.3966	2.7590	3.1722	3.6425	4.1772
16	1.1726	1.3728	1.6047	1.8730	2.1829	2.5404	2.9522	3.4259	3.9703	4.5950
17	1.1843	1.4002	1.6528	1.9479	2.2920	2.6928	3.1588	3.7000	4.3276	5.0545
18	1.1961	1.4282	1.7024	2.0258	2.4066	2.8543	3.3799	3.9960	4.7171	5.5599
19	1.2081	1.4568	1.7535	2.1068	2.5270	3.0256	3.6165	4.3157	5.1417	6.1159
20	1.2202	1.4859	1.8061	2.1911	2.6533	3.2071	3.8697	4.6610	5.6044	6.7275
21	1.2324	1.5157	1.8603	2.2788	2.7860	3.3996	4.1406	5.0338	6.1088	7.4002
22	1.2447	1.5460	1.9161	2.3699	2.9253	3.6035	4.4304	5.4365	6.6586	8.1403
23	1.2572	1.5769	1.9736	2.4647	3.0715	3.8197	4.7405	5.8715	7.2579	8.9543
24	1.2697	1.6084	2.0328	2.5633	3.2251	4.0489	5.0724	6.3412	7.9111	9.8497
25	1.2824	1.6406	2.0938	2.6658	3.3864	4.2919	5.4274	6.8485	8.6231	10.8347
26	1.2953	1.6734	2.1566	2.7725	3.5557	4.5494	5.8074	7.3964	9.3992	11.9182
27	1.3082	1.7069	2.2213	2.8834	3.7335	4.8223	6.2139	7.9881	10.2451	13.1100
28	1.3213	1.7410	2.2879	2.9987	3.9201	5.1117	6.6488	8.6271	11.1671	14.4210
29	1.3345	1.7758	2.3566	3.1187	4.1161	5.4184	7.1143	9.3173	12.1722	15.8631
30	1.3478	1.8114	2.4273	3.2434	4.3219	5.7435	7.6123	10.0627	13.2677	17.4494

（续）

期数	11%	12%	13%	14%	15%	16%	17%	18%	19%	20%
1	1.1100	1.1200	1.1300	1.1400	1.1500	1.1600	1.1700	1.1800	1.1900	1.2000
2	1.2321	1.2544	1.2769	1.2996	1.3225	1.3456	1.3689	1.3924	1.4161	1.4400
3	1.3676	1.4049	1.4429	1.4815	1.5209	1.5609	1.6016	1.6430	1.6852	1.7280
4	1.5181	1.5735	1.6305	1.6890	1.7490	1.8106	1.8739	1.9388	2.0053	2.0736
5	1.6851	1.7623	1.8424	1.9254	2.0114	2.1003	2.1924	2.2878	2.3864	2.4883
6	1.8704	1.9738	2.0820	2.1950	2.3131	2.4364	2.5652	2.6996	2.8398	2.9860
7	2.0762	2.2107	2.3526	2.5023	2.6600	2.8262	3.0012	3.1855	3.3793	3.5832
8	2.3045	2.4760	2.6584	2.8526	3.0590	3.2784	3.5115	3.7589	4.0214	4.2998
9	2.5580	2.7731	3.0040	3.2519	3.5179	3.8030	4.1084	4.4355	4.7854	5.1598
10	2.8394	3.1058	3.3946	3.7072	4.0456	4.4114	4.8068	5.2338	5.6947	6.1917
11	3.1518	3.4786	3.8359	4.2262	4.6524	5.1173	5.6240	6.1759	6.7767	7.4301
12	3.4985	3.8960	4.3345	4.8179	5.3503	5.9360	6.5801	7.2876	8.0642	8.9161
13	3.8833	4.3635	4.8980	5.4924	6.1528	6.8858	7.6987	8.5994	9.5964	10.6993
14	4.3104	4.8871	5.5348	6.2613	7.0757	7.9875	9.0075	10.1472	11.4198	12.8392
15	4.7846	5.4736	6.2543	7.1379	8.1371	9.2655	10.5387	11.9737	13.5895	15.4070
16	5.3109	6.1304	7.0673	8.1372	9.3576	10.7480	12.3303	14.1290	16.1715	18.4884
17	5.8951	6.8660	7.9861	9.2765	10.7613	12.4677	14.4265	16.6722	19.2441	22.1861
18	6.5436	7.6900	9.0243	10.5752	12.3755	14.4625	16.8790	19.6733	22.9005	26.6233
19	7.2633	8.6128	10.1974	12.0557	14.2318	16.7765	19.7484	23.2144	27.2516	31.9480
20	8.0623	9.6463	11.5231	13.7435	16.3665	19.4608	23.1056	27.3930	32.4294	38.3376
21	8.9492	10.8038	13.0211	15.6676	18.8215	22.5745	27.0336	32.3238	38.5910	46.0051
22	9.9336	12.1003	14.7138	17.8610	21.6447	26.1864	31.6293	38.1421	45.9233	55.2061
23	11.0263	13.5523	16.6266	20.3616	24.8915	30.3762	37.0062	45.0076	54.6487	66.2474
24	12.2392	15.1786	18.7881	23.2122	28.6252	35.2364	43.2973	53.1090	65.0320	79.4968
25	13.5855	17.0001	21.2305	26.4619	32.9190	40.8742	50.6578	62.6686	77.3881	95.3962
26	15.0799	19.0401	23.9905	30.1666	37.8568	47.4141	59.2697	73.9490	92.0918	114.476
27	16.7387	21.3249	27.1093	34.3899	43.5353	55.0004	69.3455	87.2598	109.589	137.371
28	18.5799	23.8839	30.6335	39.2045	50.0656	63.8004	81.1342	102.967	130.411	164.845
29	20.6237	26.7499	34.6158	44.6931	57.5755	74.0085	94.9271	121.501	155.189	197.814
30	22.8923	29.9599	39.1159	50.9502	66.2118	85.8499	111.064	143.371	184.675	237.376

（续）

期数	21%	22%	23%	24%	25%	26%	27%	28%	29%	30%
1	1.2100	1.2200	1.2300	1.2400	1.2500	1.2600	1.2700	1.2800	1.2900	1.3000
2	1.4641	1.4884	1.5129	1.5376	1.5625	1.5876	1.6129	1.6384	1.6641	1.6900
3	1.7716	1.8158	1.8609	1.9066	1.9531	2.0004	2.0484	2.0972	2.1467	2.1970
4	2.1436	2.2153	2.2889	2.3642	2.4414	2.5205	2.6014	2.6844	2.7692	2.8561
5	2.5937	2.7027	2.8153	2.9316	3.0518	3.1758	3.3038	3.4360	3.5723	3.7129
6	3.1384	3.2973	3.4628	3.6352	3.8147	4.0015	4.1959	4.3980	4.6083	4.8268
7	3.7975	4.0227	4.2593	4.5077	4.7684	5.0419	5.3288	5.6295	5.9447	6.2749
8	4.5950	4.9077	5.2389	5.5895	5.9605	6.3528	6.7675	7.2058	7.6686	8.1573
9	5.5599	5.9874	6.4439	6.9310	7.4506	8.0045	8.5948	9.2234	9.8925	10.6045
10	6.7275	7.3046	7.9259	8.5944	9.3132	10.0857	10.9153	11.8059	12.7614	13.7858
11	8.1403	8.9117	9.7489	10.6571	11.6415	12.7080	13.8625	15.1116	16.4622	17.9216
12	9.8497	10.8722	11.9912	13.2148	14.5519	16.0120	17.6053	19.3428	21.2362	23.2981
13	11.9182	13.2641	14.7491	16.3863	18.1899	20.1752	22.3588	24.7588	27.3947	30.2875
14	14.4210	16.1822	18.1414	20.3191	22.7374	25.4207	28.3957	31.6913	35.3391	39.3738
15	17.4494	19.7423	22.3140	25.1956	28.4217	32.0301	36.0625	40.5648	45.5875	51.1859
16	21.1138	24.0856	27.4462	31.2426	35.5271	40.3579	45.7994	51.9230	58.8079	66.5417
17	25.5477	29.3844	33.7588	38.7408	44.4089	50.8510	58.1652	66.4614	75.8621	86.5042
18	30.9127	35.8490	41.5233	48.0386	55.5112	64.0722	73.8698	85.0706	97.8622	112.455
19	37.4043	43.7358	51.0737	59.5679	69.3889	80.7310	93.8147	108.890	126.242	146.192
20	45.2593	53.3576	62.8206	73.8641	86.7362	101.721	119.145	139.380	162.852	190.050
21	54.7637	65.0963	77.2694	91.5915	108.420	128.169	151.314	178.406	210.080	247.065
22	66.2641	79.4175	95.0413	113.574	135.525	161.492	192.168	228.360	271.003	321.184
23	80.1795	96.8894	116.901	140.831	169.407	203.480	244.054	292.300	349.594	417.539
24	97.0172	118.205	143.788	174.631	211.758	256.385	309.948	374.144	450.976	542.801
25	117.391	144.210	176.859	216.542	264.698	323.045	393.634	478.905	581.759	705.641
26	142.043	175.936	217.537	268.512	330.872	407.037	499.916	612.998	750.469	917.333
27	171.872	214.642	267.570	332.955	413.590	512.867	634.893	784.638	968.104	1192.53
28	207.965	261.864	329.112	412.864	516.988	646.212	806.314	1004.34	1248.85	1550.29
29	251.638	319.474	404.807	511.952	646.235	814.228	1024.02	1285.55	1611.02	2015.38
30	304.482	389.758	497.913	634.820	807.794	1025.93	1300.50	1645.50	2078.22	2620.00

附表 2

1 元复利现值系数表 $(P/F, i, n) = (1+i)^{-n}$

期数	1%	2%	3%	4%	5%	6%	7%	8%	9%	10%
1	0.9901	0.9804	0.9709	0.9615	0.9524	0.9434	0.9346	0.9259	0.9174	0.9091
2	0.9803	0.9612	0.9426	0.9246	0.9070	0.8900	0.8734	0.8573	0.8417	0.8264
3	0.9706	0.9423	0.9151	0.8890	0.8638	0.8396	0.8163	0.7938	0.7722	0.7513
4	0.9610	0.9238	0.8885	0.8548	0.8227	0.7921	0.7629	0.7350	0.7084	0.6830
5	0.9515	0.9057	0.8626	0.8219	0.7835	0.7473	0.7130	0.6806	0.6499	0.6209
6	0.9420	0.8880	0.8375	0.7903	0.7462	0.7050	0.6663	0.6302	0.5963	0.5645
7	0.9327	0.8706	0.8131	0.7599	0.7107	0.6651	0.6227	0.5835	0.5470	0.5132
8	0.9235	0.8535	0.7894	0.7307	0.6768	0.6274	0.5820	0.5403	0.5019	0.4665
9	0.9143	0.8368	0.7664	0.7026	0.6446	0.5919	0.5439	0.5002	0.4604	0.4241
10	0.9053	0.8203	0.7441	0.6756	0.6139	0.5584	0.5083	0.4632	0.4224	0.3855
11	0.8963	0.8043	0.7224	0.6496	0.5847	0.5268	0.4751	0.4289	0.3875	0.3505
12	0.8874	0.7885	0.7014	0.6246	0.5568	0.4970	0.4440	0.3971	0.3555	0.3186
13	0.8787	0.7730	0.6810	0.6006	0.5303	0.4688	0.4150	0.3677	0.3262	0.2897
14	0.8700	0.7579	0.6611	0.5775	0.5051	0.4423	0.3878	0.3405	0.2992	0.2633
15	0.8613	0.7430	0.6419	0.5553	0.4810	0.4173	0.3624	0.3152	0.2745	0.2394
16	0.8528	0.7284	0.6232	0.5339	0.4581	0.3936	0.3387	0.2919	0.2519	0.2176
17	0.8444	0.7142	0.6050	0.5134	0.4363	0.3714	0.3166	0.2703	0.2311	0.1978
18	0.8360	0.7002	0.5874	0.4936	0.4155	0.3503	0.2959	0.2502	0.2120	0.1799
19	0.8277	0.6864	0.5703	0.4746	0.3957	0.3305	0.2765	0.2317	0.1945	0.1635
20	0.8195	0.6730	0.5537	0.4564	0.3769	0.3118	0.2584	0.2145	0.1784	0.1486
21	0.8114	0.6598	0.5375	0.4388	0.3589	0.2942	0.2415	0.1987	0.1637	0.1351
22	0.8034	0.6468	0.5219	0.4220	0.3418	0.2775	0.2257	0.1839	0.1502	0.1228
23	0.7954	0.6342	0.5067	0.4057	0.3256	0.2618	0.2109	0.1703	0.1378	0.1117
24	0.7876	0.6217	0.4919	0.3901	0.3101	0.2470	0.1971	0.1577	0.1264	0.1015
25	0.7798	0.6095	0.4776	0.3751	0.2953	0.2330	0.1842	0.1460	0.1160	0.0923
26	0.7720	0.5976	0.4637	0.3607	0.2812	0.2198	0.1722	0.1352	0.1064	0.0839
27	0.7644	0.5859	0.4502	0.3468	0.2678	0.2074	0.1609	0.1252	0.0976	0.0763
28	0.7568	0.5744	0.4371	0.3335	0.2551	0.1956	0.1504	0.1159	0.0895	0.0693
29	0.7493	0.5631	0.4243	0.3207	0.2429	0.1846	0.1406	0.1073	0.0822	0.0630
30	0.7419	0.5521	0.4120	0.3083	0.2314	0.1741	0.1314	0.0994	0.0754	0.0573

（续）

期数	11%	12%	13%	14%	15%	16%	17%	18%	19%	20%
1	0.9009	0.8929	0.8850	0.8772	0.8696	0.8621	0.8547	0.8475	0.8403	0.8333
2	0.8116	0.7972	0.7831	0.7695	0.7561	0.7432	0.7305	0.7182	0.7062	0.6944
3	0.7312	0.7118	0.6931	0.6750	0.6575	0.6407	0.6244	0.6086	0.5934	0.5787
4	0.6587	0.6355	0.6133	0.5921	0.5718	0.5523	0.5337	0.5158	0.4987	0.4823
5	0.5935	0.5674	0.5428	0.5194	0.4972	0.4761	0.4561	0.4371	0.4190	0.4019
6	0.5346	0.5066	0.4803	0.4556	0.4323	0.4104	0.3898	0.3704	0.3521	0.3349
7	0.4817	0.4523	0.4251	0.3996	0.3759	0.3538	0.3332	0.3139	0.2959	0.2791
8	0.4339	0.4039	0.3762	0.3506	0.3269	0.3050	0.2848	0.2660	0.2487	0.2326
9	0.3909	0.3606	0.3329	0.3075	0.2843	0.2630	0.2434	0.2255	0.2090	0.1938
10	0.3522	0.3220	0.2946	0.2697	0.2472	0.2267	0.2080	0.1911	0.1756	0.1615
11	0.3173	0.2875	0.2607	0.2366	0.2149	0.1954	0.1778	0.1619	0.1476	0.1346
12	0.2858	0.2567	0.2307	0.2076	0.1869	0.1685	0.1520	0.1372	0.1240	0.1122
13	0.2575	0.2292	0.2042	0.1821	0.1625	0.1452	0.1299	0.1163	0.1042	0.0935
14	0.2320	0.2046	0.1807	0.1597	0.1413	0.1252	0.1110	0.0985	0.0876	0.0779
15	0.2090	0.1827	0.1599	0.1401	0.1229	0.1079	0.0949	0.0835	0.0736	0.0649
16	0.1883	0.1631	0.1415	0.1229	0.1069	0.0930	0.0811	0.0708	0.0618	0.0541
17	0.1696	0.1456	0.1252	0.1078	0.0929	0.0802	0.0693	0.0600	0.0520	0.0451
18	0.1528	0.1300	0.1108	0.0946	0.0808	0.0691	0.0592	0.0508	0.0437	0.0376
19	0.1377	0.1161	0.0981	0.0829	0.0703	0.0596	0.0506	0.0431	0.0367	0.0313
20	0.1240	0.1037	0.0868	0.0728	0.0611	0.0514	0.0433	0.0365	0.0308	0.0261
21	0.1117	0.0926	0.0768	0.0638	0.0531	0.0443	0.0370	0.0309	0.0259	0.0217
22	0.1007	0.0826	0.0680	0.0560	0.0462	0.0382	0.0316	0.0262	0.0218	0.0181
23	0.0907	0.0738	0.0601	0.0491	0.0402	0.0329	0.0270	0.0222	0.0183	0.0151
24	0.0817	0.0659	0.0532	0.0431	0.0349	0.0284	0.0231	0.0188	0.0154	0.0126
25	0.0736	0.0588	0.0471	0.0378	0.0304	0.0245	0.0197	0.0160	0.0129	0.0105
26	0.0663	0.0525	0.0417	0.0331	0.0264	0.0211	0.0169	0.0135	0.0109	0.0087
27	0.0597	0.0469	0.0369	0.0291	0.0230	0.0182	0.0144	0.0115	0.0091	0.0073
28	0.0538	0.0419	0.0326	0.0255	0.0200	0.0157	0.0123	0.0097	0.0077	0.0061
29	0.0485	0.0374	0.0289	0.0224	0.0174	0.0135	0.0105	0.0082	0.0064	0.0051
30	0.0437	0.0334	0.0256	0.0196	0.0151	0.0116	0.0090	0.0070	0.0054	0.0042

（续）

期数	21%	22%	23%	24%	25%	26%	27%	28%	29%	30%
1	0. 8264	0. 8197	0. 8130	0. 8065	0. 8000	0. 7937	0. 7874	0. 7813	0. 7752	0. 7692
2	0. 6830	0. 6719	0. 6610	0. 6504	0. 6400	0. 6299	0. 6200	0. 6104	0. 6009	0. 5917
3	0. 5645	0. 5507	0. 5374	0. 5245	0. 5120	0. 4999	0. 4882	0. 4768	0. 4658	0. 4552
4	0. 4665	0. 4514	0. 4369	0. 4230	0. 4096	0. 3968	0. 3844	0. 3725	0. 3611	0. 3501
5	0. 3855	0. 3700	0. 3552	0. 3411	0. 3277	0. 3149	0. 3027	0. 2910	0. 2799	0. 2693
6	0. 3186	0. 3033	0. 2888	0. 2751	0. 2621	0. 2499	0. 2383	0. 2274	0. 2170	0. 2072
7	0. 2633	0. 2486	0. 2348	0. 2218	0. 2097	0. 1983	0. 1877	0. 1776	0. 1682	0. 1594
8	0. 2176	0. 2038	0. 1909	0. 1789	0. 1678	0. 1574	0. 1478	0. 1388	0. 1304	0. 1226
9	0. 1799	0. 1670	0. 1552	0. 1443	0. 1342	0. 1249	0. 1164	0. 1084	0. 1011	0. 0943
10	0. 1486	0. 1369	0. 1262	0. 1164	0. 1074	0. 0992	0. 0916	0. 0847	0. 0784	0. 0725
11	0. 1228	0. 1122	0. 1026	0. 0938	0. 0859	0. 0787	0. 0721	0. 0662	0. 0607	0. 0558
12	0. 1015	0. 0920	0. 0834	0. 0757	0. 0687	0. 0625	0. 0568	0. 0517	0. 0471	0. 0429
13	0. 0839	0. 0754	0. 0678	0. 0610	0. 0550	0. 0496	0. 0447	0. 0404	0. 0365	0. 0330
14	0. 0693	0. 0618	0. 0551	0. 0492	0. 0440	0. 0393	0. 0352	0. 0316	0. 0283	0. 0254
15	0. 0573	0. 0507	0. 0448	0. 0397	0. 0352	0. 0312	0. 0277	0. 0247	0. 0219	0. 0195
16	0. 0474	0. 0415	0. 0364	0. 0320	0. 0281	0. 0248	0. 0218	0. 0193	0. 0170	0. 0150
17	0. 0391	0. 0340	0. 0296	0. 0258	0. 0225	0. 0197	0. 0172	0. 0150	0. 0132	0. 0116
18	0. 0323	0. 0279	0. 0241	0. 0208	0. 0180	0. 0156	0. 0135	0. 0118	0. 0102	0. 0089
19	0. 0267	0. 0229	0. 0196	0. 0168	0. 0144	0. 0124	0. 0107	0. 0092	0. 0079	0. 0068
20	0. 0221	0. 0187	0. 0159	0. 0135	0. 0115	0. 0098	0. 0084	0. 0072	0. 0061	0. 0053
21	0. 0183	0. 0154	0. 0129	0. 0109	0. 0092	0. 0078	0. 0066	0. 0056	0. 0048	0. 0040
22	0. 0151	0. 0126	0. 0105	0. 0088	0. 0074	0. 0062	0. 0052	0. 0044	0. 0037	0. 0031
23	0. 0125	0. 0103	0. 0086	0. 0071	0. 0059	0. 0049	0. 0041	0. 0034	0. 0029	0. 0024
24	0. 0103	0. 0085	0. 0070	0. 0057	0. 0047	0. 0039	0. 0032	0. 0027	0. 0022	0. 0018
25	0. 0085	0. 0069	0. 0057	0. 0046	0. 0038	0. 0031	0. 0025	0. 0021	0. 0017	0. 0014
26	0. 0070	0. 0057	0. 0046	0. 0037	0. 0030	0. 0025	0. 0020	0. 0016	0. 0013	0. 0011
27	0. 0058	0. 0047	0. 0037	0. 0030	0. 0024	0. 0019	0. 0016	0. 0013	0. 0010	0. 0008
28	0. 0048	0. 0038	0. 0030	0. 0024	0. 0019	0. 0015	0. 0012	0. 0010	0. 0008	0. 0006
29	0. 0040	0. 0031	0. 0025	0. 0020	0. 0015	0. 0012	0. 0010	0. 0008	0. 0006	0. 0005
30	0. 0033	0. 0026	0. 0020	0. 0016	0. 0012	0. 0010	0. 0008	0. 0006	0. 0005	0. 0004

附表 3

1 元年金终值系数表 $(F/A,\ i,\ n)=[(1+i)^n-1]/i$

期数	1%	2%	3%	4%	5%	6%	7%	8%	9%	10%
1	1.0000	1.0000	1.0000	1.0000	1.0000	1.0000	1.0000	1.0000	1.0000	1.0000
2	2.0100	2.0200	2.0300	2.0400	2.0500	2.0600	2.0700	2.0800	2.0900	2.1000
3	3.0301	3.0604	3.0909	3.1216	3.1525	3.1836	3.2149	3.2464	3.2781	3.3100
4	4.0604	4.1216	4.1836	4.2465	4.3101	4.3746	4.4399	4.5061	4.5731	4.6410
5	5.1010	5.2040	5.3091	5.4163	5.5256	5.6371	5.7507	5.8666	5.9847	6.1051
6	6.1520	6.3081	6.4684	6.6330	6.8019	6.9753	7.1533	7.3359	7.5233	7.7156
7	7.2135	7.4343	7.6625	7.8983	8.1420	8.3938	8.6540	8.9228	9.2004	9.4872
8	8.2857	8.5830	8.8923	9.2142	9.5491	9.8975	10.2598	10.6366	11.0285	11.4359
9	9.3685	9.7546	10.1591	10.5828	11.0266	11.4913	11.9780	12.4876	13.0210	13.5795
10	10.4622	10.9497	11.4639	12.0061	12.5779	13.1808	13.8164	14.4866	15.1929	15.9374
11	11.5668	12.1687	12.8078	13.4864	14.2068	14.9716	15.7836	16.6455	17.5603	18.5312
12	12.6825	13.4121	14.1920	15.0258	15.9171	16.8699	17.8885	18.9771	20.1407	21.3843
13	13.8093	14.6803	15.6178	16.6268	17.7130	18.8821	20.1406	21.4953	22.9534	24.5227
14	14.9474	15.9739	17.0863	18.2919	19.5986	21.0151	22.5505	24.2149	26.0192	27.9750
15	16.0969	17.2934	18.5989	20.0236	21.5786	23.2760	25.1290	27.1521	29.3609	31.7725
16	17.2579	18.6393	20.1569	21.8245	23.6575	25.6725	27.8881	30.3243	33.0034	35.9497
17	18.4304	20.0121	21.7616	23.6975	25.8404	28.2129	30.8402	33.7502	36.9737	40.5447
18	19.6147	21.4123	23.4144	25.6454	28.1324	30.9057	33.9990	37.4502	41.3013	45.5992
19	20.8109	22.8406	25.1169	27.6712	30.5390	33.7600	37.3790	41.4463	46.0185	51.1591
20	22.0190	24.2974	26.8704	29.7781	33.0660	36.7856	40.9955	45.7620	51.1601	57.2750
21	23.2392	25.7833	28.6765	31.9692	35.7193	39.9927	44.8652	50.4229	56.7645	64.0025
22	24.4716	27.2990	30.5368	34.2480	38.5052	43.3923	49.0057	55.4568	62.8733	71.4027
23	25.7163	28.8450	32.4529	36.6179	41.4305	46.9958	53.4361	60.8933	69.5319	79.5430
24	26.9735	30.4219	34.4265	39.0826	44.5020	50.8156	58.1767	66.7648	76.7898	88.4973
25	28.2432	32.0303	36.4593	41.6459	47.7271	54.8645	63.2490	73.1059	84.7009	98.3471
26	29.5256	33.6709	38.5530	44.3117	51.1135	59.1564	68.6765	79.9544	93.3240	109.182
27	30.8209	35.3443	40.7096	47.0842	54.6691	63.7058	74.4838	87.3508	102.723	121.100
28	32.1291	37.0512	42.9309	49.9676	58.4026	68.5281	80.6977	95.3388	112.968	134.210
29	33.4504	38.7922	45.2189	52.9663	62.3227	73.6398	87.3465	103.966	124.135	148.631
30	34.7849	40.5681	47.5754	56.0849	66.4388	79.0582	94.4608	113.283	136.308	164.494

（续）

期数	11%	12%	13%	14%	15%	16%	17%	18%	19%	20%
1	1.0000	1.0000	1.0000	1.0000	1.0000	1.0000	1.0000	1.0000	1.0000	1.0000
2	2.1100	2.1200	2.1300	2.1400	2.1500	2.1600	2.1700	2.1800	2.1900	2.2000
3	3.3421	3.3744	3.4069	3.4396	3.4725	3.5056	3.5389	3.5724	3.6061	3.6400
4	4.7097	4.7793	4.8498	4.9211	4.9934	5.0665	5.1405	5.2154	5.2913	5.3680
5	6.2278	6.3528	6.4803	6.6101	6.7424	6.8771	7.0144	7.1542	7.2966	7.4416
6	7.9129	8.1152	8.3227	8.5355	8.7537	8.9775	9.2068	9.4420	9.6830	9.9299
7	9.7833	10.0890	10.4047	10.7305	11.0668	11.4139	11.7720	12.1415	12.5227	12.9159
8	11.8594	12.2997	12.7573	13.2328	13.7268	14.2401	14.7733	15.3270	15.9020	16.4991
9	14.1640	14.7757	15.4157	16.0853	16.7858	17.5185	18.2847	19.0859	19.9234	20.7989
10	16.7220	17.5487	18.4197	19.3373	20.3037	21.3215	22.3931	23.5213	24.7089	25.9587
11	19.5614	20.6546	21.8143	23.0445	24.3493	25.7329	27.1999	28.7551	30.4035	32.1504
12	22.7132	24.1331	25.6502	27.2707	29.0017	30.8502	32.8239	34.9311	37.1802	39.5805
13	26.2116	28.0291	29.9847	32.0887	34.3519	36.7862	39.4040	42.2187	45.2445	48.4966
14	30.0949	32.3926	34.8827	37.5811	40.5047	43.6720	47.1027	50.8180	54.8409	59.1959
15	34.4054	37.2797	40.4175	43.8424	47.5804	51.6595	56.1101	60.9653	66.2607	72.0351
16	39.1899	42.7533	46.6717	50.9804	55.7175	60.9250	66.6488	72.9390	79.8502	87.4421
17	44.5008	48.8837	53.7391	59.1176	65.0751	71.6730	78.9792	87.0680	96.0218	105.931
18	50.3959	55.7497	61.7251	68.3941	75.8364	84.1407	93.4056	103.740	115.266	128.117
19	56.9395	63.4397	70.7494	78.9692	88.2118	98.6032	110.285	123.414	138.166	154.740
20	64.2028	72.0524	80.9468	91.0249	102.444	115.380	130.033	146.628	165.418	186.688
21	72.2651	81.6987	92.4699	104.768	118.810	134.841	153.139	174.021	197.847	225.026
22	81.2143	92.5026	105.491	120.436	137.632	157.415	180.172	206.345	236.439	271.031
23	91.1479	104.603	120.205	138.297	159.276	183.601	211.801	244.487	282.362	326.237
24	102.174	118.155	136.832	158.659	184.168	213.978	248.808	289.495	337.011	392.484
25	114.413	133.334	155.620	181.871	212.793	249.214	292.105	342.604	402.043	471.981
26	127.999	150.334	176.850	208.333	245.712	290.088	342.763	405.272	479.431	567.377
27	143.079	169.374	200.841	238.499	283.569	337.502	402.032	479.221	571.522	681.853
28	159.817	190.699	227.950	272.889	327.104	392.503	471.378	566.481	681.112	819.223
29	178.397	214.583	258.583	312.094	377.170	456.303	552.512	669.448	811.523	984.068
30	199.021	241.333	293.199	356.787	434.745	530.312	647.439	790.948	966.712	1181.88

（续）

期数	21%	22%	23%	24%	25%	26%	27%	28%	29%	30%
1	1.0000	1.0000	1.0000	1.0000	1.0000	1.0000	1.0000	1.0000	1.0000	1.0000
2	2.2100	2.2200	2.2300	2.2400	2.2500	2.2600	2.2700	2.2800	2.2900	2.3000
3	3.6741	3.7084	3.7429	3.7776	3.8125	3.8476	3.8829	3.9184	3.9541	3.9900
4	5.4457	5.5242	5.6038	5.6842	5.7656	5.8480	5.9313	6.0156	6.1008	6.1870
5	7.5892	7.7396	7.8926	8.0484	8.2070	8.3684	8.5327	8.6999	8.8700	9.0431
6	10.1830	10.4423	10.7079	10.9801	11.2588	11.5442	11.8366	12.1359	12.4423	12.7560
7	13.3214	13.7396	14.1708	14.6153	15.0735	15.5458	16.0324	16.5339	17.0506	17.5828
8	17.1189	17.7623	18.4300	19.1229	19.8419	20.5876	21.3612	22.1634	22.9953	23.8577
9	21.7139	22.6700	23.6690	24.7125	25.8023	26.9404	28.1287	29.3692	30.6639	32.0150
10	27.2738	28.6574	30.1128	31.6434	33.2529	34.9449	36.7235	38.5926	40.5564	42.6195
11	34.0013	35.9620	38.0388	40.2379	42.5661	45.0306	47.6388	50.3985	53.3178	56.4053
12	42.1416	44.8737	47.7877	50.8950	54.2077	57.7386	61.5013	65.5100	69.7800	74.3270
13	51.9913	55.7459	59.7788	64.1097	68.7596	73.7506	79.1066	84.8529	91.0161	97.6250
14	63.9095	69.0100	74.5280	80.4961	86.9495	93.9258	101.465	109.612	118.411	127.913
15	78.3305	85.1922	92.6694	100.815	109.687	119.347	129.861	141.303	153.750	167.286
16	95.7799	104.935	114.983	126.011	138.109	151.377	165.924	181.868	199.337	218.472
17	116.894	129.020	142.430	157.253	173.636	191.735	211.723	233.791	258.145	285.014
18	142.441	158.405	176.188	195.992	218.045	242.586	269.888	300.252	334.007	371.518
19	173.354	194.254	217.712	244.033	273.556	306.658	343.758	385.323	431.870	483.973
20	210.758	237.989	268.785	303.601	342.945	387.389	437.573	494.213	558.112	630.166
21	256.018	291.347	331.606	377.465	429.681	489.110	556.717	633.593	720.964	820.215
22	310.781	356.443	408.875	469.056	538.101	617.278	708.031	811.999	931.044	1067.28
23	377.045	435.861	503.917	582.630	673.626	778.771	900.199	1040.36	1202.05	1388.46
24	457.225	532.750	620.817	723.461	843.033	982.251	1144.25	1332.66	1551.64	1806.00
25	554.242	650.955	764.605	898.092	1054.79	1238.64	1454.20	1706.80	2002.62	2348.80
26	671.633	795.165	941.465	1114.63	1319.49	1561.68	1847.84	2185.71	2584.37	3054.44
27	813.675	971.101	1159.00	1383.15	1650.36	1968.72	2347.75	2798.71	3334.84	3971.78
28	985.547	1185.74	1426.57	1716.10	2063.95	2481.59	2982.64	3583.34	4302.95	5164.31
29	1193.51	1447.61	1755.68	2128.96	2580.94	3127.80	3788.96	4587.68	5551.80	6714.60
30	1445.15	1767.08	2160.49	2640.92	3227.17	3942.03	4812.98	5873.23	7162.82	8729.99

附表 4

1 元年金现值系数表 $(P/A,\ i,\ n) = [1-(1+i)^{-n}]/i$

期数	1%	2%	3%	4%	5%	6%	7%	8%	9%	10%
1	0. 9901	0. 9804	0. 9709	0. 9615	0. 9524	0. 9434	0. 9346	0. 9259	0. 9174	0. 9091
2	1. 9704	1. 9416	1. 9135	1. 8861	1. 8594	1. 8334	1. 8080	1. 7833	1. 7591	1. 7355
3	2. 9410	2. 8839	2. 8286	2. 7751	2. 7232	2. 6730	2. 6243	2. 5771	2. 5313	2. 4869
4	3. 9020	3. 8077	3. 7171	3. 6299	3. 5460	3. 4651	3. 3872	3. 3121	3. 2397	3. 1699
5	4. 8534	4. 7135	4. 5797	4. 4518	4. 3295	4. 2124	4. 1002	3. 9927	3. 8897	3. 7908
6	5. 7955	5. 6014	5. 4172	5. 2421	5. 0757	4. 9173	4. 7665	4. 6229	4. 4859	4. 3553
7	6. 7282	6. 4720	6. 2303	6. 0021	5. 7864	5. 5824	5. 3893	5. 2064	5. 0330	4. 8684
8	7. 6517	7. 3255	7. 0197	6. 7327	6. 4632	6. 2098	5. 9713	5. 7466	5. 5348	5. 3349
9	8. 5660	8. 1622	7. 7861	7. 4353	7. 1078	6. 8017	6. 5152	6. 2469	5. 9952	5. 7590
10	9. 4713	8. 9826	8. 5302	8. 1109	7. 7217	7. 3601	7. 0236	6. 7101	6. 4177	6. 1446
11	10. 3676	9. 7868	9. 2526	8. 7605	8. 3064	7. 8869	7. 4987	7. 1390	6. 8052	6. 4951
12	11. 2551	10. 5753	9. 9540	9. 3851	8. 8633	8. 3838	7. 9427	7. 5361	7. 1607	6. 8137
13	12. 1337	11. 3484	10. 6350	9. 9856	9. 3936	8. 8527	8. 3577	7. 9038	7. 4869	7. 1034
14	13. 0037	12. 1062	11. 2961	10. 5631	9. 8986	9. 2950	8. 7455	8. 2442	7. 7862	7. 3667
15	13. 8651	12. 8493	11. 9379	11. 1184	10. 3797	9. 7122	9. 1079	8. 5595	8. 0607	7. 6061
16	14. 7179	13. 5777	12. 5611	11. 6523	10. 8378	10. 1059	9. 4466	8. 8514	8. 3126	7. 8237
17	15. 5623	14. 2919	13. 1661	12. 1657	11. 2741	10. 4773	9. 7632	9. 1216	8. 5436	8. 0216
18	16. 3983	14. 9920	13. 7535	12. 6593	11. 6896	10. 8276	10. 0591	9. 3719	8. 7556	8. 2014
19	17. 2260	15. 6785	14. 3238	13. 1339	12. 0853	11. 1581	10. 3356	9. 6036	8. 9501	8. 3649
20	18. 0456	16. 3514	14. 8775	13. 5903	12. 4622	11. 4699	10. 5940	9. 8181	9. 1285	8. 5136
21	18. 8570	17. 0112	15. 4150	14. 0292	12. 8212	11. 7641	10. 8355	10. 0168	9. 2922	8. 6487
22	19. 6604	17. 6580	15. 9369	14. 4511	13. 1630	12. 0416	11. 0612	10. 2007	9. 4424	8. 7715
23	20. 4558	18. 2922	16. 4436	14. 8568	13. 4886	12. 3034	11. 2722	10. 3711	9. 5802	8. 8832
24	21. 2434	18. 9139	16. 9355	15. 2470	13. 7986	12. 5504	11. 4693	10. 5288	9. 7066	8. 9847
25	22. 0232	19. 5235	17. 4131	15. 6221	14. 0939	12. 7834	11. 6536	10. 6748	9. 8226	9. 0770
26	22. 7952	20. 1210	17. 8768	15. 9828	14, 3752	13. 0032	11. 8258	10. 8100	9. 9290	9. 1609
27	23. 5596	20. 7069	18. 3270	16. 3296	14. 6430	13. 2105	11. 9867	10. 9352	10. 0266	9. 2372
28	24. 3164	21. 2813	18. 7641	16. 6631	14. 8981	13. 4062	12. 1371	11. 0511	10. 1161	9. 3066
29	25. 0658	21. 8444	19. 1885	16. 9837	15. 1411	13. 5907	12. 2777	11. 1584	10. 1983	9. 3696
30	25. 8077	22. 3965	19. 6004	17. 2920	15, 3725	13. 7648	12. 4090	11. 2578	10. 2737	9. 4269

（续）

期数	11%	12%	13%	14%	15%	16%	17%	18%	19%	20%
1	0. 9009	0. 8929	0. 8850	0. 8772	0. 8696	0. 8621	0. 8547	0. 8475	0. 8403	0. 8333
2	1. 7125	1. 6901	1. 6681	1. 6467	1. 6257	1. 6052	1. 5852	1. 5656	1. 5465	1. 5278
3	2. 4437	2. 4018	2. 3612	2. 3216	2. 2832	2. 2459	2. 2096	2. 1743	2. 1399	2. 1065
4	3. 1024	3. 0373	2. 9745	2. 9137	2. 8550	2. 7982	2. 7432	2. 6901	2. 6386	2. 5887
5	3. 6959	3. 6048	3. 5172	3. 4331	3. 3522	3. 2743	3. 1993	3. 1272	3. 0576	2. 9906
6	4. 2305	4. 1114	3. 9975	3. 8887	3. 7845	3. 6847	3. 5892	3. 4976	3. 4098	3. 3255
7	4. 7122	4. 5638	4. 4226	4. 2883	4. 1604	4. 0386	3. 9224	3. 8115	3. 7057	3. 6046
8	5. 1461	4. 9676	4. 7988	4. 6389	4. 4873	4. 3436	4. 2072	4. 0776	3. 9544	3. 8372
9	5. 5370	5. 3282	5. 1317	4. 9464	4. 7716	4. 6065	4. 4506	4. 3030	4. 1633	4. 0310
10	5. 8892	5. 6502	5. 4262	5. 2161	5. 0188	4. 8332	4. 6586	4. 4941	4. 3389	4. 1925
11	6. 2065	5. 9377	5. 6869	5. 4527	5. 2337	5. 0286	4. 8364	4. 6560	4. 4865	4. 3271
12	6. 4924	6. 1944	5. 9176	5. 6603	5. 4206	5. 1971	4. 9884	4. 7932	4. 6105	4. 4392
13	6. 7499	6. 4235	6. 1218	5. 8424	5. 5831	5. 3423	5. 1183	4. 9095	4. 7147	4. 5327
14	6. 9819	6. 6282	6. 3025	6. 0021	5. 7245	5. 4675	5. 2293	5. 0081	4. 8023	4. 6106
15	7. 1909	6. 8109	6. 4624	6. 1422	5. 8474	5. 5755	5. 3242	5. 0916	4. 8759	4. 6755
16	7. 3792	6. 9740	6. 6039	6. 2651	5. 9542	5. 6685	5. 4053	5. 1624	4. 9377	4. 7296
17	7. 5488	7. 1196	6. 7291	6. 3729	6. 0472	5. 7487	5. 4746	5. 2223	4. 9897	4. 7746
18	7. 7016	7. 2497	6. 8399	6. 4674	6. 1280	5. 8178	5. 5339	5. 2732	5. 0333	4. 8122
19	7. 8393	7. 3658	6. 9380	6. 5504	6. 1982	5. 8775	5. 5845	5. 3162	5. 0700	4. 8435
20	7. 9633	7. 4694	7. 0248	6. 6231	6. 2593	5. 9288	5. 6278	5. 3527	5. 1009	4. 8696
21	8. 0751	7. 5620	7. 1016	6. 6870	6. 3125	5. 9731	5. 6648	5. 3837	5. 1268	4. 8913
22	8. 1757	7. 6446	7. 1695	6. 7429	6. 3587	6. 0113	5. 6964	5. 4099	5. 1486	4. 9094
23	8. 2664	7. 7184	7. 2297	6. 7921	6. 3988	6. 0442	5. 7234	5. 4321	5. 1668	4. 9245
24	8. 3481	7. 7843	7. 2829	6. 8351	6. 4338	6. 0726	5. 7465	5. 4509	5. 1822	4. 9371
25	8. 4217	7. 8431	7. 3300	6. 8729	6. 4641	6. 0971	5. 7662	5. 4669	5. 1951	4. 9476
26	8. 4881	7. 8957	7. 3717	6. 9061	6. 4906	6. 1182	5. 7831	5. 4804	5. 2060	4. 9563
27	8. 5478	7. 9426	7. 4086	6. 9352	6. 5135	6. 1364	5. 7975	5. 4919	5. 2151	4. 9636
28	8. 6016	7. 9844	7. 4412	6. 9607	6. 5335	6. 1520	5. 8099	5. 5016	5. 2228	4. 9697
29	8. 6501	8. 0218	7. 4701	6. 9830	6. 5509	6. 1656	5. 8204	5. 5098	5. 2292	4. 9747
30	8. 6938	8. 0552	7. 4957	7. 0027	6. 5660	6. 1772	5. 8294	5. 5168	5. 2347	4. 9789

（续）

期数	21%	22%	23%	24%	25%	26%	27%	28%	29%	30%
1	0. 8264	0. 8197	0. 8130	0. 8065	0. 8000	0. 7937	0. 7874	0. 7813	0. 7752	0. 7692
2	1. 5095	1. 4915	1. 4740	1. 4568	1. 4400	1. 4235	1. 4074	1. 3916	1. 3761	1. 3609
3	2. 0739	2. 0422	2. 0114	1. 9813	1. 9520	1. 9234	1. 8956	1. 8684	1. 8420	1. 8161
4	2. 5404	2. 4936	2. 4483	2. 4043	2. 3616	2. 3202	2. 2800	2. 2410	2. 2031	2. 1662
5	2. 9260	2. 8636	2. 8035	2. 7454	2. 6893	2. 6351	2. 5827	2. 5320	2. 4830	2. 4356
6	3. 2446	3. 1669	3. 0923	3. 0205	2. 9514	2. 8850	2. 8210	2. 7594	2. 7000	2. 6427
7	3. 5079	3. 4155	3. 3270	3. 2423	3. 1611	3. 0833	3. 0087	2. 9370	2. 8682	2. 8021
8	3. 7256	3. 6193	3. 5179	3. 4212	3. 3289	3. 2407	3. 1564	3. 0758	2. 9986	2. 9247
9	3. 9054	3. 7863	3. 6731	3. 5655	3. 4631	3. 3657	3. 2728	3. 1842	3. 0997	3. 0190
10	4. 0541	3. 9232	3. 7993	3. 6819	3. 5705	3. 4648	3. 3644	3. 2689	3. 1781	3. 0915
11	4. 1769	4. 0354	3. 9018	3. 7757	3. 6564	3. 5435	3. 4365	3. 3351	3. 2388	3. 1473
12	4. 2784	4. 1274	3. 9852	3. 8514	3. 7251	3. 6059	3. 4933	3. 3868	3. 2859	3. 1903
13	4. 3624	4. 2028	4. 0530	3. 9124	3. 7801	3. 6555	3. 5381	3. 4272	3. 3224	3. 2233
14	4. 4317	4. 2646	4. 1082	3. 9616	3. 8241	3. 6949	3. 5733	3. 4587	3. 3507	3. 2487
15	4. 4890	4. 3152	4. 1530	4. 0013	3. 8593	3. 7261	3. 6010	3. 4834	3. 3726	3. 2682
16	4. 5364	4. 3567	4. 1894	4. 0333	3. 8874	3. 7509	3. 6228	3. 5026	3. 3896	3. 2832
17	4. 5755	4. 3908	4. 2190	4. 0591	3. 9099	3. 7705	3. 6400	3. 5177	3. 4028	3. 2948
18	4. 6079	4. 4187	4. 2431	4. 0799	3. 9279	3. 7861	3. 6536	3. 5294	3. 4130	3. 3037
19	4. 6346	4. 4415	4. 2627	4. 0967	3. 9424	3. 7985	3. 6642	3. 5386	3. 4210	3. 3105
20	4. 6567	4. 4603	4. 2786	4. 1103	3. 9539	3. 8083	3. 6726	3. 5458	3. 4271	3. 3158
21	4. 6750	4. 4756	4. 2916	4. 1212	3. 9631	3. 8161	3. 6792	3. 5514	3. 4319	3. 3198
22	4. 6900	4. 4882	4. 3021	4. 1300	3. 9705	3. 8223	3. 6844	3. 5558	3. 4356	3. 3230
23	4. 7025	4. 4985	4. 3106	4. 1371	3. 9764	3. 8273	3. 6885	3. 5592	3. 4384	3. 3254
24	4. 7128	4. 5070	4. 3176	4. 1428	3. 9811	3. 8312	3. 6918	3. 5619	3. 4406	3. 3272
25	4. 7213	4. 5139	4. 3232	4. 1474	3. 9849	3. 8342	3. 6943	3. 5640	3. 4423	3. 3286
26	4. 7284	4. 5196	4. 3278	4. 1511	3. 9879	3. 8367	3. 6963	3. 5656	3. 4437	3. 3297
27	4. 7342	4. 5243	4. 3316	4. 1542	3. 9903	3. 8387	3. 6979	3. 5669	3. 4447	3. 3305
28	4. 7390	4. 5281	4. 3346	4. 1566	3. 9923	3. 8402	3. 6991	3. 5679	3. 4455	3. 3312
29	4. 7430	4. 5312	4. 3371	4. 1585	3. 9938	3. 8414	3. 7001	3. 5687	3. 4461	3. 3317
30	4. 7463	4. 5338	4. 3391	4. 1601	3. 9950	3. 8424	3. 7009	3. 5693	3. 4466	3. 3321

订购本教材院校的教师可向主编索取授课课件及习题答案(李艳萍电子邮箱：28235580@163.com)。